代表作

张晋藩代表作

张晋藩 著

中华法文化要略

法律出版社

张晋藩　1930年出生，辽宁沈阳人。中国政法大学终身教授、博士生导师，中国政法大学法律史学研究院名誉院长。1952年中国人民大学法制史专业研究生毕业。1952年至1983年在中国人民大学法律系担任讲师、副教授、教授、博士生导师。1983年至今，在中国政法大学从事中国法制史教学与研究工作。1987年评为国家级重点学科法制史学带头人，1991年享受国务院特殊贡献津贴，2001年被聘为中国政法大学终身教授，2012年入选“全国杰出资深法学家”。1986年8月为中共中央书记处讲授法制课，1996年和1998年两次为全国人大常委会讲授法制课。主要研究方向为中国法律史。著作有《中国法律的传统与近代转型》《中华法制文明史》《中国监察法制史稿》《中国宪法史》《中国刑法史新论》《清代民法综论》《依法治国与法史镜鉴》等三十余部，主编《中国法制通史》《中华大典 · 法律典》《中国少数民族法史通览》等，在《中国社会科学》《中国法学》《法学研究》等刊物发表学术论文三百余篇。

写在前面

本书收录了我近年来撰写的十六篇文章,内容涉及的方面较为宽广,有古代,也有近代,有法制史,也有法文化史,贯穿其中的一条主线就是阐述中华法文化史的镜鉴价值,期望供智者千虑之一得。

张晋藩

2017年10月17日

目录

清朝法制及其转型

张晋藩

代表作

中华法系综论

壹 中华法系的重心

——"民惟邦本,本固邦宁"

中华民族自建立国家之日始,经历了四千多年没有中断的历史发展过程。中间经过无数次的王朝兴废与治乱更迭,但始终保持着统一多民族的国家的形态,屹立于世界文明古国之林,这不是偶然的。在国家治理方面积累了丰富的经验,而且得到历代智者辗转相承,不断地充实提高,成为治理国家的瑰宝。其中,"民惟邦本,本固邦宁"就是一项具有传世价值的最宝贵的经验。

民是构成国家的最基本的要素,无民何以为国? 古人对此多有论述。早在《尚书》中便明确提出,"皇祖有训,民可近,不可下,民惟邦本,本固邦宁"。[1]汉兴之时,贾谊从秦亡的教训中总结提出了"国以民为本"的命题,他说:"闻之于政也,民无不为本也。国以为本,君以为本,吏以为本……此之谓民无不为本也。"[2]后世开明之君与贤良之士对此也多有论述。东汉王符说:"国之所以为国者,以有民也。"[3]朱熹在给《孟子》"民为贵,社稷次之"作注时进一步阐发说:"国以民为本,社稷亦为民而立。"[4]元仁宗说:"民为邦本,无民何以为国。"[5]清末主张变法维新的康有为说:"国之为国,聚民而成之……故一切礼乐政法皆以为民也。"[6]梁启超也说:"国者积民而成,舍民之外,则无有国。"[7]

民之所以成为国家的构成元素和最重要的实体,就在于民是社会物质生产的承担者,社会由此得以延续和发展,国家由此得以存在,政治和思想

原文发表于《国家行政学院学报》2017 年第 4 期,标题为《中国古代国家治理的重心——"民惟邦本,本固邦宁"》。

作为上层建筑由此得以确立。没有民的社会性生产，国家也就不复存在。

民又是国家赋税的提供者，赋税是国家存在与发展的要素之一，是国家活动的财政保证。马克思说："国家存在的经济体现就是捐税。"[8]从夏朝立国起，赋税便成为民对国家的一项义务，《史记·夏本纪》记载："自虞夏时，贡赋备矣。"

民又是国家军队的主要来源，在中国古代，"祀"与"戎"是国家大事，所谓"国之大事，在祀与戎"[9]。没有军队，国家就失去了重要支柱，就无法保卫边疆和实现国家对内与对外的职能。在中国古代，充当军队不仅是民的义务，也是民的权利。

民还是国家重大工程的兴建者，无论是修筑水利工程还是修筑城池宫殿，民都是营建者。

凡此种种，都实证了"民惟邦本，本固邦宁"的结论。

一、重民在得民心，得民心则国兴

"民惟邦本"重民方略的实施，首在于得民心。无数的史实都证明了"得民(心)者昌，失民(心)者亡"。中国第一个阶级王朝夏建立以后，国王禹，为了接近民众，听取民众对于治国理政的建议或其他诉求，制造了五种乐器，有民求见者，可以击(摇)不同的乐器，以便于禹及时接见，成为后世传颂的"五音听治"。据《淮南子》卷十三《汜论训》记载：禹之时，以五音听治，悬钟鼓磬铎，置鞀，以待四方之士，为号曰："教寡人以道者击鼓，谕寡人以义者击钟，告寡人以事者振铎，语寡人以忧者击磬，有狱讼者摇鞀"，就是说夏禹统治天下，为了倾听百姓的呼声与要求，悬挂了五种乐器，凡是向大禹讲解为政之道者可以击鼓；凡是告诉大禹行仁义之事者可以击钟；凡是告诉大禹需解决之事者可以振铎；凡是以忧患相告者可以击磬；凡是向大禹申告狱讼者可以摇鞀。大禹听到不同乐器的声音就知道是何人以何事相告，以便请他觐见。由于来见者多，以至于吃一顿饭竟然有十次接待来访者；沐浴一次竟然束发三次以应对觐见的百姓。所谓"一馈而十起，一沐而三捉发，以劳天下之民"。[10]由于禹如此重视民众呼声与要求，因而得到了民众的拥护，稳定了国家的统治，并且顺利地传位于儿子启，启即位后在一段时间内也沿用了"五音听治"的做法，从而巩固了家天下的王朝。

但夏末代国王桀，"不务德而武伤百姓，百姓弗堪"。迫使百姓发出了

“时日曷丧，予及汝皆亡”[11]的愤怒呐喊，夏终为商朝所灭。这可以说是民心向背决定国家兴亡的第一个史例。

商是一个“邦畿千里”的大国，但是却为“小邦周”所灭，原因就在于，商末代国王纣“重刑辟”，实行法外极刑，丧失了民心，使关键性的牧野之战“前途倒戈者亿兆夷人”[12]，赫赫不可一世的商朝瞬间覆亡。胜利者在惊喜之余，深深感觉到民心的向背决定着国家的兴亡。商王曾经自恃拥有“如火如荼”的庞大军队，以为周之寇商不足道也。不料，正是这支军队倒戈相向，使纣王身死国灭。

继起的周朝的执政者周公一再告诫他的兄弟子侄民心的重要。他说，“人无于水监，当于民监”[13]，“天畏棐忱，民情大可见”[14]，并且把民心与天命连接起来，借助天命渲染民心的重要性。他又说：“民之所欲，天必从之”，“天视自我民视，天听自我民听。”[15]从周公的立论来看，他重民思想的核心在于重视民心，他的一切施政都归结为得民心。这决定了他所实行的礼乐刑政综合治国的方略，也决定了他所创立的以德主宰刑罚的法律制度，谱写了中国古代法文化史上绚丽的一章，后世以德辅刑即导源于此。

周公大肆倡导明德、敬德、尚德、成德，他宣扬商之亡在于失德，周之兴在于周人有德，所谓天只赞助有德之人。针对商朝重刑辟、失民心、亡国家的教训，提出了“明德慎罚”的治国方略，“慎罚”旨在保民。由此形成了一系列刑法原则和司法原则，比如，区别用刑，罚当其罪；罪疑从罚、罚疑从赦；以中罚作为司法的准则，开展三刺、三宥、三赦的“听于民”的司法创制，等等。

由于周初立法体现了重民、保民的精神，因此法制兴带来了国兴。周初的法制充分彰显了中华民族所创造的法制文明。以德主宰法制建设，可以说是文明古国中所仅有的，其影响至为深远。春秋时，孔子还赞颂以礼乐（德的具体内容）作为指导司法的重要性，他说：“礼乐不兴，则刑罚不中；刑罚不中，则民无所措手足。”[16]

以上可见，周初统治者的一系列主张，把“敬天”落实到“保民”上，民的价值得到了凸显，其所推行的一系列国家治理措施都归结到重民、保民和如何得民心上。在这里，也第一次宣誓了立法与司法的目的不在于刑人，而在于定是非、明曲直，有效地惩治犯罪，保民不受损害。这种刑罚的目的论，对后世影响深远。

除此之外，孔子还论证了君之所以为君，在于得民，失民则君不成其为君，他说："民以君为心，君以民为本"，"心以体全，亦以体伤。君以民存，亦以民亡。"[17]

春秋战国时期，诸侯称雄，兼并战争连年不绝，为了取得兼并战争的胜利，民的价值进一步受到重视。得民者兴、失民者亡的政治现实丰富了"民惟邦本"的思想内涵，如管子说："政之所行，在顺民心；政之所废，在逆民心。"[18]孟子说："桀纣之失天下也，失其民也；失其民者，失其心也。得天下有道：得其民，斯得天下矣。得其民有道：得其心，斯得民矣。""得民而得天下，失民而失天下，得民而欲无王，不可得矣；失民虽欲保天下，亦不得矣。"[19]他还提出了一个千古不朽的命题："民为贵，社稷次之，君为轻。"[20]

荀子进一步总结道："用国者，得百姓之力者富，得百姓之死者强，得百姓之誉者荣。三得者具而天下归之，三得者亡而天下去之。"[21]他还将民与君比喻成水与舟的关系，他说："君者，舟也，庶人者，水也；水则载舟，水则覆舟。"[22]故"爱民者强，不爱民者弱"。[23]

孟荀此论，既是夏商周兴衰之由的历史性总结，也是对于国家治理的要旨——"民惟邦本，本固邦宁"的精彩阐发。后世论者，大都仿此，只是增加了时代的烙印而已。唐太宗李世民鉴于隋亡的历史教训，认为"为君之道，必须先存百姓"[24]，并说："朕每日坐朝，欲出一言，即思此一言于百姓有利益否？所以不敢多言。"[25]唐德宗时，白居易说："邦之兴，由得人也；邦之亡，由失人也。"[26]明末思想家黄宗羲说："天下之治乱，不在一姓之兴亡，而在万民之忧乐。"[27]

二、爱民富民，民安国强

民既为邦之本，因此如何使本固，继而达到邦宁，是历代统治者所关注的焦点之一。为达此目的，论者咸谓爱民则安，富民则强。史载周文王问政于太公曰："'愿闻为国之大务，欲使主尊人安，为之奈何？'太公曰：'爱民而已。'文王曰：'爱民奈何？'太公曰：'利而勿害，成而勿败，生而勿杀，与而勿夺，乐而勿苦，喜而勿怒。'"[28]祖述文武周公的儒家学派莫不以爱人（民）作为立论与施政的基点。孔子提出"仁者爱人"的主张，荀子说："故君人者，爱民而安，好士而荣，两者无一焉而亡"[29]，"爱民者强，不爱民者弱。"[30]实行法治的法家也同样主张爱民。商鞅说："法者所以爱民也，礼者所以便事也。”[31]爱民则民安，使民无怨，达到社会和谐的目的。

治理国家的实际经验使爱民之说不断丰富。成书于战国时代的《六韬·文韬国务》说：“善为国者，驭民如父母之爱子，如兄之爱弟。见其饥寒则为之忧，见其劳苦则为之悲。赏罚如加于身，赋敛如取己物。此爱民之道也。”三国时期吴国政治家贺邵说：“国之兴也，视民如赤子；其亡也，以民为草芥。”[32]明初，颇有作为的成祖说：“民者，国之根本也。根本，欲其安固，不可使之凋敝。是故圣王之于百姓也，恒保之如赤子，未食则先思其饥也，未衣则先思其寒也。民心欲其生也，我则有以遂之；民情恶劳也，我则有以逸之。……薄其税敛而用之，必有其节。如此则教化行而风俗美，天下劝民而民心归。行仁政而天下不治者，未之有也。”[33]他还说：“天之视听皆因于民，能爱人即所以使天。”[34]

明清之际的思想家唐甄指出：“是故君之爱民，当如心之爱身也。”[35]他对见政不见民的轻视民众的现象进行了批评，他认为，兵、食、度、赏罚四政的根基在民，“国无民，岂有四政！封疆，民固之；府库，民充之；朝廷，民尊之；官职，民养之，奈何见政不见民也！”[36]

但是爱民并不是空发议论，而在于利民、惠民、富民。汉刘安认为：“治国有常，而利民为本”。[37]明成祖说：“朕惟事天以诚敬为本，爱民以实惠为先。《书》曰：‘惟天惠民’，又曰：‘安民则惠’。”[38]

历代开明之君不仅倡导爱民，而且还实行养民、利民、富民的政策措施，使民既富，进而带来国强的后果。孔子说：“百姓足，君孰与不足？百姓不足，君孰与足？”[39]即强调只有百姓富裕才能使国家富强。孟子也以富民作为养民之要着，他说：“是故明君制民之产，必使仰足以事父母，俯足以畜妻子，乐岁终身饱，凶年免于死亡。”[40]他还说：“民之为道也，有恒产者有恒心，无恒产者无恒心。苟无恒心，放辟邪侈，无不为已。及陷乎罪，然后从而刑之，是罔民也。焉有仁人在位，罔民而可为也？是故贤君必恭俭礼下，取于民有制。”[41]

法家爱民之说最后也落实到富民上，认为富民是爱民之一端。管仲说：“凡治国之道，必先富民。民富则易治也，民贫则难治也。奚以知其然也？民富则安乡重家，安乡重家则敬上畏罪，敬上畏罪则易治也。民贫则危乡轻家，危乡轻家则敢凌上犯禁，凌上犯禁则难治也。故治国常富，而乱国常贫。是以善为国者，必先富民，然后治之。”[42]他还说：“民不足，令乃辱;民苦殃,令不行。”[43]

三国时期,吴国著名军事家陆逊说:“国以民为本,强由民力,财由民出。夫民殷国弱,民瘠国强者,未之有也。”[44]唐初,以“安人宁国”为治国之策的唐太宗说:“凡事皆须务本。国以人为本,人以衣食为本。凡营衣食,以不失时为本。夫不失时者,唯在人君简静乃可致耳。”[45]他还说:“君依于国,国依于民。刻民以奉君,犹割肉以充腹,腹饱而身毙,君富而国亡。”[46]宋人危昭德说:“民者,邦之命脉,欲寿国脉,必厚民生,欲厚民生,必宽民力。”[47]

古人论证富民之道,是和以农立国的国情密切联系在一起的,荀子说:“轻田野之税,平关市之征,省商贾之数,罕兴力役,无夺农时。”[48]孟子还描写了他理想中的富民的田园风光:“五亩之宅,树之以桑,五十者可以衣帛矣。鸡豚狗彘之畜,无失其时,七十者可以食肉矣。百亩之田,勿夺其时,数口之家可以无饥矣。”“不违农时,谷不可胜食也。数罟不入洿池,鱼鳖不可胜食也。斧斤以时入山林,材木不可胜用也。谷与鱼鳖不可胜食,材木不可胜用,是使民养生丧死无憾也。”而“养生丧死无憾”,被视为“王道之始”。[49]

为了养民、富民,历代统治者制定了一系列民生立法:

其一,保护自然生态平衡。《逸周书·大聚解》记载:“旦闻禹之禁:春三月山林不登斧,以成草木之长;夏三月川泽不入网罟,以成鱼鳖之长。”出土的云梦秦简更以确切的资料证明了秦法对于自然生态的保护。《秦律·田律》规定:“春二月,毋敢伐材木山林及雍(壅)隄水。不夏月,毋敢夜草为灰,取生荔、麛𪊨(卵)鷇,毋□□□□□□□毒鱼鳖,置穽罔(网),到七月而纵之。”[50]其意就是:春天二月,不准到山林伐木,不准堵塞水道。不到夏季,不准烧草为肥料,不准採取刚发芽的植物,或捉取野兽、鸟卵和幼鸟,不准毒杀鱼鳖,不准设置捕捉鸟兽的陷阱和网罟,到七月解除禁令。《唐律疏议》中,此类立法所在多有:“诸部内有旱涝霜雹虫蝗为害之处,主司应言不言及妄言者,杖七十”[51];“诸部内田畴荒芜者,以十分论,一分笞三十,一分加一等,罪止徒一年。户主犯者,亦计所荒芜五分论,一分笞三十,一分加一等”[52];“诸不修堤防及修而失时者,主司杖七十;毁害人家,漂失财物者,坐赃论减五等……”[53];“诸失火及非时烧田野者笞五十……”[54];“诸弃毁官私器物及毁伐树木、稼穑者,准盗论。”[55]

上述立法的着眼点和出发点是保护和发展农业生产的需要，立法者或许没有意识到保护自然生态平衡的长远意义和价值，但我们今天看来，中华民族的先人是何等的睿智和富于远见。

其二，田土均之，民富国强。从“普天之下莫非王土”，到鲁宣公十五年“初税亩”，再到李悝“尽地力之教”和商鞅“开阡陌封疆”令，都是先秦有关土地的立法。汉初为了抑制土地兼并，董仲舒首倡“限民名田，以澹不足”[56]的主张，汉统治者也屡颁“限田”和“抑兼并”的诏令。汉以后，土地立法进一步规范化，成为中国古代法律体系的核心内容。最具代表性的是北朝以来至隋唐进一步制度化、法律化的“均田法”。根据唐《均田令》，社会各色人等都取得了土地的所有权。武德七年（624 年）颁布均田令如下：“诸丁男、中男给田一顷，笃疾、废疾给四十亩，寡妻妾三十亩，若为户者加二十亩。所授之田，十分之二为世业，八为口分。世业之田，身死则承户者便授之，口分则收入官，更以给人。狭乡授田，减宽乡之半，其地有薄厚，岁一易者，倍授之。宽乡三易者，不倍授。”[57]

至开元二十五年（737 年），根据推行均田的经验，进一步修订颁行均田令：“诸丁男给永业田二十亩，口分田八十亩，其中男年十八以上亦依丁男给。老男、笃疾、废疾、各给口分田四十亩，寡妻妾各给口分田三十亩。先有永业者，通充口分之数。黄、小、中、丁男女及老男、笃疾、废疾、寡妻妾当户者，各给永业田二十亩，口分田二十亩。应给宽乡，并依所定数。若狭乡新受者，减宽乡口分之半。其给口分田者，易田则倍给（宽乡三易以上者，仍依乡法易给）。”[58]永业田可以传子孙，“不在收授之限，即子孙犯除名者，所承之地亦不追”。口分田，本人死后还官。州县内“受田悉足者为宽乡，不足者为狭乡”。[59]

此外，“诸以工商为业者，永业、口分田各减半给之。在狭乡者并不给”；[60]“道士给田三十亩，女官二十亩，僧尼受具戒准此”；[61]“杂户者，依令，老免进丁受田，依百姓例。官户受田，减百姓口分之半”。[62]

收授田地有固定日期，“每年起十月一日里正预校勘造簿，历十一月，县令总集应退、应受之人，对共给授，十二月内毕”。[63]

“良口”除依法分得永业、口分田外，还可以分得园宅地，“三口以下给一亩，每三口加一亩。贱口五口给一亩，每五口加一亩，并不入永业、口分之限”。[64]

贵族高官可依勋爵和官品获得永业田。“凡官人及勋爵,授永业田”,其具体数额是:“亲王百顷,职事官正一品六十顷,郡王及职事官从一品各五十顷,国公若职事官正二品各四十顷,郡公若职事官从二品各三十五顷,县公若职事官正三品各二十五顷,职事官从三品二十顷,侯若职事官正四品各十四顷,伯若职事官从四品十一顷,子若职事官正五品各八顷,男若职事官从五品各五顷。上柱国(武官最高勋级)三十顷,柱国二十五顷,上护军二十顷,护军十五顷,上轻车都尉十顷,轻车都尉七顷,上骑都尉六顷,骑都卫四顷,骁骑尉、飞骑尉各八十亩,云骑尉、武骑尉各六十亩。”[65]此外,还有临时赏赐的赐田。

不仅如此,京都文武职事官还可以依品级分得京城百里内不同数量的职分田,“一品十二顷,二品十顷,三品九顷……九品二顷”。[66]在外诸州及都护府、亲王府官人的职分田,“二品十二顷,三品十顷,四品八顷……九品二顷五十亩”。[67]

至于充作各级官府办公费用的公廨田,在京诸司由二十六顷至二顷,在外诸司由四十顷至一顷。[68]

均田法是一项伟大的创造,它的价值和积极作用就是:

第一,作为农业立国的国家,土地是最重要的生产资料,根据《均田令》由国家将土地分配给农民,使广大农民及其他诸色人等获得了稳定的、相对持久的谋生手段,从根本上解决了民生问题。

第二,《均田令》所达到的积极效果是均富,农民不仅获得口分田,而且还获得了永业田,从而刺激了他们精心经营土地的积极性,使丰产获得保障,在此基础上达到富足。

第三,无论官民和各色人等,都依法获得土地,官与民所获土地总体上是公平、公正的。但是由于封建时代是以等级为特征的,所以官民分得土地的亩数是有等差的,由于奴婢还可以依良丁授田,使官僚贵族之家获得了较多的土地。在贯彻《均田令》的过程中,也存在强占农民土地的现象,唐令明确规定:“诸亲王出藩者,给地一顷。作园,若城内无可开拓者,于近城便给。如无官田,取百姓地充,其他给好地替。”[69]

均田法的实施确实达到了富民的效果,史书说,“商旅野次,无复盗贼,囹圄常空,马牛布野,外户不闭。又频致丰稔,米斗三四钱。行旅自京师至于岭表,自山东至于沧海,皆不赍粮,取给于路。又山东村落,行客经过者，必厚加供待，或发时有赠遗……”[70]史书的记载难免有溢美之词，但从中可以看到百姓的富足，社会的和谐与安定，以及“天下帖然”“人人自安”[71]的盛世。

由于民富，唐朝的府库充盈、边疆巩固、国力强盛，无论典章制度、文化艺术都达到了成熟形态，其影响远播海外，成为世界上最著名的强盛国家。历史雄辩地说明了只有民富才能国强，只有藏富于民才是国家固本之策。清初，唐甄特别论证了藏富于民的重要性，他说：“夫富在编户，不在府库。若编户空虚，虽府库之财积如丘山，实为贫国，不可为国矣。”[72]

以上可见，田土均之的法令取得了民富国强的效果，贞观之治、开元之治都源于均田法的实施。安史之乱以后，藩镇割据、战乱频仍，均田制遭到严重破坏，民生凋敝，唐朝随之走上了下坡路。这也从另一面证明了爱民富民，民安国强。战国时慎到说得好：“善为国者，移谋身之心而谋国，移富国之术而富民，移保子孙之志而保治，移求爵禄之意而求义，则不劳而化理成矣。”[73]

其三，轻徭薄赋，疏民困，利民生。捐税是国家存在的一种形态，因此夏朝立国之后“贡赋备矣”[74]。夏商周时期，庶民是农业生产的主要承担者，需要从土地收益中向官府缴纳田赋，据《孟子·滕文公上》记载：“夏后氏五十而贡，殷人七十而助，周人百亩而彻，其实皆什一也。”西周推行什一实物租赋制度，即“大率民得其九，公取其一”[75]，“耕百亩者，彻取十亩以为赋”[76]。公元前 594 年，鲁国实行《初税亩》，具体田赋标准是：“公田之法，十足其一；今又履其余亩，复十取一。”[77]

秦时，农民租种土地，须交“泰半之赋”[78]，而“一岁屯戍，一岁力役，三十倍于古；田租口赋，盐铁之利，二十倍于古”[79]，以致“男子力耕不足粮饷，女子纺绩不足衣服。竭天下之资财以奉其政，犹未足以澹其欲也”。[80]终致农民大起义，秦二世而亡。这说明赋税的轻重关系到国家的兴亡。历史的教训使后来的统治者注重轻徭薄赋以疏民困，以利民生，维持社会的稳定和国家的兴盛。

汉高帝时实行“什五税一”的“轻田租”政策；文帝时改为“三十税一”，还曾因自然灾害一度下令减免“田租之半”；景帝以后“三十税一”遂成定制，出现了文景之治的盛世，通行两汉三百余年。

唐朝在均田制被基础上实行租庸调的税法，凡授田者，每丁每年向国家纳粟二石或稻三斛，为“租”，亦即田赋。每年每丁劳役二十天，闰年加两天，如不服役，可用绢或布代替，一天折绢三尺，或布三尺七寸五分，为“庸”，亦即百姓对国家应负的劳役。每年纳绢或绫二丈，加绵三两，不产绢之地交纳布二丈五尺和麻三斤，为“调”，亦即国家对家庭手工业产品的征课，实为户口税。由此可见，每丁每年向国家缴纳的赋税是很低的，是和均田法相适应的，收到了疏民困、利民生的效果。随着均田制被破坏，租庸调法也难以实行，此后根据社会生产的实际状况以及国家的需要，赋税制度不断进行改革，如唐后期的“两税法”，宋神宗时的“青苗法”“方田均税法”，明神宗时的“一条鞭法”。

清康熙帝即位后，为巩固国家统治，自元年至四十四年（1662—1705年）蠲免钱粮九千余万两。特别是康熙五十一年（1712 年）宣布全国的赋税额以康熙五十年为准，“有名人丁，永为定数，嗣后所生人丁，免其加增钱粮”[81]，即“盛世滋丁，永不加赋”。这既表现了康熙朝经济的发达与财富的大量积累，同时也是一项最切实的利民之举，刺激了人口的增长和农业的丰稔。雍正朝，在“圣世滋丁，永不加赋”的基础上，实行摊丁入地，废除了行之已久的人丁税，进一步增加了农民的实际收入，成为康雍乾盛世的标志之一。

以上可见，赋税立法也是中国古代法律体系中的重要内容，它是因时而变的，一般的规律是新王朝建立伊始，为了稳定统治基础，实行与民休息的政策，轻徭薄赋便是此项政策的核心内容。由此成为一个王朝复兴的原因之一。及至王朝后期多因政治腐败、官吏贪污，加重了百姓的赋税负担，使得民不堪命。明末之所以爆发全国性的农民大起义，原因之一就在于除了已经极为繁重的苛捐杂税之外，更加三饷加派，致使民不聊生，终于激起民变。历史的经验证明，轻徭薄赋可以疏解民困，有利民生，使社会安定，民富国强；反之，横征暴敛，使民不堪，往往是一个王朝衰亡的重要诱因。

三、富则教之，明刑弼教

历代政治家、思想家不仅从历史的镜鉴中总结了重民、富民对于国家强盛的重要性，更重视教民，特别是在民衣食足之后，强调富而教之。孔子在回答冉有“既富矣，又何加焉”的提问时，明确回答说：“教之。”[82]在孔子看来，民众在解决衣食温饱之后，迫切需要的是进行教化，使之明礼义、重廉耻、远罪恶、知是非、近善良、敦乡里、识大体、爱国家，能够自觉地进行内省，约束自己的行为，符合礼义廉耻的圣训和法律的规范，从而有利于奠定国家富强的社会基础。反之，富而不教，以致为富不仁、巧取豪夺、讹诈取财，是足以败坏风俗、紊乱社会秩序，虽富但无助于国家富强，反而成为社会的消极因素。管子说：“仓廪实而知礼节，衣食足而知荣辱。”[83]但知礼节、知荣辱不是简单由富裕生活中自然生成的，还需要“教”。富民、教民是“民惟邦本”这个链条上的两个重要环节。

历代对于富而教之的论述可谓多矣。《尚书·舜典》提出对民的“敬敷五教”[84]之说，据孔颖达疏：五教即为父义、母慈、兄友、弟恭、子孝。《尚书·武成》在歌颂周武王的功绩时，也有“重民五教，惟食丧祭”[85]之语。主张“善政”的孟子认为“善政”与“善教”不可分，“善教”有助于得民心，成为弘扬“善政”的重要手段，他说：“仁言不如仁声之入人深也，善政不如善教之得民也。善政，民畏之；善教，民爱之。善政得民财，善教得民心。”[86]他同时主张：“教之不改而后诛之。”[87]荀子也说：“不教而诛，则刑繁而邪不胜。”[88]东汉王符提出：“人君之治，莫大于道，莫盛于德，莫美于教，莫神于化。”[89]他还说：“明王之养民也，忧之劳之，教之诲之，慎微防萌，以断其邪。”[90]他总结说：“是故上圣不务治民事而务治民心。”[91]晚清主张改良政体的思想家也以开民智为首要任务，以构建改良政治的群众性基础，康有为说：“民智愈开者，则其国势愈强。”[92]严复说：“贫民无富国，弱民无强国，乱民无治国。”[93]

中国古代的法典蕴含着重德礼、慎刑罚；遵伦常、讲忠孝；重诚信、远诈伪；重和谐、求和睦的民族精神。由此，思想家提出“明刑”可以“弼教”，也就是通过彰显法律的内容，使民了解它所蕴涵的必须遵守的强制性规范，从而表明法律非以刑人为目的，而以使民远恶迁善为目的，达到明刑弼教、以刑辅教的目的。这就是为什么周初伟大的政治家、思想家周公旦强调以礼乐主宰刑罚、使刑罚得中的重要原因。法家主张“以法为教”“以吏为师”[94]，所以提出“法莫如显”[95]，其目的也在于使民知法，既可以远离犯罪，又可以借法保护其自身的权益。商鞅说：“天下之吏民无不知法者。吏明知民知法令也，故吏不敢以非法遇民，民不敢犯法以干法官也。”[96]韩非子说：“一民之轨，莫如法。厉官威民，退淫殆，止诈伪，莫如刑。”[97]正是由于法具有止恶劝善的功能，并非一味以刑人为目的，因此守法者如沐春风，违法者如履薄冰。

汉儒传承了以礼乐主宰刑罚的传统,形成了德主刑辅的指导原则,贾谊说:“礼者禁于将然之前,而法者禁于已然之后。”[98]董仲舒还借助阴阳五行之说,大肆鼓吹“大德小刑”,以德化民、教民,使民不敢为非、不触法禁。

至唐代,唐高祖李渊在制定《武德律》时指出了法律的作用就在于“禁暴惩奸,弘风阐化,安民立政,莫此为先”[99]。特别是唐代最具代表性的法典《唐律疏议》开宗明义便宣布“德礼为政教之本,刑罚为政教之用,犹昏晓阳秋相须而成者也”[100]。阐明了教化为先,刑焉其后,明刑弼教的真谛。著名的文学大家韩愈也表达了类似的观点,他说:“德礼为先而辅以政刑。”[101]宋理学家朱熹对此作了进一步的阐发,他说:“政刑能使民远罪而已,德礼之效,则有以使民日迁善而不自知。”[102]他还说:“‘为政以德’,不是欲以德去为政,亦不是块然全无所作为,但德修于己而人自感化。”[103]清人评价唐律“一准乎礼,以礼为出入,得古今之平”[104],表达了后人对于传统法律所具有的教化功能的理解。

明初,太祖朱元璋力矫元末法纪败坏、人不畏法,肆意为恶的积弊,以严刑治国。他手订的《大诰》收集了严刑惩治犯罪的案例,意在教民“趋吉避凶”之道。自洪武三十年(1380 年)《大明律》成,他昭告天下:“明礼以导民,定律以绳顽。”[105]“明礼以导民”旨在使民遵守礼的规范,按礼行事,提高内省的自觉,融入“弘风阐化”纲常名教的主流。“定律以绳顽”旨在运用法律打击奸顽,惩治犯罪,以维护社会的安定与国家的纲纪。明太祖还有意识地对某些案件屈法伸情,借以表达明刑弼教之意。例一,“民父以诬逮,其子诉于刑部,法司坐以越诉,太祖曰:‘子诉父枉,出于至情,不可罪。’”例二,“有子犯法,父贿求免者,御史欲并论父。太祖曰:‘子论死,父救之,情也,但论其子,赦其父。’”[106]例三,“山阳民,父得罪当杖,子请代。上曰:‘朕为孝子屈法。’”[107]

从明德慎罚到德主刑辅,德礼为本,刑罚为用,再到明礼导民,定律绳顽,是贯穿中国古代两千余年的一个传统。它产生于以人为本的基础之上,是人本主义的具体体现。凡是认真贯彻实施者则国兴,慢而废弃者则国亡。这是一条历史规律。“以德化民”的“化”与“明刑弼教”的“教”之间具有相通性,目的都在于“导民向善”,使民远离犯罪。由此形成了德法互补、互用的法律结构和二元的社会控制手段,这在世界司法制度史上是少有的。

四、以德化民，以法治国

在中国古文献中，关于德的概念与解释可谓多矣。根据《说文·心部》：“悳，外得于人，内得于己也。从直，从心。”意为把心思摆放正直为德。《左传·成公十六年》记载：“德，谓人之性行。”孔颖达疏“民生厚而德正”。《史记·乐书》也有类似的解释：“德者，性之端也。”对此，《淮南子》进而阐明：“得其天性谓之德。”[108]除从人性解释“德”外，古文献中更多的是从德政的角度对“德”加以诠释。《左传·襄公七年》说：“恤民为德。”《管子·正》说：“爱民无私曰德。”孔子更以智、仁、圣、义、中、和为“六德”。[109]《礼记》中还以“善教”[110]“孝悌”[111]为德。由此可见，所谓以德化民就在于唤起民内在的正直的天性，使之趋向于孝悌和孔子说所的六德。

三国时，魏国博士马照说三皇五帝时已经施行以德化民：“‘太上立德’，谓三皇五帝之世以德化民。”[112]

西汉孝文帝以勤俭持国，力戒奢靡之风，广施善教、善政，史书称赞他：“专务以德化民，是以海内殷富，兴于礼义。”[113]

唐朝更以国家律典的形式，把德礼刑罚说成是本用关系。还借用自然现象的“昏晓阳秋”比喻此种关系的密切与永恒。

元朝徽州路达鲁花赤合剌不花以孝悌施政，《新元史》称他为以德化民的循吏：“合剌不花廉平自持，专务以德化民。”[114]

明世宗嘉靖五年(1526年)三月，世宗在奉天殿测试天下贡士，他曾在制诰中提到“英君谊辟，固有专务以德化民而致刑措之效力”[115]，意为以德化民可以收到刑措的效果。

清朝顺康两朝皇帝均在上谕中表达了以德化民之意。顺治十二年(1655年)九月戊辰日，诏曰：“帝王以德化民，以刑辅治。苟律例轻重失宜，官吏舞文出入，政平讼理，其道曷由。朕览谳狱本章，引用每多未惬。其以现行律例缮呈，朕将亲览更定之。”[116]

康熙二十年(1681年)正月戊寅日，谕三法司：“帝王以德化民，以刑弼教，莫不敬慎庶狱，刑期无刑。故谳决之司，所关最重，必听断明允，拟议持平，乃能使民无冤抑，可几刑措之风。近览法司章奏，议决重犯甚多。愚民无知，身陷法网，或由教化未孚，或为饥寒所迫，以致习俗日偷，愍不畏法。

每念及此,深为悯恻……”[117]

由于古代中国是政治经济文化发展不平衡的统一多民族大国,因此流行于各地区的风俗多不相同。其中既有良善的风俗,也有带有荒诞、落后、愚昧的风俗,所谓“百里不同风”。由于各地的风俗不是一朝一夕形成的,因此,历代在以德化民的同时,还注意以德化俗,使荒诞之俗归于理性、邪恶之俗归于良善,务使不义不肖之徒明礼义、知廉耻,使四海同风、同归德化。如同宋人苏辙所说:“帝王之治,必先正风俗。风俗既正,中人以下皆自勉于为善;风俗一败,中人以上皆自弃而为恶。邪正盛衰之源,未必不始于此。”[118]

但是,开明的思想家、政治家在肯定以德化民的同时,也指出它在治国理政、禁暴惩奸方面的不足。明末清初思想家王夫之在《读通鉴论》中从总结历史经验的角度对于纯任德化不足以致治进行阐述,他说:“以德化民至矣哉!化者,天事也,天自有其理气,行乎其不容已,物自顺乎其则而不知。圣人之德,非以取则于天也,自修其不容已,而人见为德。人亦非能取则于圣人也,各以其才之大小纯驳,行乎其不容已,而已化矣。故至矣、尚矣,绝乎人而天矣。谓其以德化者,人推本而为之言也;非圣人以之,如以薪炀火,以勺斠水,执此而取彼之谓也。夫以德而求化民,则不如以政而治民矣。政者,所以治也。立政之志,本期乎治,以是而治之,持券取偿而得其固然也,则犹诚也。持德而以之化民,则以化民故而饰德,其德伪矣。挟一言一行之循乎道,而取偿于民,顽者侮之,黠者亦饰伪以应之,上下相率以伪,君子之所甚贱,乱败之及,一发而不可收也。”[119]

清乾隆帝也从施政的经验中认同了王夫之的观点,他在二十二年冬十月壬申谕内外问刑衙门官员:“夫驭民之道,不贵刑治而贵以德化。吾君臣不能以德化民,是可愧也。然德所不能化,非刑其何以治之?若徒博宽厚之美名,因循姑息,致奸匪毫无惩儆,谳狱日益繁多,岂所论于刑期无刑之道哉?将此通行传谕内外问刑衙门知之。”[120]

可见,以德化民虽使人心向善,纳于正道的规范,但还不足以安民立政、禁暴止邪,推动国家机器正常运转,而必须辅之以政刑法度。管子早在公元前6世纪便提出了以法治国的主张,而且他对以法治国的效果表示了很大的信心,他说:“治国使众莫如法,禁淫止暴莫如刑。”[121]他还说:“威不两措,政不二门。以法治国,则举措而已。”[122]此论对后世影响深远,历代统治者都奉行“法为治国之具”的主张。这不是偶然的，因为法是国家机关组织与活动的依据；是确认尊卑贵贱等级秩序的规范；是维持社会生产，以利民生，以敷国用的手段；是打击犯罪，惩治奸邪，维持社会与国家安定的重要力量；还是保持国家纲纪，宣示教化的一种形式。所以论者咸谓“国不可一日无法”。无论是统一中国的汉族皇帝，还是入主中国的少数民族的领袖，为了确立稳定的国家统治，都积极进行立法建制。西周初期，政治环境仍然十分凶险，周公摄政后，“一年救乱，二年克殷，三年践奄，四年建侯卫，五年营成周，六年制礼作乐，七年致政”。[123]在致政成王中，也包括制定的《九刑》，即周初大法。如同鲁季文子所记述的那样，“毁则为贼，掩贼为藏，窃贿为盗，盗器为奸。主藏之名，赖奸之用，为大凶德，有常无赦！在《九刑》不忘”。[124]

先秦时期，在立法上已经提出了对后世极有影响的原则，尽管这些原则还处于初期的不成熟、不稳定的阶段。其一，立法以时，韩非说：“法与时转则治。”[125]其二，立法以势，所谓“刑新国用轻典，刑平国用中典，刑乱国用重典”[126]。其三，立法以族、以俗，《尚书·酒诰》记载，周人“群饮，汝勿佚，尽执拘以归于周，予其杀”，商人群饮，“勿庸杀之，姑惟教之”。对于因俗立法，商鞅有一段精彩的论述，他说：“圣人之为国也，观俗立法则治，察国事本则宜。不观时俗，不察国本，则其法立而民乱，事剧而功寡。”[127]其四，立法要在明分、去私，商鞅说：“立法明分，而不以私害法则治。”[128]慎到进一步论证了立法行私之害，他说：“法之功，莫大于使私不行……今立法而行私，是私与法争，其乱甚于无法。”[129]韩非对于慎到的理论做了进一步的阐发，他认为，法律的作用就在于“平不夷，矫不直”[130]，所以“夫立法令者，以废私也。法令行而私道废矣。私者，所以乱法也”。[131]

正是由于法律具有治国的功能，历代皇帝都亲掌国家立法。史载北魏孝文帝鉴于“律令不具，奸吏用法，致有轻重”，[132]不仅多次修律，而且亲自执笔定拟：“孝文用夏变俗，其于律令，至躬自下笔，凡有疑义，亲临决之，后世称焉。”[133]

1644 年清朝入关以后，面对兵戈未息，民族矛盾十分尖锐的环境，其仍然以《大明律》为蓝本，于顺治四年（1647 年）颁布《大清律集解附例》，以示新朝有法。

除立法外，司法也是一代法制的基本内容。由于司法是国家的重要活动，不仅关系到当事人的生命财产，更会影响到社会的稳定与国家的巩固。因此，自中华民族立国之日始，统治者便十分重视司法的公平、公正。据《诗经·召南·甘棠》记载，召公经常到群众中剖决争讼，无论侯伯庶民，一体公断。由于他断案时坐在甘棠树下，所以百姓怀念他，作《甘棠》之诗："蔽芾甘棠，勿翦勿伐，召伯所茇。蔽芾甘棠，勿翦勿败，召伯所憩。蔽芾甘棠，勿翦勿拜，召伯所说。"周公还公开称赞苏公能够施用"中罚"公平司法，见《尚书·康诰》。

"法者，天下之程式也，万事之仪表也"[134]，因此以法约束权力，公平司法，"君臣上下贵贱皆从法"，才称得上是"大治"。[135]商鞅在秦国变法时以斩钉截铁的语气宣布："言不中法者，不听也；行不中法者，不高也；事不中法者，不为也。"[136]韩非更以明白的语言表达了援法断罪的司法公平主张，他说："法不阿贵，绳不绕曲，法之所加，智者弗能辞，勇者弗敢争，刑过不避大夫，赏善不遗匹夫。"[137]在史书中公平司法的君臣都名标青史。如汉文帝时期，张释之处理"犯跸案"时强调"法者天子所与天下公共也。今法如此而更重之，是法不信于民也。且方其时，上使立诛之则已。今既下廷尉，廷尉，天下之平也，一倾而天下用法皆为轻重，民安所措其手足？唯陛下察之"。[138]张释之义正词严地谏诤，使文帝折服，表示"廷尉当是也"。

从晋朝起，援法断罪不仅法律化而且强调司法官的责任。著名的《唐律疏议》规定："诸断罪皆须具引律令格式正文，违者笞三十。"[139]直到今天，秉公司法的清官形象仍然受到民众的爱戴，仍然活跃在戏曲舞台上。韩非所说"国无常强，无常弱。奉法者强则国强，奉法者弱则国弱"。[140]既是他对于他所处时代的国家发展大势的敏锐观察，也是贯穿于古今社会的一项法制经验。

除司法重公平外，对于鳏寡孤独、老幼妇残、笃疾废疾者，实行恤刑的原则；对于死刑待决犯，实行复审制度，都表现了司法中的重视人命的人本主义和刑罚中的人道主义。至于汉以来对调解息讼的重视，也表现了重民、爱民的法律意识。

需要指出，在法家提倡以法治国的主张中也包含了以法治民的内容。这一点与孔子所说的"安上治民，莫善于礼"[141]不同，其着眼于更直接、更有效的强制规范人们的行为或给予违法犯罪者以制裁，以利于社会秩序的稳定和国家的安宁。管子说："法律政令者，吏民规矩绳墨也"[142]，"和民一众，不知法不可。”[143] 为了以法治民，法家强调首先须使民知法。商鞅变法时，做到了“妇人婴儿皆言商君之法”[144]，“故天下之吏民，无不知法者”。[145]

韩非子传承早期法家的法治思想，并且设计了他理想中的法治国：“境内之民，其言谈者必轨于法，动作者归之于功，为勇者尽之于军。是故无事则国富，有事则兵强……”[146]

以上可见，以德化民与以法治国是互相连接、互补互用的，是国家治理不可忽视的二柄。法与德的结合减少了法律的滥用，缓和了法条严酷的外貌，便于民众接受；以德化民使民远恶迁善，遏制了犯罪的动机，有利于避免狱讼繁兴、法残刑暴的讼累；德法互补互用，使道德法律化，遵守法律的义务和遵守道德规范的义务相一致，既止恶，又劝善，使“明刑弼教”的“教”落到了实处。同时，德法互补又使法律道德化，使法律具有稳定性和权威性。自周初提出“明德慎罚”直到清亡，历时两千余年，一直在法制建设中实行“德主刑辅”的指导原则绝非偶然。今天在强调依法治国的同时，又提出以德治国，是有着充分的史鉴作为依据的，同时也是现实的统治经验的升华。

总括上述，“民惟邦本，本固邦宁”是中国古代治理国家的重心所在，也是治国理政最重要的历史经验总结。为了巩固国本，历代实行了一系列的重民、爱民、养民、富民、教民，使民等政策措施。尽管时移世易，但其中仍有超越时空的合理因素。这是中华民族的古圣先贤历经岁月，艰难缔造的，是遗留给其子孙的丰厚遗产。在建设社会主义法治中国的今天，非常需要优秀的中华传统法文化的支持，尤需借鉴国家治理方面经过历史锤炼的宝贵经验，珍视中华民族古圣先贤给我们的赐予。

注释

1 《十三经注疏 · 尚书正义 · 五子之歌》。

2 《新书 · 大政上》。

3 《潜夫论 · 边议》。

4 《四书章句集注 · 孟子集注 · 尽心章句下》。

5 《元史 · 仁宗本纪一》。

6 《孟子微 · 总论》。

7 梁启超：《论近世民族竞争之大势及中国之前途》，载《饮冰室合集 · 文集之四》，中华书局1989年版,第56页。
8 《马克思恩格斯全集》(第1卷),人民出版社1972年版,第181页。
9 《左传·成公十三年》。
10 《淮南子·氾论训》。
11 《十三经注疏·尚书正义·汤誓》。
12 《史记·殷本纪》。
13 《十三经注疏·尚书正义·酒诰》。
14 《十三经注疏·尚书正义·康诰》。
15 《十三经注疏·尚书正义·泰誓》。
16 《论语·子路》。
17 《礼记·缁衣》。
18 《管子·右四维》。
19 《孟子·离娄上》。
20 《孟子·尽心下》。
21 《荀子·王霸》。
22 《荀子·王制》。
23 《荀子·议兵》。
24 《贞观政要·君道》。
25 《贞观政要·慎言》。
26 《辩兴亡之由策》。
27 《明夷待访录·原臣》。
28 《六韬·文韬·国务》。
29 《荀子·强国》。
30 《荀子·议兵》。
31 《商君书·更法》。
32 《三国志·吴书·贺邵传》。
33 《明太宗实录》卷九二,永乐七年五月壬申朔。
34 《明太宗实录》卷二七,永乐二年春正月癸卯朔。
35 《潜书·明鉴》。
36 《潜书·明鉴》。
37 《淮南子·氾论训》。
38 周桂钿主编:《中国传统政治哲学》,河北人民出版社2007年版,第311页。
39 《论语·颜渊》。
40 《孟子·梁惠王上》。
41 《孟子·滕文公上》。

42 《管子·治国》。

43 《管子·版法》。

44 《三国志·吴书·陆逊传》。

45 《贞观政要·务农》。

46 《资治通鉴·唐纪八》，高祖武德九年。

47 《宋史·危昭德传》。

48 《荀子·富国》。

49 《孟子·梁惠王上》。

50 睡虎地秦墓竹简整理小组编：《睡虎地秦墓竹简》，文物出版社1990年版，第20页。

51 《唐律疏议·户婚》“不言及妄言部内旱涝霜虫”条。

52 《唐律疏议·户婚》“部内田畴荒芜”条。

53 《唐律疏议·杂律》“失时不修堤防”条。

54 《唐律疏议·杂律》“非时烧田野”条。

55 《唐律疏议·杂律》“弃毁器物稼穑”条。

56 《汉书·食货志》（上）。

57 ［日］仁井田陞著，栗劲、霍存福等编译：《唐令拾遗·田令》武德七年，长春出版社1989年版，第540页。

58 ［日］仁井田陞著，栗劲、霍存福等编译：《唐令拾遗·田令》开元二十五年，长春出版社1989年版，第542页。

59 ［日］仁井田陞著，栗劲、霍存福等编译：《唐令拾遗·田令》开元二十五年，长春出版社1989年版，第550页。

60 ［日］仁井田陞著，栗劲、霍存福等编译：《唐令拾遗·田令》开元二十五年，长春出版社1989年版，第562页。

61 ［日］仁井田陞著，栗劲、霍存福等编译：《唐令拾遗·田令》开元二十五年，长春出版社1989年版，第568页。

62 ［日］仁井田陞著，栗劲、霍存福等编译：《唐令拾遗·田令》开元二十五年，长春出版社1989年版，第569页。

63 ［日］仁井田陞著，栗劲、霍存福等编译：《唐令拾遗·田令》开元二十五年，长春出版社1989年版，第566页。

64 ［日］仁井田陞著，栗劲、霍存福等编译：《唐令拾遗·田令》开元二十五年，长春出版社1989年版，第558页。

65 ［日］仁井田陞著，栗劲、霍存福等编译：《唐令拾遗·田令》开元二十五年，长春出版社1989年版，第548页。

66 ［日］仁井田陞著，栗劲、霍存福等编译：《唐令拾遗·田令》开元二十五年，长春出版社1989年版，第575页。

67 [日]仁井田陞著,栗劲、霍存福等编译:《唐令拾遗·田令》开元二十五年,长春出版社1989年版,第577页。

68 [日]仁井田陞著,栗劲、霍存福等编译:《唐令拾遗·田令》开元二十五年,长春出版社1989年版,第572、573页。

69 [日]仁井田陞著,栗劲、霍存福等编译:《唐令拾遗·田令》开元二十五年,长春出版社1989年版,第584页。

70 《贞观政要·政体》。

71 《贞观政要·奢纵》。

72 《潜书·存言》。

73 《慎子逸文》。

74 《史记·夏本纪》。

75 《四书章句集注·论语集注·颜渊》。

76 《十三经注疏·春秋左传正义·昭公二十三年至三十二年》。

77 《十三经注疏·春秋左传正义·昭公二十三年至三十二年》。

78 《汉书·食货志》(上)。

79 《汉书·食货志》(上)。

80 《汉书·食货志》(上)。

81 《清圣祖仁皇帝实录》卷二四九,康熙五十一年二月二十九日。

82 《论语·子路》。

83 《管子·牧民》。

84 《十三经注疏·尚书正义·舜典》。

85 《十三经注疏·尚书正义·武成》。

86 《孟子·尽心上》。

87 《孟子·万章下》。

88 《荀子·富国》。

89 《潜夫论·德化》。

90 《潜夫论·浮侈》。

91 《潜夫论·德化》。

92 《日本变政考》。

93 严复:《原强》,《直报》(天津)1895年3月。另载严复著,徐锡麟校:《严侯官文集·原强》,作新译书局,光绪二十九年版,第51—52页。

94 《韩非子·五蠹》。

95 《韩非子·难三》。

96 《商君书·定分》。

97 《韩非子·有度》。

98 《汉书·贾谊传》。
99 《旧唐书·刑法志》。
100 《唐律疏议·名例》。
101 《韩愈集·外集·潮州请置乡校牒》。
102 《四书章句集注·论语集注·为政》。
103 《朱子语类·论语五·为政篇上》。
104 《四库全书总目提要·唐律疏义解》。
105 《大明律·序》。
106 《明史·刑法志》(一)。
107 《明史纪事本末·开国规模》。
108 《淮南子·齐俗训》。
109 《论语·为政》。
110 《礼记·内则》。
111 《礼记·礼运》。
112 《三国志·魏书·高贵乡公髦》。
113 《史记·孝文本纪》。
114 《新元史·循吏传·合剌不花》。
115 《明世宗实录》卷六二。
116 《清史稿·世祖本纪》。
117 《清圣祖实录》卷九四，康熙二十年正月辛巳条。
118 《续资治通鉴·宋纪七十九》。
119 《读通鉴论·隋文帝》(一〇)。
120 《清高宗实录》卷五四八，乾隆二十二年十月壬申条。
121 《管子·明法解》。
122 《管子·明法》。
123 《尚书·大传》。
124 《左传·文公十八年》。
125 《韩非子·心度》。
126 《周礼·秋官·大司寇》。
127 《商君书·算地》。
128 《商君书·修权》。
129 《慎子·逸文》。
130 《韩非子·外储说右下》。
131 《韩非子·诡使》。
132 《魏书·刑罚志》。

133　程树德:《九朝律考·后魏律考序》,中华书局2003年版,第333页。
134 《管子·明法解》。
135 《管子·任法》。
136 《商君书·君臣》。
137 《韩非子·有度》。
138 《史记·张释之冯唐列传》。
139 《唐律疏议·断狱》,“断罪不具引律令格式”条。
140 《韩非子·有度》。
141 《孝经·广要道》。
142 《管子·七主七臣》。
143 《管子·七法》。
144 《战国策·秦策一》。
145 《商君书·定分》。
146 《韩非子·五蠹》。

贰 中华法系的世界影响

一、"中华法系"的由来及其定义

按照权威的《牛津法律大辞典》的说法，世界上每一种政治社会至少有一种在其内部实施的法律制度和法律体系，但它们中的许多有着系族上的相似性。"比较法学家们将世界上的各种法律制度归结为若干法系，这种归结主要是根据法律渊源、形式、方法和立法技术的一般相同，并根据历史起源和互相借鉴。"[1]故而法系乃是一种法律类型的分类，英文一般写作"Legal Family"，又称为"法族"，它将许多相近的法律归类为一族，内部有差异，但整体上呈现出一致的色彩。

而"中华法系"这一词的由来，则可追溯到百余年前。早在19世纪末，日本著名法学家穗积陈重于明治十七年（1884年）日本《法学协会杂志》第一卷第五号发表《论法律五大族之说》的论文，第一次按照各国法律的传统与相似性，将世界法律体系分成"印度法族、中国法族，回回法族，英国法族，罗马法族"五大法族。这可能是关于"中华法系"的最早提法。

1904年梁启超写下了一系列法学论文，在《中国法理学发达史论》《论中国成文法编制之沿革得失》两篇长文中，首次提出了中华法系问题。[2]他说：

"近世法学者称世界四法系，而吾国与居一焉，其余诸法系，或发生蚤于我，而久已中绝；或今方盛行，而导源甚近。然则我之法系，其最足以自豪于世界也。夫深山大泽，龙蛇生焉，我以数万万神圣之国民，建数千年绵

原文收录于《法史钩沉话智库》（张晋藩、林中著），中国法制出版社2016年版，标题为《中华法系的确立及其扩展》。

延之帝国,其能有独立伟大之法系,宜也。”[3]

这可能是我国学者最早明确地对“中华法系”这一语词进行的论述。1923年美国学者韦格穆尔(JohnHenry Wigmore)又发表《世界诸法系之发生消灭及传播》一文,将世界法律分为十六法系。此文被译介到中国,成为当时中国学者研究法系问题的依据。其中就有“中华法系”,这可能算是西方人第一次明确地指出有此法系的存在,但是却无人对“中华法系”下过一个清晰的定义。

中华民国时期,随着民族危机的日益加重,为了重振士气,鼓舞国人抗争,唤起民族自信心与自豪感,法律学者纷纷撰文讨论“中华法系”。然而各自所用的“中华法系”的定义并不一致,有的将此概念等同于“中国古代法律制度”,有的等同于“从古至今的中国法制”,有的则等同于“现代的中国法”,还有的相当于“整个中华法制文明”,这些定义方法当然各有各的理由。这本是一个见仁见智的问题,至今学术界都没有一个确定化的概念。

但我们认为,既然法系为 Legal Family,则应该从“族”这方面来讲,而不单指其中某一个体的法制。故而,如果我们要谈“中华法系”,则应侧重于中国法制对其他国家的影响这一方面,故而“中华法系”是一个关系性的概念,离开别国的参与,则无所谓“中华法系”。

如果从这一角度来加以考察,那么我们可试给“中华法系”下一定义:所谓“中华法系”,是指兴于两汉、盛于隋唐、沿至明清、解体于清末,以儒家思想为指导思想,以礼法结合为主要形式,以维护专制主义为根本目标,以中国的《唐律疏议》《大明律》为代表性法典,影响及于周边国家的法律制度类型。

二、中华法制文明的向外扩展

中国法制文明起源甚早,但很长时间之内,它呈现出封闭的色彩,所以一直到汉代,应该说只有单独的中国法制,而无包含其他卫星国的“中华法系”。我们虽无从确定中华法系真正形成的年代,但这一法系要想成立的前提,就是作为核心国的中国,必须自身政治统一,国力强盛,文化发达,法律科学。同时交通便利,便于对内交流对外输出。而这一情况只在汉代才有可能。

秦朝及其之前的时代,尽管有法律“繁于秋荼”的情况,然而当时要么国家尚未统一,要么政治未上轨道,文化并不发达,意识形态尚未“定于一尊”,所以不太可能有大规模的法律输出。而到了汉代,随着社会的稳定,官僚政治体系的展开,法律的逐渐儒家化,以及交通线的畅通,法律也因之才有可能输出国外。仅以交通为例,史学家孙毓棠写过一篇文章《汉代的交通》,就论述了汉代交通的发达对政治与文化的影响:

“我们了解汉代的交通后,便可以看出它有三方很主要的影响。第一,汉代人在中国历史上最大的贡献是中央集权政府组织的完整,和行政效率之高……第二,汉代一般商业很兴盛,都市很繁荣,交通便利是一个重要原因……第三,交通的便利,行旅安全的保障,商运的畅通,和驿传制度的方便,都使汉代的人民得以免除固陋的地方之见,他们的见闻比较广阔,知识易于传达。汉代的官吏士大夫阶级的人多半走过很多的地方,对于‘天下’知道得较清楚,对于统一的信念也较深。这一点不仅影响到当时人政治生活心理的健康,而且能够加强了全国文化的统一性,这些都不能不归功于汉代交通的发达了。”[4]

同时,秦汉之际,许多中国人为避乱世,移居域外,也可能会为该地移植中国法律带来影响,譬如《史记·东夷列传》中就提到“陈胜等起,天下叛秦,燕、齐、赵民避地朝鲜数万口”,最初,可能就是这数万口给朝鲜带去了中华法制文明。

可惜,由于文献不足征,且当时中华帝国的周边国家社会发展和中国并不处于同一阶段,甚至许多都不具备国家的形态,所以此时我们谈中华法系形成,更多只是一种合理的推测。

其后经过魏晋南北朝四百年的乱世,虽然也有零星的法律输出,但因为中华并未统一,所以此时的中华法系整体上属于积蓄力量的蛰伏阶段,至隋唐,终于喷薄而出。从此中华法制文明传播异域,影响日深,中华法系臻于极盛。唐代法制的完备与科学,及其所蕴的礼教精神,上章已述,我们单来看此期中华法制的扩展情形。

隋文帝仁寿四年(604 年),日本的秉国者圣德太子制定《宪法十七条》,作为贵族和官吏遵循之道德规范,其中规定“天皇为一国之君,君下不可复事他人”,实为明文规定天皇崇高地位之始。这可以看成是日本由部民社会进入天皇专制社会的转型之始,给中华法制文明移植日本奠定了社会基础。

隋炀帝大业三年(607 年),日本遣小野妹子一行到隋考察。两年之后,小野妹子等从隋归日,其随行学生、僧人等多留居隋唐,有至三十年之久者。此等学生、僧人归国后,于日本推行唐化而进于文明之国居功厥伟。武德六年(623 年),留学生惠齐等人学成归国,向天皇提出“大唐国者,法式备定珍国也,常须达”的信息,从此,日本陆续派出了近二十批遣唐使,其中学习中华法制者所在多有。这批人员学成归国后,建议当政者将中华法制移植于日本社会,从而使日本模仿中国确立了“律令制”法律体系。且来看其中几个关键节点:唐太宗贞观十四年(640 年)高向玄理、南渊请安由唐朝学成返回日本,令入唐学问僧惠隐入宫奉经。四年之后,中大兄皇子(668 年继位,即天智天皇)杀当时的权臣苏我入鹿,遂掌权。皇极女皇让位于孝德天皇,初定年号,改元大化,视为日本首次使用年号。僧旻、高向玄理为国博士,以唐为榜样的大化改新开始。次年孝德天皇颁布《改新之诏》,公布四条政纲。中臣镰足模仿隋唐制度,制订成文法典,撰律二十卷。唐高宗永徽三年(652 年),日本仿唐施行班田收授法,制作户籍。唐高宗龙朔三年(663 年),中日在朝鲜半岛爆发白川江之战,日本战败,经此败后,日本转向内政,加速唐化,构建律令体制。唐高宗咸亨元年(670 年),日本仿唐制定朝仪,制定“庚午年籍”,次年,日本在学习唐令的基础上颁布了《近江令》。至唐武则天光宅元年(684 年)日本制定八色之姓。以唐初律令为蓝本的《天武律令》编纂完成。唐武则天周长安元年(701 年),日本建元大宝,仿唐的《大宝律令》完成,有律六卷,令十一卷,是为大化改新以来所推行的各项制度在律令上的确认,《大宝律令》为古代日本最著名的法典。是年,日本遣明法博士赴六道讲解新令,令遂于全境施行。次年,又颁布度量衡,律得以全面施行。唐高宗开元六年(718 年),日本藤原不比等修订《大宝律令》,制成《养老律令》,此为大化改新最后完成之律令。[5]这标志着日本一个世纪以来,模仿唐朝而进行的律令制改革的完成。

虽然在中国明清时期,日本进入幕府统治时期并在一定程度上改变了律令制形式而实行“武家法”,但是此时中国的律例依然得以在日本展开。德川幕府第八代将军德川吉宗时期(1716—1745 年)日本开始对《大明律》和《大明会典》进行研究。他在位期间,大力推行文治,宣扬儒家思想,特别是朱子学,同时也注重整理法律令。据载:德川吉宗在继任将军之前已经读过《大明律》,在继任将军的亨保五年(1720 年),命纪州藩的大儒高濑习朴撰《明律译义》,高濑氏在书中首列"律大义",这是他把中国诸典籍中的有关刑政要点之文抄出来翻译的内容,相当于序文,但里面反复强调了儒家人道主义、恤刑主义的思想。亨保十五年(1730 年),吉宗又命学者狄生徂徕校写《唐律疏议》,由此开始了对中国法律的重新研究。吉宗还经常向手下人询问律令之事,特别对狄生徂徕的回答表示满意,而狄生也作《明律会典译解》进献。可见当时统治者及学者对中国传统法律,特别是明律令的研究开始了一个小的高潮。关于清律,由于各种原因,当时的幕府尚未重视,只是在《德川实记》中记载:吉宗曾"命官员新兵卫玄岱和其子新兵卫有麟翻译《清会典》,不久,有麟赴长崎,与唐商等协商翻译事宜"。

同书还记载德川吉宗曾在 1720 年和 1722 年两次派人去中国购买《大清会典》,当时购入的均为康熙二十三年奉敕修撰的 162 卷《大清会典》,刊印时间为康熙二十九年(1690 年)。一直到明治维新之后的 1872 年,日本在修订律例时,也首先是从效法《大清律例》开始的。[6]

上述主要为唐朝时期中国法制文明在日本的扩展情形,至于唐律对朝鲜半岛的影响,则亦至为深刻。但此期半岛并不统一,分成高句丽、百济、新罗三国,虽然在高宗时新罗曾经短暂统一半岛,但不久又分裂为三国。至中国五代后期,高丽才统一全国。这时期的法律状况,虽然只有零星的记载,但其脱胎于唐律令体系,则断无疑义。[7]

中国法制对朝鲜半岛影响最为深刻的时期是在明代,当时半岛进入了朝鲜时代。朝鲜开国太祖李太祖即位后,命群臣仿照《大明律》纂辑《经国大典》,历世宗一朝而不成,至世祖五年始颁布《户典》,六年颁布《刑典》,世宗薨,睿宗即位,元年九月,《经国大典》六卷始告竣工。成宗二年(明宪宗成化七年,1471 年)始将《经国大典》全部颁行中外。此《经国大典》远据《周官》,近本《大明会典》,为李朝四百余年之根本法规。直至清末,朝鲜犹参酌《大明律》编订《刑法大全》,可知《大明律》《大明会典》诸书在李朝一代一直为其主要之法源也。

而琉球法律,则亦深受明清律的影响。清光绪二年(1876 年),琉球王尚泰在答复日本的文书中写道:"夫国体者国政之大者,莫如膺爵、赐国号、受姓奉朔、律令体制诸钜典。敝国自洪武五年入贡,册封中山王,改琉求国号为琉球,永乐年间赐国王尚姓,应奉中朝正朔,遵中国典礼,用中朝律例,至今无异。”(《那霸市史》资料集第1集卷6)从该国统治者的夫子自道中,我们就可以看出中国法律对琉球影响之深。

至于安南(今越南),古代曾经为中国征服,其地一部分曾经为中国领土,其后虽然独立自主,但是其法律自始至终继承了中国法律,却是一目了然的。

以上儒教文化圈中的国家继受中华法制自不待言,至于非儒教文化圈国家的法制,自然不归属于中华法系,但是从一些零星的片段记载中,我们也可以看出其也曾经受到过中华法制文明的熏染,仅以清道光年间的谢清高在《海录》一书中的记载为例:

其一,宋卡国(狮子城,今马来半岛东岸,今属于泰国),“王传位必以嫡室子,庶子不得立。君臣之分甚严,王虽无道,无敢觊觎者,即宗室子弟,国人无敢轻慢。……岁贡于暹罗”。[8]

其二,明呀喇(今孟加拉国及印度西孟加拉邦),“国有大政、大讼、大狱,必三人会议,小事则听属吏处分。其统属文武总理粮饷一人,谓之辣,亦数年而代。其出入之仪仗较三酋长特盛,前有骑士六人,后有四人,左右各一人,俱穿大红衣。左右二人装束俱同辣,唯辣所穿衣当胸绣八卦文为异样耳”。[9]

其三,戴燕国(今印度尼西亚加里曼丹岛西部),“乾隆末,国王暴乱,粤人吴元盛因民之不悦,刺而杀之,国人奉以为主,华夷皆取决焉。元盛死,子幼,妻袭其位,至今犹存”。[10]

谢清高并非专门的政法研究者,也并非朝廷命官,只是一介平民,所以他的考察也仅限于泛泛而谈,但从以上叙述中,我们可以隐约地感受到中华法制文明也曾经在某些方面影响到这些国家(譬如嫡长继承等)。

三、中华法系的巅峰及其形成之因

唐代及其之后的明代,中华法系达到了巅峰时期,具体的制度比较杨鸿烈在其《中国法律对东亚诸国之影响》叙述详备,无烦赘述,我们仅引两段文字为例:

其一引自《高丽史・刑法志》:

“高丽一代之制,大抵皆仿乎唐,至于刑法亦采《唐律》,参酌时宜而用之。曰《狱官令》二条、《名例》十二条、《卫禁》四条、《职制》十四条、《户婚》四条、《厩库》三条、《擅兴》三条、《盗贼》六条、《斗讼》七条、《诈伪》二条、《杂律》二条、《捕亡》八条、《断狱》四条，总七十一条，删烦取简，行之一时，亦不可谓无据。”

其二引自朝鲜时代的《经国大典》之序：

“今我殿下，德敦乎仁，礼得其序，可谓得为治之本矣，其议刑断狱，以辅其治者，一以《大明律》为据，故臣用其总目，作《宪典》诸篇。”

以上即可看出其对中国唐明法制的倾心向化。各国纷纷继受中华法系制度，除了归因于唐律的伦理色彩、科学化合完备性之外，各国的生产生活方式以及当时客观条件的限制乃是其前提条件，如若缺乏这些前提，中国的律令制是难以在新的土壤中生长壮大的。

首先，受地理条件的限制。作为中华法系制度的输出国，中国的地理环境相对优越，为原创性的“大河国家”，这一方面使文明发达较早，影响了中国奴隶制国家形成和发展的途径；另一方面，也深刻影响着封建社会的政治经济，由于长期未受外来因素的干扰，所以必定会在当时呈现出输出多，输入少的情形。且古代交通不便，尽管汉代以后国内交通发达，但是西有大山阻隔，南有高原和密林间隔，北有草原戈壁相隔，只有东北可以深入朝鲜，再往东可以深入日本，东南可达到越南、琉球。所以中华法律通过最方便的途径传到了这些地区。而南亚则以印度为中心向四周辐射，形成印度法系，构成佛教文化圈特色。东南亚除部分零散地受到中华法系影响外，其余或者受到暹罗为中心的佛教影响，或者受到来自西方的伊斯兰势力的影响。（印度尼西亚）至于喜马拉雅山的西部及中亚，或者受佛教圈影响如尼泊尔，或者受伊斯兰势力的影响，如中亚诸国。到了唐代，虽然航海等交通技术有了大幅度的发展，但是对于大多数国家而言，海洋依然是一个无法逾越的障碍。日本遣唐使到达中国，路途上也备极艰辛。而鉴真东渡，前后居然也进行了七次，九死一生方到达日本国。可见，日本、韩国当时若要走得更远，势所不能。这就决定了对于日本、韩国想通过法制变革改革社会的当政者而言，可供其选择、比较的模板是有限的，即使当时世界法制文明最为发达的国家并非唐帝国，它们也没有办法寻找到更好的模板。何况，唐帝国正是当时世界上最为强盛的帝国之一，法式珍备，所以，这些文明的继受国是真诚的推崇唐代法制。

其次，与生产方式相关。中华传统文明是农业文明，一贯奉行农本主义。在耕种领域内都提倡精耕细作,在法律领域内则贯穿着以农为本的理念,实行一种固定的小生产的、自然经济的生产方式。以“家”为最基本的生产和生活单位,所以法律普遍以“家”为规范单位,家国一体的观念慢慢形成。国是家的放大。“家天下”,君主以管理家的方式管理国家。而“家”在日本也是最为重要的法律单位,“在日本,以独自的目的将家这样的机构置于中心,在其名下集结了个人,因此而产生了继家这样的观念,于是也就产生了继家的户主特权与责任”。[11]这个跟欧洲原初的地中海商业文明具有显著的差别。在中华法系圈内,资本主义生产方式很少,土地被视为最大资本,所以即使有经商,放高利贷者,一旦得到第一笔财富,便不会将之扩大再生产或者转化为货币资本,而是用来购买房地产,然后收租取息。在这种情形下,流动资金不足,利润利息地租化,最后商人转变为地主。日本幕府、藩主、大名均为大地主势力。这也是东亚诸国能继受中国法制的根本原因之一。

再次,还与文化传统相关。中华法系圈各国都经历了血缘宗法的历史遗留:都远神近人,注重人类血统,而不注重神启;在人与人关系上,都注重“差序格局”,即最初以血缘远近定亲疏;在政治文化领域都奉行金字塔式的统治的秩序,由家至国。所以儒学一传播,很快在当地拥有了市场,正是因为它们都有共同的文化基础。

最后,唐代成为中华法系的巅峰时代,还有实力对比的问题。要使其他各国仰慕中华文明,需要力量对比有相当的差别,这个实力不仅仅指经济实力,还包括军事实力、文化实力、政治实力等,是一种综合实力。在一个法系中,总有原创性的法制“核心国”,有追随核心国的“卫星国”,只有综合实力远超过法系中的“卫星国”,卫星国才能围绕“核心国”运动,也就是“向心力”要足够大,这样的法系方能维持。否则,他们自身固有离心力会使一旦遇到变化,卫星国便会脱离轨道,清末均是如此加以改变,日本主动改变,朝鲜越南被动改变,中华法系最终解体。而在唐代,综合国力冠绝各代以及同时代的其他国家,无论在政治上、经济上、军事上,还是在文化上,都达到了一个鼎盛时期,这样四裔倾心向化,中华法系也因而被发扬光大。

诚如日本著名法律史家仁井田陞总结的那样:“中国也曾经有过像唐朝、明朝那样,将自己的领土向四邻扩展,通过它的儒教文化,此外也通过它的法，给东亚带来了极为深刻的影响。”[12]明代时期的中华法系自然也有其伟大进步，然而就开创性而言，毋宁说是在唐律的基础上，百尺竿头，更进一步。

注释

1 ［英］戴维·M.沃克：《牛津法律大辞典》，光明日报出版社1988年版，第328页。

2 范忠信：《梁启超法学文集》，中国政法大学出版社2000年版，“范序”。

3 范忠信：《梁启超法学文集》，中国政法大学出版社2000年版，第69页。

4 孙毓棠：《孙毓棠史学论文集》，中华书局2005年版，第299—300页。

5 关于日本仿唐化改革法制的大事记，参见张中秋：《中日法律文化交流比较研究——以唐与清末中日文化的输出与输入为视点》，法律出版社2009年版，第225—248页。

6 相关情形参见赵立新：《论明清律对日本法的影响》，载《华东政法大学学报》2006年第6期。

7 详细情形参见杨鸿烈：《中国法律对东亚诸国之影响》，中国政法大学出版社1999年版，第23—72页。

8 安京：《海录校释》，谢清高口述，杨炳南笔录，商务印书馆2002年版，第17页。

9 安京：《海录校释》，谢清高口述，杨炳南笔录，商务印书馆2002年版，第62—63页。

10 安京：《海录校释》，谢清高口述，杨炳南笔录，商务印书馆2002年版，第158页。

11 ［日］滋贺秀三：《中国家族法原理》，张建国、李力译，法律出版社2002年版，第55页。

12 ［日］仁井田陞：《中国法制史》，牟发松译，上海古籍出版社2010年版，第52页。

叁 中华法系的价值与重塑中华法系的思考

一、中华法系的价值

20世纪90年代以来，一些学者如张中秋、侯文富、张立波、贾国发等先后撰文探讨中华法系的价值，启迪了人们对此问题的思考。我经过不断研究，对于中华法系的价值形成了以下认识：

1. 中华法系体现了中国文化的博大精深，可以看作中华法制文明的集中代表。中华法系在漫长的形成与发展过程中，不仅积淀下深厚的法文化底蕴，也表现出不同历史阶段法制文明的进步。它的惊人的感染力和渗透力不限于国内，也影响着朝鲜、越南、日本、琉球等国家，使这些国家的法律制度、社会风气乃至生活习惯都带有中华法系的烙印，形成了一个以儒家学说为主导、以三纲为基本内容的法文化圈。中华法系不仅是中国法文化宝库中的财富，也被世界公认为体现人类社会进步与法制文明的瑰宝。正因为如此，中华法系不仅具有民族性，也具有世界性。真实的历史发展过程，雄辩地说明了中华法系的价值。

2. 中华法系是中华民族理性与智慧的结晶，表现了伟大的创造力。中华法系包含了许多跨越时空的合理性、民主性的制度因素和丰富的思想资源，它虽然是封建性质的法系，但其主流却是中华悠久文化中的民主性精华，不因时代久远而淹没其光彩。如人本主义的国家治理重心，天人合一的人与自然的和谐理念，以法治国的国家管理方案，以德化民、明刑弼教的

原文发表于《北京日报》2016年10月31日，第020版，标题为《中华法系的价值与中华法系的重塑》。

互补关系，罪刑法定的刑法原则等，都具有穿越历史时空的普世价值，是建设当代法治中国的宝贵的历史镜鉴。

3. 中华法系是生成于中国本土的一个法系，它源远流长、历史悠久且从未中断。世界上曾经出现过许多种法系，但在漫长的发展过程中或者因汇入其他法系而消弭，或者因国家的灭亡而消亡，或者因其他许多复杂的原因而中断，只有中华法系，经过数千年的发展始终不曾中断。这种悠久性、完整性、系统性、典型性，是世界上其他法系所不具备的，是研究东方文明古国法系的最具代表性的范例。

4. 中华法系的命运是和古代中国的命运紧密联系在一起的。国家的存在与持续发展是中华法系的强大支持力量，而中华法系又对国家的稳定与兴盛发挥着重要的作用。它通过一系列法律制度的建构与实施，维护国家的统一发展，保持社会的和谐，确立政令畅通的管理体制与吏治机制，实现以礼为主导、明刑弼教的社会控制模式，等等。这些都对统一多民族中国的强盛起着积极的作用。

延续千余年的中华法系之所以具有强大的生命力不是偶然的，它的价值所在，正是重塑中华法系的重要考量。

二、重塑中华法系的思考

近代以来，中国法律的发展基本上是与传统中华法系渐行渐远的过程。清末法律改革选择了全盘西化的途径，经由日本吸收了欧陆法律文明，但是随着法律在社会生活中的运用，外来法律与本国生活实际出现了许多不适应性。被改良主义思想家推崇备至的西方法律文化，也并不是最完美、最理想的。一位富有中国文化涵养又久居海外的学者——余英时，深有所感地说："但是西方的基本文化内涵并不限于这两项(指民主与科学)，其中如过度发展的个人主义、漫无限制的利得精神、日益繁复的诉讼制度、轻老溺幼的社会风气、紧张冲突的心理状态之类，则不但未能一一适合于其他非西方的社会，而且已引起西方人自己的深切反省。在现实世界中，我们找不到任何一个具体的西方现代生活十全十美、足供借镜的(例子)。"[1]从其论述中我们不难发现，即使是西方人自己，也看到了他们文化中存在难以克服的弊端。中国的学者，也在检讨晚清修律全盘西化的缺失，批判它所造成的消极影响。中华人民共和国成立以后又经历了"一面倒"学习苏联的曲折,这使更多的国人意识到,在我们睁眼看世界、借鉴吸收外来法律文化的同时,也需要回头看,检索中华民族宝库中的具有超越时空的法律文明要素。

我们要在世界进步的潮流中走出自主创新的法治之路,使中国特色的法律制度更具有丰富的内涵与说服力。于是,人们不仅关注中华法系的价值,更思考着中华法系的重塑问题。就在此时,中共中央发出了中华民族伟大复兴的号令,这是中华民族感到极大振奋的时代最强音,发挥着建设祖国的正能量,成为不可阻挡的历史潮流。

综观人类社会的发展,一个民族的复兴是涉及经济、政治、军事、文化、道德等方方面面的系统工程。任何一个不重视经济发展的民族,其复兴当然只能是空想,然而只重视发展经济,但文化水平、道德水平低下,缺乏进取精神、创新精神,没有民族认同感、向心力和凝聚力,也很难走上复兴之路。因此,要实现中华民族的伟大复兴,除致力于实现经济、政治发展的条件外,传统优秀文化的传承与发展也是民族复兴的重要组成部分。只有立足于传统文化而又能适应新时代需求的文化建设,才能为广大人民提供焕发其改造社会的巨大能动性的精神动力。

文化是体现一个民族在长期的历史发展过程中所积累的一切物质文明与精神文明的总和。就中国传统文化而言,在数千年绵延不断的漫长发展过程中虽然积聚了不少糟粕,但也应该看到其中蕴藏着大量优秀成分,不愧为中华民族祖先遗惠后辈的宝贵财富。事实上,底蕴深厚的中华传统文化具备许多超越时空界限的合理因素。也正是这些合理因素,为民族文化的伟大复兴提供了取之不尽的历史资源。

不同民族之间存在的主要区别,不在于政治模式的不同和经济发展程度的差异,而在于各自特有的文化。文化是各民族在谋求自身生存与发展的过程中由其群体内部精神积累而成的,不仅包括各种具有外在表现形式的思想学说和文学艺术,也包括该民族成员在长期的共同生活与发展中内化而成的一种独特的、稳定的思维与行为方式。因此,文化的根基在于它的民族性和地域性。文化不仅是产生民族凝聚力的内核,也是该民族生命力的源泉。一个民族的衰亡,首先是该民族文化的衰亡,即其文化特质的消失。中华民族的复兴当然离不开民族文化特质的继承和发展,但更重要的是努力寻求其与现代文明的结合,即依据社会的现代化的需求对传统文化加以必要的甄选、改造和重建，从而实现传统文化的现代转型，使之成为民族复兴的伟大精神力量，发挥民族文化对建设现代化强国的积极作用。

当然，文化复兴绝不意味着复古，而是立足于中华文化的传统，创造出适应时代需求的新文化。因此，既要避免全面肯定一切传统的国故派思维，又要摒弃全盘西化的妄自菲薄的新潮派心理。文化的发展具有持续性和稳定性，这是文化本身固有的特征，在源远流长的中华文化中表现得尤为明显。如果说政治的变革可以在一夜之间发生，经济的腾飞也可能在几十年甚至更短的时期内出现，那么，民族文化的崛起与复兴所需的时间则要长得多。“求木之长者，必固其根本；欲流之远者，必浚其泉源”[2]，这也是民族文化发展与兴盛的一条基本规律。

作为中华民族传统文化重要组成部分的法律文化，有其辉煌的历史，是世界法文化苑中的一块瑰宝。它体系完整、内容丰富、特点鲜明，绵延数千年而从未中断，不仅为中华民族不同时期的发展和法制的进步提供了法文化支持，也为中华民族的当代复兴留下了弥足珍贵的浩瀚的法文化宝藏。因此，中国传统法律文化的传承与改造就成为中华民族文化复兴重要的一部分。而传统法律文化的复兴，也体现在重塑中华法系上。当然，重塑绝不意味着简单再现，而是在新的历史条件下找出中华法系几千年来形成的合理的法律精神、法律原则、法律行为与当代中国社会之间的适当的切合点，发挥其为建设社会主义法治国家服务的功能，并最终为中华民族的伟大复兴发挥积极的作用。

中华法系是在中国特定的历史条件下形成的，是中华法文化的优越性及其世界影响的集中体现，显示了中华民族的伟大创造力和中华法制文明的深厚底蕴。中华法系从发端到形成经历了一个漫长的过程，这个过程与来自多源头的法文化的不断整合是分不开的。它是中华民族智慧与理性法律思维的结晶，是东方相邻国家的母法，也是世界法系之林的重要组成部分。到了近代，由于国情条件的巨大变化，中华法系受到异域法律文化的强烈冲击而逐渐解体。

中华法系中固有的专制主义、皇权思想、宗法习俗等成分由于失去了其所依附的载体而退出历史舞台，但就中华法系的总体而言，它凝聚着整个中华民族的精神、智慧与理性，不仅仅属于封建社会的法文化现象，因而实际上并没有消亡，只是处于艰难的转型、更新与重塑的准备阶段。因此，不能简单地把中华法系理解为仅是一个历史现象,或者一个失去生命力的僵化的概念,它具有的超越时空的合理部分都值得重视和吸收。

在中华民族伟大复兴的历史时代,在中华法文化日益受到重视的背景下,重塑体现中华法文化精粹的中华法系是一个必然的趋势。我们今天重塑中华法系,无论历史背景、目标都与民国时期杨鸿烈、居正所提出的复兴中华法系不同——杨氏是以此回应文化复兴的呐喊,借以提高抗击日本侵略者的信心;居正是在日本侵略者投降以后为了恢复国民政府法律的权威和标榜国民党的统治地位而提倡复兴中华法系,强调以三民主义作统率。

需要强调的是,重塑中华法系绝不是复古,也不是简单地传承古代的某些法律制度、形式与条文,而是弘扬发源于中华民族本土上的体现中华民族伟大精神的理性思维的法律文化。它是客观的、真实的存在,不是凭空的设想;它是经过数千年风雨历练的民主性精华,是构建当代法治中国殿堂的元素。为此,我们需要深入研究中华法系,从中提炼出超越时空的法律思维、法律理论以及立法、司法的原则与制度、经验与教训,科学地总结中华法系发生、发展的规律性,并且找到其与当代法治的契合点,使其有机地融入现实的法制建设中来。因此,重塑不是复旧,而是创新,是走中华民族自己的路。这样做,更能体现国情因素所加给中华法系的特殊性与典型性,同时也能使中国当代的社会主义法制特色更加鲜明,更具有说服力。

重塑中华法系,绝不是妄自尊大、自我封闭,而是把目光投向世界进步的法制发展的新趋势,使中国与世界联系起来,取其法治文化的精华为我所用。“全盘西化”与“照搬苏联”,都是引以为戒的不可行之道。如果说古人建设的中华法系曾滋润过相邻的东方国家,长期雄居于世界法系之林,那么,我们今天也有能力、有信心重塑一个体现当代中国法文化成就的新的中华法系。

为了重塑中华法系,我们需要以理性的态度重新审视固有的中华法系,发掘其中可以为当前社会主义法制建设所需要的宝贵的思想文化资源。这是一项极其艰苦的科学研究工作,也是一项光荣的历史使命。

综上所述,一百多年来,中华法系的研究是沿着马鞍形的轨迹发展的。20世纪三四十年代,在文化复兴的浪潮中,以程树德、丁元普、杨鸿烈、陈顾远等人为代表,树起了研究中华法系的旗帜,意在鼓舞民族的自信心与自豪感,借以战胜日益逼近的外来侵略威胁。一批年轻的法制史学者紧随其后，撰写了不少文章，抒发了研究中华法系的热情，作出了一定的贡献。

改革开放以后，中华法系的研究谱写着新的华章，著述迭见、人才辈出，恰如云蒸霞蔚、俊彩星驰。

自从党中央提出中华民族伟大复兴以后，文化复兴其中包括法文化的复兴也受到了关注，出现了重塑中华法系的意见。早在 20 世纪 40 年代，便有学者提出复兴中华法系问题，在当时的历史条件下，很快便淹没无闻。但在中华民族伟大复兴的背景下，考量重塑中华法系，意在吸取中华法系所包容的民主性的因子，融入当前的法治建设中去，它绝不是复旧，而是开辟新的路径，使历史与当代、中国与世界在法制建设上互相比较、吸纳，以使法制的发展更符合国情，更体现自主创新的价值追求，更突出社会主义法制的特色。这是一个需要花大气力研究的问题，只有以中华民族伟大复兴的号召为契机，才能使这项研究深入展开。如果说中华法系曾经是世界五大法系之一，我们有理由使当代的中华法系重居于世界先进法系之林。

注释

1　余英时：《中国思想传统的现代诠释》，江苏人民出版社 2003 年版，第 3 页。

2　魏征：《谏太宗十思疏》。

肆 中国法律的传统与固有国情

中国是世界著名的文明古国，法制的历史经过四千多年的发展而从未中断，无论是某项法律规定，还是某个制度都辗转相承、源流清晰，其连续性、系统性、完整性是其他文明古国所不可比拟的。由于中国古代法制产生于固有的文化土壤之上，因此它的形成与发展都深深打上了国情的烙印，具有独树一帜的特殊性和典型性。

一、封闭的自然地理环境与纵向传承的法律传统

地理环境虽然不是社会发展的决定性因素，但却是社会存在与发展的必要和经常的条件之一。直接或间接地影响着社会的经济基础和上层建筑，因而有着不可忽视的意义。这就是为什么恩格斯纂写《爱尔兰史》一书，把地理环境列为第一章的原因。

中国是一个地处东北亚大陆，拥有九百六十万平方公里的内陆性国家。东北亚大陆的地形、气候、土壤条件以及丰富的资源，使中国很早就跨进了文明历史的门槛。

中华民族是以黄河流域为摇篮发展起来的。这里气候温和，雨量充沛，土质松软，地处平原，具备发展原始农业的良好条件。因此，公元前21世纪左右，活动于黄河流域的先进的夏部落，便在木石器并用的生产工具的基础上发展了原始的农业生产，促进了社会财富的增长，加速了私有财产的形成和阶级的分化，为国家和法律的产生准备了物质前提。

由于中国的南部、东南部有大海阻隔，西南部又有高山的屏障，这在古代的交通条件下是不可逾越的障碍。这种封闭性与自给自足的农业经济

原文收录于《中华法系》第三卷（朱勇主编），法律出版社2012年版。

结构和专制主义制度推行的闭关锁国政策相结合而更为加强，严重阻碍了中国与周边国家法律文化上的交流，使中国法律在漫长的发展过程中只能是纵向的传承，而无横向的交流、比较和吸收。除此之外，汉唐以来的中华法文化是东方世界最先进的法文化，它是输出的而不是输入的，其影响长久地及于日本、高丽、越南、琉球等国。在主客观条件共同作用下，使纵向传承成为悠久的法律传统。纵向传承的独立性，也是孤立性，其发展也必然具有保守性。

孔夫子在谈到夏、商、周三代礼的沿革关系时曾说："殷因于夏礼，其损益可知也；周因于殷礼，其损益可知也。"孔夫子所阐述的三代礼的沿革关系也适用于法的沿革关系。三代以降，秦、汉、魏、晋、唐、宋、元、明、清的国家大法首尾相衔，源流清晰。所传承者历历可数，所发展者也昭然明了。其内在的联系性与发展的连续性都可见于典籍记载。

以上可见，封闭的自然地理环境造成了中国法律纵向传承的传统。中国法律虽然起源早，但发展缓慢，其原因是复杂的，而缺乏法文化的横向交流、比较与吸收，无疑是重要的原因之一。直到 1840 年鸦片战争以后，封闭的环境发生了根本性的变化，中国固有的法文化与西方的法文化开始接触，中国法律的发展与西方先进的法律接轨，宣告了纵向传承的法律传统的结束。

二、农业经济形态与农本主义的法律传统

中华民族是从黄河流域繁衍生息发展起来的。从进入阶级社会起农业便是基本的经济形态，战国时期，法家推行改革奖励耕战的政策以发展农业作为富国强兵的基础，此后历代王朝都采取以农立国的基本国策。历代思想家、政治家对此也多有论述。《论语·宪问》曾追述说："禹稷耕而有天下。"《管子》说："行其田野，视其耕耘，计其农事，而饥饱之国可以知也。"[1]又说："所谓兴利者，利农事也；所谓除害者，禁害农事也。"[2]商鞅变法时明确宣布："国之所以兴者，农战也。""故治国者，其抟力也，以富国强兵也。""国待农战而安，主待农战而尊。""凡僇（努）力本业，耕织致粟帛多者复其身，事末利及怠而贫者，举以为收孥。"

汉兴以后，推行重农抑商的政策，规定商贾子孙"不得仕宦为吏"，"不得衣丝乘车"。[3]汉文帝时曾下诏："农，天下之大本也，民所恃以生也。"[4]东

汉时王符在《潜夫论·务本》中阐述了重本抑末的重要性，他说："凡为人之大体，莫善于抑末而务本，莫不善于离本而饰末。"曹操在《置屯田令》中还从总结历史经验的角度表达了重本对国家兴衰的价值："夫定国之术，在于强兵足食。秦人以急农兼天下，孝武以屯田定西域，此先代之良式也。"[5]以农立国，重本抑末的国策一直贯穿至清朝。农业的基本经济形态，以及以农立国的国策，构建了农本主义的法律传统。

在农业立法中，最重要的是土地立法。中国进入阶级社会以后，土地采取国有制，所谓"普天之下，莫非王土"。[6]至春秋时期鲁宣公十五年"初税亩"，实行履亩而税，标志着国家承认土地的私有权，按土地数量收税。秦统一以后，"令黔首自实田"，在全国范围内确认土地的私有权。随着土地私有权的确立，也出现了土地兼并现象，汉武帝时便有"富者田连阡陌，贫者无立锥之地"[7]的记载。汉以后，晋朝实行占田制，按官品的高下确定占田数量的多少。隋唐实行均田制。唐高祖武德时期的《田令》规定："诸丁男、中男给田一顷，笃疾、废疾给四十亩，寡妻妾三十亩，若为户者加二十亩。所授之田，十分之二为世业，八为口分。世业之田，身死则承户者便授之，口分则收入官，更以给人。"[8]唐玄宗开元七年时《田令》规定："诸给田之制有差，丁男、中男以一顷（中男年十八已上者，亦依丁男给），老男、笃废、疾疾以四十亩，寡妻妾以三十亩，若为户者则减丁之半。田分为二等，一曰永业，一曰口分。丁之田，二为永业，八为口分。"[9]唐初由于隋末农民大起义之后国家掌握大量无主土地，使均田制得以实施，由此带来了家给人足，社会安定，著名的贞观之治、开元之治实源于此。宋代之后，不立田制，不抑兼并。使土地流转加快，自耕农与中小地主的数量均有所增加。

与田制密切相联系的，是垦荒法和赋税法。宋时积极推行垦荒政策，以增加赋税收入和安置流民。法律确认垦荒者享有新垦田的永业权，并以垦荒多少，作为考课地方官吏政绩的标准。明清两代也推行鼓励垦荒的政策，以垦田多少考核官吏，并在刑律中规定了无故荒芜土地的处罚。新垦之田，在一定的年限内免收田赋。

封建国家的赋税以土地税为主，其次是人口税。无论唐朝的租庸调法，还是宋朝的两税法和明朝的一条鞭法，都是以土地税为基础形成的。至清康熙五十二年"滋生人丁，永不加赋"，到雍正初年的摊丁入地，最终将人口税纳入土地税中，完成了税法的重大改革。

除此之外，与农业生产密切相关的水利立法也较为发达。汉时已制定了《水令》。唐《杂令》中也有“诸以水溉田，皆从下始”[10]的规定。明、清律中也都有关于兴修水利设施的规定以及损坏水利设施的处罚，如《大清律例·工律》：“凡不修河防及修而失时者，提调官吏各笞五十。……若不修圩岸及修而失时者，笞三十；因而淹没田禾者，笞五十。”

由于农业生产重在使农以时，因此，古代历法也较为发达。早在夏代已经制订出我国最早的适合农业生产需要的历法“夏正”。古书中说“行夏之时”，表明夏代历法对后世的影响。商代制定的阴阳历，已有了明确的春夏秋冬之分，并设专官掌管历法。周时，《礼记·月令》中也记载了周天子根据农时和节令发布有关农耕的命令和法律。秦时，第一次颁行了全国统一的历法《颛顼历》。汉代，在历法上的杰出成就是制定了《太初历》。其后，南北朝著名的科学家祖冲之制定了《大明历》，唐代有《戊寅元历》和《大衍历》，元代有《授时历》，明代有《大统历》。清代康熙年间聘请西方传教士制定了《康熙永年历》，并由著名历算家梅文鼎著成《古今历法通考》。综上所述，我国古代历法发源早，内容丰富，具有相当的科学性，在当时世界天文历法史上居于先列。这是与我国农业起源早，并以农为立国之本的国情分不开的。正因为如此，法律规定私造时宪历者处以死刑。

此外，为保护耕畜、发展畜牧业和保管粮食，早在《秦简秦律》中，便制定了《厩苑律》和《仓律》，并成为此后农业立法的重要内容。

以农立国的国策对于司法也有重要的影响。《礼记·月令》记载：“仲春之月……命有司省囹圄，去桎梏，毋肆掠，止狱讼。……孟夏之月……断薄刑，决小罪，出轻系。……孟秋之月……命有司修法制，缮囹圄，具桎梏，禁止奸，慎罪邪，务搏执。命理瞻伤，察创，视折，审断。决狱讼，必端平。戮有罪，严断刑。……仲秋之月……乃命有司，申严百刑，斩杀必当，毋或枉桡。”

“文物典章，莫备于唐”的唐朝明确规定了务限法，“诉田宅婚姻债负，起十月一日，至三月三十日检校，以外不合。若先有文案，交相侵夺者，不在此例”。[11]此令对后世有直接影响，《宋刑统·户婚律》“婚田入务”条规定：“所有论竞田宅、婚姻、债负之类，债负，谓法许征理者。取十月一日以后，许官司受理，至正月三十日住接词状，三月三十日以前断遣须毕，如未毕，具停滞刑狱事由闻奏。如是交相侵夺及诸般词讼，但不干田农人户者，所在官司随时受理断遣,不拘上件月日之限。”元朝在《通制条格》中也记载:“自十月一日受理至三月一日住接词状,事关人众不能结绝,候务开日举行。”《大清律例·刑律·诉讼》“告状不受理”条的条例中规定:“每年自四月初一日至七月三十日,时正农忙,一切民词除谋反、叛逆、盗贼、人命及贪赃坏法等重情,并奸牙、铺户骗劫客货,查有确据者,俱照常受理外,其一应户婚、田土细事,一概不准受理。自八月初一日以后方许听断。若农忙期内受理细事者,该督抚指名题参。”

综上所述,中国古代为推动农业生产,以固国本,以裕民食制定了相当细密的农业立法,而且历时悠久,构成了农本主义的法律。

三、专制制度与重刑轻民的法律传统

中国从进入阶级社会建立国家起,便形成了以国王为中心的专制政体。在商周的文献中“予一人”是国王的自称,象征着他所拥有的至高无上的特权地位。有关征伐祭祀等国家活动,都称作“王事”,以示王即国家。

秦统一以后,建立了皇帝制度,从此,专制主义的政治体制一直沿着螺旋上升的轨迹不断强化,直至清朝灭亡。汉儒董仲舒通过“三纲五常”的理论说教构建了一个以皇权为中心的政治与伦理的体系。宋儒更从天理的高度肯定了专制集权的封建秩序。营造了君主专制所需要的思想环境。

在专制制度下,国家的兴衰、民族的命运都系于皇帝一人之身。明末清初,思想家黄宗羲痛感明朝之亡不仅是社稷沦丧,更是衣冠扫地。究其原因,主要在于专制制度的危害。因此,奋笔撰写了《明夷待访录》,猛烈抨击专制制度下君主之危害,揭露了君主“以天下之利尽归于己,以天下之害尽归于人”。为了夺取作为“私产”的国家权力,不惜“屠毒天下之肝脑,离散天下之子女”,美其名曰“为子孙创业”。既得之后,又“敲剥天下之骨髓,离散天下之子女”,供君主一人淫乐,视为当然的“产业之花息”。结论就是:“为天下之大害者,君而已矣。”凡是不以“万民之忧乐”为意的君主,其兴亡只是“一姓之兴亡”而已。在这里,万民之忧乐被置于一姓兴亡之上,说明封建的纲常名教观念经过时代政治风云的猛烈冲击,在黄宗羲思想上发生了一定程度的动摇。

黄宗羲从抨击封建专制制度出发,也旁及秦汉以来确认和维护君主特权的封建法制。他指出:三代以上之法是“公法”,三代以下之法是“私法”,“私法”是基于君主维护世袭特权的愿望而制定的,它是君主特权的产物,是束缚天下人手足的桎梏,是“非法之法”,这种法“愈密,而天下之乱即生于法之中”。他要以天下之法取代君主一家之法。在清初君主的淫威笼罩一切的专制统治下,黄宗羲公然以君主为天下之大害,其抨击的激烈,确如惊雷骇电,猛烈震荡黯然窒息的思想界,起着振聋发聩的作用。

晚清时期,为戊戌变法而牺牲的谭嗣同,也是专制君权的猛烈抨击者,他谴责帝王们视天下为“私产”,“竭天下之身命膏血,供其盘乐怠傲”,以“酷毒不可思议之法”去残害百姓。他特别抨击专制君主为维护自己的宝座而“首禁更张”,利用“躁妄喜事”的罪名反对任何改革,以致百端弛废,因此,他痛斥专制皇帝是“独夫民贼”,专制政治是“黑暗否塞,无复人理”,进而提出了“诛独夫”,“废君统”[12]的激进主张。

然而,封建的专制制度不仅存在了两千余年,而且还不断强化,这不是偶然的,统一的军队和统一的官僚机构是专制制度的两大支柱。不具备这两大支柱不可能建立起专制制度,虽具备这两大支柱,但不够强大也不可能建立起稳固的专制制度。元世祖说得好:“中书(最高行政机关)朕左手,枢密(最高军事机关)朕右手。”表示他对这两大支柱的依赖和重视。在专制制度下重公权轻私权,作为“治世之具”的法律以稳定国家的统治和维护至尊的皇权为第一要务,因此在法律体系的构建上以刑法为主,形成了重刑轻民的法律传统。重刑轻民的表现首先是以刑法典为国家制定法的主体。

在古代文献中,法即是刑,刑即是法,二者不仅在概念上同义,在内涵上也有相通之处。《尔雅·释诂》载:“刑,常也,法也。”至于法的功能,先秦思想家多有论述,尤其是法家从以法治国的需要出发,对法的功能和作用进行了较为充分的论证。管子从历史进化论的角度阐述了法出现的原因,即“法者,所以兴功惧暴也;律者,所以定分止争也”。[13]韩非在论述古代刑法的作用时说:“矫上之失,诘下之邪,治乱决缪,绌羡齐非,一民之轨,莫如法;厉官威民,退淫殆,止诈伪,莫如刑。”[14]以法“禁暴止奸”的观点,对整个古代社会有着深远的影响。封建末世的清世宗在遗诏中便说:“国家刑罚禁令之设,所以诘奸除暴,惩贪黜邪,以端风俗,以肃官方者也。”[15]

据史书记载:“夏有乱政,而作禹刑;商有乱政,而作汤刑;周有乱政,而作九刑。"[16]周穆王统治时期又命吕侯制定《吕刑》。上述《禹刑》《汤刑》《九刑》《吕刑》,一脉相承,都是把治"乱政"即维护国家统治,作为制定刑法的动因。战国时期魏国李悝"集诸国刑典,造《法经》六篇","商君受之以相秦"。说明《法经》在中国法制史上具有重要的地位,成为封建法典的法源。后世相继制定的《秦律》《九章律》《魏新律》《晋律》《北齐律》《开皇律》《贞观律》《永徽律》《宋刑统》《大元通制》《大明律》《大清律例》,尽管名称、结构有所变化,内容不断充实,但基本上都是"以刑为主"的刑法典,正如《唐律疏议·名例篇》所说:"律之与法,文虽有殊,其义一也。"可以说中国悠久的立法史最基本的是刑事立法史。

与刑法典的发展状况相适应,刑法的适用原则也极为丰富。在以唐代为例总结历代经验的基础上,刑法原则渐趋定型,概括如下:

其一,特权者犯罪享有议请减赎之法。议,指八议,是保护封建贵族官僚减免刑罚处分的特权规定。其具体内容是:议亲、议故、议贤、议能、议功、议贵、议勤、议宾。凡属八议范围以内的贵族官僚,除十恶外,流罪以下减一等,死罪则根据其身份和犯罪情节由官吏集议减罪,报请皇帝批准。八议之制源于《周礼》,《唐律疏议》说:"今之'八议',周之'八辟'也。礼云:'刑不上大夫',犯法则在八议,轻重不在刑书也。其应议之人,或分液天潢,或宿待旒扆,或多才多艺,或立事立功,简在帝心,勋书王府。若犯死罪,议定奏裁,皆须取决宸衷,曹司不敢与夺。此谓重亲贤,敦故旧,尊宾贵,尚功能也。"但"其犯十恶者,不用此律"。表明当八议与国家利益冲突时,则服从国家利益。除八议外,唐律中还有"请""减""赎""官当""免官"等减免贵族官吏及其亲属犯罪的规定。

其二,划分"公罪""私罪"。早在秦律中,已有公罪和私罪的初步划分。唐律则明确规定,公罪即官吏"缘公事致罪,而无私曲者";私罪即官吏"不公事,私自犯者",或者"虽缘公事,意涉阿曲……受请枉法……屈法申情"。私罪一般是官吏以权谋私的故意行为所造成的,故处刑从重。公罪处刑减轻。但无论公、私罪都允许官当抵罪。区分公罪私罪的目的在于严格官吏职守,加强对赃官的打击,维护国家利益。

其三,共犯区分首、从。按唐律,共同犯罪以造意者亦即主谋者为首犯,处重刑。随从者为从,减轻一等。对于斗殴之类的共犯,以下手重者为重罪,如分不清轻重,则以谋首为重罪。若家人共犯,只坐尊长。但谋反、谋大逆等重大犯罪则不分主从一律治罪。

其四，良贱区别处刑。良，指良人；贱，指未列贱籍的奴婢等。以良犯贱依法可减轻或不予处刑，以贱犯良则较常人加重处刑。此外，卑幼对于尊长、奴婢对于主人，即使预备犯罪也按构成真罪处理。

其五，老幼废疾减刑。凡年在七十以上、十五以下及废疾（痴哑、腰脊折、一肢废等），流罪以下，可以赎罪。但加役流、反逆缘坐流、会赦犹流者除外。八十以上、十岁以下及笃疾（恶疾、两肢废、两目盲等），犯死罪可以上请减免，一般盗或伤人可以赎罪，余皆勿论。九十以上、七岁以下，虽有死罪不加刑。犯罪时未老、疾，事发时已老、疾者，依老、疾处理。犯罪时幼小，事发时已长大，依幼小处理。实际经验证明，这一类人对于社会的危险性不大，从宽处理不仅不会影响到国家与社会的稳定，而且还可以借此渲染恤刑与人道主义。

其六，并合论罪从重。按唐律，“二罪以上俱发，以重者论，屡发而重者，合并论罪”。如一罪先发并已作出判决，而后又发现余罪，如罪刑相等，维持原判，不等，则从重罪更行改判，以加强对严重犯罪的打击。

其七，类推。凡“断罪无正条，其应出罪者，则举重以明轻，其应入罪者，则举轻以明重”。而且明确规定，“犯状既多，故通比附”。类推原则的适用取决于司法官的法律意识和利益追求。为了防止滥用类推，特别规定“诸制敕断罪临时处分不为永格者，不得引为后比。若辄引致罪有出入者，以故失论”。但是，转相比况的结果使得法网更加严密，也更便于司法官吏借此谋私。

其八，化外人有犯的处理原则。由于唐朝同周围许多国家有频繁的贸易关系，当时居住和往来中国经商的天竺、波斯、中亚、南洋及犹太人大约十余万人。为了调整在贸易或相互间发生的纠纷，唐律规定，“诸化外人同类自相犯者，各依本俗法，异类相犯者，以法律论”。所谓化外人，《唐律疏议》解释为“蕃夷之国”之人。按唐律，凡属同一外国之人间的诉讼，依其本国法律处理。不同国人之间的诉讼（包括同中国人的诉讼），根据唐律加以裁判，这个原则既尊重外国人所属国家的法律，又从审判的角度维护了司法主权。

封建时代的注释法学其实就是刑法学，它代表了由唐迄清法学的主要成就。《秦简》中法律答问是官方注律之作，对于刑名的确定、刑罚的尺度、罪与非罪的判断都作出了解释，代表着早期的注律水平。两汉时，私家注律开始流行，儒家大师既讲经也注律，律学成为经学的附庸。不仅如此，说经解律还开拓了一条引礼入法的路径。魏晋时，复由官府掌握注律，并且逐渐摆脱对经学的附庸，从法理上注律，取得了极大的成就。唐《永徽律》制定后，奉命纂写的疏议是官方注律之大成，为执法者提供了极大的方便，也代表了刑法学、刑事诉讼法学的成就，不仅对后世影响深远，也蜚声当时的世界。至清朝，为了在广大疆域内统一适用《大清律例》，提倡官、私并举注律。上至大学士、刑部尚书，下至州县长官，竞相注律。尤以刑名幕友构成了一支私家注律大军。注律成果之丰、形式之多样，均超过历代。正是由于重刑轻民的传统使然，才使注释刑律的律学辗转相承，各领风骚。如果说罗马以私法学著称于世，那么，中国古代的私法学也当之无愧地傲然于世。

总括上述，重刑轻民的法律传统的形成，是有多种原因的，但主要是由专制制度所造成的。在专制主义的政治体制下，统治者以维护君权和国家统治为首要任务，对于民间的财产纠纷则视为“细事”“细故”，因此着重思考的是制定打击危害君权和国家统治的刑法，以减少各种犯罪；至于民事法律，除国家制定必要的条款外，更多的是赋予形式多样、流行宽广、且具有一定权威性的习惯法以实际的民事调整功能，借以保证社会的有序、国家的安定。

以上可见，“重刑”造成了刑法的发达状态；至于“轻民”，其并非完全漠视民事法律的调整作用，而是指刑事与民事在立法比重上的差异，以及统治者对刑法的着眼在于维护公权力，而对民法的着眼点则不过是调整民间细事。

除此之外，在漫长的封建社会，由于自然经济结构占统治地位，商品经济不发达，尤其缺乏法律上的私人平等，因而妨碍了民事法律的发展。以致终封建之世没有出现一部集中的民法典。但这并不等于在封建的法律体系中完全没有民事法律规范。统治阶级对于与其切身利益相关的财产关系，不可能漠不关心。事实上从唐律以来的刑法典中有关户婚、田土、钱债等部分，都含有纯粹的民事法律条文，否则便不能称之为“诸法合体”了。由于各种各样的习惯法、礼俗、家法族规与国家制定法相配合，形成了一个实际起作用的多元的民事法律渊源。自宋以后，随着商品经济的发展，单纯的民事法律条文不断增多，而且具有不断发展的趋势，即使没有西学东渐，输入西方的民法文化，中国本土的民法也会迎来自己的时代。

四、伦常关系与伦理法传统

中国古代是沿着由家而国的途径进入阶级社会的，因此宗法血缘关系对于社会和国家的许多方面都有着强烈的影响，宗法与政治的高度结合，造成了家国一体、亲贵合一的特有体制。早在西周初期，以尊尊、亲亲为核心内容的宗法血缘关系已然制度化，宗法制度被赋予浓重的政治色彩。家是国的缩微，国是家的放大，国家的组成、政治结构与国家活动，都以贵族的宗法血缘与政治的二重原则为依据。进入封建社会以后，宗法制度的政治属性有所淡化，但宗法的精神、原则依然具有较强的约束力，特别是儒家三纲五常的理论说教，使伦常关系成为最重要的社会关系，受到法律与道德的双重维护。儒家提倡的人伦是指君臣、父子、夫妇、兄弟、朋友，故又称五伦。五伦被认为是恒久不变的“常道”，故又称为伦常。五伦仁、义、礼、智、信五常相结合，构成了最重要的社会关系及应当遵守的道德准则。《孟子·滕文公上》说：“使契为司徒，教以人伦：父子有亲，君臣有义，夫妇有别，长幼有序，朋友有信。”嵇康《与山巨源绝交书》中说：“又人伦有礼，朝廷有法。”

为了用法律的形式维护和调整伦常关系，伦理法的传统得以形成，并成为封建法律体系中的重要组成部分。

在伦理法中，维护君权和父权是最主要的内容。宋代理学家程颐说：“父子君臣，天下之定理，无所逃于天地之间。”[17]早在周朝便形成了“君亲无将，将而诛焉”的法律适用原则。《春秋公羊传·庄公三十二年》，颜师古对“将”注曰：“将有其意义。”亦即君亲至上，卑幼不得对君亲有犯罪之心，否则即诛之。

隋唐时期，出现了“十恶”的罪名。凡属危及皇帝人身，亵渎皇权尊严等的一系列行为均构成“大不敬”罪，是“十恶”重罪之一，犯之者严刑不赦。为了膨胀皇帝的无上权威，也借助父权，将父权引入行政领域。《汉书·鲍宣传》说：“陛下上为皇天子，下为黎庶父母。”同时鼓吹移孝为忠，强调“故以孝事君则忠”，以致君父连称，即使“亲民之官”的州县官也被称为父母官。马克思曾经准确地指出：“正如皇帝通常被尊为全国的君父一样,皇帝的官吏也都被认为对他们各自的管区维持着这种父权关系。"[18]

为了维护父权,"不孝"罪是"十恶"之一。此外,还从各方面确保父权制的家长制家庭。《礼记》说:"天无二日,土无二王,家无二主,尊无二上。"[19]法律确认父系家长对家内财产的支配权,《唐律疏议》规定"卑幼私辄用财",十匹笞十,每增十加一等,罪止杖一百。明清律中"卑幼私擅用财",二十贯笞二十,每增二十加一等,罪止杖一百。卑幼典卖家财,法律认定无效,其卑幼及牙保人等并于重处。法律还严禁父母在,子孙"别籍异财",以此种行为有亏侍养之道,大伤亲心,因而列为"不孝"罪之一,处罚较私擅用财为重,宋律处徒三年刑;明清律杖一百。子孙如殴祖父母、父母"皆斩","杀者,皆凌迟处死"[20]。

家长还握有对子女的主婚权和教令权。父母之命是缔结婚姻的要件之一,无父母之命的婚姻无效。父母还握有对子女的教令权和送惩权,即请求官府代为惩戒,直至处死。卑幼如侵犯亲权,则加重处刑。

国家在赋予家长以统治家属成员种种特权的同时,也要求他们对国家承担更多的义务,有些犯罪只罪家长。特别是在社会动乱时期,要求家长对国家的稳定发挥更大的作用。明代王阳明在镇压农民起义时,便明令该地区的家长严格约束子弟,做到"德义相助,过失相规""小心以奉官法,勤俭以办国课"[21]。清末曾国藩在镇压太平天国运动时,还发给湖南地区大家族的族长们以"钤用关防"的族团执照,允许他们掌握部分地方武装,以随时拘捕、刑讯以致屠杀敢于造反的族人。所谓"以一族之父兄,治一族之子弟"。[22]可见家长制家庭是封建国家进行经济剥削和政治压迫的纽带,是撑持专制主义统治的社会基础。由此便不难理解,为什么历代封建统治者都有意识地以法律来维护伦理关系,使伦理关系法律化,以确保父权的统治地位。

为了维护伦常关系,法律允许一般犯罪"子为父隐,父为子隐"外,也允许"夫匿妻,妻匿夫;大父母匿孙,孙匿大父母",对此种隐匿行为如何处理须"上请廷尉以闻",[23]或免罪或减罪借以稳固血亲关系的纽带。在重伦常关系的家长制家庭中,夫权也受到法律的维护,以示夫妇有别;它如兄友弟恭,朋友相交有信,在伦常关系中的地位虽稍逊于君臣、父子的伦纪,但同样是伦理法的重要内容。凡属恶逆、不孝、不义、不睦、内乱等严重犯罪皆属"十恶"大罪,不仅由法律予以严惩,也为道德所贬斥。

综上可见，伦理法是产生于中国文化土壤上的具有鲜明特征的法律传统，它以法律的强制力维护君权、父权、夫权为主要内容的伦常关系，其调整的范围不断扩大。在伦理法的作用下，法律义务与道德义务相统一，亲情义务逐渐演化成法律义务，伦常关系逐渐演化成主要的社会关系，法律与道德互相支撑，各自强化了所拥有的约束力。伦理法之所以经历了漫长的发展过程，不断趋于完备，主要是巩固封建专制制度的需要。其次，也与农业自然经济形态密切相关。因为父权家长制家庭实际上是一个生产单位，家长的权力正是为了维持再生产所必要的。再者，儒家的伦常学说也为伦理法提供了理论基础，并注入了礼的因素，使某些道德规范法律化了。伦理法作为一个悠久的法律传统确实有它社会的、历史的和文化的根源，所起的作用不容忽视，所积累的经验值得总结。

五、血缘地缘关系与习惯法传统

中国古代在宗法制度作用下，出现了聚族而居的现象，同一个村落往往同族同姓，长期共同营建经济生活，维持族的繁衍与发展。除此之外，由于从事自给自足的农业生产方式具有保守性，又形成了安土重迁的观念，世代居住在同一地域，从而又形成了长久的比邻而居的地缘关系，并与稳定的血缘关系联系在一起。著名的社会学家费孝通曾经指出："血缘是稳定的力量。在稳定的社会中，地缘不过是血缘的投影，不分离的。"[24]由于血缘与地缘的紧密结合，既是同族，又是邻右，构成了一个个相对稳定的共同体。宋代《名公书判清明集》中说："大凡乡曲邻里，务要和睦。纔自和睦，则有无可以相通，缓急可以相助，疾病可以相扶持，彼此皆受其利。"[25]

在政治经济发展不平衡的古代中国，基于稳定的血缘地缘关系形成的大大小小的村落，散布在广袤的中国大地上，尤其是经济不发达，人口也很少流动的地区，或者是少数民族聚居区。这些闭塞的村落或民族聚居区，往往是国家制定法难以覆盖的角落，因而为习惯法的存在提供了空间。

在较为闭塞的村落或民族聚居区，居民的生产与生活如何维持，群体的秩序如何建立，相互间的矛盾与纠纷如何解决，对财产的侵犯与人身的伤害如何制裁等，都需要依靠约定俗成的规则。这些规则有些是成文的习惯法，有些是不成文的习俗，其形式或为家法族规，或为乡规民约，或为祖宗遗训。它们是经历了漫长的发展过程形成的，是集体意志与利益的体现，因而被自觉地遵守，具有较高的权威与约束力，得以长期存在和不断发展。这种行之悠久的习惯法与习俗，实际上也是古代法律体系的一个不可忽视的部分，是与国家制定法并存的法律传统之一，它的存在有其合理性与必然性。正因为如此，晚清起草民商律时，进行了大规模的习惯调查。

除此之外，稳定的血缘地缘关系也为社会的和谐提供了条件。相互间发生的民事纠纷或轻微刑事案件多用调解的方式解决，很少诉诸司法。早在汉代便已出现调解息争的事例，因其有助于减少讼累并增进社会和睦，故而不断发展。宋时，调解息讼屡见于史书。至清代，调解息讼不断规范化，虽不见于法律规定，但却为地方官所推行。清代的调解分为堂上调解和堂下调解，前者由州县官当堂调解，后者多为宗族调解、基层乡保调解和邻右调解。由于调解者与被调解者或为亲族关系，或为邻里关系，多为相近相识之人，因此有利于了解事端，调解息讼。在这个过程中，习惯法起着重要的作用，但如调解不成也允许告官申理。

以上可见，习惯法不仅是控制村落社会的重要手段，也是调解各种矛盾与纷争的重要依据，它是淳朴的、简洁的，但又是有效的和具有权威的。由于获得群众的尊重而成为了一个历时长久的习惯法传统。这个传统值得国家立法者的重视。至于少数民族聚居地区的习惯、习俗则是维持这个民族生存、繁衍与发展的必要条件。清朝，在对待民族的立法中实行援俗而治的政策，既尊重民族习惯法，又注意与国家制定法的精神相契合，这是颇为成功的经验。总之，历史悠久的习惯法传统，应当给予尊重。凡是存在的都是有条件的具有合理性的，何况有些习惯法也经历了不断淘汰、不断丰富的历史锤炼。

六、多民族的国家结构与多元一体的法律传统

早在公元前2世纪秦并六国便形成了统一多民族国家，由此，中国的疆域、中国的物质文明和精神文明，便由中华各族共同开发、共同创造，其中也包括中华法制文明的创制。

自上古迄至先秦，是中国各民族融合与统一基业的发端。以华夏族为主干，融入了古史所称东夷、南蛮、西戎、北狄等部族，形成了一个颇具规模的民族共同体。正是由于民族融合的成功，才出现了秦汉时代统一强盛的封建帝国。在这个过程中也开始了各族法律智慧最初的交融。史载：在华

夏族创制法律之前，活动在长江流域的三苗，便已开始制定法律，所谓“苗民弗用灵，制以刑，爰始淫为劓、刵、椓、黥，越兹丽刑并制，罔差有辞”。[26]古文献的记载得到了地下遗存的证实。三苗活动的地域较之华夏族活动的黄河流域更适于原始的农业耕种，因此很早便出现了财产私有和贫富分化。杜预在注《左传》时指出：“贪财为饕，贪食为餮，是三苗也。”[27]正是为了压制被剥削者的反抗，出现了最早的刑罚。其后黄帝联合炎帝战败三苗，灭其族而用其刑，使三苗的刑制发展成为整个夏商周三代通行的刑制墨、劓、刖、宫、辟，并沿用至汉初。这说明早期的中华法制文明便是各族法律智慧交融的结果。

西晋末年开始的“五胡内迁”，在中华民族的大家庭中，又融入了匈奴、鲜卑、氐、羌、羯等诸民族，同时也是民族立法发达的时期。特别是鲜卑族统治的北魏时期，迅速由习惯法过渡到成文法阶段，并在汉族思想家和律学家的帮助下，以“齐之以法，示之以礼”[28]为指导思想，在太和五年颁布了著名的《太和律》。这部律典既融汇了汉、魏、晋以来儒家的法律思想与立法成就，同时也保留了某些元魏旧制，可以说是这个时期游牧民族与农耕民族大融和在法文化上的产物。北魏以后，《北齐律》创立的体例、刑制和主要罪名与隋唐律的传承关系十分明晰。正是由于各民族坚持不懈地进行法制的创制和法文化的交流，才有隋唐时期中华法系的成熟与定型。

隋唐时期建立在祖国边陲的吐蕃、突厥、南诏等地方民族政权，各自都有着一套行之有效的法律体系。尽管这些法律带有浓厚的地域色彩，并杂有民族习俗和宗教规条，但是不可否认，它们都包容在中华大法苑中，都是中华法制文明的重要组成部分，都体现了这些少数民族对法制的重视、思考和创制。

宋朝是面临民族问题最多的朝代，统治者非常重视运用法律的手段调整与西北番族的关系，制定了《番官法》《番兵法》《番丁法》《茶马法》等法规。在宋朝统治期间，契丹族、党项族、女真族先后崛起，建立了辽、西夏、金等国，分别制定了既吸收中原地区传统法律文化，又具有各民族特色的辽《重熙新定条例》、金《泰和律义》、西夏《天盛改旧新定律令》等。

有宋一代既是民族对立纷争的时期，也是民族不断融合的时期。特别是民族立法呈现出前所未有的发展态势，成为中原汉族法律文化影响下法文化融合的新产物，构成了中华法制文明的特定组成部分，并成为继起的元朝法制建设的历史渊源。

至元朝，建立了以蒙古少数族为主体、蒙古贵族领导下的全国性统一政权。元朝的法制在传承唐宋律、金律并参以国制的基础上，形成了具有某种民族特色的一代法制。譬如，立法形式的特殊性、刑制的变革、对监察制度的强调、民事诉讼制度的发展等。

清朝于关外肇基时期便注意吸收明朝先进的法制，建设后金（清）的法制，并在汉臣的帮助下形成了“参汉酌金”的立法路线。崇德六年（1633年）文馆大臣宁完我提出：“参汉酌金，用心筹思，就今日规模，立个《金典》出来。”[29]“参汉酌金”为皇太极所肯定，成为他进一步推行民族法文化融合的指导思想。

清朝入关以后，更将参汉酌金的立法路线推行到全国。顺治三年制定的《大清律集解附例》其实是大明律的翻版。随着汉满法文化交流的深化，至乾隆五年修订的《大清律例》，除某些确认满族权益的特殊规定外，实质上已经成为与唐明律相同的正统封建法典。

特别需要指出的是，以满洲贵族为主体的清朝政权，十分注重对少数民族地区的立法调整，制定了著名的《理藩院则例》《回疆则列》《西藏章程》《苗疆条例》等，是民族立法之集大成者，丰富了中华法文化的内容。

综上可见，在中华法制文明的发展过程中，华夏族与少数族都作出了自己的贡献。在中华民族的大家庭中，各族之间是开放的，各族法文化是相互交流的，经过交流而渐趋于融合，最终丰富了以汉族为主体的中华法文化。可见，无论中华法文化的形成还是发展，都具有多元一体的特性。这首先是因为某些少数族由游牧文化、渔猎文化逐渐向农耕文化过渡，从而为多元一体的法文化奠定了经济基础；其次统一的中央集权的国家制度，为多元一体的法文化的形成提供了政治条件；最后汉族法文化不仅具有先进性和包容性，而且还表现出巨大而长久的凝聚力、融合力和同化力。各族的法文化成就最终都融入了以汉族为主体，以儒家思想为指导的法文化中去，成为构成中华法文化的重要因子。

在这个过程中，一些有作为的少数族的政治家、思想家也起了推波助澜的作用。例如，北魏孝文帝在法制“用夏变俗”上，煞费苦心地亲自选律，史书说：“孝文用夏变俗，其于律令，至躬自下笔，凡有疑义，亲临决之，后世称焉。”[30]没有孝文帝积极推行汉化的政策，就不可能有北朝的法制建树。

金世祖在位期间对法律进行了系统修订,完成《大定重修制条》十二卷,一千一百九十条,由于大定以来“尽行中国法”[31],这部法典更多地融入了汉法。章宗统治时期金朝社会经济发展、政治稳定、民族融合,儒学本体的汉文化已为女真人普遍接受。章宗彻底推行了汉化政策,他在法制上总结经验,在权衡汉蕃法律杂糅利弊得失的基础上,更多地引进唐宋律,造就了金朝辉煌的法制文明。

元世祖在汉臣的建议下,在即位诏书中,明确宣布“祖述变通”的治国方略,“祖述”指“稽列圣(祖宗)之洪规”,“变通”指“讲前代(中国)之定制”。[32]由此而形成了特色鲜明的元朝法律体系。

统一多民族的国家结构为多元一体的民族法传统提供了载体,多元不仅不妨碍一体,而且是构成一体的因子;一体也不否认多元的价值,相反在不同程度上加以认定和吸收,从而获得自身的丰富。多元一体的民族法传统,符合中国的实际国情,有利于发挥各族的积极性,既加强了民族大家庭的和睦,又巩固了统一多民族的国家统治。

七、儒家思想与德主刑辅的法律传统

春秋战国时期百家争鸣,儒、墨、道、法诸说并存,各有自己的法学体系,可以说中华法文化的源头也是多元的。但由于儒家思想更适合于封建国家的统治和中华民族的心理状态,因此至汉武帝时“罢黜百家,独尊儒术”,使儒家思想占据了统治地位。武帝以后,宣帝实行“外儒内法”“霸王道杂之”的政策,使儒法逐渐合流并向着儒家独尊的方向发展。在儒家思想主导下形成了德主刑辅、德礼为本、刑罚为用的法律传统。

儒家学说的奠基人孔子是以祖述尧舜宪章文武周公自诩的,儒家学派的德主刑辅的法律传统也可以说是导源于周公明德慎罚思想的。

周灭商后,杰出的思想家、政治家周公旦认为商朝末代国王纣重刑辟、滥杀无辜,从而招致奴隶与贫民的群体反抗终至自焚身死。商亡的教训,使周统治者开始重视小民对于政权兴废的作用,提出了明德慎罚的治国方略。他在《尚书·康诰》中指出:“惟乃丕显考文王,克明德慎罚。”所谓明德就是尚德、敬德,所谓慎罚,就是刑法得中。明德慎罚的着眼点在于重民,由商朝的宣扬天罚到周初的明德慎罚,表现了民的价值和法制文明的进步。明德是施刑的指导思想,慎罚是用刑的态度。《尚书·吕刑》说:

“惟敬五刑，以成三德。”表明只有审慎用刑，才能实现德的主宰地位。周公以德为号召以及所施行的一系列措施，缓和了社会的矛盾，招徕了四方诸侯的宾服，给周带来了新的气象，并且开创了数百年的基业。

在周公明德慎罚思想影响下，孔子提出：“为政以德，譬如北辰，居其所而众星拱之”[33]，孔子又说：“道之以政，齐之以刑，民免而无耻；道之以德，齐之以礼，有耻且格。”[34]为了实现慎刑达到刑法得中的目的，孔子主张兴礼乐，他说：“礼乐不兴，则刑罚不中，刑罚不中，则民无所措手足。”他还说：“君子怀德，小人怀土，君子怀刑，小人怀惠。”[35]以德作为区分君子、小人的标准。孟子也说：“以德行仁者王，……以德服人者，中心悦而诚服也。”[36]他特别提出“民为贵，社稷次之，君为轻”的著名思想来论证为政以德的必要性。

至汉代，汉儒董仲舒大肆宣扬德治，进而论证了德刑关系，为德主刑辅的法律传统提供了理论依据，他说：“以德为国者，甘于饴蜜，固于胶漆，是以圣贤勉而崇本，而不敢失也。”[37]由于董仲舒认为“天地人，万物之本也”，因此他所说的“崇本”反映了以人为本的人本思想，由此而追求以德为舆论准备的仁政。他告诫人君，要以施仁政为目标，“修孝悌敬让，明以教化，感以礼乐，所以奉人也”。[38]正是着眼于德在治国中的实际效用，故此后德的治国位置列于礼之上。

在德刑关系上，董仲舒鉴于秦“师申商之法，行韩非之说，憎帝王之道，以贪狼为俗，非有文德以教训于天下”，因而导致“群盗并起。是以刑者甚众，死者相望，而奸不息”，“十四岁而国破亡矣”。[39]提出了“大德而小刑”的命题，并从阴阳五行学说加以论证。“天道之大者在阴阳，阳为德，阴为刑，刑主杀而德主生。是故阳常居大夏而以生育养长为事，阴常居大冬而积于空虚不用之处，以此见天之任德不任刑也。……王者承天意以从事，故任德教而不任刑。刑者不可任以治世，犹阴之宵可任以成岁也。为政而任刑，不顺于天，故先王莫之肯为也。”[40]《汉书·酷吏传》颜师古注曰：“论语载孔子之言也。格，至也。谓御以政刑，则人思苟免，不耻于恶；化以德礼，则下知愧辱，而至于治也。”

经过董仲舒与其他汉儒关于德治与德刑关系的论证，大德小刑，阳德阴刑，先德后刑成为汉以后中国法制发展的一条主线，为封建社会德主刑辅的正统法律思想奠定了理论基础。

历代对于德礼为本，政刑为用，综合治国的论证不绝如缕：

《晋书·四夷列传》说："经国者，德礼也；济世者，刑法也。二者或差，则纲维失绪。"

唐初《贞观政要》有以下记载："道之以礼，务厚其性而明其情。民相爱，则无相伤害之意，动思义，则无畜奸邪之心。若此非律令之所理也，此及教化之所致也，圣人甚尊德礼而卑刑罚。"[41]"盖政者为治之具，刑者辅治之法；德礼者，出治之本，而德又礼之本也。后世之为治者，德礼有愧，教化不先，非惟德礼不能使民有耻且格，而政刑亦不能使民免而无耻矣。甚而至于罪丽于十恶尚忍言之哉。"[42]

唐代著名的古文大家韩愈在《潮州请置乡校牒》中提出："孔子曰：'道之以政，齐之以刑，民免而无耻。'不如以德礼为先，而辅以政刑也。"

著名的《唐律疏议》在名例篇中宣布"德礼为政教之本，刑罚为政教之用"，并以自然现象的"昏晓阳秋"来比喻德礼刑罚之密切联系、永恒运行、互补互用而不少变，所谓"昏晓阳秋，相须而成者也"。

宋时被理学家朱熹称赞为"无书不读""无物不格"的陈淳，对德礼政刑综合治理的价值，作了充分的论证。他说："政者为治之具。若法制禁令，凡听断约束之类，是也刑者。辅治之法，若墨劓剕宫大辟鞭扑之类是也。以政先示之，则民有所振厉而敛戢矣。其或未能一于从吾政者，则用刑以齐一之。俾强梗者不得以贼善良，而奸慝者不得以败伦理。故民亦畏威革面，不敢为恶，以苟免于刑罚，然无所羞愧，则其为恶之心未亡也。德礼者所以出治之本，而德又礼之本，乃吾躬行之所实得者，若孝悌忠信之类是也。礼则制度品节，若冠昏丧祭之仪是也。以己德先率之，则民有所观感而兴起矣，而其浅深厚薄之不一，则明礼以齐一之。俾之周旋浃洽，良心日萌，自将愧耻于不善，而又有以格至于善也。是四者功用之不同，而皆不可以偏废。若专务德礼，而不用政刑，则徒善不足以为政。专用政刑，而不务德礼，则又徒法不能以自行。"[43]

朱熹对此也有所论证，他说："谓政刑但使之远罪而已，若是格其非心，非德礼不可。圣人为天下何曾废刑政来？""不可专恃刑政，然有德礼而无刑政又做不得。"[44]"圣人亦不曾徒用政刑。到德礼既行，天下既治，亦不曾不用政刑。故书说刑期于无刑，只是存心期于无，而刑初非可废。"[45]"愚谓政者，为治之具。刑者，辅治之法。德礼则所以出治之本，而德又礼之本也。此其相为始终，虽不可以偏废，然政刑能使民远罪而已，德礼之效，则有以使民日迁善而不自知。故治民者不可徒恃其末，又当深探其本也。”[46]

明丘濬说：“有政刑而无德礼是谓徒法，有德礼而无政刑是谓徒善，为政之道，于斯四者诚不可以缺一者也。”[47]

德主刑辅作为正统的法律思想，其影响是深远的。直到鸦片战争发生前夜，地主阶级改革派龚自珍、包世臣、魏源等还针对清朝嘉庆以后一味繁法滥刑、屠杀无辜作为救弊之道，因而有针对性的发出了德主刑辅的呐喊，认为只有以德为主、辅之以刑才能正人心，促使社会稳定。龚自珍说：“全德不恃力，莫肯不服。”[48]他认为一个王朝的治乱最根本的在于人心，因为人心是“世俗之本”，而世俗又是“王运之本”，如果人心亡，世俗坏，则“王运中易”，国家难免于危亡。为了正人心，需要弘扬德教，他举西汉初为例，自朝廷以至地方守吏“皆有移风易俗之权”，而不以刑狱唯尚，卒致“户口蕃息，风俗淳厚”。

包世臣也认为正是由于德教不兴，官吏缺乏廉耻之心，曲法残民，无所不至，才招致民怨沸腾，国运衰微。他说：“人而无耻，惟利是趋，无所不至。是故吏无耻则营私而不能奉令，士无耻则苟且而不畏辱身，民无耻则游惰敢于犯法。”[49]

魏源认为德教重于刑名，是治国的上策。他说：“圣人在上，以《诗》、《书》教民，以礼乐化民。”[50]如果不重视教化而专任刑罚，只能使仁义退，世风日下，欲求治反而致乱。

至晚清修律时，修律大臣沈家本也说：“以德礼是制治之原，不偏重乎法，然亦不能废法而不用。”[51]

综括上述，德主刑辅综合治国的法律传统是古人从国家统治的实践经验中创制出来的。治理国家既不可只凭德礼，也不可以专用刑罚，而必须本用结合，综合为治。唐人以昏晓阳秋的自然现象，来比喻德礼刑罚的永恒联系，表现了极高的认识水准。明太祖建国之初，以“吾治乱世，刑不得不重”[52]的原则，实行重典治赃吏，虽然收到一时的效果，却并未能杜绝犯罪，以至于发出“欲除贪官污吏，奈何朝杀而暮犯”[53]的感慨。洪武三十年《大明律》修成后，他总结三十年的统治经验，得出“朕仿古为治，明礼以导民，定律以绳顽”、使“猛烈之治，宽仁之诏，相辅而行”[54]的道理，强调“礼乐者，治平之膏粱；刑政者，救弊之药石”，惟有“以德化天下”，兼“明刑制具以齐之”[55]，才能使得国家实现长治久安。

德主刑辅的法律传统，是古人智慧的结晶，具有超越时空的价值：

以德化民导民向善，而非专用刑罚以法刑人。发挥法律止恶劝善的功能，实现明刑弼教的作用。

执法原情使法与情协，法理情三者统一。增强民众遵守法律义务与遵守道德义务的观念，减少适用法律的阻力。明慎用刑使得执法的标准，用刑的幅度，于德以为出入，减少刑罚的冤滥，达到法致中和。

轻微的刑事案件和民事案件以和解为主，借以和息争讼，即可减少当事人的讼累，也有助于和睦相处。

发挥德与刑二者不同的治世作用，缔造和谐社会，谋求国家稳定，是具有借鉴意义的历史经验。不仅如此，德主刑辅综合治国的经验还是中国古代法理学的重要内容，具体表现为：

其一，礼治、德治、法治相互连结，体现了以人为本仁政为先的政治观与兴礼乐致中和，明刑弼教的法律观的统一。四者（指德礼政刑）达则国兴，四者乱则国危。

其二，德主刑辅，明刑弼教，前者体现了中华民族以人为本的重德的精神，后者说明了施刑不以惩罚为目的。以德为主不仅主导刑罚的运行方向，更着眼于建设仁政。所以孟子才敢自豪地宣言：“以德行仁者王，……以德服人者，中心悦而诚服也。”[56]正因为有这种理论的指导，所以古代中国法制从不偏狭而局限于严刑峻法。以刑为辅并非忽视刑罚的作用，而在于既惩恶又劝善，使法律义务兼顾道德义务。引礼入法使道德法律化，法由惩恶而兼弼教；以法附礼，使法律道德化，出礼而入于刑，体现了中国古代刑法学的价值取向以及独树一帜的道德观和法律观。

其三，以昏晓阳秋的自然现象来比喻德礼刑罚本用关系的永恒性，是追求社会与自然和谐的天人合一思想在法理学上的具体化。

中国法律的传统与固有国情，是一个复杂而又宏大的课题，本文只是一个大纲而已，敬请批评指正。

注释

1 《管子·八观》。

2 《管子·治国》。

3 《史记·平准书》。

4 《汉书·文帝纪》。

5 《三国志·魏书》。

6 《诗经·小雅·北山》。

7 《汉书·食货志》。

8 [日]仁井田陞《唐令拾遗》,栗劲等译,长春出版社1989年版,第540页。

9 [日]仁井田陞《唐令拾遗》,栗劲等译,长春出版社1989年版,第542页。

10 [日]仁井田陞《唐令拾遗》,栗劲等译,长春出版社1989年版,第785页。

11 [日]仁井田陞《唐令拾遗》,栗劲等译,长春出版社1989年版,第788页。

12 《仁学》,《谭嗣同全集》。

13 《管子·七臣七主》。

14 《韩非子·有度》。

15 《清史稿·刑法志》。

16 《左传·昭公六年》。

17 《二程遗书》卷五。

18 《马克思恩格斯选集》(第一卷),人民出版社1972年版,第691页。

19 《礼记·曾子问》。

20 《大清律例·刑律·殴祖父母父母》。

21 "十家牌法告谕各府父老子弟",载《王文成公全书》卷十六。

22 《曾国藩批牍》卷一。

23 《汉书·宣帝纪》。

24 费孝通:《乡土中国·生育制度》,北京大学出版社1998年版,第70页。

25 《名公书判清明集》卷十《乡里》。

26 《尚书·吕刑》。

27 《春秋左传正义·文公十八年》。

28 《魏书·刑罚志》。

29 《天聪朝臣工奏议》卷中,宁完我:"请变通《大明会典》设六部通事奏。"

30 程树德:《九朝律考·后魏律考序》,中华书局2003年版,第333页。

31 刘祁:《归潜志》卷十二。

32 《元史·世祖纪》(二)。

33 《论语·为政》。

34 《论语·为政》。
35 《论语·里仁》。
36 《孟子·公孙丑上》。
37 《春秋繁露·立元神》。
38 《春秋繁露·立元神》。
39 《汉书·董仲舒传》。
40 《汉书·董仲舒传》。
41 《贞观政要·孝友》。
42 《贞观政要·刑法》。
43 陈淳:《北溪大全集》卷十八。
44 《朱子语类》卷二三。
45 《朱子语类》卷七八。
46 朱熹:《论语集注》。
47 丘浚:《大学衍义补》卷一。
48 《农宗答问第五》,《龚自珍全集》。
49 《庚辰杂著一》,《安吴四种》卷二八·上。
50 《默觚下·治篇十三》,《魏源集》上册。
51 沈家本:《寄簃文存·法学盛衰说》。
52 《明史·刑法志》。
53 《大明律》序。
54 《明史·刑法志》。
55 《明太祖实录》卷一六二。
56 《孟子·公孙丑上》。

张晋藩

代表作

治国鉴略

伍 中国古代综合为治的国家治理方案

一、礼乐政刑，综合为治

公元前 11 世纪周灭商后，如何应对险恶的政治形势和建立稳定的国家统治，杰出的政治家、思想家周公旦从商亡的教训中，发现商王的祖宗神并没有保护其子孙的基业，庞大的军队竟然倒戈相向加速其灭亡，这中间起决定作用的是民心的向背。因此，他把目光集中到重民保民上，提出了千古不朽的命题："人无于水监，当于民监。"为了重民保民，他强调明德敬德，以德化民。鉴于商末重刑辟而失民心，他在明德之后提出慎罚。明德与慎罚，是商亡之戒的重要方略。在此基础上，周公制礼作乐，设计了礼乐政刑综合为治的国家治理方案。

礼所调整的除贵族间的行为规范以及权利与义务外，还涉及政治、经济、军事、行政、法律、社会、宗教、教育、伦理、习俗等诸多方面，所谓上自"君臣朝廷尊卑贵贱之序，下及黎庶车舆衣服宫室饮食嫁娶丧祭之分"。[1]经过制礼，使君臣有位、尊卑有等、贵贱有别、长幼有序。因此，礼被视为固国家、定社稷的根本。孔子也说："安上治民，莫善于礼。"[2]经过礼的调整，确立了王室独尊的政治地位和王臣公、公臣大夫、大夫臣士的权力结构。

乐为六经之一，制礼与作乐紧密联结，说明乐是为礼服务的，是配合和强化礼的功用的艺术形式。礼既有贵贱尊卑之分，乐也相应的有天子庙堂之乐、诸侯卿大夫之乐和庶民之乐。如，《颂》为庙堂乐歌，《雅》为宫廷乐歌，《国风》多为民间乐歌。乐还反映时代的趋向和政治的兴废，因而有治

原文收录于《中华法系》第三卷（朱勇主编），法律出版社 2012 年版，标题为《礼乐政刑综合为治的国家治理方案》。

世之音、乱世之音、亡国之音。“治世之音,安以乐,其政和;乱世之音,怨以怒,其政乖;亡国之音,哀以思,其民困。声音之道,与政通矣。”[3]通过作乐,使人们的内心世界得到陶冶和净化,同时增强了天下四方之间的向心力和亲和力。不仅如此,乐还起着移风易俗的作用。孔子曰:“移风易俗,莫善于乐。”[4]他“在齐闻韶,三月不知肉味”[5],这充分说明了乐的感召力。

礼与乐的关系是:礼用以辨异,即区分贵贱等级,而乐用以求同,即缓和上下矛盾,归于和谐,所谓“乐者为同,礼者为异。同则相亲,异则相敬”。[6]礼有乐配合,就可以达到“暴民不作,诸侯宾服,兵革不试,五刑不用,百姓无患,天子不怒”[7]的效果。故而,孔子主张:“兴于诗,立于礼,成于乐。”[8]

周公制礼作乐,最为史书所称道。这是西周建立新的综合治理国家方案的尝试,对后世的影响极为深远。但是,礼在于从正面设范立制,乐在于焕发人们内在的美好情操,如果没有强制性的政权和法律的保障,也不可能发挥其应有的功能。因此,在周公设计的治国方案中,制礼作乐的同时也致力于政权与法制的建设。

政,主要是设官分职,建立政权机构。《尚书·立政》曰:“立民长伯,立政:任人、准夫、牧,作三事;虎贲、缀衣、趣马、小尹、左右携仆、百司、庶府;大都、小伯、艺人表臣百司、太史、尹伯、庶常吉士;司徒、司马、司空、亚、旅;夷、微、卢燕、三亳、阪尹。”可见,西周已经建立了以周天子为最高权力拥有者的政权机构,包括枢密近臣、政务官以及处理诸侯国和边疆事务的官员。西周在宗法制度支配下实行亲贵合一的政权组织原则,贵族卿大夫经过周天子册命享有世代为官的特权,即所谓“世卿制度”。周初,为了确立以周天子为中心、诸侯国拱卫的国家结构形式,实行大规模的封邦建国。经过周天子授民授土,形成了新的血缘地缘关系和人口的编组,使中华文明由中原不断向四周扩展。

刑,即制定成文法。先秦时期,“刑”是法的通称,不单指刑罚。春秋时期,鲁国季文子在追忆周公的功德时说:“先君周公制周礼曰:则以观德,德以处事,事以度功,功以食民。作誓命曰:毁则为贼,掩贼为藏,窃贿为盗,盗器为奸。主藏之名,赖奸之用,为大凶德,有常无赦!在九刑不忘。”[9]另,《左传·昭公六年》载:“周有乱政,而作九刑。”三国时,吴人韦昭注《左传》时说:“正刑五(墨、劓、剕、宫、大辟)及流、赎、鞭、扑也”。九刑,既为九种刑罚,又可视为刑书九篇。

对于周公设计的礼乐政刑综合为治的方案以及四者之间的关系,后人论述颇多。

礼与乐的关系。《礼记·乐记》曰:“乐也者,情之不可变者;礼也者,理之不可易者也。乐统同,礼辨异。礼乐之说,关乎人情矣。”孔颖达注疏曰:“乐主和同,则远近皆合;礼主恭敬,则尊卑有序。”[10]高诱注疏曰:“礼所以经国家、定社稷、利人民,乐所以移风易俗、荡人之邪、存人之正性。”[11]“乐者为同,礼者为异。同则相亲,异则相敬。”“乐自中出,礼自外作。”[12]可见,礼严肃于外,乐和顺于内,礼有乐配合,中庸融之,相亲爱之。

礼与政的关系。立政依礼,为国依礼,以礼为国家之大纲大纪。周内史过曰:“礼,国之干也;敬,礼之舆也。不敬,则礼不行。礼不行,则上下昏,何以长世?”[13]孔子曰:“为政先礼,礼其政之本与!”[14]因此,有礼,国家政治才有正轨可循;无礼,国家政治必然混乱。汉贾谊总结秦朝严刑峻法导致二世而亡的教训,比较全面地论证说:“道德仁义,非礼不成;教训正俗,非礼不备;分争辩讼,非礼不决;君臣上下,父子兄弟,非礼不定;宦学事师,非礼不亲;班朝治事,莅官行法,非礼威严不行;祷祠祭祀,供给鬼神,非礼不诚不庄。”[15]特别是《礼记·经解》说得更为透彻:“礼之于正国也,犹衡之于轻重也,绳墨之于曲直也,规矩之于方圆也。故衡诚县,不可欺以轻重;绳墨诚陈,不可欺以曲直;规矩诚设,不可欺以方圆;君子审礼,不可诬以奸诈。是故,隆礼由礼,谓之有方之士;不隆礼不由礼,谓之无方之民。”可见,礼是国无失其民、王无失其臣、贵无失其贱、尊无失其卑的强大的精神支柱。

礼与刑的关系。这是周公关注的重点。他鉴于商末重刑辟招致亡国之害,强调明德慎罚,从而把礼的教化与刑的惩戒巧妙地结合起来,形成了一系列刑法原则。如,从实际出发区别用刑,过失从轻,故意从重;偶犯从轻,惯犯从重。周公曾告诫康叔说:“人有小罪,非眚,乃惟终自作不典。式尔,有厥罪小,乃不可不杀。乃有大罪,非终,乃惟眚灾。式尔,既道极厥事,时乃不可杀。”[16]眚是过失,非眚即故意;惟终是惯犯,非终即偶犯。周公还要求在不同地区执行不同的法律。他要求封于殷墟的康叔和封于奄国(曾臣服于商)的伯禽“启以商政,疆以周索”,而对封于夏墟的唐叔,则要求“启以夏政,疆以戎索”。[17]周索,即周法;戎索,即戎法。对于封于商故地的康叔，严令实行周法以相统摄；对于封于夏故地的唐叔，则要因俗制宜，以戎法治之，从而减轻适用周法的阻力。周公还告诫康叔，在封国内不要干预司寇苏公的工作，因为苏公是行用“中罚”的典范。而“中罚”，体现了周公的慎罚思想，具体就是宽猛适度、不偏不移、不滥刑枉杀。总括周公的明德慎罚、区别用刑、提倡中罚等思想，说明他在政治策略运用上已经臻于成熟并且充满了理性的法律思维。周公的法制思想和实践对后世影响深远，应该说，周公不仅是一位政治家、思想家，也是一位法学家。

对于周公设计的礼乐政刑综合为治的国家方案，司马迁在《史记·乐书》中作了详细的诠释：“故礼以导其志，乐以和其声，政以壹其行，刑以防其奸。礼乐刑政，其极一也，所以同民心而出治道也。……礼节民心，乐和民声，政以行之，刑以防之。礼乐刑政，四达而不悖，则王道备矣。……乐者为同，礼者为异，同则相亲，异则相敬。乐胜则流，礼胜则离。合情饰貌者，礼乐之事也。礼义立，则贵贱等矣；乐文同，则上下和矣；好恶著，则贤不肖别矣；刑禁暴，爵举贤，则政均矣。仁以爱之，义以正之，如此则民治行矣。”

以上论述说明，礼、乐、政、刑四者是一个相互联系的运动着的整体，是上层建筑中完整的体系，标志着国家制度建设的进步。礼乐政刑综合为治，不仅稳定了周初的社会秩序，巩固了统一的政权，出现了成康之治的大好局面，而且带来了西周数百年的繁荣与发展。

二、外儒内法、“霸王道杂之”的国家治理方案

秦始皇统一六国以后建立了庞大的秦帝国，自以为天下“莫予毒也”，以个人意志取代曾经使秦国强盛的法制，滥用刑罚维持独裁统治，结果二世而亡。继起的汉朝认真总结了秦亡的教训，贾谊在《过秦论》中认为，秦始皇“怀贪鄙之心，行自奋之智，不信功臣，不亲士民，废王道而立私爱，禁文书而酷刑法，先诈力而后仁义，以暴虐为天下始”。至二世“重以无道……繁刑严诛，吏治刻深，赏罚不当，赋敛无度。天下多事，吏不能纪；百姓困穷，而主不收恤”，因此二世而亡有其历史必然性。贾谊强调，礼是“固国家，定社稷，使君无失其民也”[18]的根本，法只是强制人们必须遵循某种行为规则的手段，所谓“缘法循理谓之轨”[19]，只有礼义才能“绝恶于未萌”。[20]同时，他明确区分了礼与法的不同作用，说：“夫礼者禁于将然之前，

而法者禁于已然之后，是故法之所用易见，而礼之所为生难知也。”[21]他告诫汉初统治者，以礼义治天下可“累子孙数十世”，而专任刑罚“祸几及身，子孙诛绝”[22]，只有把作为人主之“芒刃”的仁义恩厚与作为人主之“斤斧”的权势法制结合起来，才能维持汉朝的长治久安。贾谊的《过秦论》为汉武帝独尊儒术提供了先声。

汉武帝时期，儒家的代表人物董仲舒在《天人三策》中倡导儒学，主张“罢黜百家，独尊儒术”。他还传承周人明德慎罚和战国时期荀子隆礼重法的学说，将其发展成一整套德刑关系的理论，为德主刑辅的国家治理方案奠定了理论基础。他以“天人感应”的思想和阴阳五行相辅相成的理论来论证德刑互补符合天道运行的规律：“天道之大者在阴阳，阳为德，阴为刑，刑主杀而德主生。是故阳常居大夏而以生育养长为事，阴常居大冬而积于空虚不用之处，以此见天之任德不任刑也。……王者承天意以从事，故任德教而不任刑。刑者不可任以治世，犹阴之宵可任以成岁也。为政而任刑，不顺于天，故先王莫之肯为也。”[23]又说：“圣人法天而立道。”[24]“故圣人多其爱而少其严，厚其德而简其刑。”[25]董仲舒在论证“任德不任刑”[26]“大德而小刑”“务德而不务刑”[27]的同时，也阐述了刑的地位和作用，认为“刑者，德之辅；阴者，阳之助也”。[28]董仲舒认为，实施以德教为主、以刑杀为辅的施政方针可以使百姓自觉遵守封建礼仪制度，出现“不令而行，不禁而止，从上之意，不待使之，若自然矣”的局面。但只用德教而不施刑罚也不足以巩固统治秩序，只有在进行德教的基础上辅之以刑罚，才是治理国家的理想状态。

早在汉初，统治者为了恢复经济、治理天下，在提倡黄老学说的同时兼采儒、法各家思想，使黄老之学逐渐向“文武并用”“德刑相济”发展。这对汉中期以后的法律儒家化起到了桥梁和纽带的作用。除此之外，汉武帝鉴于儒家春秋大一统学说符合建立统一的专制主义国家的需要，同时重德轻刑、德刑互补的思想也有助于汉朝的长治久安，因而重视并采纳了董仲舒的主张。此后，儒家思想逐渐占据统治地位，三纲五常被确立为封建法制的基本原则。但是终武帝之世，虽云“独尊儒术”，但实际奉行的却是阳儒阴法，真正的儒学者并未掌握权力居于朝堂之上，只有那些缘饰儒术、内行法术者才真正得势。

至汉武帝后期，由于对匈奴的战争需要，统治者加强了赋敛，还制定了

《沈命法》以镇压民众的反抗,从而加剧了阶级矛盾。昭帝即位以后一度实行宽缓政策,但不久昭帝去世,直到宣帝即位才稳定了汉家天下。

宣帝来自民间,比较注重实际,不过多考量意识形态,并以严法治理国家。宣帝的做法受到太子(后来的元帝)的质疑,而太子自幼长于深宫妇人之手,熟读四书五经,"柔仁好儒"。史载,太子看到宣帝"所用多文法吏,以刑名绳下",因而建言曰:"陛下持刑太深,宜用儒生。"宣帝作色曰:"汉家自有制度,本以霸王道杂之,奈何纯任德教,用周政乎?"[29]所谓"霸王道杂之",就是用儒家的仁政礼教之说饰于外,而以法家的刑名法术之学藏于内,实行外儒内法的国家治理方案。这个方案的设计是在总结秦亡的教训和汉朝建立以来政治实际的基础上完成的,反映了对儒法两手并用、各尽其用的高度政治智慧。刘向在《说苑》中对于"霸王道杂之"作了精辟的注解:"治国有二机,刑德是也。王者尚其德而布其刑,霸者刑德并凑,强国先其刑而后德。夫刑德者,化之所由兴也。德者,养善而进胭者也;刑者,惩恶而禁后者也。故德化之崇者至于赏,刑法之甚者至于诛。"[30]可见,外儒内法的内涵就是德主刑辅。它是礼乐政刑综合为治的历史发展,也反映了儒法合流最后定于儒家一尊的政治现实。由于这个国家治理方案符合大一统的国家发展趋势和皇权至上的制度建构,而且以德为主可以粉饰仁政德化,以刑为辅可以标榜慎刑恤刑,因此汉以后德主刑辅的思想影响颇久。但是德主并没有揭示所"主"为何物,而"刑辅"也没有显示刑的作用,为了克服不足之处,至唐初又确立了"德礼为政教之本,刑罚为政教之用"、本用结合的国家治理方案。

三、德礼为本、刑罚为用,本用结合的国家治理方案

由汉至唐,有关德主刑辅综合治国的论者不绝如缕。

《汉书·酷吏传》颜师古注曰:"论语载孔子之言也。格,至也。谓御以政刑,则人思苟免,不耻于恶;化以德礼,则下知愧辱,而至于治也。"

《晋书·四夷列传》曰:"经国者,德礼也;济世者,刑法也。二者或差,则纲维失绪。"特别是晋朝"峻礼教之防",通过引礼入法使法律进一步儒家化。

至唐朝,汉以来的法律儒家化的潮流得到沿袭并被推进到一个新的阶段,使德刑之说进一步丰富。记载太宗时期君臣论政的《贞观政要》中说:

"道之以礼,务厚其性而明其情。民相爱,则无相伤害之意;动思义,则无畜奸邪之心。若此非律令之所理也,此及教化之所致也,圣人甚尊德礼而卑刑罚。"[31]"盖政者为治之具,刑者辅治之法。德礼者,出治之本,而德又礼之本也。后世之为治者,德礼有愧,教化不先,非惟德礼不能使民有耻且格,而政刑亦不能使民免而无耻矣,甚而至于罪丽于十恶尚忍言之哉。"[32]高宗时期制定的中国古代最具代表性的《唐律疏议》开宗名义在"名例"篇中宣布:"德礼为政教之本,刑罚为政教之用。"这是汉以来德主刑辅的重大发展。太宗曾明确表示"失礼之禁,著在刑书",从而使礼典的基本规范法律化。礼典入律,礼法结合,不仅表现在法律条文当中,也表现为司法实践中"于礼以为出入"。除此之外,儒家认为"德者,礼之本也",因而德礼并提,德冠于礼之上。"德礼为政教之本"比起单纯的"德主",突出显示了德礼在政教中的本体地位。至于"刑罚为政教之用",比起单纯的"刑辅",更明白晓示了刑罚在政教中的作用。唐律还将德礼、刑罚的本用互补关系比喻为自然现象的"昏晓阳秋",以形容其密切联系、永恒不变,所谓"犹昏晓阳秋,相须而成者也"。由此,完成了德礼为本、刑罚为用的国家治理方案的设计,并一直延续至晚清。

宋时,被理学家朱熹称赞为"无书不读""无物不格"的陈淳,对德礼政刑综合治理的价值作了充分的论证。他说:"政者,为治之具,若法制禁令凡听断约束之类是也。刑者,辅治之法,若墨劓刖宫大辟鞭扑之类是也。以政先示之,则民有所振厉而敛戢矣。其或未能一于从吾政者,则用刑以齐一之,俾强梗不得以贼善良,而奸慝不得以败伦理。故民亦畏威革面,不敢为恶,以苟免于刑罚。然无所羞愧,则其为恶之心未亡也。德礼者,所以出治之本。而德又礼之本,乃吾躬行之所实得者,若孝悌忠信之类是也。礼则制度品节,若冠昏丧祭之仪是也。以己德先率之,则民有所观感而兴起矣。而其浅深厚薄之不一,则明礼以齐一之,俾之周旋浃洽,良心日萌,自将愧耻于不善,而又有以格至于善也。是四者功用之不同,而皆不可以偏废。若专务德礼,而不用政刑,则徒善不足以为政;专用政刑,而不务德礼,则又徒法不能以自行。"[33]朱熹对此也有所论证,他说:"谓政刑但使之远罪而已。若是格其非心,非德礼不可。圣人为天下何曾废刑政来?""不可专恃刑政,然有德礼而无刑政又做不得。"[34]"圣人亦不曾徒用政刑。到德礼既行,天下既治,亦不曾不用政刑。故书说刑期于无刑,只是存心期于无,而刑初非可废。"[35]"愚谓政者,为治之具;刑者,辅治之法;德礼则所以出治之本,而德又礼之本也。此其相为始终。虽不可以偏废,然政刑能使民远罪而已,德礼之效,则有以使民日迁善而不自知。故治民者不可徒恃其末,又当深探其本也。"[36]

明太祖建国之初以"吾治乱世,刑不得不重"[37]为由实行重典治吏,这虽然收到了一时的效果,却并未能杜绝犯罪,以致他发出"吾欲除贪官污吏,却奈何朝杀而暮犯"[38]的感慨。洪武三十年《大明律》修成后,他总结三十年的统治经验,得出"朕仿古为治,明礼以导民,定律以绳顽"使"猛烈之治,宽仁之诏,相辅而行"[39]的道理,强调"礼乐者,治平之膏粱;刑政者,救弊之药石",惟有"以德化天下"兼"明刑制具以齐之"[40],才能使国家实现长治久安。明人丘濬说:"有政刑而无德礼是谓徒法,有德礼而无政刑是谓徒善,为政之道,于斯四者诚不可以缺一者也。"[41]

直到近代,沈家本也认为:"以德礼是制治之原,不偏重乎法,然亦不能废法而不用。"[42]

综上所述,中国古代的国家治理方案,由于历史条件不同,侧重点也各有异处,但贯穿的主线是综合为治,表现了杰出的理性法律思维和对于治国理政经验的高度概括。

古代中国在宗法血缘纽带的作用下,伦常关系是最重要的社会关系,由此形成了重德礼轻刑罚的民族心态。正是从中国国情的特点出发,先哲们在所设计的国家治理方案中以德礼为基本点。并在丰富的治国理政经验的基础上,设计出以德礼为治世之本,以政刑为治国之具,完整的综合并用的国家治理方案,体现了中国古代独树一帜的道德观和法律观。而以"昏晓阳秋"的自然现象来比喻德礼与刑罚之间内在的联系性和不变的永恒性,则是中国古代天人合一思想在法制上的体现。

从史鉴的角度来考察中国古代国家治理方案的设计,是很有现实意义的。当前的中国正在实行依法治国的宏伟目标,为此,还须以德化民,提高中华民族的素质,这是依法治国的保障,也是中华民族伟大复兴最基本的条件。

注释

1 《史记·礼书》。
2 《孝经·广要道》。
3 《礼记·乐记》。
4 《孝经·广要道》。
5 《论语·述而》。
6 《礼记·乐记》。
7 《礼记·乐记》。
8 《论语·泰伯》。
9 《左传·文公十八年》。
10 《礼记·乐记》。
11 《礼记·乐记》。
12 《礼记·乐记》。
13 《左传·僖公十一年》。
14 《礼记·哀公问》。
15 贾谊:《新书·礼》。
16 《尚书·康诰》
17 《左传·定公四年》。
18 贾谊:《新书·礼》。
19 贾谊:《新书·道术》。
20 《汉书·贾谊传》。
21 《汉书·贾谊传》。
22 《汉书·贾谊传》。
23 《汉书·董仲舒传》。
24 《汉书·董仲舒传》。
25 董仲舒:《春秋繁露·基义》。
26 董仲舒:《春秋繁露·基义》。
27 董仲舒:《春秋繁露·阳尊阴卑》。
28 董仲舒:《春秋繁露·天辨在人》。
29 《汉书·宣帝纪》。
30 刘向:《说苑·政理》。
31 《贞观政要·孝友》。
32 《贞观政要·刑法》。
33 陈淳:《北溪大全集》卷十八。

34 《朱子语类》卷二三。

35 《朱子语类》卷七八。

36 朱熹:《论语集注》。

37 《明史·刑法志》。

38 《大明律》序。

39 《明史·刑法志》。

40 《明太祖实录》卷一六二。

41 丘浚:《大学衍义补》卷一。

42 沈家本:《寄移文存·法学盛衰说》。

陆 治国之要：善法与良吏结合

一、治国需有法

法之于国的重要性，先秦思想家不仅有所认识，而且作了充分的论证。慎子说："治国无法则乱。"[1]商鞅说："国皆有法。"[2]韩非针对申不害推行法治的失败教训，指出："国无常强，无常弱，奉法者强则国强，奉法者弱则国弱。"[3]主张隆礼重法的荀子虽然以礼为本，"礼者，法之大分"[4]，但也认为"法者，治之端也"[5]，只有重法爱民才能使国家富强，所谓"重法爱民而霸"。[6]

法虽为国家所制定，但亦有善法、恶法之分。宋王安石说："立善法于天下，则天下治；立善法于一国，则一国治。"[7]宋人杨时说得好："为政必立善法，俾可以垂久而传远。"[8]近人梁启超还认为："立法善者，中人之性可以贤，中人之才可以智，不善者反是。"[9]为制定善法以治国、理政、驭民，维持国家的长治久安，历代有道之君都亲自掌握立法，与群臣共议之。

然则，何为善法？

其一，"循变协时"，与社会发展相适应。

早在《尚书・吕刑》中便有"刑罚世轻世重"的记载，主张变法改制的法家更强调法律应与社会发展相适应。慎到说："守法而不变则衰。"[10]商鞅说："礼法以时而定，制令各顺其宜。"[11]还说："圣人之为国也，观俗立法则治，察国事本则宜。不观时俗，不察国本，则其法立而民乱。"[12]韩非在总结历史经验和传承前人观点的基础上作出总结性的概括，说："故治民无常，唯治为法。法与时转则治，治与世宜则有功。……时移而治不易者乱，

原文收录于《中华法系》第三卷（朱勇主编），法律出版社 2012 年版。

能治众而禁不变者削。故圣人之治民也,法与时移,而禁与能变。"[13]"圣人不期修古,不法常可。"[14]法家法与时转、因势立法的观点反映了进化的历史观和以经验为基础的实证精神,只有所立之法符合社会、国家的发展需要,才可以称之为"善法"。法从实际需要而制定,又根据实际的变动而删修,这就是所谓"循变协时"的法律发展的轨迹。

上述法家的观点,对后世影响深远。明人张居正说:"法无古今,惟其时之所宜与民之所安耳。""法制无常,近民为要;古今异势,便俗为宜。"[15]清康熙帝说:"自古帝王治天下之道,因革损益,期于尽善,原无数百年不敝之法。"[16]至清朝末年,国势衰微,民族危机渐趋深重,变法之声日益高涨,而论者多援法家旧说。龚自珍说:"自古及今,法无不改,势无不积,事例无不变迁,风气无不移易。"[17]魏源说:"天下无数百年不弊之法,无穷极不变之法。"[18]

但法家也强调法律的稳定性,反对数变。韩非说:"法莫如一而固,使民知之。"[19]"治大国而数变法,则民苦之。"[20]他甚至尖锐地指出:"法禁易变,号令数下者,可亡也。"[21]后世持此论者亦颇多。唐太宗说:"法令不可数变,数变则烦。"[22]宋人欧阳修说:"言多变则不信,令频改则难从。"[23]

其二,立法为公,"一断于法"。

法律是为了控制社会矛盾不致于乱而产生的,是为公不为私的,但当权者往往借法行私,满足一己之利。因此,早期法家十分重视法的公平性,强调"一断于法",反对"以私害法"。管子以度量衡器来比喻法的公平性,邓析、慎到指出"以私害法,其乱甚于无法",商鞅甚至把"以私害法"提到"国必乱"的高度。法家之所以如此愤怒抨击,是因为以私害法损害了法律的权威,扼杀了法律的生命力。既然"法者,所以齐天下之动,至公大定之制也"[24],所以立法为公就表现为"官不私亲,法不遗爱,上下无事,唯法所在"[25],不分等级一体依功过进行赏罚。韩非主张"刑过不避大夫,赏善不遗匹夫",只有以功行赏论罚,才能做到"法之所加,智者弗能辞,勇者弗敢争"。[26]

正是由于"立法为公",所以要求司法官援法断罪,不得借法行私。早在《云梦秦简》中,便有官员渎职的罪名,如不直、纵囚等,司法官不公平执法要受到各种惩罚。

其三,礼法结合,互补互用。

在中国古代,君臣、父子、兄弟、夫妇、朋友是最重要的社会关系,相互间的权利义务得到礼的规范的肯定,有些规范进而被吸纳入法,这体现了礼法结合与互补互用的特点,在实践中得到了广泛运用。以唐律为例,“以妻为妾者,徒三年”,因为妻妾失序,有违礼教;“诸闻父母丧,匿不举哀者”判处流刑。疏议根据《礼经》来解释判刑依据,即“斩衰之哭,往而不返”。《大清律例》中,有的条例虽然改动了律文,但因符合社会习俗、民情,而受到民众拥护。如,唐律规定“祖父母、父母在,子孙不得别籍异财”,但清条例改为“若祖父母、父母许令者,听”。由于礼的规范在中华民族文化土壤中是根深蒂固的,百姓是拥护和愿意接受的,因而据此所立之法仍不失为善法。

其四,注重民生,维护生态环境。

“民惟邦本,本固邦宁”说明了民之于国的重要性,周灭商后重大的政策措施都立足于重民、保民的基础之上。重视民生是重民、保民的基点,历代著名的法典都体现了重民的色彩。如颁行土地之法,给予百姓生产生活条件;制定赋税宽减法,使百姓有可能扩大再生产;保护生态环境平衡,不得滥伐森林、滥捕鱼鳖,以维护百姓的生活环境。自唐代还制定了“务限”法,即农忙季节四月至八月为入务期,务限内不得受理一般性的民事案件,以便不违农时耕作。这些规定既着眼于民生,也是农业之国不断发展的法律保障。

其五,禁暴惩奸,保护良善。

这被统治者视为“莫此为先”的大事。为了社会的安定、国家的发展,必须以严法惩治政治性犯罪、社会性犯罪以及严重侵犯人身、财产的重大犯罪,所谓“重其所重”,非此,不足以维持社会的秩序和国家的安定。与此同时,法律还应该保护善良百姓的合法权益,使之安心于生产、生活,这是社会发展、国家富强的重要条件。

二、治国理政需治吏

战国时期,列国为取得兼并战争的胜利,多从庶人中选用才能之士担任将相,由此官僚制度逐渐形成,并取代了世卿制度。官吏由国君任免而非世袭,只领取俸禄,不享有封邑,而且还要定期考核政绩,由此产生一系列的治官之法。

对于治官之法，儒、法两家从不同的角度加以阐述，既有共同性，也有差异性，但以法家之说对后世影响较大。

首先，论证吏于国于民的重要性以及治吏的必要性。

管子说："吏者，民之所悬命也。"[27]"人主之设官置吏也，非徒尊其身、厚奉之而已也，使之奉主之法、行主之令，以治百姓而诛盗贼也。"[28]韩非说："吏者，民之本纲者也，故圣人治吏不治民。"[29]韩非此论对后世极有影响，后世所谓明主皆先治吏而后通过吏再治民。元人张养浩说："治民如治目，拔触之则益昏；治吏如治齿牙，剔漱之则益利。"[30]

其次，确定选贤使能的任官标准。

战国时期，选吏重视才能而不讲究门弟。管子说："选贤论才而待之以法。"[31]韩非说："明主之吏，宰相必起于州部，猛将必发于卒伍。"[32]荀况更详加论证尚贤使能的任官原则，说："先王明礼义以壹之，致忠信以爱之，尚贤使能以次之，爵服庆赏以重申之。"[33]"无德不贵，无能不官，无功不赏。"[34]荀况认为，只有"论德而定次，量能而受官"，才能使人"各得其所宜"。[35]宋司马光在《资治通鉴》中总结说："政以得贤为本，治以去秽为务。"[36]

1975 年出土的《云梦秦简》记载了公元前 4 世纪左右的"为吏之道"，曰："审民能，以任吏。"而在《云梦秦简》"置吏律""军爵律""效律"等单行法规和"法律答问"中，也具体规定了官吏的荐举、任免、考核和惩奖——凡政绩优异者，受赏；恶劣或考核不合格者，本人惩处，荐举人和上级官吏也要负连带罪责。

秦始皇统一六国后，在全国范围内推行统一的官吏任免制度。这不仅有效地加强了国家的统治，而且也对整个封建社会任官制度的发展产生了一定的影响。

再次，以"明法律令"区分良吏、恶吏，违法失职者惩处。

根据秦简记载，"明法律令"者为"良吏"，"不明法律令"者为"恶吏"，吏如违法失职则以法制裁。商鞅说："守法守职之吏有不行王法者，罪死不赦，刑及三族。"[37]荀况说："畏法循绳，然后国常不乱。"[38]韩非说："人臣循令而从事，案法而治官。"[39]《史记·秦始皇本纪》载："三十四年，适治狱吏，不直者，筑长城及南越地。"

最后，治吏之贪邪，首重"大吏"。

根据法家“法之不行，自上犯之”[40]的观点，后世惩治贪腐的弊政，首要职责在大吏。宋杨万里说：“用法自大吏始，而后天下心服。”[41]明人吕坤说：“吏治无良，未有不自大吏始者。我洁已而后责人之廉，我爱民而后责人之薄，我秉公而后责人之私，我勤政而后责人之慢。”[42]清圣祖康熙帝也说：“大吏廉洁，小吏则自然效法。”[43]可见，治大吏，使群僚震肃，是一项行之有效的历史经验。

以上可见，中国古代通过治吏来达到吏治的目的。这对于社会的稳定、国家的昌盛都有着重要意义。随着经验的积累，治吏之法也不断完善，如考课之法、监察之法都达到了相当完善的地步。

三、善法与良吏需结合

不论是法，还是吏，都和国家治理密切相关。历代统治者既关注治法（制定善法），也关注治吏（培养官吏），以致二者成为维持国家统治之要。对于法、吏之间的统一关系，历代思想家、政治家都有所阐述，特别是在《荀子》“君道”篇中论证得尤为清晰。荀子根据孔子所说的“其人存，则其政举；其人亡，则其政息。……故为政在人”[44]，以史实说明即使有了良法，还得靠吏来掌握和贯彻，否则便成一纸具文。他说：“羿之法非亡也，而羿不世中；禹之法犹存，而夏不世王。故法不能独立，类不能自行，得其人则存，失其人则亡。法者，治之端也；君子者，治之原也。故有君子，则法虽省，足以徧矣；无君子，则法虽具，失先后之施，不能应世之变，足以乱矣。”[45]

在任何一个时代，国家制定法律之后都需要官吏去执行，否则法律只是具文，古今中外概莫能外。唐人白居易身处吏治败坏的德宗朝，不胜感叹地说：“虽有贞观之法，苟无贞观之吏，欲其行善，不亦难乎？”[46]宋人王安石也说：“守天下之法者，莫如吏。”[47]南宋时，陈亮说得更为透彻：“法当以人而行，不当使法之自行。天下不可以无法也，法必待人而后行者也。然尝思之，法固不可无，而人亦不可少。闻以人行法矣，未闻使法之自行也。立法于此，而非人不行，此天下之正法也”。[48]

明末清初，黄宗羲从抨击专制制度出发，在法与吏的作用上侧重于“有治法而后有治人”。他说：“即论者谓有治人无治法，吾以谓有治法而后有治人。自非法之法桎梏天下人之手足，即有能治之人，终不胜其牵挽嫌疑之顾盼，有所设施，亦就其分之所得，安于苟简，而不能有度外之功名。使先王之法而在，莫不有法外之意存乎其间。其人是也，则可以无不行之意；其人非也，亦不至深刻罗网，反害天下。故曰有治法而后有治人。”[49]

王夫之在总结历史经验的基础上，对法、吏关系作出全面的论证。他认为，“任人任法，皆言治也”[50]，但“任人而废法，是治道之蠹也”[51]，“非法何以齐之”[52]，但任法而废人也是“治之弊也”，“未足以治天下”[53]，因此要使任人与任法相结合，“择人而授之以法，使之遵焉”。[54]晚清时，修律大臣沈家本说：“法之善者仍在有用法之人，苟非其人，徒法而已。”[55]“大抵用法者得其人，法即严厉，亦能施其仁于法之中；用法者失其人，法即宽平亦能逞其暴于法之外。”[56]

“五四运动”时期，共产主义先驱者李大钊全面地、有现实针对性地阐述了法治与人治的统一关系。他认为，“国之存也，存于法，……国而一日离于法，则丧厥权威”[57]，但“若惩人治之弊，而专任法律，与监法治之弊，而纯恃英雄，厥失维均，未易轩轾”。[58]他一方面强调“溯本穷源，以杀迷信人治之根性，……盖此性不除终难以运用立宪政体于美满之境”[59]，另一方面又阐明“法律死物也，苟无人以持之，不能以自行”，“宜取自用其才而能适法之人”[60]。

治法与治吏的统一结合得到了历史的检验，是一个成熟的治国方略。二者结合得好的王朝，多为盛世。如，汉文景、唐贞观时既有善法，又有良吏，相得益彰，造就了少有的盛世。二者相背谬的王朝，多为衰世。如，秦时酷吏恣意违法导致“二世而亡”，隋末“宪章遐弃，不以官人违法为意”导致“不旋踵而亡”，成为历史上两个著名的短命王朝。在治法与治吏的统一性方面，西方古代哲人与中国古代思想家有异曲同工之处，主张“法治”的亚里士多德也承认“如果既是贤良为政，那就不会乱法”。[61]可见，治法与治吏相统一反映了治国理政的一般性规律。

改革开放以来，我国社会主义法制建设取得了举世瞩目的进步，无法可依的时代早已成为过去，但从法制运行的实际看，治法颇有余，治人则不足，法虽为善法、良法，而吏却不尽如人意，以致未能充分发挥法律的价值与功能，某种程度上损害了法律的权威。中国古代治法与治吏相统一，二者并重，使之有机配合、相辅相成，不仅是一项成熟的治国理政的经验，而且也反映了中华民族的智慧。它是超越时空界限的,值得我们认真地研究、体察,发挥历史的借鉴作用。

注释

1 《慎子·逸文》。
2 《商君书·画策》。
3 《韩非子·有度》。
4 《荀子·劝学》。
5 《荀子·君道》。
6 《荀子·强国》。
7 王安石:《周公》。
8 杨时:《河南程氏粹言·论政篇》。
9 梁启超:《论变法不知本原之害》。
10 《慎子·逸文》。
11 《商君书·更法》。
12 《商君书·算地》。
13 《韩非子·心度》。
14 《韩非子·五蠹》。
15 (明)张居正:《辛未会试程表》。
16 《清圣祖圣教·圣治》。
17 (清)龚自珍:《上大学士书》。
18 (清)魏源:《筹鹾篇》。
19 《韩非子·五蠹》。
20 《韩非子·解老》。
21 《韩非子·亡征》。
22 吴兢:《贞观政要》。
23 欧阳修:《准诏言事上书》。
24 《慎子·逸文》。
25 《慎子·君臣》。
26 《韩非子·有度》。
27 《管子·明法》。
28 《管子·明法》。
29 《韩非子·外储说右下》。

30 (元)张养浩:《牧民忠告·御下》。

31 《管子·君臣上》。

32 《韩非子·显学》。

33 《荀子·富国》。

34 《荀子·王制》。

35 《荀子·君道》。

36 《资治通鉴》卷四九。

37 《商君书·壹刑》。

38 《荀子·王霸》。

39 《韩非子·孤愤》。

40 《史记·商君列传》。

41 杨万里:《驭吏》上。

42 吕坤:《明职》。

43 《清实录·圣祖皇帝实录》。

44 《礼记·中庸》。

45 《荀子·君道》。

46 《长庆集》卷四八。

47 《翰林学士除三司使》。

48 《陈亮集·人法》。

49 黄宗羲:《明夷待访录·原法》。

50 《读通鉴论》卷三。

51 《读通鉴论》卷十。

52 《读通鉴论》卷四。

53 《读通鉴论》卷十。

54 《读通鉴论》卷十。

55 《寄簃文存·书明大诰后》。

56 《历代刑法考·刑制总考·唐》。

57 《民彝与政治》,载《民彝》,1916 年 5 月 15 日创刊号。

58 《民彝与政治》,载《民彝》,1916 年 5 月 15 日创刊号。

59 《民彝与政治》,载《民彝》,1916 年 5 月 15 日创刊号。

60 《民彝与政治》,载《民彝》,1916 年 5 月 15 日创刊号。

61 亚里士多德:《政治学》,商务印书馆 1965 年版,第 119 页。

柒 中国古代法律体系中的瑰宝

——监察法

作为中国古代法律体系中的重要组成部分的监察法同样是历史悠久源远流长的，监察法律文化的积淀与监察立法经验的积累，都体现了中华民族的智慧与创造力，是遗赠给中华民族子孙的取之不尽的治国财富。

中国古代的权力结构是沿着集权于中央、集权于皇帝的轨道发展的，并且不断地强化。专制主义的中央集权制度得以矗立，有赖于统一的官僚机构的支撑。官僚机构是推动国家机器运转，实施治国理政驭民的物质力量，因此治官——官僚机构的构成因子，具有头等重要的意义。为治官而须察官，为察官而须法律，监察法制就在这个过程中产生和发展。

由于历代的历史背景不同，面对的政治形势也有异，因此监察法的具体任务是不同的，但总的说来都是维护和保证国家机器正常运转的制衡机制，都是通过整肃百僚，"彰善瘅恶，激浊扬清"[1]，缓和官民之间的矛盾与利益冲突，平衡协调统治集团内部的利益分配，控制个人法定权利以外的占有，借以充分发挥官僚机构的作用和实现对社会的调整。

随着中国古代整体法制的进步，监察法也获得了稳定发展的可靠基础，而监察法的发展，也进一步加深了中国本土法文化的鲜明色彩，凸显了中华法系的特殊性。中国古代监察法发展的系统性、完整性、持续性都是世界所少有的。它虽然是历史的陈迹，但仍然闪烁着理性的光彩，向着撷取监察法历史经验的人们敞开了宝库之门。

原文发表于《政法论坛》2005 年第 6 期，标题为《中国古代监察法的历史价值——中华法系的一个视角》。

一、中国监察法的历史发展

中国古代监察法在其漫长的发展过程中,由于社会历史条件的不同,而形成了不同的发展阶段,以及与之相适应的时代特点。

(一)中国古代监察法的形成阶段——战国、秦汉

早在夏商时期,随着法制的确立,开始出现了治官之法和对政权内部的权力监督。西周时期,虽然尚未形成行使监察权的专门机构,但是以监察为职掌的职官已有所增长。而穆王时期制定的《吕刑》,其中关于"五过之疵"的规定,已经具有职官监察法的性质。

战国时期,社会的大变动促使政治法律制度发生了重大改革。封建的官僚制度取代了世卿制度。适应对官僚系统的监督需要,职掌监察职能的治官之官的御史已经出现。《史记·滑稽列传》记载,齐威王置酒于后宫,召淳于髡并赐之酒,"问曰:'先生能饮几何而醉?'对曰:'臣饮一斗亦醉,一石亦醉。'威王曰:'先生饮一斗而醉,恶能饮一石哉!其说可得闻乎?'髡曰:'赐酒大王之前,执法在傍,御史在后,髡恐惧俯伏而饮,不过一斗径醉矣。'"可见御史的纠察职责对于百官的震慑作用。

在官僚制度取代世卿制度以后,以及在法家"明主治吏不治民"的思想影响下,对官吏的监督和惩治已经成为法制建设的重要内容。监察法的渊源也由以国王发布的诰、命、训、誓为主,向以成文法为主过渡。如,齐威王任用邹忌为相,制定了《七法》以督奸吏。魏国李悝在《法经·杂律》中也为惩治假借不廉、逾制等职官犯罪提供了法律依据。特别是1975年《云梦秦简》的出土,为秦监察法发展状况的研究提供了物证。根据《秦简》,行政监察的范围颇广,如:"啬夫不以官为事,以奸为事,论可(何)殴(也)?当遷(迁)。遷(迁)者妻当包不当?不当包。"[2]"为(伪)听命书,法(废)弗行,耐为侯(候);不辟(避)席立,赀二甲,法(废)。""当除弟子籍不得,置任不审,皆耐为侯(候)。使其弟子赢律,及治(笞)之,赀一甲,决革,二甲。"[3]

在司法监察方面,《秦简·尉杂》规定"岁雠辟律于御史",史书中也有"始皇三十四年,谪治狱吏不直者筑长城及南越地"[4]的记载,反映了秦司法监察的施行状况。此外,《秦简·效律》所提到的"计用律不审而赢、不备,以效赢、不备之律赀之,而勿令赏(偿)",当属秦朝的经济监察法。

总括以上,秦虽未制订系统的专门监察法,但有关察吏的规定已成为秦律的重要部分,显示了秦以法治国、以法治吏的大概和法制文明的进步。

由于战国时期,新制定的成文法既是推动改革的动力,又是确认改革成果的保障,由此而引发了各国频繁的立法活动。正是在这个成文法涌动的历史潮流中,监察法才取得了一定的发展。

秦灭六国,统一天下以后,六国的残余势力仍是不安定的因素,因此监察制度建设的重点在郡。郡设监察官郡御史,《秦简·语书》所载"举劾不从令者,致以律""独多犯令,而令丞弗得者,以令丞闻",便是郡御史的工作对象与职权范围。此外,监察御史的系统初步建立,职责范围也较为确定,监察法也初步获得了独立的形式。

汉朝建立以后,随着皇权的加强,中央监察机关御史台已经脱离少府,独立于朝堂之上,同时建立了多元化的监察体制。专门监察、行政监察、特殊监察既分体运作,又互相交叉,以至三公九卿、皇室外戚、京师百官、地方长吏乃至监察官本身,都被置于这张网络之中,受到来自一种或多种监察系统的监督。这一监察体制对于贯通政令,整饬吏治,廓清风气,产生了不可低估的作用。特别是在皇帝的授意安排下,中央监察机关之长御史大夫,"内承本朝之风化,外佐丞相统理天下",[5]使以丞相为代表的行政权,与以御史大夫为代表的监察权,处于既相维又相抗的状态,而居中驾驭者则是皇帝,这两权平衡,有利于确保皇帝集权。

特别值得提出的是,汉代继承了秦以监郡为监察重点的传统,积极致力于地方监察法规的制定。惠帝三年,"相国奏遣御史监三辅不法事:词讼、盗贼、铸伪钱、狱不直、徭赋不平、吏不廉、吏苛刻、逾侈及弩力十石以上、作非所当服,凡九条"。[6]对此九条,宋人王益之所撰的《西汉年纪》卷1引《汉仪》有更为详细的介绍:"惠帝三年,相国奏御史监三辅郡,察以九条,察有司讼者,盗贼者,伪铸钱者,姿为奸诈论狱不直者,擅兴徭赋不平者,吏不廉者,吏以苛刻故劾无罪者,敢为逾越侈及弩(力)十石以上者,(作)非所当服者,凡九条。"上述九条概括了行政、司法、治安、财经、吏治等方面,其适用范围虽然只是三辅郡特区,内容也比较粗疏,但却是朝廷授权监御史监察地方官吏的法律依据,是中国古代性质较为明确的监察法规。它的出现反映了汉初加强专制主义中央集权的政治倾向,这一点在汉武帝时期制定的《刺史六条》中更加昭然若揭。

汉武帝即位以后，锐意推行强干弱枝的政策，元封五年划分全国为十三州郡，各设部刺史一人作为皇帝派往地方的监察官，并在《监御史九条》的基础上制定《六条察郡之法》(又称《六条问事》或《刺史六条》)。据《汉官典职仪式选用》：

"诏书旧典，刺史班宣，周行郡国，省察治状，黜陟能否，断治冤狱，以六条问事，非条所问，即不省。

一条，强宗豪右田宅逾制，以强凌弱、以众暴寡；

二条，二千石不奉诏书遵承典制，倍公向私、旁招守利、侵渔百姓、聚敛为奸；

三条，二千石不恤疑狱，风厉杀人，怒则任刑，喜则淫赏，烦扰苛暴，剥截黎元，为百姓所疾，山崩石裂，妖祥讹言；

四条，二千石选署不平，苟阿所爱，蔽贤宠顽；

五条，二千石子弟恃怙荣势，请托所监；

六条，二千石违公比下，阿附豪强，通行货赂，割损政令也。"

刺史《六条问事》是汉初推行强干弱枝加强专制主义中央集权政策的产物，也是地方监察制度法律化的重要成果，它与惠帝刺察三辅的九条不同，是全国性的地方监察法规。

《六条问事》的针对性十分明确，它以地方二千石的高官及其子弟，以及作为其社会基础的强宗豪右为主要监察对象，而非一般守令。虽然部刺史不过是六百石的低级官员，但却可以监察、奏弹二千石的地方长吏与王侯，这种以下察上，以卑督尊的规定，是汉代监察法的一个特点，同时也是封建监察法中的一贯原则。但为了防止部刺史滥用职权，严格限定必须按六条的范围问事，否则即为逾限，要受到处罚。豫州牧鲍宣便以"所察过诏条……宣坐免"[7]。

《六条问事》是中国封建社会有内容可查的地方性监察法规，它的制定反映了汉初统治集团内部在权力分配上的矛盾，带有特定时代背景加给它的深刻烙印。它所包含的基本规范和所确立的原则，奠定了地方监察法的基础，具有深远的影响。不仅如此，它的条款分明，操作性强，表现出立法技术水平的提高。

除此之外，汉代也以律的形式对王侯国进行行政监察，如颁布《尚方律》严格制裁王侯国逾制；颁布"事国人过律"(按颜师古注"事役吏之员数也”），防止王侯国机构膨胀。汉律中的“阿党”“附益”之法，也具有监视与防止王侯坐大以及内外官交结的监察法的性质。

两汉监察法，除国家制定法的形式外，皇帝针对特定事项颁发的诏令，也具有最权威的监察法的属性。高皇帝七年诏曰：“狱之疑者，吏或不敢决，有罪者久而不论，无罪久系不决。自今以来，县道官狱疑者，各谳所属二千石官，二千石官以其罪名当报之。所不能决者，皆移廷尉，廷尉亦当报之。廷尉所不能决，谨具为奏，傅所当比律令以闻。”[8]武帝元狩六年诏曰：“今遣博士大等六人，分循行天下，存问鳏寡废疾无以自振业者，贷与之……详问隐处亡位及冤失职。奸猾为害野荒治苛者，举奏。郡国有所以为便者，上丞相御史以闻。”[9]此外，从文帝起，要求百官推荐“直言极谏之士”，言谏制度也取得一定的发展。

汉朝监察法的发展是和统治者的认识密切相关的，汉初统治者奉行老庄哲学，实行无为而治的政策，一度废除了秦朝实行的对地方郡县行使监察权的监御史制度，结果使地方守吏擅权恣肆，不利于中央集权，为此，惠帝时恢复了郡御史，并制定了《监御史九条》。但汉初实行的王侯国制度使中央政府尾大不掉，终于爆发了七国之乱。平定七国之乱以后，推行加强中央集权打击地方豪强势力，削弱王侯国的实际权力，成为了汉武帝对内厉行的治国方略，《刺史六条》就是在这样的历史背景下产生的。

需要指出，作为监察制度范畴内的言谏制度，也是在汉朝开始确立的，这与儒家学说被推崇为统治思想密切相关，是儒家君道与臣道学说的积极结果。孔子曾说：“君使臣以礼，臣事君以忠。”[10]他在回答齐景公问政时所说的“君君、臣臣”[11]就是君要守君道，臣要守臣道。

汉儒发展了孔子的思想，董仲舒说：“为人君者，正心以正朝廷，正朝廷以正百官，正百官以正万民，正万民以正四方。四方正，远近莫敢不壹于正，而亡有邪气奸其间者。”[12]他们希望臣下能够勇于向皇帝进谏，皇帝则要善于接纳臣下的谏议，做到“明主不恶切谏以博观，忠臣不避重诛以直谏，是故事无遗策而功流万世”[13]。在汉儒思想的影响下，统治者鉴于秦朝天下畏罪、“莫敢尽忠”[14]招致二世而亡的教训，多次颁发诏令，要求臣下直言极谏。

汉初主要由光禄勋属官诸大夫与议郎承担言谏之责。据《汉书·百官公卿表》记载：“大夫，掌议论，有太中大夫、中大夫、谏大夫，皆无员，多至数十人。武帝元狩五年初置谏大夫，秩比八百石。太初元年更名中大夫为光禄大夫，秩比二千石，太中大夫秩比千石如故。"《唐六典》引《汉书·百官表》云："……光武中兴，谏议大夫置十三员。"武帝时任谏议大夫之职者多为一时名贤，如刘辅、王褒、贡禹、王吉、匡衡、何武、夏侯胜、严助等人，都曾担任谏议大夫之职。可见，汉的谏官系统已经确立，谏官的职责范围也较为明晰：一是顾问应对，策划方略。史书说："凡大夫、议郎皆掌顾问应对，无常事，唯诏命所使。"[15]文帝时，贾谊为太中大夫，上疏陈政事，要求人主以秦朝视忠谏为诽谤、以深计为妖言为诫。又"诸法令所更定其说，皆谊发之"。[16]晁错任中大夫时，上书言事三十篇，建议削夺诸侯王权力，更定法令。[17]武帝时，太中大夫张汤、中大夫赵禹受命论定律令。[18]凡此都表现了言谏官在国家重大决策中所起的作用。二是匡正君失，监督决策。武帝时，汲黯为中大夫，多次直言进谏，"犯主之颜色"，被武帝称为"社稷之臣"。[19]此外，有关职官设置、经济政策的贯彻实施、立嗣立后、封王授爵、选吏、治狱等，都成为汉代谏官言事的重点内容。三是针砭时弊，评论得失。哀帝时，外戚子弟进用，幸臣地位高贵，谏大夫鲍宣上书，抨击时政，指斥奸佞，言辞犀利激烈，切中要害。

由于诸大夫与议郎身居宫内，位于皇帝近侧，又多为名儒宿德之士，因此其言谏往往受到皇帝重视。不仅如此，他们还经常被皇帝亲自派遣循行天下，行使监察权。如宣帝元康四年，遣太中大夫等十二人循行天下，"存问鳏寡，览观风俗，察吏治得失，举茂材异伦之士"[20]。成帝建始三年，因官吏失职，苛暴深刻，遣谏大夫等人循行天下。[21]鸿嘉元年，遣谏大夫等人监察三辅、三河、弘农七郡，揭发冤案。[22]可见言谏官受命循行州郡时，不仅其监察权明显大于刺史，而且还有权解送犯罪的州郡长官，拘捕案讯县级长官，实际权力已远超过谏官言谏的范围。

汉朝在一段时间里确实做到了"明主不恶切谏以博观，忠臣不避重诛以直谏"[23]，发挥了言谏对于国家决策的重要作用。不仅如此，通过谏官面陈君失，而使皇帝成为言谏官的舆论监督对象，开创了专制集权政治制度下的新风气。

（二）魏晋南北朝时期监察法的互动

魏晋南北朝是中国历史上持续数百年的割据对峙时期。无论是偏安一隅的南朝，还是统治中原广大地区的北朝，都强化了监察机关的职能和立法活动,以确保专制主义的国家机器的运转。

这一时期御史台在建制上趋于规范化,而风闻奏事的实行标志着御史职权的扩大。谏官的组织和职权也趋于系统化、规范化。就监察立法而言,曹魏时贾逵任豫州刺史,鉴于"长吏慢法,盗贼公行,州知而不纠",提出仿汉《六条问事》,"考竟其二千石以下阿纵不如法者,皆举奏免之"。贾逵的建议得到文帝的允准,"布告天下,当以豫州为法"。[24]根据《九朝律考》转引《文选》"齐故安陆昭王碑文",贾逵在汉六条的基础上,提出了新的《察吏六条》。即:"察民疾苦冤失职者;察墨绶长吏以上居官政状;察盗贼为民之害及大奸猾者;察犯田律四时禁者;察民有孝悌廉洁行修正茂才异等者;察吏不簿入钱谷放散者。所察不得过此。"魏《察吏六条》基于历史条件的变化,使原汉六条的精神——强干弱枝,已不复见,其基点是对地方长吏进行行政治安监察、财经监察与人事监察。《察吏六条》不仅范围有所缩小,标准也较低,尤其是魏文帝的统治权威远逊于汉武帝,而地方刺史、州牧日益严重的揽权滋肆,更非一纸空文所能约束。

晋统一后,监察立法与整个立法一样出现了活跃的态势。泰始四年六月,诏颁"察长吏能否十条"和"察长吏八条"。前者是:"田畴辟,生业修,礼教设,禁令行,则长吏之能也。人穷匮,农事荒,奸盗起,刑狱烦,下陵上替,礼义不兴,斯长吏之否也。"后者是:"若长吏在官公廉,虑不及私,正色直节,不饰名誉者,及身行贪秽,谄黩求容,公节不立,而私门日富者,并谨察之。"同年十二月又诏颁"五条律察郡":"一曰正身,二曰勤百姓,三曰抚孤寡,四曰敦本息末,五曰去人事。"[25]

晋时著名思想家、律学家刘颂认为,要加强对官员的监督,首先法律必须统一,以便官吏遵守。他说:"自近世以来,法渐多门,令甚不一……是法多门,令不一,则吏不知所守,下不知所避。奸伪者因法之多门,以售其情,所欲浅深,苟断不一,则居上才难以检下……法轨既定则行之,行之信如四时,执之坚如金石,群吏岂得在成制之内,复称随时之宜,傍引因人设教,以乱政典哉……夫人君所与天下共者,法也。已令四海,不可以不信为教,方求天下之不慢,不可绳以不信之法,且先识有言,人至愚而不可欺也。不谓平时背法意断,不胜百姓愿也……又律法断罪,皆当以法律令正文。若无正文,依附名例断之,其正文名例所不及,皆勿论。法吏以上,所执不同,得为异议,如律之文,守法之官,惟当奉用律令。至于法律之,所见不同，乃得为异议也。今限法曹郎令史，意不同为驳，惟得论释法律，以正所断，不得援求诸外，论随时之宜，以明法官守局之分。”[26]刘颂上述议论在中国法文化史上具有极高的学术价值。

上述监察立法虽以地方长吏为重点，但事实上魏晋以来士家大族把持政权，是中国历史上突出的门阀政治时代。士族们凭借政治特权骄奢淫逸，巧取豪夺，鱼肉乡里，无所不为，因此西晋监察法难以认真推行。至于东晋和南朝，由于士族揽权，崇尚清谈，监察法制无所建树。相反，北朝在创建总体法制的同时，也进行了监察立法。

北朝少数民族入主中原以后，为了立足长远，在政治上励精图治；在文化上追踪两汉，力戒南朝清谈玄学之风；在法制上以《汉律》为楷模，其中西魏的《六条诏书》和北周的《诏制九条》，是具有代表性的监察立法。

西魏大统十年九月，度支省尚书苏绰奉命制定《六条诏书》：一修身心，二敦教化，三尽地利，四擢贤良，五恤狱讼，六均赋役。对这六条“太祖甚重视，常置诸座右，又令百司习诵之，其牧守令长，非通六条及计帐者，不得居官”[27]。苏绰所定六条既是考绩的标准，也是察吏的原则性规定，这两者的结合，反映了监察职能的扩大。

北周宣武帝即位以后，在遣大使巡察诸州时，颁发《诏制九条》，宣下州郡，作为察吏的根据，“一曰决狱科罪，皆准律文；二曰母族绝服外者，听婚；三曰以杖决罚，悉令依法；四曰郡县当境贼盗不擒获者，并仰录奏；五曰孝子顺孙义夫节妇，表其门闾，才堪任用者，即宜申荐；六曰或昔经驱使，名位未达，或沉沦蓬荜，文武可施，宜并采访，具以名奏；七曰伪齐七品以上，已敕收用，八品以下，爰及流外，若欲入仕，皆听预选，降二等授官；八曰州举高才博学者为秀才，郡举经明修律者为孝廉，上州、上郡岁一人，下州、下郡三岁一人；九曰年七十以上，依式授官，鳏寡困乏不能自存者，并加禀恤”[28]。《诏制九条》首察官吏决狱科罪是否准律，不仅是对司法公正的追求，更重要的是借以克服拓跋族任意施刑的传统习惯。关于母族绝服外听婚和旌荐孝子顺孙、义夫节妇等规定，反映了对于汉族礼制的尊重，这种文化上的适应性，对于北朝稳定统治具有重要意义。

另据《唐律疏议》等文献记载，《北魏律》中列有“违制律”，凡属违制的行为均为监察的范围。例如，按律禁止“买良人为婢”，据此，“御史中尉王显奏志在州日，抑买良人为婢，兼乘请供朝，会赦免”[29]，“继在青州之日……又以良人为婢为御史所弹，坐免官爵”[30]。又如按律“居丧听乐饮戏”处以不同惩罚，而“谧在母丧，听音声饮戏，为御史中尉李平所弹”[31]。

北魏孝文帝时期，提高了御史台长官御史中尉的职权，有权“督司百僚”，“其出入千步清道，与皇太子分路，王公百辟咸使逊避，其余百僚下马驰车路旁，其违缓者以棒棒之”[32]。

北朝皇帝不仅要求臣下进谏、极谏，而且注意纳谏。例如显祖时曾下诏：“诸监临之官，所监治受羊一口、酒一斛者，罪至大辟，予者以从坐论。纠告得尚书已下罪状者，各随所纠官轻重而授之。”对此，“白泽上表谏曰：‘伏见诏书，禁尚书以下受礼者刑身，纠之者代职。’伏惟三载考绩，黜陟幽明，斯乃不易之令轨，百王之通式。今之都曹，古之公卿也，皆翊扶万几，赞徽百揆，风化藉此而平，治道由兹而穆。且周之下士，尚有代耕，况皇朝贵仕而服勤无报，岂所谓祖袭尧舜，宪章文武者乎？羊酒之罚，若行不已，臣恐奸人窥望，忠臣懈节。而欲使事静民安，治清务简，至于委任责成，下民难辩。如臣愚量，请依律令旧法，稽同前典，班禄酬廉，首去乱群，常刑无赦。苟能如此，则升平之轨，期月可望，刑措之风，三年必致矣。”对于白泽的进谏“显祖纳之”。[33]

由于北朝皇帝重视言谏，使谏官系统也较为发达，天兴三年，设置训士，“职比谏议大夫，规讽时政，匡刺非违”[34]。孝文帝改革之后，仿汉制将言谏官设于门下省和集书省。门下省置侍中、黄门侍郎各四人，负责言谏。据《文献通考》卷四十九载：“后魏尤重门下官，多以侍中辅政，则侍中又为枢密之任矣。”宜都王穆寿、广平公张黎，都以兼任侍中的身份辅政，可见其地位的显要。门下省不仅出纳诏命，还行使“封驳权”。由于政归门下，所以侍中、黄门有“小宰相”之称。[35]

（三）唐朝监察体制的定型与监察法的发展

1. 唐朝监察体制的定型

唐朝是封建的盛世，也是监察制度的重要发展阶段。唐初，统治者从总结历史经验中比较清醒地认识到监察机关对于维护国家纲纪的作用，因而给予充分肯定和重视。据《文献通考・职官七》记载：“自贞观初，以法理天下，尤重宪官，故御史复为雄要。”唐玄宗在《饬御史・刺史・县令诏》中说：“御史执宪，纲纪是司。”[36]睿宗更进一步表示：“彰善瘅恶，激浊扬清，御史之职也。政之理乱，实由此也。”[37]唐朝建立了一台三院的监察体制，克服了秦汉以来多元监察体制所造成的职权不清，系统紊乱的弊病，具有封建监察体制定型的意义，对后世影响深远。

唐朝以御史台为最高监察机关，以御史大夫(从三品)一人为台长，率领群僚行使监察权。御史台下设三院。台院，设侍御史四人，秩从六品下，另有内供奉二人，共六员，"掌纠举百僚，推鞫狱讼"。殿院，设殿中侍御史六人，内供奉三人，共九员，秩从七品上，"掌殿庭供奉之仪式"。察院，设监察御史八人，后增至十人，秩正八品以上，"掌分察百僚，巡按郡县，纠视刑狱，肃政朝仪"[38]。察院是三院中最重要的职能部门，监察御史品秩虽低，但"职务繁杂，百司畏惧"。

唐朝职官的铨选，一般由吏部注拟，五品以上皇帝敕授，六品以下奏授。侍御史、殿中侍御史、监察御史虽为六至八品官，但以职责攸关，故多为敕授。

监察官作为维系国家纲纪的察官之官，其选任受到统治者的高度重视。首要条件是刚正嫉恶。《唐会要》卷六十《御史台上》记载，御史中丞裴度奏："凡所取御史，必先质重勇退者。"即敢于弹劾权贵，不恋官位。高祖时，以万年县法曹孙伏伽"诚直"，"指陈得失，无所回避"，升为侍御史。太宗以权万纪"性强直，好直言"，授为治书侍御史。玄宗时，崔隐甫为御史大夫，玄宗曾云："卿为御史大夫，海内咸云称职，甚副朕之委也。"[39]

其次为学识高雅。高宗以杜求仁"有雅才"，授监察御史。武后以张仁愿有文武才，擢为殿中侍御史。肃宗以吕湮勤于学业，颇有才干，"超拜御史中丞"。德宗时，穆赞为刑部郎中，"因次对，德宗嘉其才，擢为御史中丞"[40]。高元裕任御史中丞后，鉴于监察御史中有才识不足者，因而上言："御史府纪纲之地，官属选用，宜得实才，其不称者，臣请出之。"于是将无才不称职的监察御史杜宣猷、柳环、崔郢、侍御史魏中庸、高弘简"出为府县之职"。[41]

由于唐代盛行科举选官制，长庆二年以举人授御史、拾遗、补阙者，百余人。他如褚擢、李义深、杜威、陆元方、卢虔、薛存庆、王正雅等人，都是在中进士后直接被选任为监察御史的。

除品德学识外，实际经历也是选任监察官的条件之一。《文献通考》记载：唐"监察选拜，多自京畿县尉"。另据《新唐书》卷四五《选举下》：玄宗时规定，"凡官，不历州县不拟台省"。肃宗至德元年重申："风宪之地，百僚准绳，倾者有司，殊非慎择，其御史须曾在州县理人官者，方得荐用。”[42]从县级属官中选任御史，因其熟悉地方行政工作，所以有助于实现有效地监察。

唐时，经朝中高官荐举也可以充当御史，但荐举者需负连带责任。

唐朝为了使吏称其职，实行严格考绩，无论考绩的内容还是程序都进一步完备。考课官吏由吏部考功司负责，据《唐六典》：“考功郎中，员外郎之职，掌内外文武官吏之考课。”[43]

唐朝考课官吏的标准相当规范，以流内官为例，实行“四善二十七最”的考课法。所谓“四善”是德义有闻、清慎明著、公平可称、恪勤匪懈。所谓“二十七最”是献可替否，拾遗补阙，为近侍之最；铨衡人物，擢尽才良，为选司之最；扬清激浊，褒贬必当，为考校之最；决断不滞，与夺合理，为判事之最；推鞫得情，处断平允，为法官之最；访察精审，弹举必当，为纠正之最；赏罚严明，攻战必胜，为将帅之最等。经过考课，定出上中下三等九级。

对于监察官的考课，除适用一般官吏的考课法之外，另有一些特殊规定。譬如，监察御史的考限通常是二十五个月，殿中侍御史十五个月，侍御史十个月。在考课的内容上，如能对制敕不当，执奏指出并被采纳者，可以提高等级，并可迅速擢升。其升迁的阶梯是监察御史升为殿中侍御史，殿中侍御史升为侍御史。若御史调任其他部门，则多为郎中、员外郎。其中，侍御史迁转尤为迅速，据《通典》：“凡侍御史之例，不出累月则迁登南省。”

至于御史大夫的晋升往往多为宰相，如太宗朝七位御史大夫，有五位升至宰相。李华《御史大夫壁记》中记载，御史大夫自“义宁至先天登宰相者十二人，以本官参政者十三人，固相任者四人。开元、天宝中至宰辅四人，宰辅兼一人”[44]。另据《新唐书·宰相表》，由御史大夫升为宰相者二十一人，由御史中丞升为宰相者十一人。凡此都说明皇帝对监察官的钦重，以使之勇于谏诤，敢于弹劾，既有利于维系国家纲纪，也对吏治有所裨益。

需要指出，唐朝的监察官虽是“人君耳目，俱握雄权”[45]，但如违纪触法则要受到严肃制裁。据《通鉴》，贞观五年监察御史权万纪因滥用职权，为非作歹，魏征弹奏之：“万纪等小人，不识大体，以奸为直，以谗为忠……挟恩依势，逞其奸谋，凡所弹射，皆非有罪。”后又受到太宗“卿未尝进一贤，退一不肖”的谴责，终被罢职。玄宗时，御史大夫崔隐甫、御史中丞宇文融因与右丞相张说争权夺利，崔隐甫被“免官侍母”，宇文融被贬为魏州刺史。

监察御史在巡按地方时，须严格遵照《监察六法》和武则天时期制定的“风俗廉察四十八条”行事，若利用职权，挟私诬陷他人，按诬告反坐律处以刑罚。《唐律疏议》规定：“诸诬告人者，各反坐。即纠弹之官，挟私弹事不实者，亦如之。”

言谏制度发展至唐朝已趋于成熟，谏官已形成一个特殊系统。谏官有左右散骑常侍、左右谏议大夫、左右补阙、左右拾遗等组成，分属中书、门下两省。谏官的主要职责是研究国家政策、法令以及某些重大措施和制度，对国家政策、法令的执行情况，甚至包括皇帝执行政务的情况进行监督，如认为不妥，有权向皇帝规谏。如王夫之所说：“谏官职在谏矣；谏者，谏君者也，征声逐色、奖谀斥忠、好利喜功，狎小人，耽逸豫，一有其几，而必犯颜以诤；大臣不道，误国妨贤，导主贼民，而君偏任之，则直纠之而无隐。”[46]唐太宗即位后，“动静必思隋氏，以为殷鉴”。[47]为了避免重蹈隋亡的覆辙，唐太宗励精图治，贞观元年（627 年）诏令谏官与中书、门下及三品以上官员一起参与朝廷的重大决策，“每宰相入内平章大计，必使谏官随入，与闻政事”。[48]凡谏官对决策的规谏意见，“太宗必虚己纳之”，从而确立了谏官随相入阁“有失辄谏”、“与闻政事”的制度。

太宗晚年颁发《令群臣直言诏》表示：“朕登临宇内，宇育黔黎，恐一德之或亏，惧小瑕之有累……昔惟魏征，每显余过。自其逝也，虽过莫彰……自斯以后，各悉乃诚，若有是非，直言无隐。”[49]唐玄宗开元十二年（724 年）四月敕中明示：“谏官所献封事，不限旦晚，任封状进来。”所由门司不得有停滞。如需面奏，即便会引。谏议涉及“除拜不称于职，诏令不便于时，法禁乖宜，刑赏未当”，[50]或赋敛无度，冤屈人罪的，更要无所回避，及时上奏皇帝。白居易在受封为左拾遗官后，在上皇帝书中表示：“臣谨按《六典》，左右拾遗，掌供奉讽谏，凡发令举事，有不便于时，不合于道者，小则上封，大则廷诤……朝廷得失无不察，天下利病无不言。此国朝置拾遗之本意也。”[51]

谏官系统中的门下省侍中，秩正三品（后为正二品），“掌出纳帝命，缉熙皇极，总典吏职，赞相礼仪，一和万邦，以弼庶务，所谓佐天子而统大政者也”。但此官不常设，而以门下侍郎为实际长官。

2. 监察法的发展

唐朝是中华法系成熟和定型的时期，唐法制是中华法制文明史上辉煌的一页。以《唐律疏议》为代表的唐初立法,集汉魏晋以来法律发展之大成,也是唐以后封建立法的范本,其影响也广及于海外。唐朝的法律形式,以律为主,之外还有令、格、式、典、敕、例。

作为唐代立法重要构成部分的监察法也取得了明显的发展。除专门性的《六察法》外,更多地散见于《唐律疏议》、《唐六典》和令、格、式中。《唐律疏议》职制门五十九条,基本上适用于职官监察,是据以察吏的法律根据。其他卫禁、户婚、厩库、擅兴、贼盗、斗讼、诈伪、杂律、断狱各篇,也含有监察官执行职务的法律根据。《唐六典》卷十三《御史台》部分,详叙了御史台官的由来、编制、职掌、品级等规定。

玄宗开元年间,正式颁行仿汉《刺史六条》的《监察六法》。它是唐朝道察体制的产物,也是地方监察法规的集中体现。

此外,属于监察法的诏令大抵可分为二类:

一为言谏及出使诏敕。其中属于言谏监察诏敕的,如《令群臣直言诏》《听百僚进状及廷争敕》《令台省详议封事诏》《令百官言事诏》《许刺史言事敕》《加散骑常侍员品诏》。属于出使巡察的诏敕,如《遣使巡行天下诏》《遣十使巡察风俗制》《处分朝集使敕八道》《处分朝集使敕五道》《遣陆象先等依前按察制》《遣王志愔等各察本官内制》《遣使河南河北道观察利害诏》《诫励京畿县令敕》《遣御史大夫王晙等巡按诸道敕》《遣使黜陟诸道敕》《席建侯等巡行诸道教》《黜陟杨懋等诏》《察访刺史县令诏》《遣诸道黜陟使敕》。

二为监察官制立法。如《择刺史诏》《令御史录奏内外官职事诏》《诫饬御史诏》《简京官为都督刺史诏》《诫励诸州刺史敕》《刺史令久在任诏》《京官都督刺史中外选用敕》等。

隋炀帝时,隋朝开始建立察郡县的监察机构——司隶台,并仿汉《刺史六条》形成《司隶六条》,[52]作为巡察京畿内外的法律根据。其内容是:"一察品官以上理政能否;二察官人贪残害政;三察豪强奸猾,侵害下人,及田宅逾制,官司不能禁止者;四察水旱虫灾,不以实言,枉征赋役,及无灾妄蠲免者;五察部内贼盗,不能穷逐,隐而不申者;六察德行孝悌,茂才异行,隐不贡者。"[53]

至唐代,监察御史职掌"巡按郡县",多为衔君命临时出使,属于部察。其主要任务是理冤滞,处理地方上一些大案、要案、冤案、疑案。例如,颜真卿奉使陇右，“五原有冤狱，久不决，真卿至，立辩之”[54]。

此外，设于十道（后增至十五道）监察区的按察使，是固定的地方监察官，多由地方五品以上官员兼任，负责经常性的地方监察称为道察。

为了规范按察使的监察职责，玄宗开元年间，正式颁行仿汉《刺史六条》的《监察六法》：“其一，察官人善恶；其二，察户口流散，籍帐隐没，赋役不均；其三，察农桑不勤，仓库减耗；其四，察妖猾盗贼，不事生业，为私蠹害；其五，察德行孝悌，茂才异等，藏器晦迹，应时用者；其六，察黠吏豪宗兼并纵暴，贫弱冤苦不能自申者。”[55]

《监察六法》在性质上属于地方监察法规，是唐朝道察体制的产物。《监察六法》基于唐朝的特定历史条件，较之汉隋均有所不同。

首先，首列察官人善恶，并且扩大了监察范围。汉时刺察限“二千石以上”的地方长吏，隋时扩大到“品官以上”，不入品阶的小吏不在限内。而唐的“六法”纠察对象，不论官品，是官皆察，以惩治贪官污吏、察举为官优劣作为重点，旁及官吏的品德、政绩、文才、修养等，反映了统治者对地方吏治的重视。如果说汉代由于地方豪强势力强大，以致刺察重点先是强宗豪右“田宅逾制”，后是纠察二千石郡守“阿附豪强”，那么在隋《司隶六条》中察豪强奸猾已列为第三位，而在唐《监察六法》中察黠吏豪宗则降为最后一条。历史条件的变化决定了地方监察主要对象的调整。

其次，《监察六法》将户口、赋役、农桑、库存作为监察的重要内容，反映了唐代社会处于相对稳定和谐的状态，国家得以发展经济为目标，而地方临民之官在这方面承担着至关重要的任务。将经济指标列为监察的重点内容，是与汉隋六察不同的。

再次，为了网罗人才，《监察六法》中列入“察德行孝悌，茂才异等，藏器晦迹，应时用者”，不仅重德才，而且讲时用。同时也表现了对监察官举荐权的认可。

最后，司法是否公平，不仅涉及贫弱百姓的切身利益，也关系到社会的稳定，国家的安危。因此，察贫弱冤苦不能自申者，反映了统治者对于司法监察的重视和对黠吏豪宗兼并纵暴行为的抑制。由皇帝派出巡按地方的监察御史多奉命察大案、要案、冤案，充分说明了这一点。

由汉代的《刺史问事六条》到隋的《司隶六条》，再到唐的《监察六法》，虽然均为六条，但监察的重点对象、具体的要求、涉及的范围多有不同。反映了不同时代的背景条件加给它的烙印，以及地方监察法规的逐渐走向成熟。贞观二十年，以六法巡查四方的结果，太宗亲临决牧守以下，以贤能升官者二十人，以罪处死者七人，处流刑及罢官者达数百人。说明六法的实施，对贞观之治的形成，起到了重要的作用。

由汉迄唐地方监察法取得了明显的发展，而且不断走向专门化，这不是偶然的。它反映了在辽阔的疆域内，建立专制主义中央集权国家统治的需要。隋唐统治者鉴于长达近四百年的分裂割据，在深刻反思的基础上痛感加强中央对地方控制与监督的重要性。因此，隋唐制定的《司隶六条》《监察六法》，所关注的不在于立法形式、立法技术的传承，而在于强化中央控制地方政策的延续。

唐朝是一个疆域辽阔的封建王朝。《旧唐书》卷三八《地理一》曾有以下描述："然举唐之盛时，开元、天宝之际，东至安东，西至安西，南至日南，北至单于府，盖南北如汉之盛，东不及而西过之。"为了实现对全国的统治，唐朝采取"设官以经之，置使以纬之"的方略，[56]既设立管理地方的各级官吏，定期不定期地向中央述职，又由中央派出监察御史和各种使臣到各地了解和监察州县官的施政情况。由皇帝颁发的数量众多的制敕诏令，就是出使巡察的最高立法依据，也是对《监察六法》的重要补充。

太宗贞观八年正月，发布《遣使巡行天下诏》，派遣大臣萧禹等"分行四方，申谕朕心，延问疾苦，观风俗之得失。察政刑之苛弊"。[57]玄宗开元二十九年十月在《遣使黜陟诸道敕》中说："卿等所到之州，宜宣朕意，其百姓间事，或有须厘革者，宜与所管商量处置，回日闻奏。其官吏中贪冒赃私及犯名教，或衰老疾病，或无政理者，刺史以下，宜停务闻。其守职公清，为政尤异，事堪激劝，远近知者，具以名闻。"[58]肃宗至德二年二月八日，在《遣使安抚制》中指出："夫人君高居天位，非可以目遍四海，耳周八极，必仗贤能，以广视听。顷之使臣未称，咸多俯仰，经略未尽，遂令远人冤不上达，弊不下去。今择朝端忠贞仁惠之士，饮水乘驿，巡抚四方。其有政教烦苛，敕令不便，妨于耕稼，害于蚕桑，征损于人，无令小大，咨尔兆庶，必闻于朝。又有官吏科虐，豪猾侵渔，扰于黎庶，冒于货贿，上无隐也，当悉惩之。"[59]

上述诏制不仅表明了遣使出巡的必要性，标示了监察所及的广泛范围，而且要求负责巡察的遣使要发挥皇帝耳目之寄的作用，务求下情上通，上旨下达。据《旧唐书》卷一二八《颜真卿传》记载："故其出使天下，事无巨细得失,皆令访察奏闻,所以明四目,达四聪也。”

唐朝后期社会矛盾加剧,国家面对藩镇割据所造成的种种财政困难,因此特别着重遣使巡察对财经的监督,严防地方截留。武宗会昌元年下制,严肃指出“本道观察使每年秋成之时,具管内垦辟田地顷亩,及合征上供留州若使斛斗数,分析闻奏。如所奏数外,有賸纳人户斛斗,刺史已下,并节级重加惩贬,观察使奏听进止,仍令出使郎官御史及度支盐铁知院官访察闻奏。”[60]出使巡察立法虽以相对稳定性的《监察六法》为基本依据,但是皇帝临时发布的诏制,对每次巡行的监察重点都作出了明确指示,这对规范和指导特定的监察活动,具有重要的意义。将稳定性的《监察六法》与因事而发的临时性的皇帝制诏相结合,形成了较为严密的地方监察法网,对于维持地方的吏治以及推动各种地方政务的实施,起了积极的作用。在皇帝的诏制中,除设定具体的监察任务外,还力图借以改善政教风俗、宣扬德化,如同《遣十使巡察风俗制》所说:“以彰善瘅恶,激浊扬清,散皇明以烛幽,扬仁风以被物。”

此外,言谏法是以皇帝诏敕的形式出现的,是最具有特色的监察立法。言谏法的主要内容是确立各种言谏制度:

其一,确认谏官随宰相入阁议事。贞观初年,太宗接受谏议大夫王珪的意见,下诏谏官随宰相入阁议事,“有失辄谏”。[61]此制延至唐末未废。

其二,允许谏官随时进封事,“不限旦晚”,而且“不须令宰相先知”,以保证谏官的独立谏诤权。肃宗在《令百官言事诏》中严肃指出:“顷以任非其人,事多壅蔽。自今以后,谏官所献封事,不限早晚,任进状来。所由门司,不得辄有停滞。如须侧门论事,亦任随状面奏,即便令引对。如有除拜不称于职,诏令不便于时,法禁非宜,刑赏未当,征求无节,冤滥在人,并宜极论得失,无所回避,以称朕意。其常朝参六品以上,亦宜准此。”[62]其后又诏令谏官“每月一上封事”,后又改为“十日一上封事”。

其三,赋予谏官封驳权。如给事中有权在诏书上涂改不当的内容,然后奏还,谓之“涂归”;也可在黄敕后粘连白纸批语,谓之“批敕”。但在封驳诏书时,须附有表奏说明封驳理由,以便改正。

代宗广德二年在《加散骑常侍员品诏》中说:“朕欲左右有人,朝夕进善,发自中禁,刑于四方。献替于可否之间,思论于密勿之际,通天下之志,断天下之疑,作而行之,道不远矣。与我共此者,唯左右常侍乎!……重其任者崇其秩，劝其善者厚其禄。”

唐代给事中封驳权的行使，是中国古代政治、法律史上所少有的，最足以表现唐代的开明政治，在相当长的时间里发挥了权力制衡的作用，是监察法史上最光辉的一页。但至唐中后期，整个政治形势的逆转使言谏制度逐渐失去昔日的尊荣，有些谏官不尽言责，形同虚设。穆宗时，谏议大夫李渤面对散骑常侍久不举职，愤懑地上奏。他说：“据《六典》常侍奉规讽，其官久不举职，习以成例。若设官不责其事，不如罢之，以省其费。苟未能罢，臣请特敕，令准故事行其职业。”穆宗从之。[63]但是穆宗虽从之，却无力改进言谏制度的衰微。

综括上述，监察法涉及的领域相当宽广，诸如立法监察、人事监察、行政监察、经济监察、司法监察、礼仪监察等均在监察法的操控之内。以行政监察为例，无论是行政决策还是行政执行过程与决策反馈，均有专职监察官从事监察，其对象涉及朝官和地方官。由于御史台长官“掌邦国刑宪、典章之政令，以肃正朝列”，“掌以刑法典章，纠正百官之罪恶”[64]。因此，在行政监察中以察举弹劾官吏的违法失职、怠于政事为法定的常规职掌。为了查核官僚的治绩，纠弹不法，为黜陟奖惩提供依据，监察官还参加对百官的定期考课。

由于司法关系到人命和财产等百姓切身利益，因此，司法监察是次于行政监察的重点。如台官有权参加刑部的官员会议，以便执行监察。《唐六典》明确规定：“尚书省诸司七品以上官员会议，皆先牒报台，依一人往监。若具状有违反不委议意而署名者，纠弹之。凡有敕令，一御史往监，则监察受命而行。”

司法监察更多的是对地方政权司法活动的监察。除监察御史、采访使经常执行此项工作外，皇帝还随时遣使考察，或由殿中侍御史按验冤假错案。

唐朝为了建设繁荣昌盛的帝国，比较重视台谏官的纠弹谏诤作用，使其在澄清吏治、“纠弹不法”、振肃纲纪、安定社会、维护国家统一方面，发挥了良好的作用。尤其是太宗时期，虚心纳谏，重视法制，台谏官充分发挥了依法察吏的效能。

即使在高宗时期，也较为尊重御史对于恶吏的纠弹，如凤仪年间，左司郎中王本立恃宠用事，朝廷群臣畏惧，侍御史狄仁杰弹劾之，请伏法司推鞫,“有诏原之”。狄仁杰奏曰:“陛下惜有罪亏成法……臣愿先斥为群臣戒。”由于狄仁杰坚持维护朝廷纲纪,王本立被判罪,“朝廷肃然”。[65]

至玄宗后期,李林甫、杨国忠相继执政,监察制度也逐渐丧失了应有的作用。

唐朝的监察立法传承汉朝的监察立法,其重心仍在对地方官吏的监察。玄宗时制定的《监察六法》就是这一政策思想的产物。《监察六法》虽以汉《六条问事》为宗,但因汉唐历史背景不同而有所变化。

(四)宋朝的监察体制与监司互监法

1.监察体制的变化

宋朝是强化专制主义中央集权的朝代,宋初统治者吸取五代十国地方权臣干政窃国的历史教训,采取“事为之防,曲为之制”的分权制衡的治国思想,强调监察制度与监察法制的治国作用。

真宗时吕诲认为:“台谏者,人主之耳目,中外事皆得耳目,盖补益聪明以防壅弊。”[66]台谏机构成为宋朝国家政权体制中重要组成部分。北宋名臣包拯指出:“且国家置御史府者,盖防臣僚不法,时政失宜。朝廷用之如纪纲,人君委之如耳目。”[67]

南宋时期,著名的理学家朱熹则从维护国家纲纪、教化、风俗的角度,论证台谏与君主、宰执之间的关系。他说:“何谓纲纪?辨贤否以定上下之分,核功罪以公赏罚之施也。何谓风俗?使人皆知善人可慕而必为,皆知不善之可羞而必去也。”而要正纲纪、美风俗,“则以宰执秉持而不敢失,台谏补察而无所私人,人主又以其大公至正之心,恭已于上而照临之。是以贤者必上,不肖者必下;有功者必赏,有罪者必刑,而万事之统无所缺也。纲纪既振,则天下之人,自将各自矜奋,更相勤勉,以去恶而从善。盖不待黜陟刑赏一一加于其身,而礼义之风,廉耻之俗已丕变矣”。[68]

宋朝统治者特别重视对于宰相的监督,防止相权侵凌皇权,因此,利用台谏制衡相权,加强对宰相的监督,成为宋监察思想的一个要点。正是在强化专制主义中央集权的治国方略的指导下,宋朝的监察体制特别是地方监察体制有了新的发展。

北宋初期沿袭唐制设御史台为最高监察机关,职掌“纠察官邪,肃正纲纪,大事则廷辩,小事则奏弹”。[69]御史台以御史大夫为长官,但向无实任,御史中丞是实际上的台长。御史台下分设台院、殿院、察院。

台院，置侍御史一人，秩从六品，负责助理台政。

殿院，置殿中侍御史二人，秩从七品，元丰改革时升正七品，主要负责纠察百官在朝仪中的失礼行为。

察院，置监察御史六人，秩从七品，主要负责监察六部及朝廷行政、司法活动。

因北宋初期每以谏官兼领御史职，遂导致言谏御史的产生。宋真宗天禧元年(1017年)，始设言事御史。仁宗时以殿中侍御史梅挚、监察御史李京并为言事御史。神宗元丰改制，虽罢给事中、谏官兼领御史的制度，但御史兼领言谏的制度却被保留下来。元丰五年(1082年)，命殿中侍御史兼言事官。元丰八年(1085年)又"诏监察御史兼言事，殿中御史兼察事"。[70]

宋朝御史不仅权限扩大，而且地位尊崇。仁宗庆历四年(1044年)，命御史中丞贾昌兼讲官，专门为皇帝讲说经义，自此，台臣始兼侍讲。宋初谏官组织机构隶属于中书、门下两省。宋真宗天禧元年(1017年)，在门下省内正式设置谏院。

谏院的长官为谏议大夫，属官有司谏、正言。由于宋朝实行差遣制，常以他官知院事，故往往出现"谏议(官)无言责"的局面。宋朝言官论谏的对象已经扩大，言谏对象不仅仅是皇帝，对于百官行事的错失，言官都有规谏的责任。宰相也失去了对言谏官的任用权，而且还规定执政官的亲戚不得为言官。

在宋朝以前，台谏机构本属两个系统。御史只管弹劾，肃正纪纲；谏官掌匡失补阙、献可替否。御史弹劾的对象是文武百官，谏官谏诤的对象是皇帝。两宋时言谏和监察制度出现了重要变化。表现在两个方面：一是言谏机构职权行使的对象有所扩大，开始将宰相和各职能部门包括在言谏范围之内；二是御史开始兼领言谏之责，台谏呈现出合一趋势，谏官"往往并行御史之职"。神宗元丰年间规定谏官的职责为"同掌规谏讽喻。凡朝政阙失，大臣至百官任非其人，三省至百司事有违失，皆得谏诤"。[71]谏官监督的对象包括了文武百官，与御史职能接近。台官也行谏议之权。神宗元丰三年(1080年)，"诏御史六员，三分察，三言事"。元丰八年又诏："监察兼言事。"[72]至此，已从制度上确定了御史的言事谏诤权。

此后，宋朝文武百官一旦被御史论事，大多同时遭弹劾或被罢官。英宗时殿中侍御史赵抃论宰相刘沆领事有失国体，宣徽使王拱辰平生所为及奉使不法，枢密使王德用、翰林学士李淑不称职，皆被罢免。[73]

宋朝的地方监察体制因袭唐朝设道的旧制，太宗淳化四年(993 年)分天下为十道，至道三年(997 年)改为十五路。[74]仁宗天圣中分为十八路，神宗元丰八年(1085 年)增至二十三路。宣和四年(1122 年)再析为二十六路。[75]路为地方最高行政区划。各路先后设置转运司、提点刑狱司、提举常平司等中央派出机构，分别负责某方面的政务，并具有监察地方官的职责，统称为"监司"。这种上下相维的地方分权监察体制，是宋朝统治者吸取唐末五代藩镇割据教训，推行强化专制主义中央集权基本国策的措施。

转运司是最先设立的路级监司，其长官为转运使一人至二人。职掌漕运江淮财物以供京师长安，但只是一些临时性差遣，事毕即罢。太宗太平兴国二年(977 年)，罢除节度使领知郡之制，"自是而后，边防、盗贼、刑讼、金谷、按廉之任，皆委于转运使。又节次以天下土地形势，俾之分路而治矣。继增转运使判官，以京官为之，于是转运使于一路之事，无所不总也"，[76]成为一路的常设机构。各路转运使既是掌地方财赋及漕运钱谷的行政官，也是按察州县的监察官。如太宗太平兴国六年(981 年)诏令："诸路转运使察部下官吏，罢软不胜任、怠惰不亲事及渎货扰民者，条其事状以闻。"[77]

提点刑狱司是继转运司之后设置的监司，又称宪司，已分转运使职掌的司法权。提点刑狱司的长官为提点刑狱公事，简称提点刑狱或提刑，职掌"所部之狱讼而平其曲直，所至审问囚徒，祥复案牍，凡禁系淹延而不决，盗窃逋窜而不获，皆劾以闻，及举刺官吏之事"。

提举常平司简称仓司，职掌"常平、义仓、免疫、市易、坊场、河渡、水利之法，视岁之丰歉而为之敛散，以惠农民。凡役钱，产有厚薄则输有多寡；及给利禄，亦视其执役之重轻难易以为之等。商有滞货，则官为敛之，复售于民，以平物价。皆总其政令，仍专举刺官吏之事"[78]。提举官也负有对地方官吏的监察职责。

两宋的监司在维护统治秩序的相对稳定、制约地方长吏、防范腐败等方面都起到重要作用。南宋时期的叶适就曾对监司的监察职能做出过积极的评价："州郡众而监司寡，谓州郡之事难尽察也，故置监司以察之，谓州郡之官难尽择也，故止于择监司亦足以寄之。奉行法度者，州郡也；治其不奉行法度者，监司也。故监司者，操制州郡者也。"[79]

宋朝监司制度的推行，使地方无法形成统摄全局的最高权力中心，监司又负责监察地方各级官僚,有效地维护了中央集权,消除了地方离心力,并对宋朝的廉政建设起到了重要的作用。

2. 监司互监法

宋朝是一个比较重视法制的时代。建国之初便制定了兼有稳定性与统一性的基本法典——《宋刑统》。宋朝又是专制主义中央集权强化的时代,皇帝颁发的敕是最重要的法律形式。敕与令、格、式相互配合构成了较为严密的法律体系。《宋史・刑法志》说:“神宗以律不足以周事情,凡律所不载者一断以敕,乃更其目曰敕、令、格、式,而律恒存乎敕之外。”

《宋刑统》“职制律”中的有关规定是监察官据以察吏的基本法条。此外,还有专门适用于御史监察活动的法规。如太宗时,开始将与御史台有关的敕、令、格、式和例,编为御史的专门法规。[80]真宗时,编成《御史台仪制》六卷[81]。徽宗时,编纂《崇宁重修御史台令》[82],宣和六年又依据臣僚奏请,编修御史台格目。据《宋会要稽稿・职官五五》记载:“六年四月一日臣僚言,窃见御史台每被诏旨令觉察弹奏,有牒言官之文,有揭榜长贰之法,阅岁寖久被受滋多,而无成书可以总括,诏旨遂为虚文,乞令台臣搜阅修成格目,以备稽考,从之。”[83]孝宗淳熙四年,编成《重修淳熙类编御史弹奏格》三〇五条,按照六察御史分类,发给御史台遵照执行。据《建炎以来朝野杂记》乙集卷十一记载:“御史台弹奏格,旧无有。淳熙初,柴叔怀瑾为殿中侍御史,奏言:‘本台觉察弹劾事件,前后累降指挥,经今岁久,各件数多,文辞繁冗,又有止存事目,别无可考,恐奉行致有牴牾,乞下敕令所逐一删修成法,各随事宜,以六察所掌,分门别类,缴申朝廷取旨,降下本台遵守。仍令刑部镂板,颁降中外。’”

在宋朝的监察立法中,地方性的监察立法最有成就。地方性监察立法以诏、敕、令为主要的法律形式,散见于《庆元条法事类》、《宋会要辑稿》与《宋大诏令集》之中。除此之外,另有专门性的地方监察立法。如《庆元条法事类》中《职制令》对监司出巡执法规定如下:

“诸监司每岁分上下半年巡按州县,具平反冤讼,搜访利害,及荐举循例,按劾奸赃以闻。

诸监司岁以所部州县,量地里远近,更互分定,岁终巡遍,提点刑狱仍二年一遍,并次年正月,具已巡所至月日,申尚书省。

诸监司巡历所至,应受酒食之类,辄受折送钱者,许互察。

诸监司巡按许接见宾客,唯不报谒。

诸监司巡历所至,止据公案,簿书点检,非有违法,及事节不圆,不得分令供析,无公事不得住过三日。

诸监司准指挥分诣本路州干办者,各依本年已分巡历处。

诸州县禁囚,监司每季亲虑,若有冤抑,先疏放讫,具事因以闻。

诸监司每岁被旨分诣所部点检、催促结绝见禁罪人者,各随置司州地里远近,限五月下旬起发,至七月十五日以前巡遍,仍具所到去处月日,申尚书省。

诸监司巡按遇诸州州院、司理院,并县禁罪人及品官、命妇公事,各徒以上者,虽非本司事,听审问。若情涉疑虑,或罪人声冤,或官司挟情出入,而应移推者,牒所属监司行,若承报不行,或虽行而不当者,具事因奏。

诸监司每岁点检州县禁囚,淹留不决,或有冤滥者,具当职官、职位、姓名,按劾以闻。

诸察访所至,采访在任官,能否奏,仍以知州通判治状申尚书省,武臣申枢密院。

诸监司按察官,每岁终,具发摘过赃吏姓名,置籍,申尚书省。

诸监司分上下半年,具所部县令,有无善政显著,及谬懦不职之人,申尚书省。

诸监司每岁分上下半年,巡按州县,具平反冤讼,搜访利害,及荐举循吏,按劾奸赃以闻。

诸监司知所部,推行法令违慢,虽非本职,具事因牒所属监司施行,其命官,老病不职而非隶本司者,准此。仍听具奏,即辞讼事,属本司听受理。已经本司理断,其余监司方许受理。

诸按察官知所部官有犯,若事理重者,躬亲廉察,余事听先委,不干碍清强者,体究有无实迹,结罪保明,申所委官司,于按章内明坐,所差官体究到事因,并不得出榜召人首告,即犯赃私罪,虽已离任,被告论或因事彰露者,听按治。

诸官司无按察官而有违法及不公事者,发运监司按察,奏发运监司互相觉察,其经略按抚发运监司属官,听逐互行按举。

诸所部官有犯,监司郡守依法按治,不得倚阁俸给,仍许诸司互察。

……"[84]

为了防止监司利用出巡之机贪污勒索、骚扰百姓，不仅限定监司所带随从仆役、巡察州县逗留的时间和生活待遇，而且规定监司出巡前，不得“前期移文”州、县，以防止州、县“官吏承报，必预为备”的弊病。监司巡按所至，必须“各具所隶事目，不以巨细，临时摘取点检，不得预行刷牒，州县既莫知所备，则必事为之戒，当使庶务毕举，罔有缺遗”[85]。

由于司法监察是监司巡历的重点，除上述《职制令》中有所规定外，还于《断狱令》中作出补充规定：

“诸监司有所按劾，限三十日具所按事状及应推治人录奏，仍申尚书刑部。

……

诸州县官在官犯公罪，杖以下本州断罪，讫奏。

诸命官犯罪应本州断罪，而情轻者断讫，申提点刑狱司审察，如情法允当，即具申尚书吏部刑部大理寺。

诸断狱无正条者，比附定刑，虑不中者奏裁。”[86]

对于监司巡按玩忽职守、违法违纪者依法惩处。《职制敕》主要规定如下：

“诸监司，巡历所部不遍者，杖一百，遍而不申，减二等。

诸监司巡按，巧作名目，追呼巡尉弓兵，将带出本界者，杖一百。

诸监司官巡按般担人，有人应差而和雇者，徒二年。

诸监司，每岁巡历所部州县，若承指挥，非泛干办及因疾故，未遍复出，辄再受到发酒食供馈，并依例外受馈送法。诸监司，每岁诣所部点检、催促、结绝见禁罪人，于令不应委官而辄委者，徒二年。

诸发运监司，巡历随行吏人，所在受例外供馈，以受所监临财物论。

诸监司巡按，随行公吏、兵级于所部，受乞财物者，许人告。

诸州县公吏，因监司巡历点检，辄逃避者，杖一百。因追呼整会事节者，加一等，并勒停，永不收叙。

诸监司知所部推行法令违慢，非本职而已，具事牒所属监司，若承报不即按举，或施行阔略而元牒之司不举奏者，减所属监司应得之罪一等，即监司于职事违慢，诸司不互察者，准此。若犯赃，私罪庇匿不举者，以其罪罪之。

诸所部违法，监司及知州通判失按举，并奏裁。

诸应避亲而辄之官者杖一百……诸州推法司与提点刑狱司吏人，有系亲戚而不自陈乞回避者，杖一百。

诸受圣旨宽恤事件奉行不虔及隐匿晓示者，徒一年，监司知而不按劾与同罪。

诸议公事不协和者，杖八十。应连书而独行者罪亦如之。官司受而行者减二等。

诸公事有疑，或不可专行，应申所属与决而不与决，或持两端及泛言依条例行下者，各杖八十。"[87]

在《厩库敕》中还规定：

"诸发运监司巡按，随行公吏违法出给驿券，及所给官司，各徒二年。

诸发运监司巡按，以所得酒卖易，杖一百。

诸军无家属因差出逃亡，应申官注籍关报，开阁举催，而于令有违者，各徒二年。发运监司所至，不检察与罪人同。"[88]

特别值得提出的是从徽宗朝起实行监司互相监察，以督励监司尽职尽责。徽宗崇宁四年，诏"诸监司互相察举如法"。[89]政和六年，臣僚上言"法有监司互察文"。[90]可见，在徽宗朝已有各监司"互相举察"的条法，在此基础上不断完善，形成《监司互监法》四条：

"诸官司无按察官而有违法，及不公事者，发运监司按察奏，发运监司互相觉察，其经按抚、发运、监司属官，听逐互行按举。

诸所部官有犯，监司郡守依法按治，不得倚阁俸给，仍许诸司互察。

诸灾伤，路分安抚司，体量措置，转运司检放展阁，常平司粜给借贷，提点刑狱司觉察妄滥，如或违戾许互相按举，仍各具已行事件申尚书省。

诸监司知所部推行法令违慢，非本职而已，具事牒所属监司，若承报不即按举，或施行阔略而元牒之司不举奏者，减所属监司应得之罪一等，即监司于职事违慢，诸司不互察者，准此，若犯赃，私罪庇匿，不举者，以其罪罪之。"[91]

《监司互监法》要求监司除履行己身职责外，有义务横向监察其他监司，否则按"失察""失按"负法律责任。监察官互监是宋代监察法规中最具特色的部分，是使大臣互相监视，相互纠讦的"异论相搅"论在法律上的体现。

综括上述，宋代的地方监察立法，多以诏、敕、令等法律形式出现，虽然较为零散，没有形成一部完整的地方性单一监察法规，但其内容较之汉唐远为充实，立法技术也有所进步。如监察主体根据其职权而有明确的划分："诸称监司者，为转运、提点、刑狱、提举常平司；称按察官者，谓诸司，通判以上之官及知州通判各于本部职事相统摄者。"[92]在程序上也日趋严密，对出巡监察官的期限、任务、随行人员数目及生活待遇等，都有较为细密的规定。此外，详定监司与按察官的职掌与违法处置办法；赋予监司巡历所至"点检"属下公文运行情况，有无差失之权；重视司法监察；维护重农国策；严申监司的法定责任；推行互察法等，都构成了宋朝地方监察法的明显特点。总之，宋朝地方监察法在中国监察法制史上具有重要的地位和价值。

（五）元朝监察法一枝独秀

1. 重台之旨影响下的监察体制

元朝是以蒙古贵族为主体，包括汉族和其他民族上层阶级的封建政权。根据"帝中国，当行中国事"，"北方之有夏者，必行汉法，乃可长久"的认识，元朝在沿袭某些蒙古固有旧制习俗的基础上，积极参用唐宋制度。忽必烈在即皇帝位的诏书中，明确宣布新王朝的创建原则是："祖述变通"，"稽列圣（祖宗）之洪规，讲前代（中国）之定制。"[93]实际上就是"附会汉法"，构建既能确保蒙古贵族的利益，又大体上与中原封建经济基础相适应的政权机构与各种制度。

为了力图克服蒙古族散漫松弛、贪婪掠取的积习，以及监督汉族和其他少数民族官僚的施政活动，元统治者十分重视发挥监察机关的职能，提高了监察官的品级，扩大了监察官的职权，加强了监察立法，使元朝的监察法制成为上承唐宋下启明清的重要历史发展阶段。

统一的元朝建立以后，"世祖尝言，中书朕左手，枢密朕右手，御史台是朕医两手的。此其重台之旨，历世遵其道不变"[94]。中书和枢密是元朝最高军政机关，他们都要受"医"于御史台，即纳入御史台的监督之列，可见御史台权势的显赫。

在世祖"重台之旨"的思想指导下，提高了御史台官员的品秩。与唐朝相比：御史大夫，唐时为正三品，元为从一品；御史中丞，唐为正五品上，元为正二品；侍御史，唐为从六品下，元为从二品；殿中侍御史，唐为从七品下，元为正四品；监察御史，唐为正八品上，元为正七品。

为了使监察机构能够独立地行使职权，不受其他机构与官员的掣肘，至元三十一年，世祖颁发诫谕："肃政廉访司官、监察御史察出公事取向，期间诸人毋得搅扰沮坏。"[95]

正是由于提高了御史台的地位和职权，所以对于监察官遵守纲纪的要求更为严格，监察官如违法犯罪，加罪一等，而且经赦不赦，经减降不减降。

世祖时，理学官僚许衡提出的"据汉地，主汉民，其当有汉法""北方之有中夏，必行汉法乃可长久"[96]的建议对于元朝历代皇帝深有影响，表现为在监察思想上传承了唐宋时期监察官职司纲纪、为皇帝耳目的传统观点，并作出具体阐发。

武宗至大二年九月诏曰："风宪为纪纲之司，民生休戚，官政废举，关系匪清。"[97]至大四年四月再次下诏："风宪之官，职膺耳目，纠劾百司，凡政令之从违，生民之休戚，言责所关，实要且重。惟今百度载新，图治伊始，式遵世祖皇帝以来累朝成宪，各扬乃职，以肃政纲。"[98]

根据世祖重台之旨的要求，监察体制也有所变通。

中统元年，汉官转运使张雄飞向世祖忽必烈建言："古有御史台，为天子耳目，凡政事得失，民间疾苦，皆得言。百官奸邪贪秽不职者，即纠劾之。如此，则纪纲举，天下治矣。"[99]至元五年七月，世祖下令设御史台"以正朝纲"[100]。御史台与中书省、枢密院鼎足而三，在体制上是独立的。中书省、枢密院"凡有奏禀公事，与御史台一同闻奏"。[101]

元朝的御史台虽以唐宋旧制为基础，但有较大的变通、发展：

其一，提高了御史台长官的品级，并摆脱了宰相的控制，使御史台成为名副其实的最高监察机关。

其二，改台院为殿中司，原台院的职权并入察院。殿中司仅设两名殿中侍御史，经此改革，御史台的内部组织趋于一元化，有利于监察职能的发挥。

其三，御史兼谏官职能，世祖曾面谕侍御史张雄飞："卿等既为台官，职在直言，朕为汝君，苟所行未善，亦当极谏，况百官乎！"[102]元朝不设门下省，原谏官给事中归属起居院，兼修起居注。

其四，台院职权并入察院以后，察院成为御史台的主体，因而扩大了监察御史的员额，增至三十二人，监察的范围既广，而且权重，但其品秩仅为正七品，虽较之宋代稍有提高，但仍保持着"以卑察尊"的传统态势。

元朝最具代表性的监察体制改革是行御史台的设置。在疆土空前辽阔、民族矛盾较为尖锐的历史条件下，如何实行有效的统治，是一个迫在眉睫的问题。由于“江南新附，民情未安，加以官吏侵渔，宜立行御史以镇之”[103]，世祖置“江南诸道行御史台”于扬州（简称南台），以监临东南各省，又设“陕西诸道行御史台”（简称西台），统制汉中、陇北、四川、云南四道。

为了对重点地区加强控制和对边境官员进行有效的监督，以巩固中央集权制度的基础，创设了行御史台。

行御史台作为中央御史台的派出机构，还起着沟通中央与地方监察网络的桥梁作用。这在当时的历史条件下是非常必要的，据《元史地理志》载：“若元，则起朔漠，并西域，平西夏，灭女真，臣高丽，定南诏，遂下江南，而天下为一。故其地北逾阴山，西极流沙，东尽辽左，南越海表……江南所至不下汉唐，而西北则过之，有难以里数限者矣。”疆域如此广袤，如何沟通中央与地方监察机构之间的联系，同样是摆在统治者面前亟待解决的实际问题。行御史台之设，恰恰解决了这个矛盾，而且加强了专制主义的中央集权，为明清实行地方总督巡抚制提供了历史原型。据《续文献通考》“行御史台门”载：“辽金两代，不设行御史台，惟元乃有之，若明之总督巡抚，即行御史台之职。”

行御史台设官与品秩同于中央御史台。各置大夫一员，中丞二员，侍御史二员，行御史台有权“弹劾行中书省、宣慰司及以下诸司官吏奸邪非违”。

元朝作为蒙古少数民族为主体的政权，面对着统治全国的严峻形势，既要加强统一的国家机器，使之有效地运转，又要防范庞大的汉官队伍。因此，对于地方监察机构的建设与管理给予高度重视。

至元六年正月，世祖“立四道提刑按察司”，是为元朝设置地方监察机构之始。至元二十八年，改按察司为肃政廉访司，以示宪司监察对于肃政的积极作用。至成宗时，全国划分为二十二道监察区。

综上可见，由道经行御史台再至中央御史台，形成了一个由地方到中央的庞大监察系统。每道设廉访使二员，正三品；副使二员，正四品。

由于元朝提高了御史台的品级和职权，可以监察纠劾最高行政与军事长官，因此其人选的标准十分严格，“非国姓，不以授”。[104]作为御史台副长官的御史中丞是实职，对于监察系统的建设、工作程序的拟定、台官的管理等，均由其切实负责，因此，不得不选用有才能的汉官。

2. 一枝独秀的监察法

“以神武定天下”的元朝，与唐宋不同，不尚法治，但在较为疏粗的立法中，监察法则较为细腻，呈现一枝独秀之势。

世祖至元五年，在设置御史台的同时，由侍御史高鸣主持制定“定台纲三十六条”。“台纲”全称为《设立宪台格例》，是作为御史台行使监察权的基本法律依据。《设立宪台格例》大体分为宪纲与条例两部分。“宪纲”部分规定了御史台的职权范围和地位；“条例”部分包括纠察、纠弹、体究、推纠、体察、纠劾、照刷及罚则等。

由于《设立宪台格例》是元朝最重要的监察法，因此，引全文如下：

“（御史台有权）弹劾中书省、枢密院、制国用使司等内外百官奸邪非违，肃清风俗，刷磨诸司案牍，并监察祭祀及出使之事。

中书省、枢密院、制国用使司凡有奏禀公事，与御史台官一同闻奏。

诸诉讼人等，先从本管官司陈告。如有冤抑，民户经左右部，军户经枢密院，钱谷经制国用使司。如理断不当，赴中书省陈告，究问归着。若中书省看循或理断不当，许御史台纠弹。

诸官司刑名违错，赋役不均，擅自科差及造作不如法者，委监察纠察。

应合迁转官员，如任满不行迁转，或迁转不依格者，委监察纠察，仍令监选。

非奉朝命擅自补注品官者，委监察纠察。

随路总管府、统军司、转运司、漕运司、监司及大府监并应管财物造作司，分随色文账，委监察每季照刷。

官为和买诸物，如不依时价，冒支官钱，或其中扣减给散不实者，委监察纠察。

诸官吏将官物侵使或移易借贷者，委监察纠察。

诸官吏乞受钱物，委监察纠察。

诸院务监当官办到课程，除正额外，若有办到增余，不尽实到官者，委监察纠察。

应营造役工匠之处，委监察随事弹纠。

诸衙门有见施行枉被囚禁及不合拷讯之人，并从初不应受理之事，委监察从实体究。如是实有冤枉，即开坐事因，行移元问官司，即早归结改正。若元问官司有违，即许纠察。

诸囚禁非理死损者,委监察随事推纠。

诸承追取合审重刑,及应照刷文案,若有透漏者,委监察纠察。

诸鞫勘罪囚,皆连职官同问,不得专委本厅及典吏推问。如违,仰监察纠察。

职官若有老病不胜职任者,委监察体究。

诸官吏,若有廉能公正者,委监察体察得实,具姓名闻奏。如有污滥者,亦行纠察。

诸公事行下所属而有枉错者,承受官司即须执申。若再申不从不报者,申都辖上司。不从不报者,委监察纠察。

私盐、酒曲并应禁物货,及盗贼生发、藏匿处所,若官司禁断不严,缉捕怠慢者,委监察随事纠察。

沮坏钞法涩滞者,委监察纠察。

虫蝻生发飞落,不即打捕、申报,及部内有灾伤检视不实,委监察并行纠察。

诸孤老幼疾人贫穷不能自存者,仰本路官司验实,官为养济。应养济而不收养,或不如法者,委监察纠察。

户口流散,籍账隐没,农桑不勤,仓廪减耗,为私蠹害,黠吏豪家兼并纵暴,及贫弱冤苦不能自伸者,委监察并行纠察。

诸求仕及诉讼人,若于应管公事官员私第谒托者,委监察纠察。

诸官府如书呈往来者,委监察纠察。

诸官吏入茶坊酒肆者,委监察纠察(监察不在此限)。

在都司狱司直,隶本台。

从军征讨或在镇戍,私放军人还者,及令人冒名相替,委监察并行纠察。

军官凡有所获俘馘申报不实,或将功赏增减隐漏者,委监察并行纠劾。

边境但有声息不即申报者,委监察随即纠劾。边城不完,衣甲器仗不整,委监察并行纠弹。

诸监临之官,如所部有犯法不举劾者,减罪人罪五等纠弹之。官知而不举劾,亦减罪人罪五等。

诸违御史台指挥,及上御史台诉不以实,或诉讼人咆哮陵忽者,并行断罪。

应有合奏禀事理,仰本台就便闻奏。

该载不尽应合纠察事理，委监察并行纠察。”[105]

以上可见，《设立宪台格例》所定监察官的职掌范围极为广泛，涉及行政监察、人事监察、经济监察、财政监察、司法监察、军事监察等诸多方面。其锋芒直指最高军政、财经长官。而且最后一条“该载不尽应合纠察事理，委监察并行纠察”，又为监察职权的无限扩大提供了合法性根据。

元世祖之后，《设立宪台格例》仍然遵行不悖，后经不断补充，汇编成《元典章·台纲》。

如前所述，行御史台是连接道与内台的桥梁，不仅职责重要，而且地位特殊。在平定南宋以后，为了规范行御史台的职掌、权责与活动方式，于至元十四年七月制定《行台体察等例》。根据《行台体察等例》，行御史台有权弹劾行中书省、宣慰司及以下诸司官。除此之外，行御史台的职掌范围涉及地方官吏的政绩、财经状况、刑民词讼、军官作为等诸多方面。而且其最后一条也仿《设立宪台格例》规定“其余该载不尽，应合纠弹事理，比附已降条画，斟酌彼中事宜就便施行”，以避免对应纠察的事项失察、漏察。同时，也显示出朝廷赋予了行御史台以广泛的监察权。

元朝的基层监察机构是按察司，其职能发挥的状况，关系到基层政权的稳定和整个国家的稳定，因此，至元六年二月制定《察司体察等例》对提刑按察司的权责作出明确规定，使之奉行有准，考察有据。其重点在于按察地方治安情况，如有无谋反，盗贼的多寡，边关守备状况，以及失渡关津等情。此外，司法不公、私相贸易，破坏盐法、钞法等，已属按察使关注之点。同时，还从正面规定按察司官务要劝课农桑，保荐人才，如本人违法失职，按律治罪。

由于《察司体察等例》赋予提刑按察司以广泛的监察职权，以致该条例颁布后出现了提刑按察司官员滥用职权，甚而造成种种腐败的现象。为此，至元二十一年八月制定《禁治察司等例》进行约束。世祖在颁行《禁治察司等例》的圣旨中说：“按察司官有声迹不好者，仰御史台体察。……自今已后，按察司、经历司知事、书史、书吏、通事、译史、奏差人等，如有违犯，体察得知，或人首告，取问是实，照依违背圣旨断罪，仍标私罪过名，终身废黜。”

《禁治察司等例》共十二条，其内容如下：

“按察司官吏因事取受者，依至元十九年圣旨条画断罪。

凡在司或巡按,并不得与各路府州司县应管公事官吏人等私同宴饮。

不得因生日、节辰、送路、洗尘,受诸人礼物。违者,以赃论。

如遇巡按差役,止宜于各处馆驿或廨内安下,不得辄居本处吏民之家。

遇巡按差使,验元定正从人数,分例应副,不得于正支应外,多余取要。如违,以赃论。

巡按去处并不得求娶妻妾,如违,治罪。

不得以私己事役使公吏人等。

任所并巡按去处,并不得拜识亲眷,因而受人献贺财物。如违,以赃论。

如遇巡按去处,不得买货物及阴使官吏置造私己应用诸物,或于系官局院带造物件。如违,计取得利息以赃罚论。

遇巡按,将引书史、书吏人等合骑铺马数目,钦依圣旨条画施行。除外,不得将带妻子亲眷闲人,并长行马匹同行。如违,治罪。

不得将门下带行人员分付各路府州司县官司委用。

书史、书吏、奏差人等宿娼饮会,已经遍行禁治。违者,依条断罪。”[106]

《禁治察司等例》颁行以后,并未能有效地遏制按察司官员揽权行私之弊,以致妨碍了应有的监察职能的发挥。为此,至元二十三年制定《察司巡按事理》,强调指出,“若纠弹之官,果有违纪,拟比其他加等罪之”,说明纠弹之官违纪现象的严重。在新颁的《察司合察事理》中,再次明确规定按察司官的职权范围与行使权力的方式方法,“按察司照刷尽心,按治有法,使官吏畏谨、一道镇静为称职,若于合察大事不为尽心,专务苛细,谙于大体者,为不称职。其能否实迹,行御史台差官体究,一并黜陟”[107]。

至元二十八年,将提刑按察司改为肃政廉访司,为了约束肃政廉访司官的行为,发挥应有的监察效能,至元二十九年正月,制定了颁行《廉访司合行条例》五条,强调廉访司官委任既重,分临监汉不得苛细生事,违者以不称职论处。每年年终检校所在监治去处,根据事迹分为称职和不称职,以定奖惩。

综括上述,元朝为了充分发挥监察机构的作用,使监察活动法律化,进行了专门性的立法,促进了监察法法典化的发展趋势。通过宪纲的形式,规范监察主体的行为,确认监察机关的职能、地位及与其他行政机构的关系,规定监察机构的内部关系、监察官员的纪律等诸多方面,元朝的监察法在中国监察法制史上占有重要地位。

元朝监察法虽以纠劾“中外臣作奸犯科,有不职者”为重点,但也旁及民事、钱谷、风俗、教化。

在具有代表性的《宪台格例》中,已初步划分为总则、分则及附则。譬如,首条概括提出御史台的职掌范围,类似总则部分;最后一条“该载不尽应合纠察事理,委监察并行纠察”的规定,类似附则部分。此外大部分条款详列监察主体的行为规范及其权利的细化,为分则部分。这种将总则、分则及附则编于一体的完整法律结构,表现了立法技术的进步。

就律学角度而言,元朝监察法亦有可圈可点之处。譬如,区分纠察、纠弹、弹纠、体究、推纠、体察、纠劾、闻奏等权限,以适用于不同的监察对象和事项。

尽管元朝在监察体制上确有所建树,监察立法也不断完善,而且允许台宪之官“实封言事”,但是缺乏使其发挥真正实效的保证。

元朝后期吏治败坏,贪污盛行。《元史·百官志》说:“大德以后,承平日久,弥文之习胜,而质简之意微。侥幸之门多,而方正之路塞。官冗于上,吏肆于下,言事者屡疏论列,而朝廷讫莫正之,势固然也。”在吏治腐败的大环境中,“正己方能正人”的台宪官员,也随波逐流,融入贪官污吏的行列。

(六)明清二朝监察法趋于法典化

1. 明朝监察体制的变化与监察法

第一,明代监察法的变化。

明朝建立以后,太祖朱元璋鉴于元朝纲纪废弛,官吏放纵,终于酿成民变招致覆亡的教训,实行以重典治吏的方针,为贯彻此方针太祖朱元璋十分重视监察机关的作用。太祖说:“联设察院,职英俊,禄忠良,以为耳目之寄。”[108]又说:“风宪作联耳目,任得其人,自无壅弊之患。”[109]在强调监察官作为“耳目之寄”的同时,更赋予监察官以严纪纲之任。太祖曾勉励御史们说:“国家立三大府,中书总政事,都督掌军旅,御史掌纠察,朝廷纪纲尽系于此,而台察之任尤清要。卿等当正己以率下,忠勤以事上,毋委靡因循以纵奸,毋假公济私以害物。”[110]《明通鉴前编》卷四《元至正二十七年》也有类似记载:“国家所立,唯三大府总天下之政,中书政之本,都督府掌军旅,御史台纠察百司,朝廷纪纲,尽系于此,其职实为清要。卿等当思正己以率下，忠勤以事上，毋徒拥虚位而漫不可否，毋委靡因循以纵奸长恶，毋假公济私以伤人害物。《诗》云：‘刚亦不吐，柔亦不茹。’此大臣之体也。”洪武元年上谕中重申：“风宪之任，在肃纪纲，清吏治，非专理刑。”[111]洪武三年，上因召御史台臣并谕之曰：“风宪之任，本以折奸邪，理冤抑，纠正庶事，肃清纪纲，以正朝廷。”[112]

随着洪武十三年废相制中枢体制的变化，监察体制也发生了重大改变，废除了御史台设都察院，将台察合并为一个机关，使监察权力一体化。据《明史·太祖本纪》：洪武十五年十月丙子“置都察院”，又名风宪衙门。设左、右都御史各一人，正二品，与六部尚书品秩相同；左、右副都御史各一人，正三品；左、右佥都御史各一人，正四品。都御史的品秩虽不如元代的御史大夫，但较之唐宋两代为上，成为七卿之一。“都御史职专纠劾百司，辩明冤枉，提督各道，为天子耳目风纪之司。凡大臣奸邪，小人构党，作威福乱政者，劾。凡百官猥茸贪冒坏官纪者，劾。凡学术不正，上书陈言，变乱成宪、希进用者，劾。遇朝觐、考察，同吏部司贤否陟黜，大狱重囚，会鞫于外朝，偕刑部、大理谳平之，其奉敕内地，拊循外地，各专其敕行事。”[113]

都察院下设十三道监察御史，共一百一十人，皆正七品。

监察御史是察院直接行使监察权的专职监察官，“主察纠内外百司之官邪，或露章面劾，或封章奏劾。在内，两京刷卷、巡视京营、监临乡会试及武举、巡视光禄、巡视仓场、巡视内库、皇城、五城，轮值登闻鼓。在外，巡按、清军、提督学校、巡盐茶马、巡清、巡关、儹运、印马、屯田，师行则监军纪功，各以其事专监察。而巡按则代天子巡狩，所按藩服大臣、府州县宫，诸考察、举劾尤专。大事奏裁，小事立断，按临所至，必先审录罪囚，吊刷案卷，有故出入者理辩之。诸祭祀坛场，省其墙宇祭器，存恤孤老，巡视仓库，查算钱粮，勉励学校，表扬善类，翦除豪蠹，以正风俗，振纲纪。凡朝会纠仪，祭祀监礼；凡政事得失，军民利病，皆得直言无避，有大政，集阙廷预议焉”[114]。

十三道监察御史的设置，使从中央到地方形成了一个完整的监察体系，加强了中央对地方的控制。不仅如此，在京各衙门如六科、六部、翰林院，甚至都察院也都在监察御史的视野之内，其权力之重，可见一斑。监察御史在组织系统上虽隶属于察院，但因其只对皇帝负责，“巡按则代天子巡狩”“大事奏裁，小事立断”，不必经过都察院，还可以单独进奏，因而具有较强的独立性。不过由于“都察院总宪纲，惟所见闻，得纠察”，因此监察御史“出按复命，都御史覆劾其称职不称职，以闻”[115]，说明都察院都御史有权提督各道，监督考核诸御史。监察御史还可以面陈政务得失，具有议政、进谏权。

明朝虽无门下省，但仿唐宋谏官之制，于洪武六年设给事中十二人，秩正七品，分属吏、户、礼、兵、刑、工六科，负责看详诸奏本及目录旨意等事。洪武十三年罢相以后，分相权于六部，提高了六部的地位，为了防止各部权重，蒙蔽不法，加强了六科给事中的职权，使其成为直接对皇帝负责，独立行使职权的监察机关系统。洪武二十四年始确定。每科设都给事中一人，正八品；左右给事中二人；给事中四十人。“掌侍从、规谏、补阙、拾遗、稽察六部百司之事。凡制敕宣行，大事覆奏，小事署而颁之，有失，封还执奏。凡内外所上章疏下，分类抄出，参署付部，驳正其违误。”[116]除上述六科总司外，各科分掌均有规定。

明代以前，言官与监察官截然分为两个系统。纠举官邪、肃清吏治，为监察御史的主要职掌；谏诤规诲、封驳补遗为给事中的主要职掌。至明代，六科给事中除具有历朝言官的职掌外，还“稽查六部百司之事”，纠举官吏的违法失职，因而与御史并无实质上的区别。其职权之广，权威之重，委寄之深，组织之庞大，历代均不能望其项背。而且其自成衙门，无所统属，直通天子，凸显了专制主义高度发展加给它的时代烙印。

科道之间权力既交叉，又互相纠劾，使二者保持相对的平衡。有明一代，给事中在专制政治体制内部所起到的调节功能，以及保证庞大的官僚机构正常运转的积极作用，应该给予充分的评价。顾炎武说：“明代虽罢门下省长官，而独有六科给事中，以掌封驳之任。旨必下科，其有不便，给事中驳正到部，谓之科参。六部之官，无敢抗科参而自行者，故给事中之品卑而权特重。”[117]但明中叶以后随着专制权力的高度集中，封驳权与言谏权均流于形式。

第二，明朝监察法的发展。

洪武四年正月，“御史台进拟《宪纲》四十条，上览之亲加删定，诏刊行颁给”[118]，是为有明一代最早的监察立法。其主要内容是关于御史的选用与职权方面的规定。太祖曾说：“朕之用人，惟才是使，无间南北。风宪作联耳目，任得其人，自无壅弊之患。”[119]洪武二十三年，制定《责任条例》，规定自里甲至县、州、府、布政司各有应负的职责，是巡按御史监督地方官的法律根据，倘若通同作弊，“一体究治”。

洪武二十六年，在推行重典治吏政策的基础上，制定了以《宪纲总例》为代表的监察法。据《大明会典》卷二〇九，“洪武二十六年定：左右都御使、副都御使、佥都御史，职专纠劾百司，辩明冤狱，提督各道，及一应不公不法等事。其属有十二道监察御史，凡遇刑名，各照道分送问发落。其有差委监察御史，出巡、追问、审理、刷卷等事，各具事目，请旨点差”[120]。

之后，惠帝、成祖、仁宗、宣宗历朝对《宪纲》均有所增补。至英宗正统年间，已编制成颇具规模的监察法规《宪纲条例》。史载：“及正统中所定《宪纲条例》甚备，各以类分。”《宪纲条例》原文已失传，但从《大明会典》中仍可窥见有关内容，如：

“正统四年定：凡都察院，并监察御史、按察司，纲纪所系，其任非轻，行事之际，一应诸衙门官员人等，不许挟私沮坏，违者杖八十。若有干碍合问人数，敢无故占吝不发者，与犯人同罪。

凡都察院官及监察御史、按察司官吏人等，不许于各衙门嘱托公事。违者比常人加三等，有赃者从重论。

凡监察御史行过文卷，从都察院磨勘。按察分司行过文卷，听总司磨勘。如有迟错，即便举正。中间果有枉问事理，应请旨者，具实奏闻。

凡监察御史、按察司官巡历去处，所问公事有拟断不当者，都察院按察总司随即改正。当该吏典罪之如律，仍将原问御史，及分司官拟断不当事理，具奏得旨方许取问。

凡告有司官吏人等取受或出首赃私等事，直隶赴巡按监察御史，在外赴按察司，并分司及巡按监察御史处陈告。追问明白依律施行，其应请旨者奏闻拿问。若军官有犯，在京从都察院，在外从巡按监察御史、按察司并分司，密切奏请施行。其各都司及卫所首领官有犯，即便拿问。

凡监察御史、按察司官巡历去处，所闻有司等官守法奉公，廉能昭著，随即举闻。若奸贪废事，蠹政害民者，即便拿问，其应请旨者，具实奏闻。若知善不举、见恶不拿，杖一百，发烟瘴地面安置。有赃从重论。

凡国家政令得失，军民利病，一切兴利除害等事，并听监察御史、按察司官各陈所见，直言无隐。若建言创行事理，必须公同评议，互相可否，务在得宜，方许实封陈奏。

凡按察司官，断理不公不法等事果有冤枉者，许赴巡按监察御史处声冤。监察御史枉问，许赴通政司递状，送都察院申理。都察院不予理断，或枉问者，许击登闻鼓陈诉。

凡都察院及按察司吏典，须于考退生员与应取吏员相参补用，不许用曾犯奸贪罪名之人。"[121]

以上可见，《宪纲条例》赋予监察御史、按察司官以广泛的职权，而且行事之际诸衙门官员必须配合，否则治罪。但如所问公事拟断不当，由都察院、按察总司随即改正，受贿请托者从重论。如果知善不举，见恶不拿则处重刑。作为天子的耳目，也要求他们对于政令得失、军民利病、一切兴利除害等事，各陈所见，直言无隐，以通上下之情。但如欲建言创行事理，必须公同评议，务在得宜之后，方许实封陈奏。

嘉靖六年九月，"张璁以署都察院，复请考察诸御史，黜蓝田等十二人，寻奏行《宪纲七条》"，[122]是对《宪纲条例》的补充。同年十月，胡世宁为左都御史，条上《宪纲》十余条。此前，禁止御史私谒，世宁不以为然，奏曰："臣官以察为名，人非接其貌，听其言，无由悉其才行"，"帝以为然，遂弗禁。"[123]可见，胡世宁奏上的《宪纲》，当属御史履行职责应遵循的行为准则。

洪武二十六年，还制定了《纠劾官邪规定》，详列都察院对于文武百官违法失职，予以奖惩的四条规定：

"凡文武大臣，果系奸邪小人，构党为非，擅作威福，紊乱朝政，致令圣泽不宣，灾异迭见，但有见闻，不避权贵，具奏弹劾；

凡百官有司，才不胜任，猥琐阘茸，善政无闻，肆贪坏法者，随即纠劾；

凡在外有司，扰害善良，贪赃坏法，致令田野荒芜，民人受害，体访得实，具奏提问；

凡学术不正之徒，上书陈言变乱成宪，希求进用，或才德无可称述而挺身自拔者，随即纠劾，以戒奔竞。"[124]

同年，还制定了《通政使司典章》（总例）五条十一款，事例六条；《六科给事中总例》三十六条，各科事例共一百三十七条。总例规定职掌范围，事例列述工作细则。

由于明朝六科给事中是另一独立的监察系统，为规范其职权与活动，详定专门的监察法规。六科监察法规可以分为总则和分则两个部分。前者为“六科通掌”，主要规定了给事中的权责和权限范围；后者为六科的具体权限及工作细则。据《明会典》记载，六科通掌三十五条，另有吏科二十条、户科二十五条、礼科十六条、兵科三十五条、刑科十三条、工科十八条。

明朝御史巡按地方是代天子巡狩，上自藩服大臣，下至府州县官，均在其纠察之列，而且握有大事奏裁，小事立断之权。为了防止巡按御史在巡历地方时滥用职权，作威作福，早在洪武二十六年便制定了监察御史《出巡事宜》，凡科差赋役、户口、词讼、农田、水利、道路、军需、学校，以致驿站、度量衡等方面的违法失职行为，均在巡按御史职掌之内。御史“分巡地面果系原籍，及按临之人设有仇嫌，并宜回避。毋得沽恩报仇，朦胧举问”。

至正统四年，又将监察御史《分巡地方事宜》，分为宪纲与宪体两个部分，宪纲部分要求监察御史和按察司官务要遍历应巡之地，遇有违法失职，必须亲自追问，就便究治，不许转委。违者，杖一百。除匡治吏治外，其更着眼于公正司法与端正风俗，规定：

“凡国家律令并续降条例事里，有司官吏须要熟读详玩，明晓其义。监察御史、按察司官所至之处，令其讲读。或有不能通晓者，依律究治。

凡监察御史，各道按察司官，每出巡审囚刷卷，必须遍历，不拘限期。

凡监察御史、按察司官分巡去处，如有陈告官吏取受不公等事，须要亲行追问，不许转委。

凡有军民相干词讼等事，移文到日，应该会同官员随即前去。若无故不即会问，及偏徇占悋者，从监察御史、按察司官按问。应请旨者，具奏。

凡孝子、顺孙、义夫、节妇、忠臣、烈女、志行卓异可励民风者，所在有司举申，监察御史、按察司核实，移文所司，以凭奏闻旌表。”[125]

宪纲部分令地方官讲读国家律令条例，“不能通晓者，依律究治”，这是明以前各朝监察法制所未有的，说明明朝统治者对于地方官依法审判的重视。

宪体部分要求封宪官务要存心明白正大，不可任一己之私，考察官吏廉贪否，务要广询密访，不得偏听。不得搜求细事，罗织人过。此外，还规定了封宪官应遵守的各项纪律。由于监察御史以卑察尊，而又权重，因此如何处理与地方官吏的关系，宪体也都作出规定：“凡处同僚，不可推恶避劳，不可妨彼利己，不可扬己抑人，必务协和，以相助益。不但宪司如此，诸司处同僚者亦皆当然。"[126]

御史巡按在唐代虽已多见,但缺乏明确的点差规定,至明朝,则明确规定由都察院根据需要奏请皇帝点差御史,分巡地方,形成制度。

御史出巡根据地方的状况划分等级,所谓大差、中差、小差。按照出巡路途远近,规定出巡的期限。出差御史必须"依期交代,如有违限,给予惩罚"。

御史巡按各地,完成任务返回都察院,称为"回道"。回道御史必须将巡历地方的办事经过,按照御史回道考察所列项目,列举具体事实,其已完、未结、处理过程等开奏明白,并造册上报。由都御史依据巡按通例及回道考察所定法规,考察核实。对于失职违法,处置失宜,用心酷刻或擅作威福等情事,指实参奏。

明代对都察院考察回道御史时所依据的准则和标准也作了明确的规定。其中尤其以嘉靖十三年制定的《巡按御史满日造报册式》二十八条和《按察司官造报册式》十一条最为详备。其内容涉及文武官吏的荐举纠劾惩戒、孝义的旌举、孤老的存恤、人才的培养、刑名的理断、庶政的考察、利弊的兴革,以及各项不正当事体的禁止等。

有明一代,正是从"风宪之设,在肃纪纲,清吏治"出发,开展了大规模的监察立法活动,并取得了新的成就。在《诸司职掌》与《大明会典》中都设有专章规定都察院及六科的职责、权限及活动原则等,而更有价值的是单行的监察法规。

洪武四年正月,"御史台进拟《宪纲》四十条,上览之,亲加删定,诏刊行颁给",这是明朝最早的,也是最为重要的监察法规。洪武二十六年前后,又制定了《宪纲总例》、《纠劾官邪规定》、《通政使司典章》总例及事例、《六科给事中》总例及各科事例、《出巡事宜》、《巡抚六察》及《责任条例》等监察法规。此后惠文帝、成祖、仁宗、宣宗历朝均有所增补。英宗正统四年,制定《宪纲条例》,史书说:"及正统中所定《宪纲条例》甚备,各以类分列。"此后,历朝均奉为成规。

嘉靖六年九月,"张璁以署都察院,复请考察诸御史,黜蓝田等十二人,寻奏行《宪纲七条》"[127]。同年十月,胡世宁为左都御史,又奏上《宪纲》十余条,这些都是对《宪纲条例》的补充。此外,还制定了《监官遵守六款》《监纪九款》《满日造报册式》等约束监察官的法规。

明朝的监察法以细化为特点，以巡按御史出巡立法为重心，使点差、巡察、回道考察三者一体化，极大地沟通了中央与地方之间的监察管道，体现了专制主义强化对监察法制的影响。

明朝监察法的实施确实有助于从多方面改善吏治，在相当长的时间里保障了社会的稳定和发展，维系了国家机器的正常运转。但是，明朝中后期的宦官专权，使监察立法多成为具文。

2. 清朝监察体制的特点与监察法

清朝的监察体制继续沿袭明制，但科、道合一是一特点。

清初沿明制，六科是独立机关，不隶都察院。其职责主要是掌科抄、封驳注销各衙门文卷、颁发官员敕书、察核京察、大计册、常朝侍班纠仪等事。它面对的主要是在京各部院衙门，其功能在于督促各机构按限办事，提高效率，虽有一些稽察之职，但并不占主要成分，至于各道监察御史则历来是考核各机构、各地区政情的官员，负有考核百官、监礼纠仪、监督考试、稽察各地钱粮、刑民案件等广泛的监察责任。

随着清朝专制制度的高度发展，六科执掌的言谏权、封驳权均成赘物。至雍正元年(1723 年)，决定将六科合并于都察院。科道合并，加强了监察队伍，扩大了监察范围。此后，清朝最高统治者遇有重大稽察任务，往往科道并称并用，六科所掌仅为“传达纶音，勘鞫官府公事，以注销文卷而已”。

清朝监察体制的另一特点是总督、巡抚成为地方的最高监察官。各地总督均兼都察院右都御史衔，各省巡抚包括漕运总督、河道总督均兼右副都御史衔。地方督抚大吏均是中央监察系统的一部分，均承担有皇帝耳目的责任，对地方各级各类官员有监察权。

清朝是末代封建王朝，清朝法制是封建法律的完备形态，就监察法而言也是历代监察法之大成。监察法也是清朝法律体系中的重要组成部分，它在传承历代监察法的基础上取得了重大的发展，不仅形成了相对独立的监察法体系和相当完备的内容，而且显示了法典化的重要成就。

清朝的监察法除见于《大清律例》、《大清会典》、《六部处分则例》及大量的各部院则例外，特别值得提出的是在因袭明代《宪纲条例》的基础上，结合清朝的实际国情创制的《钦定台规》，它是中国封建社会最后也是最完备、最具代表性的监察法典。

此外，在专制主义极端发展的清朝，皇帝颁发的大量诏谕中，有些就是特别形式的监察法，其权威性凌驾于任何法律之上。

《钦定台规》的主要内容如下：

(1)“训典”。包括“圣制”、“圣谕”和“上谕”三目。“圣制”是皇帝题辞和专论，如康熙帝“御制台省箴”、嘉庆帝“御制都察院箴”、“御制谏臣论”等。“圣谕”和“上谕”是自清初至光绪年间皇帝的指示、要求与规定的汇集。

(2)“宪纲”。包括“序官”“陈奏”“典礼”“考绩”“会谳”“辩诉”六目。“序官”规定都察院设官、职掌、官员品级及其变化；“陈奏”是都察院官员的奏事制度；“典礼”是科道官员对朝会、临雍、祭祀等大典侍班纠仪的规定；“考绩”是监察“京察”“大计”“军政”等考核文武官员的制度；“会谳”是与刑部、大理寺会审、稽核案件的规定；“辩诉”是处理京控案件的规定。

(3)“六科”。包括“通掌”与“分掌”两目。“通掌”为六科的共同任务及其要求；“分掌”规定各科的具体任务及其要求。

(4)“各道”。包括“通掌”与“分掌”两目，分别规定各道的共同任务、要求及具体职掌与要求。另载稽察宗人府御史、稽察内务府御史等的职掌及其办事制度。

(5)“五城”。包括“纲领”“条教”“听断”“保甲”“纠捕”“赈恤”“禁令”“界址”“司坊”“街道”共十目。详列有关五城察院的任务及要求。

(6)“稽査”。包括“京通十六仓”“户部三库”“八旗”“宗人府”“考试”“铨选”等目，是关于如何派员稽察某些特殊机构以及稽察内容和要求的规定。

(7)“巡察”。包括“漕粮”“盐政”“游牧”三目，分别规定了专差御史的巡察制度。

(8)“通例”。包括“考选”、“升转”、“仪注”和“公署”四目，是关于都察院所属科、道官选拔标准、方法、升转制度及其办事要求方面的规定。

《钦定台规》是以“钦定”的形式出现的，这在中国监察立法史上是首创。正是由于“钦定”，所以辑录的谕旨之多，指陈之细，均为历代所未有。这不仅显示了台规所具有的权威性，更突出强化了皇帝所拥有的最高监察权。台规明确规定：“条陈在臣下，而允行则出联旨。”[128] 为了避免科道官举劾“或有所顾忌、或有恐招怨尤、或有牵制之情、或有不便显言之处”，雍正三年上谕：“准科道官密折举劾，令各人密封进呈，其中言有可采招怨结冤者,朕将折内职名裁去发出,或令诸臣会议,或见诸施行,而外间不知何人所奏。”[129]密折举劾对于监察官纠弹权力的行使是一重保障,但更重要的是表现了皇帝“权衡”处置,悉由“乾断”的无上权力。所谓“生杀予夺,操之自上,裁酌自在朝廷”[130]。

《钦定台规》肯定了监察机构的特殊地位和功能,使其能够发挥“彰善瘅邪、整纲饬纪、铁面霜威、纠慝绳诡、私惠勿酬、私仇勿毁、敢谏不阿、忠贞常矢、言出如山、心清似水、勉尽丹忱、非图誉美、民隐敷陈、治隆患弭”[131]的作用。同时也为监察机关广泛行使监察权提供了法律依据,使之深入行政、经济、司法、军事、礼仪、教育、社会等各个领域。

《钦定台规》在结构上已有总则、分则之分。《训典》和《宪纲》应为总则,其他则为分则。不仅从制度层面作出了一系列的规定,还从程序层面详加规范,以保证制度规定的落实。

乾隆朝《钦定台规》制定以后,经嘉庆、道光、光绪四朝续修,合称“四朝台规”。嘉庆朝的《钦定台规》二十卷,是继乾隆八年台规的续修,由贡阿拉奉命领衔,于嘉庆九年钦准刊布。道光朝的《钦定台规》四十卷,是在嘉庆九年台规基础上,由松绢领衔修订,颁行于道光七年。光绪朝的《钦定台规》四十二卷,由延照奉命续修,于光绪十六年由都察院正式公布。

四朝《钦定台规》根据面临的形势与任务的不同,所定的监察重点与追求的具体目标也各有不同:乾隆朝制定的《钦定台规》,继承了康熙、雍正两朝整顿纲纪的传统,以贪官污吏为主要监察对象,在一定时期总体上取得了较好的效果。嘉庆朝制定《钦定台规》时,国势开始衰微,嘉庆帝力图通过修订《钦定台规》,整顿腐败的吏治,重振纲纪。道光、光绪二朝,国家发生了巨变,已经临近末世,其所定《钦定台规》追求的是立法的完整性,虽也希图借此挽救衰世,但已不可能取得应有的效果了。

除上述代表性的监察法外,在《大清律例》中对于各级官员在失职、渎职、贪污、行贿、受贿等方面的处罚规定也十分详尽,因而与专门监察法相互呼应,是从刑法的角度对监察法的支持和补充。

在《大清会典》中具体规定了都察院的机构设置与职掌。内含宪纲、六科、各道、五城等目,大体与《钦定台规》相同。由于会典所载是经久常行之制,是官司所守,朝野所遵的国家大经大法,因而对《钦定台规》的制定与修改具有原则性的指导意义。

在《各部院则例》中,值得提出的是康熙初年制定而后经多次修改的《六部处分则例》。其中,详列对六部所辖官员违法失职的处分办法。

由于清朝是专制主义极端发展的时代,因此皇帝的诏谕是最高权威的监察法源。

总之,清代监察法是在传承历代监察法基础上的集大成之作,形成了特有的结构形式和相对独立的体系。它给予清代监察官依法行使监察权以根据和保证实施的手段,而且随着形势的需要不断发展。由于台规之首列有历朝上谕,大大增加了它的权威性,其法律规范涉及方面之广泛,规制内容之细密,不仅为前代所未有,也为世界监察法史上所仅见。在实践中奉监察法为圭臬的监察活动,在相当程度上起到了纠正官邪、维持纲纪、保持吏治、推动国家机器正常运行的作用。但在乾纲独揽专制主义高度发展的清朝,监察法的规定与实施之间存在差距。既定的《钦定台规》,无力抵制一旨圣谕,作为皇帝耳目之司的监察官,只能听从主宰耳目者的支配,这是封建专制政治制度的本质所决定的。因此,监察官所能发挥的作用是有限的,监察法所确定的国家之间的权力制衡关系也是不稳定的。

由于监察法制在维护专制皇权、维持吏治、保障国家正常活动等诸多方面发挥着重要作用,因而中国古代统治者都十分注重强化监察机关的监督效能及其运行机制的制度化和法律化。从秦朝起,便积极致力于制定监察法,由秦迄清,监察法朝着专门化和法典化的方向发展,其历史称得上是源远流长。由于监察法制的发展同样受制约于不断发展变化的社会经济、政治和文化,因而呈现出时代性和阶段性的特点。对中国古代监察法进行纵向考察,可以把握其发生、发展和演变的历史过程和规律性。

二、监察法史的价值与借鉴

(一)以法察吏,约束权力

中国从进入阶级社会形成国家与法制以后,便建立了专制主义的政治制度,而且沿着螺旋上升的轨迹,不断强化。

在专制主义政治制度下,作为最高统治者的皇帝,深居简出,必须依靠官僚机构的支撑,才能维持国家机器的运转。作为管理国家机器运行的官吏,是实现国家职能的具有人格的工具。官吏群体的状态,对国家的兴衰强弱有着至关重要的影响,以致吏治的良否成为区分开明之世与衰败之世的重要标志。因此,历代统治者认同法家“明主治吏不治民”的思想,总是从法与吏不可偏废的角度,论证以法察吏、治吏、整顿吏治是求治之道、廉政之源。中国古代监察法的指导原则和基本任务就是整肃百僚,以充分发挥官僚机构的作用和“彰善瘅恶,激浊扬清”的社会调整功能。监察官以法察吏必然会引起权与法的冲突,这种权与法之间的较量不限于吏,也在一定程度上制衡君权,监察官通过谏诤和封驳,对于封建君主的行为和决策起到了一定程度的匡正。或者说,对于最高权力的运行,发挥了积极的规范作用。

中国古代监察法所确认的监察机关的职权范围十分广泛,涉及行政、司法、财经、军事、人事、文教等诸多领域。监察官依法行使建言政事、纠弹官邪、监督司法、巡查政务、审计财务、考核人事等多方面的权力。尤其是被派往地方“代天子巡狩”的御史,具有一职多能的监察权限,可以参与审核大案或疑案、受理申诉和控告、巡视刑狱、审录囚徒等,以致御史既是监察官,又是“天子之法官”。从而有效地遏制了特权者的恣意行为,预防和惩治了权贵官僚的贪婪滋肆,牵制和削弱了地方势力的坐大与分裂,为维护封建社会的稳定,保障统一多民族国家的巩固和发展,起到了重要的历史作用。孙中山先生对中国古代监察制度曾经作了充分的肯定,认为是一种很好的制度,其“不独行之官吏,即君上有过,犯颜谏诤,亦不容丝毫假借”,是“自由与政府中间一种最良善的调和方法”。[132] 中国古代监察法的存在与发展及其独立系统的形成,雄辩地说明了监察法在中华法系中的地位。

正像中国古代法具有二重性一样,古代监察法也是既有民主性精华,又有封建性糟粕。中国古代监察法所确认的监察体制、基本原则与规范,以及体系的建构、立法技术的成就、实际运行的可操作性等,都是世界古代法制史上所少有的,体现了中国古代的法制文明。因此研究和探讨中国古代监察法应该剔除其糟粕,汲取其民主性精华,特别是科学地总结中国古代监察法在其漫长发展过程中积累的经验与教训,对于当前的监察法制建设很有借鉴意义。

(二)治国须要治吏,治吏须要察吏,察吏须要法制

中国古代专制主义中央集权制度的得以维持,皇帝最高统治权的得以行使,需要具备两个最重要的支柱:一个是遍及全国的统一的官僚机构,另

一个是遍及全国的统一军队。封建的官僚机构执掌兵、刑、钱、谷事务，贯彻朝廷的政令，统治千千万万的百姓。因此，历代皇帝为了治国须要治吏，为了治吏须要察吏，而要察吏就须要法制。皇帝通过法律规范与整饬吏治，控制官吏，限制与制裁其法定权力以外的权力追求。

只有把监察权力的运行纳入法律的轨道，才有可能稳定和发挥效能。

自汉代起，中国便形成了多元化的监察体制，这种多元化的监察体制，也扩展到地方监察之中。为使监察活动获得合法性的依据，所以很早就开始法律化了。从汉代的《监御史九条》《六条问事》，到明清的《宪纲总例》《钦定台规》，都力图用法律形式肯定监察体制并从多方面确保监察权力的行使。不仅如此，由于中国古代监察官的职掌除纠弹百官的行政监察外，还涉及立法、司法、经济、军事、文化教育、礼仪等诸多领域，为了规范适用于不同领域的权力行使，进行了多方面、多层次的立法，以使之有序和取得效果。元朝在整体法制建设还处于起步阶段时，监察立法已经卓有成就，不仅使监察官奉法行事，保证了监察制度的稳定性，而且对于庞大的官吏群起到心理上的震慑和实际的防范与惩戒作用

（三）对皇帝直接负责的垂直关系与言谏的历史作用

监察官是皇帝的近臣，通过监察官，皇帝得以了解各机关的施政情况与民间的各种动态，故被称作“耳目之司”。他们的活动只对皇帝负责，尤其是皇帝派出的出巡御史，是代表皇帝巡视地方行使监察权的，因而有权大事奏裁，小事立断，由皇帝直接控制。这种垂直的关系，使监察官既有权威又有效能，得以实现贯穿于封建监察史中的“以卑察尊”的原则，有助于“纠百官罪恶”，澄清吏治，维护国家利益。

但是，在专制主义政体下监察权附着于皇权，因此监察制度的存废、监察权行使的范围与效果，都要受到皇权的制约，甚至与君主个人的开明或昏庸与否都有着极大的关系。从历史上看，君主开明与支持，监察官才能起到惩恶扬善，维护朝纲的作用。

中国封建时代的监察分为言谏和纠察两大类。言谏官以匡正君失、开拓君智、为政策拾遗补阙，以减少国家失误为己任。言谏的对象主要是皇帝，它所起的作用是事前监察，而御史所起的作用是事后监察，这是两个不同层次的监察系统。历代开明之君都重视求谏、纳谏，贞观盛世就是和唐太宗居安思危、任贤纳谏分不开的。中国古代出现过一大批以国家利益为

重，以关心时政为己任，敢于向皇帝进谏，不惜以身殉职的谏官。尽管古代的言谏制度是以封建道德的“忠”为指导思想，但是为国家而死的信念与品德，为民请命的大无畏精神，充分表现了“文死谏、武死战”的价值取向，而且谏官之所为也确实起到了拾遗补阙和限制君权滥用的作用。孙中山曾经说：“说到弹劾，有专管弹劾的官，如台谏御史之类，虽君主有过，亦可冒死直谏，风骨凛然。”[133]古代开明之君之所以求谏、纳谏、赏谏，是试图集百官群体智慧于一身，因此言谏制度的成效如何，取决于人君，而缺乏制度保障。在中国古代专制主义政治体制下，言谏制度的设计及其法律化，表现了高超的智慧，是一项值得珍惜的重要历史经验。

（四）严格监察官的任职条件与违法制裁

中国古代监察官位卑而权重，监察官的素质直接关系到监察职能的发挥，因此从秦汉时起，便十分重视对监察官的选任。隋唐以后，在监察法和皇帝颁发的有关诏令中，都严格规定了监察官的任职条件。首要的是清正刚直、嫉恶如仇的品质；其次是具备较高的文化素养，进士出身者优先录用；最后是拥有实际工作经验，凡未经州县官者，不得为御史。明清两代还实行考选科道制度，即挑选具有一定资格，经过考满以上的中央及地方官员，通过一定的考试程序，授予御史、给事中等官职。为了防止监察官擅权专横，失监虚监，从宋朝起推行互察法，遏制了监察官本身滥用权力。监察官如违法失职，加重处罚。

总括上述，在封闭的政治法律文化氛围中产生的中国古代监察法，以其特有的制度建构、多元的监察体系、全面性的监察规范，鲜明地表达了中华民族在运用法律约束权力、规范权力，把握监察法与法律体系整体之间的互动关系，以及适应中国国情特点而形成的监察法制模式等方面的伟大创造力。

除此之外，中国古代监察法经历了数千年没有间断的历史发展过程，而且在中国古代的政治舞台上，出现过许多著名的监察官，提出了在当时说来非常杰出的察官治吏的思想，也发生过众多震古烁今、惩贪除恶的案件，成为中华法制文明宝库中具有丰富内涵的宝藏。因此，挖掘本国监察法律文化的内在资源，既有理论意义也有实践意义。

注释

1 (清)动诰撰:《全唐文·睿宗二·简择内外文武官敕》卷十九,中华书局1983年版,第223页。
2 睡虎地秦墓竹简整理小组编:《睡虎地秦墓竹简·法律答问》,文物出版社1978年版,第108页。
3 睡虎地秦墓竹简整理小组编:《睡虎地秦墓竹简·法律答问》,文物出版社1978年版,第80页。
4 《史记·秦始皇本纪》。
5 《汉书·薛宣传》。
6 卫宠:《汉旧仪》卷上。
7 《汉书·鲍宣传》。
8 《汉书·刑法志》卷二三。
9 《汉书·武帝纪》卷六。
10 《论语·八佾》。
11 《论语·颜渊》。
12 《汉书》卷五六《董仲舒传》。
13 《汉书》卷六四《主父偃传》。
14 《史记·秦始皇本纪》。
15 《后汉书·百官一》。
16 《汉书·贾谊传》。
17 《汉书·晁错传》。
18 《汉书·张汤传》。
19 《汉书·汲黯传》。
20 《汉书·宣帝纪》。
21 《汉书·成帝纪》。
22 《汉书·成帝纪》。
23 《史记·主父偃列传》。
24 《三国会要》卷二三。
25 《晋书·武帝纪》。
26 《全晋文》卷四一。
27 《周书》卷二三《苏绰传》。
28 《周书·宣帝纪》。
29 《魏书》卷十四《神元平文诸帝子孙列传》。
30 《魏书》卷十五《昭成子孙列传》。

31 《魏书》卷二五《赵郡王谧传》。
32 《通典·职官六》。
33 《魏书·张衮传》。
34 《魏书·官氏九》。
35 参见《魏书·王慧龙附重孙遵业传》。
36 《全唐文》卷二九。
37 《唐大诏令集》卷一百。
38 《唐六典》卷一三《御史台》。
39 《旧唐书》卷一八五《崔隐甫传》 。
40 《旧唐书》卷一五五《穆宁附子赞传》。
41 《旧唐书》卷一七七《高元裕传》。
42 《唐会要》卷六二《御史台下·杂录》。
43 《唐六典》卷二《尚书吏部》。
44 《玉海》卷一三一李华:《御史大夫壁记》。
45 《大唐新语》卷四《持法第七》。
46 (清)王夫之:《读通鉴论·唐太宗》,中华书局1975年版。
47 (唐)吴兢:《贞观政要·刑法》,上海古籍出版社1978年版。
48 《通典》卷二十一《职官三·门下省》"谏议大夫"注。
49 《唐大诏令集》卷一百《政事·官制上》。
50 《唐会要》卷五五《省号下》。
51 《旧唐书》卷一六六《白居易传》。
52 《隋书》卷二八《百官志》下。
53 《隋书》卷二八《百官志》下。
54 《旧唐书》卷一二八《颜真卿传》。
55 《新唐书》卷四八《百官志三》。
56 《通典》卷十九《职官一·职官总叙》。
57 《全唐文》卷二七。
58 《唐大诏令集》卷一百四《政事》。
59 《唐大诏令集》卷一百十五《政事》。
60 《唐会要》卷五五。
61 《资治通鉴》卷一九二《唐纪八》"太宗贞观元年"条。
62 《唐大诏令集》卷一百五《政事·求直·令百官言事诏》。
63 《唐会要》卷五四《左右散骑常侍》。
64 《唐六典》卷十三《御史台》。
65 《新唐书》卷一一五《狄仁杰传》。

66 《宋史》卷三二一《吕诲传》。
67 《历代名臣奏议》卷二百二《听言》。
68 （宋）朱熹:《朱文公文集》卷九《己酉拟上封事》,四部丛刊初编本。
69 《宋史》卷一六四《职官四》。
70 （元）马端临:《文献通考》卷五三《职官考七》,中华书局影印本1986年版。
71 《宋史》卷一六一《职官一》。
72 （清）纪昀:《历代职官表》卷十八《都察院上》。转引自（宋）王应麟:《玉海》。
73 参见《宋史》卷三一六《赵抃传》。
74 参见《文献通考》卷三一五《舆地一》。
75 参见《宋史》卷三八《地理一》。
76 《文献通考》卷六一《职官考十五》。
77 《资治通鉴长篇》卷二二,第185页。
78 《宋史》卷一六七《职官七》。
79 （宋）叶适:《水心文集》卷三《监司》,四部丛刊初编本。
80 《宋会要辑稿·职官五五》。
81 《宋史·艺文志》。
82 《宋会要稽稿·仪制八》。
83 《宋会要稽稿·职官五五》。
84 《庆元条法事类》卷七《职制门》。
85 《宋会要辑稿·职官四五》之三一。
86 《庆元条法事类》卷七《职制门》。
87 《庆元条法事类》卷七《职制门》。
88 《庆元条法事类》卷七《职制门》。
89 《宋会要·职官四五》之三。
90 《宋会要·职官四五》之五。
91 参见《庆元条法事类》卷七《职制门》《职制敕》。
92 《庆元条法事类》卷十七《职制门》。
93 《元史·世祖纪一》。
94 叶士奇:《草木子》,中华书局1959年版。
95 《元典章·圣政·肃台纲》。
96 《许文正公遗书》卷七。
97 《元典章·圣政·肃台纲》。
98 《元典章·圣政·肃台纲》。
99 《元史》卷一六三《张雄飞传》。
100 黄溍:《文献集》卷一〇上《郓王文忠神道碑》。

101 《宋会要辑稿·职官一七》之三。
102 《元史·张雄飞传》。
103 《元史·田滋传》。
104 《元史·太平传》。
105 《元典章》卷五《台纲一》。
106 《元典章》卷六《台纲二》。
107 《元典章》卷六《台纲二》。
108 《明太祖集·论御史》。
109 徐学聚:《国朝典汇》卷五四《御史》。
110 《明史》卷七三《职官志》。
111 徐学聚:《国朝典汇》卷七七《按察司》。
112 徐学聚:《国朝典汇》卷七七《按察司》。
113 《明史》卷七三《职官志》。
114 《明史》卷七三《职官志》。
115 《明史》卷七三《职官志》。
116 《明史》卷七四《职官志》。
117 《日知录集释》卷九《封驳》。
118 《明太祖实录》卷六〇。
119 徐学聚:《国朝典汇》卷五四《御史》。
120 《明会典》卷二〇九《都察院·风宪总例》。
121 《明会典》卷二〇九《都察院·风宪总例》。
122 《明会要》卷三三《职官志》。
123 《明史卷》卷一九九《胡世宁传》。
124 《明会典》卷二〇九《都察院·纠劾官邪》。
125 《明会典》卷二一〇《都察院·出巡事宜》。
126 《明会典》卷二一〇《都察院·奏请点差》。
127 《明会要》卷三三《职官志二》。
128 《钦定台规》卷二《训典二》。
129 《钦定台规》卷二《训典二》。
130 《钦定台规》卷二《训典二》。
131 《钦定台规》卷二《训典二》。
132 《孙中山选集》下卷《五权宪法》,人民出版社 1956 年版,第 581 页。
133 《孙中山选集》下卷《五权宪法》,人民出版社 1956 年版,第 492 页。

捌 中国古代廉政法制建设及其启示

在中国古代社会，官吏的权力依附于皇权而存在，是皇权的延伸。吏治的状况既直接影响到民众的利益与社会的安宁，同时也反映了皇权是否受到挑战与侵犯。因此，历朝历代的有为君主都对官吏的治理尤为关注。"明主治吏不治民"，说的是一个明智的君主总是通过对官吏的治理来达到对民众进行有效统治的目的。在对官吏的治理当中，如何实现廉政是一个极其重要的方面。当然，中国古代廉政法制建设所取得的成就在客观上可以为不同的历史时期、不同的国家所利用，它所积累的经验具有超越时空的价值。中国古代廉政法制建设是中华法制文明的重要组成部分，内容涉及惩贪立法、考课、监察以及俸禄制度等诸多方面。在历史上出现过的吏治清明的盛世，多与这些立法和制度的创制与运作分不开。其所积累的经验与教训，对于厉行反腐倡廉，加强廉政建设的今日之中国仍具有启示的作用。

一、廉政舆论——廉政法制建设的先导

早在《周礼·天官冢宰》中便提出"将廉为本"，以考察官府的政绩："一曰廉善，二曰廉能，三曰廉敬，四曰廉正，五曰廉法，六曰廉辨。"据《周礼疏解》，"廉者系不滥浊也"，而善、能、敬、正、法、辨则为官府的六计。六计各贯以"廉"，说明廉政已成为官府政绩的核心价值。

另据《春秋》记载，鲁大夫御孙曾以"俭，德之共也；侈，恶之大也"[1]进谏庄公，其意在于期盼庄公由上而下地施行廉俭。

原文发表于《法商研究》2011 年第 4 期。

春秋战国时期法家登上政治舞台以后，为了推进改革的成果，巩固新建立的政权，更加注意廉政建设。管仲曾将廉政问题提到关系国家兴亡的高度，他说："礼义廉耻，国之四维，四维不张，国乃灭亡。"[2]晏婴在应对景公所问"廉政而长久，其行何也？"时说："其行水也，美哉水乎清清，其浊无不雩途，其清无不洒除，是以长久也。"又说"廉者政之本也"[3]。韩非在论证廉的价值时，指出："廉，外则可以大任，少欲则能临其众。"[4]

汉初文帝在劝民诏书中强调指出，"廉吏，民之表也"。[5]

唐贞观二年，太宗曾对待臣说："朕尝谓贪人不解爱财也。至如内外官五品以上，禄秩优厚，一年所得，其数自多。若受人财贿，不过数万。一朝彰露，禄秩削夺，此岂是解爱财物？规小得而大失者也。"他还从总结古今得失的角度强调，历代"为主贪，必丧其国；为臣贪，必亡其身"[6]。

宋代名臣包拯则从廉贪对立的角度，强调"廉者，民之表也；贪者，民之贼也"[7]。宋真德秀也指出："廉者士之美节，污者士之丑行。士之不廉，犹女之不洁。不洁之女，虽功容绝人，不足自赎。不廉之士，纵有他美，何足道哉！"[8]

明宋纁认为世之廉者可分三个层次："有见理明而不妄取者；有尚名节而不苟取者；有畏法律保禄位而不敢取者。见理明而不妄取，无所为而然，上也；尚名节而不苟取，狷介之士，其次也；畏法律保禄位而不敢取，则勉强而然，斯又为次也。"[9]

明末清初思想家王夫之在《读通鉴论》中，从史鉴高度，论证了"贿赂之败国家，如鸩之必死，未有能生之者也"[10]。

清朝康熙帝曾言："治国莫大于惩贪。"[11]雍正帝进而论证说："国之安危，全系官僚之贪廉。官若忠廉，则贤才向(可)用，功绩获彰，庶务皆得其理，天下何患不治。官若奸贪，则贿赂肆行，庸恶幸进，功过冒赏，巨憝得以漏网，良善必至蒙冤，吏胥舞文，小民被害，政之紊乱，实由于此。"[12]

《清碑·官箴》所载："吏不畏吾严而畏吾廉，民不服吾能而服吾公。公则民不敢慢，廉则吏不敢欺。公生明，廉生威。""廉生威"之言来自汉董仲舒"至廉而威"，[13]在官场的影响颇为广泛。

清人王永吉还论证了居上位者廉，会起到上行下效的作用，他说："大臣不廉，无以率下，则小臣必污；小臣不廉，无以治民，则风俗必坏。"[14]

历代思想家、政治家除从总体上论证廉政对于治国理政的重要价值外，还将廉与平、廉与俭、廉与洁、廉与勤联系起来一并考察，形成了丰富的廉政文化内涵。

廉平论者如下：

“吏不廉平，则治道衰。”[15]

“临官莫如平，临财莫如廉，廉平之守，不可攻也。”[16]

“廉平之德，吏之宝也。”[17]

“惟廉而后能平，平则公矣。不廉必有所私，私则法废，民无所措手足矣。”[18]

廉俭论者多以俭为廉之本，能俭斯能廉，如：

“非俭无以养廉，非廉无以养德。”[19]

“居官之所恃者，在廉。其所以能廉者，在俭。”[20]

至于廉洁二字连用始见于《楚辞·招魂》：“朕幼清以廉洁兮。”据王逸注：“不受曰廉，不污曰洁。”

在中国古代的廉政文化中也杂有迷信报应之说，例如明万历时陈幼学知湖州，书于堂曰：“受一文枉法钱，幽有鬼神明有禁；行半点亏心事，远在儿孙近在身。”清代陈景峰在晋州（今河北省晋县）为官，针对贪贿情形，在衙署厅堂上自题一联，云：“头上有青天，作事要循天理；眼前有瘠地，存心不刮地皮。”

迷信报应之说虽属荒诞，但在科学知识极端贫乏的古代仍有一种无形的威慑力，对于官吏内在的自我约束起到一定的作用。

综上可见，中国古代廉政思想的丰富，议论的恢宏，形成了绚丽多彩的廉政文化，成为影响广泛的社会舆论，指导着廉政法制的建设。中国古代的廉政文化是植根于中华民族本土土壤之中的，它具有民族性的特点，也是衡量中国古代政治、法律文明的一种尺度。

二、惩贪立法——廉政法制建设的基石

惩贪立法是中国古代刑事法律的基本组成部分，也是维持廉政打击贪腐的重要措施。早在皋陶造律时，便以贪污作为三大罪之一，所谓“昏、墨、贼杀，皋陶之刑也”“恶而掠美为昏，贪以财官为墨，杀人不忌为贼”[21]。继夏而起的商朝，总结夏亡的教训，有针对性地制定“官刑”以“儆于有位”。其中把官吏“殉于货色”，列为“三风”中的“淫风”，犯之者处严刑。[22]

至西周，制定《吕刑》，标志着中国奴隶制时代治官之法的重要发展。《吕刑》所载“惟官、惟反、惟内、惟货、惟来”泛指官吏贪赃枉法的五种情况，犯之者“其罪惟均”。据《正义》解释：“此狱吏之罪，与犯法者同。”《吕刑》还提出了一个很可贵的思想：“狱货非宝，惟府辜功。”据《正义》解释：“治狱受货，非家宝也，惟是聚罪之事。”因此犯之者“报以庶尤”，意为枉法受财不足为贵，只不过是积累罪恶，终究要受到惩罚。

进入战国，官僚制度取代了世卿制度，出现了任官之法、上计之法，以及玺符、俸禄、休致等一系列制度。就惩贪之法而言，魏国李悝所著《法经》提出了“假借不廉”和“受金”等内涵明晰的罪名和惩罚办法：“丞相受金，左右伏诛，犀首以下受金则诛，金自镒以下罚不诛也。”[23]

自商鞅变法至秦统一，以法惩贪的规范开始细化，如“通一钱者，黥为城旦”，私贷公钱“与盗同法”，官匿民田，按“匿田”论罪。而且从正面阐明了为吏之道。《云梦秦简》有以下记载：以“临财见利，不取苟富”为可称道的吏道，以“居官善取”为“吏有五失”之一。

两汉魏晋时期，惩贪立法不断充实。汉时主守官与监临官犯赃，区别用刑。“主守而盗直十金弃市”[24]“监临官受其官属所赠饮食计偿费勿论；受财物，夺爵为士伍，免之；无爵，罚金二斤，令没入所受。”[25]但如“枉法受赇”，“恐吓受赇”加重处刑。据《汉书·刑法志》：“吏坐受求枉法……皆弃市。”汉武帝时，“嗣葛魁侯戚坐缚家吏，恐猲受赇，弃市”。[26]此外也制裁行赇者，如“临汝侯灌贤坐行赇罪，国除。”[27]“汾阳嗣候意坐行赇，髡为城旦。”[28]

《魏律》十八篇中，专列《请赇》《偿赃》两篇，此外还有《呵人受钱》之令，《使者验赂》之科。这一方面标志着惩贪之法在刑法中比重的加大，另一方面也反映了官吏犯赃现象的普遍。

晋时注释法律盛行，使得贪赃受贿的概念趋于规范化。例如，“货财之利，谓之赃”，“以罪名呵为受赇”，“输入呵受为留难，敛人财物积藏于官为擅藏”[29]等，其影响及于后世。《晋律》对于官吏贪污处刑极严，罪不至死者，虽遇赦，仍禁锢终身，轻者二十年。南陈时，增加不枉法受财条，科同“正盗”。北魏，监临官“受羊一只，酒一斛者，罪至大辟”[30]，“枉法无多少，皆死”。[31]北魏著名的高官辛雄还提出了贪污定罪的证据理论，他说：“若必须三人对见受财，然后成证，则于理太宽；若传闻即为证，则于理太急。今请以行赇后三人俱见物,及证状显着,准以为验,诏从雄议。”[32]

历史发展至唐朝,封建社会臻于鼎盛,法制也达到了成熟和定型。《唐律》中赃罪已有六赃之分,其中关于官吏犯赃罪认定及处理合理、严谨与详密,反映了立法的完善与法律从重惩治官吏犯赃罪的精神。

首先,对于同类犯罪行为的处罚,官吏要重于一般犯罪主体。例如,监守自盗加凡盗二等处罚,至三十匹处绞刑。又如,对行贿者的处罚要轻于对受贿者的处罚,如果存在索贿情节,对行贿者可免于处罚;如属主动行贿,则对行贿者比照受贿者减等处罚。以“受所监临”为例,行贿者减受贿者五等处罚,罪止杖一百。官吏犯赃罪不仅侵犯了国家或他人的财产权,而且也侵犯了官吏公务行为的廉洁性,对该罪处刑重于普通盗窃罪既是必要的也是合理的。

其次,对监临主司的处罚较其他一般官吏要重。例如,“不枉法赃”和“受所监临”并不要求监临之官有为他人谋取非法利益的主观意图或客观事实,只要有收受或取得他人财物的行为即构成赃罪。非监临主司犯赃罪的罪名单列为“坐赃”,必须“因事而受财”才能构成赃罪。即使都是“因事受财”而致赃罪,对非监临主司的处罚较监临主司要轻。监临主司因事受财,根据是否曲法枉断分为枉法赃与不枉法赃。枉法赃的最低刑为杖一百,然后一匹加一等,至十五匹绞;不枉法赃最低刑为杖九十,每二匹加一等,至三十匹加役流。坐赃最低刑为笞二十,一匹加一等;徒刑以上则每十匹加一等,最高刑期为徒三年。唐律之所以作如此规定,是因为监临主司是某一辖区或某一事物的负责人,加重处罚符合权责相适的原则。

最后,官员倚仗权势牟利的一切行为都是犯赃罪,法律对此有详密的规定。唐律规定,监临主司在辖区内借贷他人财物的,根据所借贷的财物数量,参照坐赃论处;若借贷超过百日不还的,则以受所监临财物论处;如果存在强行借贷情节的,那么相应加二等处罚。另外,监临之官在其辖区内从事买卖,其中的价格与市场价格存在明显差额,官吏因而获利的,或无偿役使其辖区内的人力、畜力以及占用车船、房店的行为,都属于犯赃罪。如果是监临主司的家人于辖区内犯有上述行为,参照监临之官所犯,减二等处罚。监临主司如果知情,与家人同罪;如果不知情,那么在家人罪刑的基础上相应减五等处罚。这些规定可以算得上是在长期惩治官吏犯赃罪的实践中总结出的宝贵经验。

宋初鉴于五代以来官吏贪赃枉法危害政权，严惩贪墨之罪，以督励百官奉法执法，官吏受赃者或弃市，或杖毙于朝，或刺配沙门岛。贪赃枉法之官，不适用请、减、赎、官当之法，以赃论罪之官虽遇赦不得叙，永为定制。

太宗以后，惩贪之法逐渐松弛。从真宗朝起，官吏犯赃弃市之法基本不用。徽宗重用蔡京、童贯，使贪风盛炽，以致“廉吏十一，贪吏十九”[33]。至南宋，以赃论罪遇赦不得叙之法遭到破坏。

宋刑统有关赃罪的规定，也较唐律为宽。按《唐律》“监主受财枉法”，十五匹(绢)即绞，不枉法者，三十匹加役流；《宋刑统》在条文规定上虽与唐律相同，但附敕却做出了修正。例如，官吏犯枉法赃十五匹合绞者，敕文宽至二十匹。

南宋《庆元条法事类》较《宋刑统》进一步放宽。《职制门》“馈送”条引《贼盗敕》规定：“诸监临主守自盗，及盗所监临财物，罪至流，配本州(谓非除免者)，三十五匹绞。”《职制门》“理赏”条引《职制敕》规定：“诸监临主司，受财不枉法，赃五十匹，配本城。”然而，宽以治吏所造成的“刑罚不足以沮奸”[34]既败坏了吏治，也削弱了法律的权威。

元朝成宗时很重视吏治，强调“诸牧民官不先洁已，何以治人”？为此下诏：“今后因事受财，依例断罪外，枉法赃者，即不叙用，不枉法赃须殿三年方听告叙，再犯，终身不叙。”[35]元朝的惩贪立法对于官吏犯赃的分类与处罚规定是较为细密的，详列取受、侵盗、侵占、回钱、过钱、首赃、赃罚等罪外与犯罪特征。但对赃罪的处刑较轻，如枉法赃二百贯以上杖一百零七，不枉法赃减枉法赃三等。官吏受赃如能悔过自首，无不尽不实者免罪，有不尽不实者只坐不尽之赃。职官如恐吓有罪人求赂，即使未得财也杖二十七，受财为人请托者计赃论罪，侵用官田者以枉法论。犯赃之官虽死，仍责其家属纳赃。

明朝建立以后，明太祖总结元蒙时赃官虐民激变的历史教训，强调吏治。曾谕天下府、州、县官：“天下初定，百姓财力俱困，如初飞之鸟，不可拔其羽。新植之木不可摇其根，在安养生息之而已。惟廉者能约己而利人，尔等当深念之。”[36]为了惩治赃吏，《大明律》首列六赃图，并专列“受赃”目。此外，在《户律》《课程》《盐法》中均有惩治官吏贪污的规定，处刑较唐律为重。

根据《大明律》，官吏“受赃”，分枉法赃、不枉法赃与坐赃三种，均计赃科刑,但有所区别。枉法赃“通算全科”,即按受赃总数科刑。五贯以下杖八十,五十贯流三千里,八十贯绞(唐律十五匹绞)。不枉法赃“通算折半”,即按受赃总算之半科刑。十贯杖七十,一百二十贯流三千里。坐赃指“官司吏人等非因事受财,受赃致罪……”与非枉法赃同,也“通算折半”。三贯以下笞三十,八十贯杖一百,百贯徒一年,五百贯以上罪止徒三年。除惩治受赃官吏外,与者减五等治罪。洪武年间还有以下专门规定:“凡官民人等犯枉法赃者,不分南北,俱发北方边卫充军。”[37]

明律中惩治官吏贪污罪的条目较唐宋律更加具体,如官吏受财,事后受财,有事以财请求,在官求借贷人财物,家人求索,风宪官犯赃,因公擅科敛,私受公侯财物,留盗赃,受财脱漏户口,私役部民夫匠,私借官军船,私借钱粮挪移出纳,冒支官粮,冒领物料,等等。

官吏因赃除名,罢役之后,不再叙用。这与唐律中因赃免官经过一定年限仍可降级使用,有所不同。尤其对于官与吏受财分别详注,反映了对于吏为非作歹的重视。至于职掌纠弹百官之权的“风宪官”御史,如犯赃则从重论。御史的家人求索借贷虽减本官所加之罪二等,但仍与一般监临官同等看待,若因事受财不准减等。

在明太祖手订的《大诰》中辑录了惩治赃吏的案例,处刑均较《大明律》为重。按《明律》,“不枉法赃”罪不至死,但《大诰》中官吏因犯“不枉法赃”被凌迟、枭首者极多。对犯赃官吏,不仅惩罚本人,也株连通贿人及其家属。洪武四年(1371 年),曾敕谕刑部:“官吏受赃者,并罪通贿之人,徙其家于边,著为令。”[38]

清初,任法严肃,惩治贪墨。在《大清律集解附例》中对于官吏受财除计赃科刑外,还区分官与吏、有禄与无禄、枉法与不枉法,分别处刑。例如,枉法赃至八十两,绞。不枉法赃至一百二十两,止杖一百,流三千里。官吏如于任内求索财物,“计赃准不枉法论,强者准枉法论,财物给主”。[39]风宪官受财,加罪二等。

顺治朝,将广纳贿赂的吏部尚书谭泰正法,籍没其家。大学士陈名夏父子也因“说人情,纳贿赂”,“陈名夏论斩,妻子家产分散为奴”,其子陈掖臣遣戍。史书说:“世祖亲政之后,任法严肃,凡在臣专横,如陈名夏、谭泰、陈之遴、刘正宗之辈,无不立正典刑,以后人各知畏,夙弊尽革,以成一代雍熙之治。”[40]

乾隆五年《大清律例》成，仍以六赃图列于卷首，内含监守盗、常人盗、坐赃、枉法、不枉法、窃盗等。枉法赃五十五两，流三千里杖一百。有禄人八十两绞，无禄人一百二十两绞。不枉法赃与坐赃一百二十两，流三千里杖一百，一百二十两以上绞。乾隆二十三年（1758 年）鉴于对贪官惩治不力，致使贪污之风难以遏制，遂废除雍正帝时制定的完赃减等之例，“嗣后除因公挪移及仓谷霉浥、情有可原等案仍照旧例外，所有实系侵亏入已者，限内完赃减等之例，著永行停止”。[41]并将该例从《大清律例》中删除。

嘉庆即位之初，因财政空虚恢复了雍正三年（1725 年）完赃减等例，而且规定“一年限内不完，死罪人犯永远监禁”[42]。

有清一代，书吏舞文作弊枉法行私极为严重，因此《大清律例》增加了书吏犯赃罪的惩罚条款。

综上可见，历代惩贪之法辗转承袭，规范不断完备，量刑注意情节，其因革损益都反映了特定的历史条件，着眼点都在于整饬吏治保证廉政。惩贪之法在不同时期不同程度上起到了应有的作用，成为廉政法制建设的基石。

三、考课——惩贪与奖廉并举

早在《尚书·舜典》中便有“三载考绩，黜陟幽明”的记载，此说虽有后人的附会，但也说明了有官必有课的历史现象。

战国时期官僚制度取代世卿制度，考课官吏的上计制度也开始建立，并不断地充实，成为中国古代政治制度的一项重要内容。

考课制度使惩贪与奖廉这两个对立物得以同时并举。惩贪是对赃官的惩戒，奖廉是对廉吏的褒赏。前者是消极的制裁，后者是积极的立范。由于考课之后继之以奖惩，故而通过考课有效地推动了惩贪与奖廉。

汉代考课一般是每年一小考，三年一大考，丞相负责考核地方行政长官即郡国守相，考课的内容是户口、垦田农桑、漕运水利、钱谷出入、盗贼狱讼、教育选举、灾变疾疫等项，“岁终遣吏上计”。郡国守相则考课属县。考课以会议的形式进行评议，主考者可以提出种种问题，受考核者需据政绩实情回答。然后，逐级汇总，由县而郡，由郡而中央两府（东汉则为尚书台三公曹），最后是丞要（东汉是尚书令或录尚书事）总其成上奏天子。汉代把官吏考核视为国家大事，因此，天子接受上计，往往采用国家大典的方式，常于每年正月初一群臣朝贺时举行，有时也在封泰山、礼明堂时“受计”。考课之后，继之以赏罚，廉者增秩（增加俸禄）、迁官（升官）、赐爵（以20等爵位，分别功之大小以赏之）。贪者降俸、贬职、免官。违法犯罪者依法治罪。韩延寿为东莱太守，令行禁止，狱讼大減，考课为天下最优，升任左冯翊。赵广汉为阳翟令，以治行优异，升迁京辅都尉。黄霸为颍川太守，考课一下第一，升迁京兆尹，职掌京师，但京官难当，不称职，连降俸禄，复为颍川太守，薪俸降为八百石，远低于二千石郡太守。但黄霸仍勤于公务，郡中愈治，复得升秩、赐金、封侯的荣典，旋升御史大夫，后任丞相。[43]总的看来，汉代在官吏考核中能够坚持罚必信，反对“累日以取贵，积久以致官”[44]的论资排辈做法，并且不以一事定终身，以致汉代官场较有生气，国家机器的运行较为正常。

唐朝的考课制度也已进入规范化阶段，每年一小考，四年一大考。各部门的主管长官根据国家规定的“四善”“二十七最”对所属官吏进行年终考核。

“四善”，是国家对各级官吏提出的四条共同要求。一曰德义有闻，二曰清慎明著，三曰公平可称，四曰恪勤非懈。

“二十七最”，则是根据各部门职掌之不同，分别提出的二十七项标准。一曰献可替否，拾遗补阙，为近侍之最；二曰铨衡人物，擢尽才良，为选司之最；三曰扬清激浊，褒贬必当，为考校之最；四曰礼制仪式，动合经典，为礼官之最；五曰音律克谐，不失节奏，为乐官之最；六曰决断不滞，与夺合理，为判事之最；七曰部统有力，警守无失，为宿卫之最；八曰兵士调集，戎装充备，为督领之最；九曰推鞫得情，处断平允，为法官之最；十曰雠校精审，明近刊定，为校正之最；十一曰承旨敷奏，吐纳明敏，为宣纳之最；十二曰训导有方，生徒克业，为学官之最；十三曰赏罚严明，攻战必胜，为将帅之最；十四曰礼义兴行，肃清所部，为政教之最；十五曰详录典正，词理兼举，为文史之最；十六曰访察精审，弹举必当，为纠正之最；十七曰明于勘复，稽失无隐，为句检之最；十八曰职事修理，供承强济，为监掌之最；十九曰功课皆充，丁匠无怨，为役使之最；二十曰耕耨以时，收获成课，为屯官之最；二十一曰谨于盖藏，明于出纳，为仓库之最；二十二曰推步盈虚，究理精密，为历官之最；二十三曰占候医卜，效验多者，为方术之最；二十四曰检察有方，行旅无壅，为关津之最；二十五曰市廛弗扰，奸滥不行，为市司之最；二十六曰牧养肥硕，蕃息孳多，为牧官之最；二十七曰边境清肃，城隍修理，为镇防之最。[45]

经过考核，定出上、中、下三等九级。一最四善为上上，一最三善为上中，一最二善为上下；无最而有二善为中上，无最而有一善为中中，职事粗理，善最不闻者为中下；爱憎任情、处断乖理者为下上，背公向私，职务废缺者为下中，居官饰诈，贪浊有状者为下下。若于善最之外，别可嘉尚；及罪虽成殿，而情状可矜；虽不成殿，而情状可责者，省校之日皆听考官临时量定。[46]

凡应考之官，皆具录当年功过行能。京官皆集于尚书省，对众读议其优劣等第，外地由本州长官唱第，然后送省奏闻。官吏经考核定等之后，吏部要发给应考人“考牒”，作为凭证。[47]考课既按每年的功过行能定考，不满一年按理不能参加考核。唐制规定，从任官之日，到考核之日，已有二百日者，即可参加。[48]但请假逾百日，或停止工作一年以上者，不得参加考核。唐代考课，对地方州、县长官的考核很严，除上述四善二十七最之外，按惯例要依所管区域户口之增减，农田耕垦与收获如何，以定考第。如抚育有方、户口增益，各准现有户口为十分，每加一分，刺史县令各进考一等。如户口减少者，亦每一分降一等。

唐代考课之日，极其隆重，皇帝为最高主考官，特派位高望重的宰相二人充任内外官考使，御史大夫或其他高级官员为监考使。综观唐代考课，前期较严，安史之乱以后，则失之于过宽。

考课之后，继之以奖惩。按唐制，小考赏之以加禄，罚以夺禄；大考赏以晋升，罚以降职，重者免官，直至追究刑罚处置。唐代官吏，一般都要凭考课进阶升级，“凡居官必四考，四考考中，进年劳一阶叙，每一考中上，进一阶，上下进二阶，上中以上及计考应至五品以上者，奏而别叙”[49]。唐初考课令还规定：“考在中上以上，每进一等，加禄一季；中中者守本禄；中下以下者每退一等，夺禄一季。”[50]

官吏曾因过失被贬官，如继续执政，有绩可查，经考课优异者，亦可进阶升官。官吏左迁之后，亦多有再度起用之例。

唐代考课之法规范详密，赏罚有据，确实起到了惩贪与奖廉并举的作用，在相当长的时间内维持了吏治。

宋朝为加强中央集权，十分重视依法课吏，形成了特有的考课法。

宋初，沿袭唐制，内外官任满一年，为一考，三考为一任。特别是对法司之官，既有明确的转官年限，也有严格的考课与回避制度。“刑法之寺，断覆之司……并以三周年满”，[51]“每至年终，当议考校，无劳老退黜，有功者甄酬”，[52]“诸职事相干，或统摄有亲戚者，并回避”。[53]

州县官考课的法定标准与等第，太宗时，规定如下：“郡县有治行尤异、吏民畏服、居官廉恪、莅事明敏、斗讼衰息、仓廪盈羡、寇盗剪灭、部内清肃者，本道转运司各以名闻。当驿置赴阙，亲问其状加旌赏焉。其贪冒无状、淹延斗讼、逾越宪度、盗贼竞起、部内不治，亦条其状以闻，当行贬斥，”[54]凡“政绩尤异为上，职务粗治为中，临事弛慢、所莅无状者为下，岁终以闻。”[55]真宗时，又定“州县三课”法：“公勤廉干惠及民者为上，干事而无廉誉、清白而无治声者为次，畏懦贪猥为下。”[56]

神宗熙宁元年（1068 年）颁行《守令四善四最》考课法。“四善”仍为唐时的“德义、清谨、公平、勤恪”，“四最”是“断狱平允、赋人不扰；均役屏盗、劝课农桑；赈恤饥穷、导修水利；户籍增衍、整治簿书”。[57]在《庆元条法事类》中对“四最”又做了进一步的规定，“民籍增益，进丁入老，批注收落，不失其实”，为“生齿之最”；“狱讼无冤、催科不扰”为“治事之最”；“农桑垦殖，水利兴修”为“劝课之最”；“屏除奸盗，人获安居，赈恤困穷，不致流移”为“养葬之最”。[58]

对诸路监司的考课，神宗时有“七事”之法如下：劝农桑、治荒废；招荒亡、增户口；兴利除害；劾有罪、平狱讼；不失案察；屏盗贼；举廉能。[59]南宋高宗在“七事”之法的基础上制定考课监司令守的“八事”之法如下：举官当否、劝课农桑、增垦田畴、户口增损、兴利除害、事失案察、校正刑狱、盗贼多寡。[60]

由于宋朝重视司法，在《庆元条法事类》“考课”条引《考课格》所载“监司考校”中，专定提点刑狱的考校标准，选摘如下：

“受理词讼及指挥州县与夺公事，有无稽滞不当；

有无因受理词讼改正州郡结断不当事；

应干职事有无废弛，措置施行有无不当；

按察并失按察所部官犯赃流以上罪及按察不当；

所部刑狱有无平反及驳正冤滥并淹延稽滞。”

考课的依据是治绩，以考课的结果定赏罚，考课不实不公者，处以弄罚。

《庆元条法事类》“考课”条引《职制刺》对于监司考课州县不实者的处罚规定如下：

“诸监司考课，事应互申而不中若增减者，各徒二年。

诸考知州、县令，课绩不实者，优、劣等徒二年，上等减二等，中下者又减一等。有所请求而不实及官司各以违制论。以上若该赏罚者，官吏一等科罪。即保奏违限者，吏人杖一百，当职官减三等。

诸监司每岁审择保奏知州、县令功状不公不实，或附会观望权势若干请者，各以违制论加一等。”

明清二朝的考课法更凸显了惩贪与奖廉相结合的特点。明朝考课实行考满法。内外官任职满三年为一考，六年再考，九年通考黜陟，所谓“三考黜陟”。[61]每一阶段考绩完成，称为“考满”。考满分上、中、下三等，曰称职，曰平常，曰不称职。[62]成绩平常以上，可以再用或升迁。初任官员，试职一年即须考核，以作为是否“实授”之用。通常是京官皆要试职一年，考核实授，一考对品调用。[63]九年之内，二考称职，一考平常，从称职；二考称职，一考不称职，或两考平常一考称职，或称职、平常、不称职各一考者，俱从平常；二考平常，一考不称职，从不称职。[64]

万历初，张居正执政，制定“考察法”，一为定期考察，二为随事考察，三为访察告诫。他指示吏部，凡因循守旧，虚报矫饰之官，虽浮誉素隆，亦列下考免官。

有明一代通常按八法——八条标准考课：一贪，二酷，三浮躁，四不及，五老，六病，七疲，八不谨。京官四品以上，自陈其状，由皇帝决定去留。五品以下老、病者致仕，浮躁不及者降调，疲软不谨者闲住，贪酷者贬为民，或依法治罪，但须具册奏请皇帝批准。

清初职官考绩，沿用明时的考满法。康熙四年停止考满法，“岁听京察、大计”，以成一代之制。

京察每三年举行一次，逢子、卯、午、酉年进行。二品以上大臣，先由本人自称，再由吏部填写履历列题，等候皇帝敕裁；三品以下官员，先由吏部填写履历清单，等待皇帝接见；四品以下京官，先由各衙门注考，再由吏部会同大学士、都察院等复议，决定等第，上报皇帝。

京察考核分称职、勤职、供职三等。京察标准为“四格”“八法”。“四格”——才、守、政、年，“才则或长或平或短，守则或廉或平或贪，政则或勤或平或怠，年则或青或中或老”。四格考评向来以守为重，其次为才，而年仅限于青、壮、健，老不在考核之内。“八法”——贪、酷、罢软、不谨、年老、有疾、才力不及、浮躁。“贪、酷革职提问，罢软、不谨革职，年老有疾休致，才力不及、浮躁者降调”[65]。嘉庆八年，将“八法”改为“六法”：一不谨，二罢软无为，三浮躁，四才力不足，五年老，六有疾；不谨、罢软者革职，浮躁者降三级调用，才力不及者降二级调用，年老有疾者令其退休。

大计是指对外官的考课，三年一次，于寅、巳、申、亥年进行。布政使、按察使由督抚考后，送吏部会府具题造册，通行审察，然后上报皇帝，府尹以下州县以上官员，由督抚与吏部会核后上报皇帝；州县官员“例由州、县正官申送本抚、道考核，咨达部、院”。[66]

大计考课结果有卓异与供职两等。其标准援用四格、六法。所谓卓异，即政绩卓越，成绩突出；所谓供职，指无过无功，政绩平庸。

京察、大计符合标准者，或引见候升，或升迁加俸，或入旗或改旗，或赏赐衣物，或赐匾、赐字、建立祠堂等，或封赠上代、荫及子孙。

处分则有罚俸，降级留任，或革职、以律治罪，对年老有疾者休致。[67]

清代虽有京察大计之制，然其实行情况，前期尚好，中叶以后已徒有其名。甚至在康熙初年，考核时亦多有营求徇庇之事。

考课是中国古代职官管理法的一项重要内容，也属于廉政法制建设的范畴，其制度不断完善，其法定标准不断详密，而且辗转承袭讫未中断。由于考课将惩贪与奖廉联系在一起，因此其价值不在于消极地惩贪，尤在于积极地奖廉。贪者罢黜，廉者升迁，因此考课成为国家的重要活动，受到了统治者与官僚群体的高度重视，并在不同时期不同程度上起到了惩贪与奖廉的作用。但随着专制制度的发展以及由此而产生的腐败，使考课制度难免流于形式，甚而成为纳贿之机。如同明神宗时左副都御史邱橓所抨击的那样：“如京官考满，河南道例书称职，外吏给由，抚按官概与保留。以朝廷甄别之典，为人臣交市之资，敢徇私而不敢尽法，恶无所惩，贤亦安劝，此考绩之积弊。”[68]

四、监察——维持廉政的一道防线

在中国法制文明的历史发展中，监察制度与监察立法同样是源远流长、辗转相承的，是产生在中华民族文化土壤上的权力制衡机制。其主要职能是从制度层面维持国家纲纪与吏治、发扬正气、打击贪腐、纠弹非违，是维持廉政的一道重要防线，体现了中国古人平衡统治集团内部的利益分配，控制官吏法定权力以外的非法占有，发挥官僚机构的作用和实现对社会的调整的智慧。

战国时期适应对官僚系统的监督需要，执掌监察职能的治官之官的御史已经出现。《史记·滑稽列传》记载，齐威王置酒于后宫，召淳于髡并赐之酒，"问曰：'先生饮一斗而醉，恶能饮一石哉！其说可得闻乎？'髡曰：'赐酒大王之前，执法在傍，御史在后，髡恐惧俯伏而饮，不过一斗径醉矣。'"说明御史的纠察职责对于百官的震慑作用。

据《云梦秦简·尉杂》记载，御史除行政监察外，司法监察也已成为一项重要内容，"岁雠辟律于御史"。史书中也有"始皇三十四年，谪治狱吏不直者筑长城及南越地"[69]的记载。

汉朝建立以后，随着皇权的加强，中央监察机关已经独立于朝堂之上，同时建立了多元化的监察体制。专门监察、行政监察、特殊监察，既分体动作，又互相交叉，以至三公九卿、皇室外戚、京师百官、地方长吏乃至监察官司本身，都被置于这张网络之中，受到来自一种或多种监察组织的监督，对于贯通政令，整饬吏治，廓清风气，产生了不可低估的作用。

在地方，也仿秦制以监郡为重点，汉武帝时制定《六条察郡之法》（又称《六条问事》）。据《汉官典职仪式选用》："诏书旧典，刺史班宣，周行郡国，省察治状，黜陟能否，断治冤狱，以六条问事，非条所问，即不省。

一条，强宗豪右田宅逾制，以强凌弱、以众暴寡；

二条，二千石不奉诏书遵承典制，倍公向私、旁招守利、侵渔百姓、聚敛为奸；

三条，二千石不恤疑狱，风厉杀人，怒则任刑，喜则淫赏，烦扰苛暴，剥截黎元，为百姓所疾，山崩石裂，妖祥讹言；

四条，二千石选署不平，苟阿所爱，蔽贤宠顽；

五条，二千石子弟恃怙荣势，请托所监；

六条，二千石违公比下，阿附豪强，通行货赂，割损政令也。"

《六条问事》以地方二千石的高官及其子弟，以及强宗豪右为主要监察对象。虽然部刺史不过是六百石的低级官员，但却可以监察、奏弹二千石的地方长吏与王侯，这种以下察上，以卑督尊的规定，是汉代监察制度的一个特点。但为了防止部刺史滥用职权，严格限定其必须按六条的范围问事，否则即为逾限，要受到处罚。

《六条问事》是中国封建社会的地方性监察法规，它的出现从一个侧面反映了汉初法制建设的发展。

晋朝泰始四年六月，诏颁“察长吏能否十条”和“察长吏八条”，前者是：“田畴辟，生业修，礼教设，禁令行，则长吏之能也。人穷匮，农事荒，奸盗起，刑狱烦，下陵上替，礼义不兴，斯长吏之否也。”后者是：“若长吏在官公廉，虑不及私，正色直节，不饰名誉者，及身行贪秽，谄黩求容，公节不立，而私门日富者，并谨察之。”同年十二月又诏颁“五条律察郡”：“一曰正身，二曰勤百姓，三曰抚孤寡，四曰敦本息末，五曰去人事。”[70]但由于士族揽权，门阀政治盛行，监察法制无所建树。

唐朝是监察制度臻于完备的朝代，以御史台为最高监察机关，御史大夫（从三品）一人为台长，率领群僚行使监察权。御史台下设三院：台院，设侍御史四人执掌“纠举百僚，推鞫狱讼”；殿院，设殿中侍御史六人，掌“殿庭供奉之仪式”；察院，设监察御史十人，掌“分察百僚，巡按郡县，纠视刑狱，肃整朝仪”。[71]

唐初分全国为十道监察区，由监察御史十人分巡州县。开元二十一年改全国为十五道，监察御史亦增至十五人。监察御史巡按州县，分巡时威仪显赫，“州县祗迎相望道路，牧宰祗候，僮仆不若”[72]。

可见，察院是御史台三院中最重要的职能部门。监察御史品秩虽低，但“职务繁杂，百司畏惧”，是皇帝的耳目之司。

玄宗时期制定《监察六条》：“其一，察官人善恶；其二，察户口流散，籍账隐没，赋役不均；其三，察农桑不勤，仓库减耗；其四，察妖猾盗贼，不事生业，为私蠹害；其五，察德行孝悌，茂才异等，藏器晦迹，应时用者；其六，察黠吏豪宗兼并纵暴，贫弱冤苦不能自申者。”《监察六条》为唐朝监察机构的设置与运作提供了重要的法律根据。

唐朝作为封建盛世，归根结底是以均田制为基础的农业经济发展的结果。但是以贞观之治为代表的盛世，得以较长时期的维持，并且创造了封建时代鼎盛的文明，还得力于政策的适当与稳定，制度的健全与官吏的秉法执政。而这一切又都是和御史监察、谏官谏诤的制度化、法律化分不开的，可以说是封建时代监察制度正面效应的表现。玄宗在《饬御史·刺史县令诏》中也说："御史执宪，纲纪是司。"[73]睿宗更进一步表示："彰善瘅恶，激浊扬清，御史之职也。政之理乱，实由此焉。"[74]

宋朝专制主义的加强，使监察机构扩大。中央仍实行一台三院制，地方建立监司、通判监察系统。监司是由皇帝派到路一级的负责监督地方军、政、财、刑的四个机构，彼此互不统属，直接对皇帝负责。至于通判是州的监察官，负责监察知州及所部官吏。仁宗曾明确指出："州郡设通判，本与知州同判一郡之事，知州有不法者，得举奏之。"[75]监司通判监察系统的建立形成了上下左右涵盖宽广的监察网络。

就监察立法而言也以地方监察立法为重点，其内容十分详细。例如，《庆元条法事类·职制门》所载监司的职责范围摘要如下：

"诸监司每岁分下半年巡按州县，具平反冤讼，搜访利害，及荐举循吏，按劾奸赃以闻。"

"诸监司巡历所至，止据公案簿书点检，非有违法及事节不圆，不得分令供析，无公事不得住过三日。"

"诸州县禁囚，监司每季亲虑，若有冤抑，先疏放讫，具事因以闻。"

"诸监司巡按，遇诸州州院、司理院，并县禁罪人及品官、命妇公事各徒以上者，虽非本司事，听审问。若情涉疑虑，或罪人声冤，或官司挟情出入而应移推者，牒所属监司行，若承报不行，或虽行而不当者，具事因奏。"

"诸监司每岁点检州县禁囚淹留不决或有冤滥者，具当职官职位、姓名按劾以闻。"

"诸察访所至，采访在任官能否奏，仍以知州、通判治状申尚书省，武臣申枢密院。"

"诸监司每岁分上下半年巡按州县，具平反冤讼、搜访利害及荐举循吏、按劾奸赃以闻。"

为了防止监司利用出巡之机贪污勒索、骚扰百姓，宋律不仅限定了监司所带随从仆役、巡察州县逗留的时间和生活待遇，还特别规定监司出巡前，不得"前期移文"州、县，以防止州、县"官吏承报，必预为备"的弊病。监司巡按所至，必须"各具所隶事目，不以巨细，临时摘取点检，不得预行刷牒，州县既莫知所备，则必事为之戒，当使庶务毕举，罔有缺遗"[76]。

为了发挥监察官的作用，防范监察官弄权行私，还制定了《监司互监法》："诸官司无按察官而有违法，及不公事者，发运监司按察奏，发运监司互相觉察,其经按抚、发运、监司属官,听逐互行按举。”[77]使监察官互相监督,是宋朝皇帝驾驭大臣的统治权术在监察制度上的体现,也显示了皇帝对于百官“事为之防,曲为之制”的深刻用心。

元朝建立以后,以“稽列圣之洪规,讲前代之定制”为治国方略,特别是在总结历史经验基础上重视监察机关的作用。元世祖曾公开表示:“中书联左手,枢密联右手,御史台是联医两手的。此其重台之旨,历世遵其道不变。”[78]

为了加强对地方的监察,于江南、陕西二地设中央御史台派出机关——行御史台,“主察行省、宣慰司以下诸军民官吏之作奸犯科者,穷民之流离失业者,豪强之夺民利者,按察官之不称职任者,余视内台立法同”[79]。行御史台之设是元监察体制的重大改革,对明清具有一定影响。

由于元朝“重御史按察之权,严纠弹考核之任”,因此御史台有权“弹劾中书省、枢密院、制国用使司等内外百官”。行御史台有权“弹劾行中书省、宣慰司及以下诸司官吏”。

元朝立法从总体上看是粗疏的,但是为了充分发挥监察机关的作用,使监察活动法律化,却进行了专门性的监察立法,而且表现出多样性的统一。其先后制定了《设立宪台格例》《行台条画》《察司巡按事理》《廉访司合行条例》等单行的监察法。不仅已有适用于中央与地方的明确区分,而且还有实体法与程序法之别。

在元朝的监察法律体系中,《宪台格例》是监察法的总则,《行台条画》则属于分则部分,这是立法技术上的新进步。

世祖至元五年,在设置御史台的同时,由侍御史高鸣主持制定“定台纲三十六条”,规定了御史台的职权范围以及纠察、纠弹、体究、推纠、体察、纠劾、照刷罚则等内容,即《设立宪台格例》。主要如下:

“弹劾中书省、枢密院、制国用使司等内外百官奸邪非违,肃清风俗,刷磨诸司案牍,并监察祭祀及出使之事。”以及诸官司刑名违错,赋役不均,擅自科差及造作不如法者;迁转官员,如任满不行迁转,或迁转不依格;非奉朝命擅自补注品官者,官为和买诸物,如不依时价,冒支官钱,官吏侵使官物或移易借贷,官吏乞受钱物等,均委监察纠察。

在司法监察方面,“枉被囚禁及不合拷讯、不应受理之事,委监察从实体究。如囚禁非理死损,委监察推纠”。

此外，职官中或有老病不胜职任者，以及廉能公正者，委监察体察得实，具姓名闻奏。如有污滥者，亦行纠察。

它如盗贼生发、沮坏钞法、户口流散、私放军人、冒名相替、边境声息不即申报等均在纠察之列。

《设立宪台格例》最后规定："该载不尽应合纠察事理，委监察并行纠察。"[80]显然是把刑法典中的类推原则适用于监察立法。

在《行台体察等例》中规定：

"弹劾行中书省、宣慰司及以下诸司官吏奸邪非违，刷磨案牍，行省、宣慰司委行台监察，其余官府并委提刑按察司。

自行御史台到任日为始，凡察到诸职官赃罪，追问是实，若罪至断罢停职者，咨台闻奏。其余盗官财者，虽在行台已前.并听纠察。

诸官司，刑名违错，赋役不均，户口流亡，仓廪减耗，擅科差发，并造作不如法，和买不给价，及诸官吏侵欺盗用，移易借贷官钱，一切不公等事，并仰纠察。"

《行台体察等例》最后一条也规定："其余该载不尽应合纠弹、整理比附已降条画，斟酌彼中事宜，就便施行。"此条规定较之《宪台格例》的规定更为具体，目的在于防止失监、漏监。

元朝不仅制定了专门性的监察法规，而且出现了以张养浩为代表的一些刚正不阿的监察官，但是元朝并不是以法制相尚的朝代，因此监察法规虽多，却并没有形成一道保持廉政的防线。相反贵族高官肆意践踏法制，造成极其严重的贪污腐败，终使元朝陷入崩溃。

明朝建立以后，太祖朱元璋鉴于元朝覆灭于吏治败坏，因而确立了以重典治吏的方略，十分重视监察机关的作用。他曾经面谕都察院长官说："国家立三大府，中书总政事，都督掌军旅，御史掌纠察，朝廷纪纲尽系于此，而台察之任尤清要。卿等当正己以率下，忠勤以事上，毋委靡因循以纵奸，毋假公济私以害物。"[81]为了加强监察机关的效能，洪武十五年十月丙子废除了御史台的三院制，置都察院统一行使监察权，并且赋予监察官以单独进奏的权力，使其真正成为皇帝的耳目之司。

在废相制、提高六部地位以后，为防止部权过重而滥用，设立六部长官为监察对象的六科给事中。至此，原为谏诤皇帝而设的给事中，变成了直接对皇帝负责，以主要监督六部官员为职能的独立的监察机关。

明朝的地方监察体制。仿唐制划分全国为十三省监察区，各省设监察御史行使监察权。皇帝也临时派出巡御史巡察地方，所谓“代天子巡狩”。出巡御史具有“大事奏裁，小事立断”[82]的特权。

有明一代，正是从“风宪之设，在肃纪纲，清吏治”出发，开展了大规模的监察立法活动，并取得了新的成就。在《诸司职掌》与《大明会典》中都设有专章规定都察院及六科的职责、权限及活动原则等，而更有价值的是单行的监察法规。

洪武四年正月，“御史台进拟《宪纲》四十条，上览之，亲加删定，诏刊行颁给”，这是明朝最早的，也是最为重要的监察法规。洪武二十六年前后，又制定了《宪纲总例》、《纠劾官邪规定》、《通政使司典章》总例及事例、《六科给事中》总例及各科事例、《出巡事宜》、《巡抚六察》及《责任条例》等监察法规。此后惠文帝、成祖、仁宗、宣宗历朝均有所增补。英宗正统四年，制定《宪纲条例》，史书说：“及正统中所定《宪纲条例》甚备，各以类分列。”此后，历朝均奉为圭臬。

嘉靖六年九月，“张璁以署都察院，复请考察诸御史，黜蓝田等十二人，寻奏行《宪纲七条》”[83]。同年十月，胡世宁为左都御史，又奏上《宪纲》十余条，这些都是对《宪纲条例》的补充。此外，还制定了《监官遵守六款》《监纪九款》《满日造报册式》等约束监察官的法规。

《宪纲条例》原文已失传，但从《大明会典》中仍可窥见有关内容，如：

“凡都察院、并监察御史、按察司，纲纪所系，其任非轻，行事之际，一应诸衙门官员人等，不许挟私沮坏，违者杖八十。若有干碍合问人数，敢无故占吝不发者，与犯人同罪。”

“凡都察院官及监察御史、按察司官吏人等，不许于各衙门嘱托公事。违者比常人加三等，有赃者从重论。”

“凡监察御史、按察司官巡历去处，所问公事吝拟断不当者，都察院按察总司随即改正。当该吏典罪之如律，仍将原问御史，及分司官拟断不当事理，具奏得旨方许取问。”

“凡告有司官吏人等取受或出首赃私等事，直隶赴巡按监察御史，在外赴按察司，并分司及巡按监察御史处陈告。追问明白依律施行，其应请旨者奏闻拿问。若军官有犯，在京从都察院，在外从巡按监察御史、按察司并分司，密切奏请施行。其各都司及卫所首领官有犯，即便拿问。”

“凡监察御史、按察司官巡历去处，所闻有司等官守法奉公，廉能昭著，随即举闻。若奸贪废事，蠹政害民者，即便拿问，其应请旨者，具实奏闻。若知善不举、见恶不拿，杖一百，发烟瘴地面安置。有赃从重论。”

“凡国家政令得失，军民利病。一切兴利除害等事，并听监察御史、按察司官各陈所见，直言无隐。若建言创行事理，必须公同评议，互相可否，务在得宜，方许实封陈奏。”

“凡按察司官，断理不公不法等事果有冤枉者，许赴巡按监察御史处声冤。监察御史枉问，许赴通政司递状，送都察院申理。都察院不予理断，或枉问者。许击登闻鼓陈诉。”[84]

明朝御史巡按地方是代天子巡狩，上自藩服大臣，下至府州县官，均在其纠察之列，而且握有大事奏裁，小事立断之权。为了防止巡按御史在巡历地方时滥用职权，作威作福，早在洪武二十六年便制定了监察御史《出巡事宜》，包括职掌科差赋役、户口、词讼、农田、道路、军需、学校、驿站、度量衡等诸多方面的监察事宜，以及监察御史应负的法律责任。为此，特别制定《回道考察法规》。御史巡按各地，完成任务返回都察院，称为“回道”。回道御史必须将巡历地方的办事经过，按照御史回道考察所列项目，列举具体事实，将其已完、未结、处理过程等开奏明白，并造册上报。由都御史依据巡按通例及回道考察所定法规，考察核实。对于回道考察制度，明代历朝都十分重视。嘉靖十三年制定的《巡按御史满日造报册式》二十八条和《按察司官造报册式》十一条最为详备。其内容涉及文武官吏的荐举纠劾惩戒、孝义的旌举、孤老的存恤、人才的培养、刑名的理断、庶政的考察、利弊的兴革，以及各项不正当事体的禁止等。

明朝的监察法以细化为特点，以巡按御史出巡立法为重心，使点差、巡察、回道考察三者一体化，极大地沟通了中央与地方之间的监察管道，体现了专制主义强化对监察法制的影响。

明朝监察法的实施确实有助于从多方面改善吏治，在相当长的时间里保障了社会的稳定和发展，维系了国家机器的正常运转。但是，明朝中后期的宦官专权，使监察立法多成为具文。

清朝是末代封建王朝，清朝法制是封建法制的完备形态，就监察法制而言也是集历代监察法之大成者。清代监察法除在《大清律例》、《大清会典》、各《部院则例》中有所规定外，主要集中于乾隆朝编纂的《都察院则例》与乾、嘉、道、光四朝编制的《钦定台规》。根据现存的《都察院则例》目录中可以看出,其监察范围涉及行政监察、立法监察、人事监察、礼仪监察、经济监察、司法监察、治安监察、军事监察、考试监察等。可以说涵盖了国家活动、社会秩序的方方面面。

乾隆二十年以后《都察院则例》不再续修,而只续修《钦定台规》。

《钦定台规》由都察院始纂于乾隆八年,共八卷,二十二目。具体如下:

"卷一:公署、官制、掌协;卷二:宪纲、建白、纠弹;卷三:考核、稽察、理刑;卷四:朝会、祭祀;卷五:监试、巡城、巡仓;卷六:巡漕、巡盐、巡察;卷七:考选、升转;卷八:仪注、艺文、杂缀。"乾隆朝的《钦定台规》是封建时代第一部较为完整的监察法规。嘉庆七年,由恭阿拉奉命领衔修撰台规,于嘉庆九年完成,其内容包括都察院规则、圣谕、议准条例及御史衙门所使用的监察规定等,共分十八目,二十卷。道光七年,由松筠等大臣奉命在嘉庆九年台规的基础上,续修台规,增加了由乾隆九年至乾隆五十九年的有关条款,以及少量嘉庆初年新颁的条款,并附有道光七年松筠请旨纂修的奏章等,共四十卷。此次续修在编纂体例上进行了较大调整,分为八大类,类下再分若干目,显示了立法技术上的进步。光绪十六年,由延煦等大臣奉命续修《钦定台规》,于光绪十八年由都察院正式颁布。光绪朝《钦定台规》在保留部分乾嘉旧例的基础上,增加了道光、咸丰、同治、光绪历朝新增的各种监察规定,共四十二卷。

光绪朝《钦定台规》汇辑了有关监察制度方面的上谕、皇帝批准的奏议、条例等。分为训典、宪纲、六科、五城、各道、稽查、巡察和通例八类。每类又分若干目。各类、目内按文件产生时间顺序排列,间有若干文献附于各类之后。

《钦定台规》主要内容如下:

(1)"训典"。包括"圣制"、"圣谕"和"上谕"三目。圣制是皇帝题辞和专论,如康熙帝"御制台省箴"、嘉庆帝"御制都察院箴"、"御制谏臣论"等。"圣谕"和"上谕"是自清初至光绪年间皇帝的指示、要求与规定的汇集。

(2)"宪纲"。包括"序官""陈奏""典礼""考绩""会谳""辩诉"六目。"序官"规定都察院设官、职掌、官员品级及其变化;"陈奏"是都察院官员的奏事制度;“典礼”是科道官员对朝会、临雍、祭祀等大典侍班纠仪的规定;“考绩”是监察“京察”“大计”“军政”等考核文武官员的制度;“会谳”是与刑部、大理寺会审、稽核案件的规定;“辩诉”是处理京控案件的规定。

(3)“六科”。包括“通掌”与“分掌”两目。“通掌”为六科的共同任务及其要求;“分掌”规定各科的具体任务及其要求。

(4)“各道”。包括“通掌”与“分掌”两目,分别规定各道的共同任务、要求及具体的职掌与要求。另载稽察宗人府御史、稽察内务府御史等的职掌及其办事制度。

(5)“五城”。包括“纲领”“条教”“听断”“保甲”“纠捕”“赈恤”“禁令”“界址”“司坊”“街道”共十目。详列有关五城察院的任务及要求。

(6)“稽查”。包括“京通十六仓”“户部三库”“八旗”“宗人府”“考试”“铨选”等目,是关于如何派员稽察某些特殊机构以及稽察内容和要求的规定。

(7)“巡察”。包括“漕粮”“盐政”“游牧”三目,分别规定了专差御史的巡察制度。

(8)“通例”。包括“考选”、“升转”、“仪注”和“公署”四目,是关于都察院所属科、道官选拔标准、方法、升转制度及其办事要求方面的规定。

可见,《钦定台规》是秦汉以来监察立法之大成,既是清朝最后一部监察法典,也是中国封建历史上最完备的一部监察法典,在世界法制史上是仅见的。

《钦定台规》是以“钦定”的形式出现的,故辑录的谕旨之多,指陈之细,均为历代所未有。这不仅显示了台规所具有的权威性,更突出强化了皇帝所拥有的最高监察权。为了充分发挥监察官的察吏作用,雍正三年:“准科道官密折举劾”,“令各人密封进呈”,[85]密折举劾对于监察官纠弹权力的行使是一重保障。

《钦定台规》肯定了监察机构的特殊地位和功能,使其能够发挥“彰善瘅邪、整纲饬纪、铁面霜威、纠慝绳诡、私惠勿酬、私仇勿毁、敢谏不阿、忠贞常矢、言出如山、心清似水、勉尽丹忱、非图誉美、民隐敷陈、治隆患弭”的作用。[86]同时也为监察机关广泛行使监察权提供了法律依据,使之深入到行政、经济、司法、军事、礼仪、教育、社会等各个领域。

《钦定台规》在结构上已有总则、分则之分。《训典》和《宪纲》应为总则,其他则为分则。不仅从制度层面作出了一系列的规定,还从程序层面详加规范,以保证制度规定的落实。

四朝《钦定台规》根据面临的形势与任务的不同,所定的监察重点与追求的具体目标也各有不同:乾隆朝制定的《钦定台规》,继承了康熙、雍正两朝整顿纲纪的传统,以贪官污吏为主要监察对象,在一定时期总体上取得了较好的效果。嘉庆朝制定《钦定台规》时,国势开始衰微,嘉庆帝力图通过修订《钦定台规》,整顿腐败的吏治,重振纲纪。道光、光绪二朝,国家发生了巨变,已经临近末世,其所定《钦定台规》力求通过更为细致的立法挽救衰世,但已不可能取得应有的效果了。

总括上述,从战国官僚制度形成起,法家"明主治吏不治民"之说,一直贯彻始终。为了治国须要治吏,治吏须要察吏,察吏须要法制。基于以法察吏的目的,监察立法不断发展。监察立法规定了监察机关的设置、职掌、地位与行使权力的方式方法,从而使监察活动有法可依。由于监察官是皇帝的耳目之司,所以其品级虽低,却可以纠弹高官,除有法律保障外,更由于依附于皇权使然。相应地,它的职权的有效性也受到皇权的制约。在漫长的封建时代,监察官还受到儒家忠君爱国和文死谏、武死战的道德教条的影响,即使是在宦官专政的明朝也出现了许多直言敢谏、冒死纠弹的铁面御史。总体而言,监察法制不失为维持廉政的一道防线。

五、俸禄制度——廉政建设的辅助手段

中国古代的俸禄制度,始于战国时期,是封建官僚制度的一项重要内容,是国家用以酬劳官吏治国理政劳绩的一种报酬。所谓"主卖官爵,臣卖智力"[87],可见,官是取得社会财富再分配的重要的物质依据。由此,经官以求富成为一种价值追求。战国时期,各国度量衡器不统一,而有担、石、钟之分,俸禄的多少也有千钟,万担之官与斗食小吏之别,但俸禄的内容均以粮食为主。

至汉代,俸禄逐渐制度化。汉代由郡县守吏至丞相为职事之官,爵则分十二等,官阶分为十九级,按官品爵位的等次给予俸禄。俸禄以粟米为主,兼有钱帛。高官俸禄至三百五十斛,品级最低者十六斛。由于官的品级与俸禄所获石数相称,故常以石数名官,如郡守称二千石。汉代的俸禄制度尚不规范,兼有时代的特点。明末顾亭林有言:"古时制禄之数,皆用

斗斛……皆量也。汉承秦制始以石为名。故有中二千石、二千石、比二千石、千石……是以权代量。然考《续汉书·百官志》所载月俸之数,则大将军、三公俸月三百五十斛,以至斗食俸月十一斛,又未尝不用斛。所谓二千石以至百石者,但以为品级之差而已。"[88]

唐代俸禄分为授田、赐禄、给役、俸料四种。授田内含永业田与职分田。永业田亲王一百顷,职事官正一品六十顷,以下按品授田,最低为二顷。职分田由一品授田十二顷,以下按品授田,最低为九品官的二顷。赐禄即按品发给禄米,一品七百石,从九品三十石。禄米只给现任官。给役即朝廷拨给官员使役的仆人,最高九十六人,最低二人,费用由国家支付。俸料内含给役、俸、食及诸杂用,按钱币计算。

宋朝是实行厚禄制度的典型。宋初,太祖曾在诏书中表示:"俸禄薄而责人廉,甚无谓也,与其冗员而重费,不若省官以益俸"。[89]说明宋初统治者便确定了厚禄的方针。神宗元丰改制前,已开始实行以禄米折钱为俸,元丰改制后,俸禄除俸钱外,其他供给悉并为职钱,按月发给。其他杂俸与唐代基本相同。徽宗时,还盛行兼官兼俸,多者一人兼领十余俸。由于宋朝有官有职有差遣,因此冗官数量极多,而官俸又较历代为厚,以致成为宋朝沉重的财政负担。

明朝是实行薄俸制度的典型。明代文官分九品,品有正、从,凡十八级。俸禄多寡按品级支给,有米、钞、布、盐等。洪武初年,百官伴禄屡有变更。至洪武二十五年,乃定百官禄:正一品月俸米八十七石,从一品至正三品递减十三石,至三十五石;从三品二十六石。正四品二十四石,从四品二十一石。正五品十六石,从五品十四石。正六品十石,从六品八石。正七品至从九品递减五斗,至五石而止。以后为永制。据《明史·食货志》云:"洪武时,官俸全给米,间以钱钞兼给,钱一千,钞一贯,抵米一石。成祖即位,令文武官俸米、钞兼支,官高者支米十之四五,官卑者支米十之七八,唯九品全支米,其折钞者,米一石给钞十贯。"[90]

明代钱币渐由铜本位改为银本位,以银计算米价。明代正常米价四石值银一两,所以正一品每月所得之米八十七石,折银不足二十二两。正七品每月所得米七石五斗,折银不到二两。再看米价的变动,太祖时,钞一贯(即一千文)抵米一石;成祖时,每米一石给钞十贯;仁宗时,以二十五贯抵米一石;宣德初,米一石用钞五十贯,米价越来越贵,钱钞越来越贬值。百官俸薄如此,为汉以来所少有。[91]一个七品知县官月俸银不到二两,养活一家的开支,如何不紧。尚且还拿不到二两银子,领到的是越来越贬值的钱钞。

百官俸薄,促使官吏营私舞弊,至明中叶以后,贪污便成为政府中习以为常的现象,大官贪污以致富,小官舞弊以救贫,法纪荡然。

清朝官制沿袭明朝九品十八级之制,内外官员无论满汉均按官品发给俸禄。自一品到九品至未入流,共分10个等级,一品最高180两,二品155两,三品130两,四品105两,五品80两,六品60两,七品45两,八品40两,正九品33两,从九品及未入流只有31两。京官有俸银、禄米和恩俸,外官有俸银,"养廉银",而无禄米。

养廉银的缘起在于补救薄俸所带来的官员贪腐之风。雍正元年(1723年),山西巡抚诺敏针对各地征收耗羡无当,导致民怨载道,由此比较完整地提出了耗羡归公和"养廉银"的建议,并且率先在山西省作了试行。翌年,雍正力排众议,认为"养廉银"乃"上不误工,下不累民,无偏多偏少之弊,无苛索横征之扰,实通权达变之善策",谕令"通行天下"。"养廉银"的实施与耗羡归公相辅相成:先是把地方官员由征收的租税以外的耗羡银两全部提解到布政司库(藩库),不许任意多征和挪作私用;再把归公后的大部分耗羡斟酌地方情形,拨回给各级官员发放"养廉银",补贴其生活和办公费用的不足,以禁止官吏以各种名义向百姓索需、扰累。

地方各级官员的"养廉银"是按官职高低、事务繁简、地方冲僻、辖区大小和耗羡多少等来决定的。一般总督的"养廉银"为每年两万两左右,巡抚是一万五千两左右,道府为五千两左右,州县为一两千两,远远超过各自俸银的数十倍甚至百倍,构成了清朝官员收入"低俸禄,高补贴"的独特结构。"养廉银"一般都按季支取,个别地区按月支取。道光以后国事颓衰,不得不折发养廉银以充兵饷,从此官吏贪污的势头遂不可遏止。

乾隆元年在京文官俸禄不足以供其日用之需,特旨恩给双俸,使专心官守。

在中国悠久的政治与法制历史发展中,俸禄的厚薄与官员的廉否似有一定的联系。故流行厚俸以养廉之说。

汉代张敞和萧望之指出:"仓廪而知礼节,衣食足而知荣辱,今小吏俸率不足,常有忧父母妻子之心,虽欲洁身为廉,其势不能。请以什率增天下吏俸。”[92]晋朝袁准说:“吏禄厚则养足,养足则无求于民,无求于民,奸轨息矣。”[93]白居易认为官吏去贪致清,“在乎厚其禄,均其俸而已”。[94]清朝赵翼认为:“惩贪之法未尝不严,朝廷不制禄以养廉,而徒责以不许受赃,是不清其源而徒遏其流,安可得也?”[95]但与此同时也有持反对意见者,宋朝苏辙认为,厚禄养廉未若选官得人,他说:“然议者以为给之以禄,然后可责之以廉。盖朝廷选吏之精,必不如择官之慎,禄吏之厚,必不如禄官之多。今慎择多禄之官,犹不免于贪,而况于吏人乎。”“但使官得其人,则吏之受赇,自有分限。若犹未也,则虽重禄深法,不能禁矣。”[96]

俸禄的厚薄与官吏的廉贪虽无必然的因果关系,但在不同时期不同的条件下对廉政法制建设也会产生一定的影响。譬如俸薄的明朝,一些小官不得不借贪掠以救贫的情形,便是俸禄过薄所造成的。清朝正是从吸取明朝教训中采取了养廉银和京官双俸的补救措施。与明朝的薄俸相反,汉唐宋三朝的俸禄较为优厚,相对而言贪官较明清为少。这里也体现了“仓廪实,则知礼节;衣食足,则知荣辱”[97]的道理。由此可见厚俸对养廉具有一定的积极意义,成为廉政的辅助手段。

除物质生活条件的影响外,官员个人的品质、道德素养以及对于儒家所倡导的正心修身,上不负君、下不负民思想的领悟,也使一些官吏养成了“富贵不能淫、威武不能屈、贫贱不能移”的高尚情操,名标清史,千古传颂。

除俸禄与官僚自身的修养外,实现廉政最重要的还在于制度保障,譬如惩贪的立法,慎选贤才的铨选,以及考课、奖惩、监察等各项制度相互为用,共同以廉政为目标,才取得了应有的效果。

六、中国古代廉政法制建设的启示

总括前述,中国古代的廉政法制建设是中华法制文明的重要内容。自夏朝立国以来,廉政问题一直是统治者关注的焦点,被视为治国理政的保证。以古为鉴,可知兴替。在当前反腐倡廉、建设和谐社会的伟大历史时代,总结和研究中国古代的廉政法制建设具有一定的现实借鉴意义。

实现廉政最重要的在于制度保障,如惩贪的立法、慎选贤才的铨选以及考课、监察等各项制度相互为用,共同以廉政为目标,在历史上曾取得了积极的效果。也正因如此,中国古代各朝都把完善各项制度作为廉政建设最重要的保障。

除制度保障外,国家的舆论导向和官员的个人道德、品格的修养也起到重要的作用。在封建统治时代,廉政问题被看做事关国家兴亡和为政的根本。如同清朝的顺治皇帝在即位诏书中所说:“国之安危,全系官僚之贪廉。官若忠廉,则贤才向用,功绩获彰,庶务皆得其理,天下何患不治。官若奸贪,则贿赂肆行,庸恶幸进,功过冒赏,巨憝得以漏网,良善必至蒙冤,吏胥舞文,小民被害,政之紊乱,实由于此。”[98]

汉以后,在儒家思想主宰下对官员提倡正心修身,上不负君、下不负民的道德修养,以养成“富贵不能淫、威武不能屈、贫贱不能移”的高尚情操。也确实出现了千古传诵的清官廉吏。例如,东汉时以不畏强权著称的强项令董宣,死时“唯见布被覆尸……有大麦数斛,敝车一乘”[99]。光武帝十分感伤,赞曰“廉洁”。[100]三国时,以“鞠躬尽瘁,死而后已”为人称道的诸葛亮,在遗表中说:“臣死之日,不使内有余帛,外有赢财,以负陛下。”[101]宋时,以清官著称的包拯知端州离任时,当地以砚相送,但其严词谢绝,并明立家规:“后世子孙仕宦,有犯赃者,不得放归本家,死不得葬大茔中。不从吾志,非吾子若孙也。”[102]明代著名清官海瑞,卒时“葛帏敝簏,有寒士所不堪者,因泣下,醵金为敛”。[103]清康熙时,于成龙官至河道总督,“死后,遗物唯故衣破靴,甕米数斛,盐豉数盎”。[104]康熙曾钦赐于成龙“清官第一”“实天下廉吏第一”的称号。[105]乾隆时,徐士林官至巡抚,死时“囊箧萧然,一无所有”。[106]乾隆帝赞他为“良臣”,表示“切切含悲,不能自已”。[107]

由于中国古代社会基本的政治制度是君主专制,民众只是国家权力监控的对象,而无监控国家权力的权利,而国家权力结构是以君主为顶点的自上而下的金字塔结构,各级官吏的权力都依附于君权而存在,因此,有效的权力制约是不可能出现的。虽然各级官吏的权力依附于君权而存在,不具有独立性,但君主一人又无法完全控制各级官吏。因此,理论上的君主专制在实践中必然存在官吏对君权的僭越与侵夺,“天高皇帝远”和“上有政令、下有对策”就是君主专制制度的必然结果。对此,清朝的郭嵩焘有较为清醒的认识:“汉唐以来,虽号君主,然权力实不足,不能不有所分寄。故西汉与宰相外戚共天下,东汉与太监名士共天下,北宋、南宋与外国共天下,元与奸臣番僧共天下,明与宰相太监共天下,本朝则与胥吏共天下。”[108]缺乏有效监控的权力必定会被滥用,腐败也必将随之产生。

虽然中国古代社会的监察立法相当发达，监察组织也比较完善，但由于监察权直接附属于皇权，因此，监察机关及其成员只是专制君主安插在官僚体系中的“耳目之司”。监察机关权力的大小往往视专制君主的信任程度和主观好恶而定，不具有独立性，这就从根本上制约了其作用的发挥。同时由于在君主专制政治中，一个官吏的升调或陟黜主要操纵于上级官僚机构，而与其实际政绩或社会评价之间不存在必然的联系，并且在这种情况之下，权力之间的监督极易转化为一种权力之间的的合谋，即通常所说的上下联手，官官相护。因此，中国古代惩治官吏腐败立法的完善并不能持续有效地遏制官吏贪赃枉法现象的产生和发展，吏治的清明也只能是一种短暂、一时的现象，而吏治的腐败则是长期、必然的现象。总之，君主专制制度既是腐败的制度根源，也是廉政建设最大的制度障碍。

注释

1 《春秋 · 庄公二十四年》。
2 《管子 · 牧民》。
3 《晏子春秋 · 内篇问下第四》。
4 《韩非子 · 十过》。
5 《汉书 · 文帝纪》。
6 《贞观政要 · 贪鄙》。
7 包拯:《乞不用赃吏疏》。
8 真德秀:《西山政训》。
9 宋纁:《古今药石 · 卷上》。
10 王夫之:《读通鉴论 · 唐武宗》。
11 《清朝通志 · 刑法略》。
12 《清世宗实录》卷九。
13 《春秋繁露 · 五行相生》。
14 王永吉:《御定人臣儆心录》。
15 《汉书 · 宣帝纪》。
16 刘向:《说苑 · 至公》。
17 武则天:《臣轨 · 廉洁》。
18 杨士奇:《历代名臣奏议》卷一七三《考课》。
19 《元史 · 乌古孙泽传》。

20 (清)张圻:《答周仲和书》。

21 《左传·昭公十四年》,引《夏书》。

22 《尚书·伊训》。

23 董说:《七国考》卷十二《魏刑法》。

24 《汉书·陈万年传》如淳注引律。

25 《汉书·景帝纪》。

26 《汉书·武帝纪》。

27 《史记·功臣表》。

28 《汉书·功臣表》。

29 《晋书·刑法志》。

30 《魏书·刑法志》。

31 《魏书·刑法志》。

32 《魏书·辛雄传》。

33 李新:《跨鳌集》卷十九《上皇帝万言书》。

34 徐积:《节孝先生文集》卷二九《策问》。

35 《元典章》卷十一《吏部》五。

36 《廿二史札记》。

37 《明史·刑法志》。

38 《明史·刑法志》(一)。

39 《大清律例通纂》,“受赃”条附例。

40 《世祖传赞》,转引自萧一山:《清代通史》(卷上),中华书局1986年版,第386页。

41 《清高宗实录》卷五七〇。

42 《清会典事例》卷七八一《刑部五九》《刑律贼盗》。

43 以上俱见《汉书》本传。

44 《汉书》卷五六《董仲舒传》。

45 《唐六典》卷二《吏部·考功郎中》,《新唐书》卷四六《百官志》。

46 《唐六典》卷二《吏部·考功良中》

47 《唐会要》卷八二《考》下。

48 《唐会要》卷一《考》上。

49 《新唐书》卷四五《选举志》。

50 《唐会要》卷八五《考》下。

51 《宋大诏令集》卷一六〇《官制》(一),《御史台流内铨南曹刑部大理寺病三周年为满诏》。

52 《宋大诏令集》卷一六〇《官制》(一),《置三司推官诏》。

53 《庆元条法事类》卷八《职制门》(五),“亲嫌”条引《职制令》。

54 《宋史·选举志》(六)。
55 《宋史·选举志》(六)。
56 《宋史·选举志》(六)。
57 《宋史·职官志》(六)。
58 《庆元条法事类》卷五《职制门》(二),“考课”条引《考课式》。
59 《宋会要辑稿·职官》十之二十。
60 《庆元条法事类》卷五《职制门》(二),“考课”条引《考课式》。
61 《大明会典》卷十二《考功清吏司》。
62 《续通典》卷十九《选举三》《考绩》。
63 《在明会典》卷十二《考功司》。
64 《在明会典》卷十二《考核》。
65 《清朝文献通考》卷五九。
66 《清史稿》卷一一一《选举六·考绩》。
67 《大清会典》卷十一。
68 《明史·邱橓传》。
69 《史记·秦始皇本纪》。
70 《晋书·武帝纪》。
71 《唐六典》卷十三《御史台》。
72 《唐会要》卷六二《御史台下·出使》。
73 《全唐文》卷二九。
74 《全唐文》卷十九。
75 孙建吉:《职官分纪》卷四一《通判军州》。
76 《宋会要辑稿·职官四五》之三一。
77 《订元条法事类·职制令》。
78 叶士奇:《草木子》,中华书局1959年版。
79 《元史·刑法志》。
80 《元典章》卷五《台纲一》。
81 《明史》卷七三。
82 《明史·职官志三》。
83 《明会要》卷三三《职官志二》。
84 《明会典》卷二〇九《都察院·风宪总例》。
85 《钦定台规》卷二《训典二》。
86 《钦定台规》卷二《训典二》。
87 《韩非子·外储说右》(下)。
88 《日知录集释》卷十一《汉禄言石》。

89 《宋大诏令集》卷一六〇《省西川州县官增俸诏》。

90 参见《明史》八二《食货志六》《俸饷》。

91 参见《明史》八一《食货五》《钱钞》，另见《日知录》卷十二《俸禄》，《廿二史答记》卷三二《明官俸之薄》。

92 《通典》卷三五，职官十五，禄秩。

93 (晋)袁准《袁子正书·政略》。

94 《白居易全集》卷六四《策林三》。

95 赵翼：《廿二史札记》。

96 苏辙《栾城集》卷三五《自齐州回论时事书(画一状附)》。

97 《管子·牧民》。

98 《清世祖实录》卷九。

99 参见《汉书·董宣传》。

100 参见《汉书·董宣传》。

101 《三国志·诸葛亮传》。

102 《宋史·包拯传》。

103 《明史·海瑞传》。

104 参见《清史稿·于成龙传》。

105 参见《清史稿·于成龙传》。

106 《清史稿·徐士林传》。

107 《清史稿·徐士林传》。

108 郭嵩焘：《清之竹头木屑》，《清代野史》(第7辑)，巴蜀书社1987年版，第296页。

玖 中华司法文明的先进性与史鉴价值

中国是世界著名的法制文明古国，其法制历史在漫长的发展过程中始终不曾中断，其系统性、完整性、典型性，堪称世界文明古国之最。马克思在论证古代中国时，曾经指出："中国是早熟的文明小孩。"作为法制历史核心部分的司法制度史，也具有早熟性，无论理论基础，制度建构，实践价值还是经验积累，都达到了极高的水准，在世界司法制度史上长时期独领风骚，这和中国法文化底蕴的深厚，国力的强盛，先哲人才的辈出是密不可分的。留给我们的文化遗传和具有现实意义的历史借鉴，都是对建设当代法制文明国家弥足珍贵的。

一、中国古代司法制度的先进性

司法是由特定的国家机关行使审判权的一种活动，专门的司法机关系统的确立，与审判活动的程序化、制度化、法律化，是衡量中华法制文明发展程度的重要标志。司法结果不仅直接关系到诉讼当事人的切身利益，也影响到社会秩序的稳定与国家的治乱兴衰。正因为如此，中国古代的圣君、贤相、哲人、大儒都十分重视司法。甚或制造舆论，以期引起重视，或委任贤吏担任司法官，疏解冤抑，或派出皇帝耳目之司进行司法监察，或由皇帝亲自断结大狱，力求做到公平公正。

（一）从皋陶作士说起

早在统一的国家——夏形成以前，便出现了司法官和最早的司法活动，亦即古文献所说皋陶"作士"。皋陶，亦名咎繇，曾两任舜和禹的司法

原文发表于《法制与社会发展》2014年第2期，标题为《中国古代司法文明与当代意义》。

官,是中国远古时期司法文明的缔造者,他在处理司法断狱的过程中还总结经验,使个别的法律调整上升为一般的法律调整,也就是史书所说的皋陶造律,可见,他又是中国古代最早的立法者,对后世影响深远,他为中国法文化书写了极为光彩的一页。

据《史记·五帝本纪》记载:"舜曰:'皋陶,蛮夷猾夏,寇贼奸轨,汝作士。'"这段文献记载说明,皋陶担任司法官的环境是相当复杂和险恶的,既有蛮夷侵扰中原,抢劫杀人,又有发生在境外的作乱。在这样的政治背景下,舜任命皋陶为司法官,说明司法官对维持社会秩序和国家安定具有重要作用。专职司法官员的任命与司法活动的初步展开标志着国家形成过程中重要发展阶段。

虞舜在任命皋陶为司法官的同时,还告诫他定罪量刑应遵循的一些原则,"五刑有服,五服三就;五流有度,五度有居"就是叮嘱皋陶,断罪量刑要根据罪行轻重分别在郊野、市、朝三个不同的地方来执行;五刑减为流刑的,要按罪行轻重分别流放到四境之外、九州之外和国都之外。虞舜在最后强调"维明能信",也就是只有彰明公正的法度,才能使百姓信服。

除此之外,皋陶在称颂舜"好生之德,洽于民心"时特别举出舜所定的刑法原则,如"罚弗及嗣",即刑罚止于犯罪者一身,不得任意株连子嗣。此原则从禹不因其父鲧之罪而受株连,反而被舜选为接班人中可以得到证实。"罚弗及嗣"是一项体现理性光辉的刑法原则,对后世颇有影响。《左传》昭公二十年引《尚书·康诰》说:"父子兄弟,罪不相及。"汉儒根据《春秋公羊传·昭公二十年》"恶恶止其身,善善及子孙"的观点,再次论证了"罚弗及嗣"的合理性,并在司法实践中得到有效推行。

其次,还提到"与其杀不辜,宁失不经"的刑法原则,亦即宁肯不按照常规行事,也不得妄杀无罪之人,这里体现了对人生命价值的重视,是中国古代人本主义在刑法中的取向,此原则在夏文献中也多有谈及,因而是可信的。

此外,《皋陶谟》中涉及的"宥过无大,刑过无小""罪疑惟轻"等原则很可能是后人的附会,未必是虞舜的事情。即便如此,也充分反映了中国古代司法文明的先进性。

皋陶受命为司法官之后,认真贯彻舜所叮嘱的司法原则,执法公平,断狱得当,受到百姓的拥护,史书说:"皋陶为大理,平,民各伏得其实。"

皋陶执掌司法的过程中，注意分析案例，总结经验，将具有典型意义的案例，上升为具有一般调整功能的法律，这就是"皋陶造律"的实际过程。可见皋陶不仅是最早的司法官，同时也是最早的立法者。史书对此多有记载：《吕氏春秋·君守》说："皋陶作刑。"《左传·昭公十四年》引《夏书》说："'昏、墨、贼，杀。'皋陶之刑也。"《竹书纪年》记有："帝舜三年，命咎陶作刑。"《世本·作篇》说："皋陶作刑。"《后汉书·张敏传》说："臣伏见孔子垂经典，皋陶造法律，原其本意，皆欲禁民为非也。"西汉史游《急就章》说："远取财物主平均，皋陶造狱法律存。"《太平御览》说："律是咎繇遗训，汉命萧何广之。"根据司法经验制定为法律，符合制定法的发展规律。以清代的《大清律例》为例，至乾隆五年《大清律例》修订后，律文作为成法不再修订，而以随时增补条例弥补律文的不足，所增条例五年一小修，十年一大修。这说明乾隆五年以后，《大清律例》的变化在例而不在律，例有新者取代旧者，而新条例的修订源于地方督抚根据审理的具有典型意义的案例上报刑部，刑部认为具有充实新条例的价值，遂展开立法程序，最后上报皇帝钦准入律。可见条例源于司法案例，体现了司法者的经验在立法中的价值。由此可见，皋陶造律之说不为虚妄。至于皋陶所造之律的内容，已有确切记载，但从《左传·昭公十四年》引《夏书》说："'昏、墨、贼，杀。'皋陶之刑也。"可见皋陶所造之律可能就是确定了"昏、墨、贼"三种犯罪以及相应的刑罚。晋国《刑书》中"昏墨贼杀"的规定，晋国大夫叔向认为当为皋陶所制作，后为夏朝法律所沿袭。叔向解释，"己恶而掠人之美为昏"，即自己做了坏事而盗取他人的美名；"贪以败官"，即贪污，贪得无厌，败坏官纪；贼指"杀人不忌"，即肆无忌惮地杀害他人。犯此三项罪，按杜预之言，"三者皆死刑"。皋陶在虞舜时代，做出的造律的范例，显示了他高超的理性的法律思维和精准的立法眼光。

皋陶制作法律与孔子修经典，被视为中国文化史上的不朽之举，所谓"孔子垂经典，皋陶造法律"。皋陶所创造的司法业绩，使继舜为夏王的禹继续选任皋陶担任司法官，据《史记·夏本纪》记载，"帝禹立而举皋陶荐之，且授政焉"，"皋陶作士以理民。"

皋陶不仅是司法官、立法者，还是一位治国理政的政治家，他所展示的政治见解令大禹深深折服。大禹有一次同皋陶谈起如何治理国家，皋陶在应对中表现了杰出的政治见识。皋陶说："信其道德，谋明辅和。"也就是说，按照道德行事，谋划就会高远，大臣们就会和睦。大禹同意他的意见，又问如何才能做到。皋陶说："慎其身修，思长，敦序九族，众明高翼，近可远在已。"也就是说，要谨慎自身的修养，要有长久的考虑，使九族敦厚有序，使众多贤人来辅佐，统治权能否由近及远，全在自己。大禹再次肯定了皋陶的意见。接着皋陶又提出"在知人，在安民"的治国要略。对此，大禹极为赞美，说："知人则智，能官人；能安民则惠，黎民怀之。能知能惠，何忧乎驩兜，何迁乎有苗，何畏乎巧言善色佞人？"

在皋陶的政治思想中最值得称道的是他的"以德佐治，德法互补"的主张。他的视野超出了立法、司法领域，而更关注于如何治国理政，实现国家的长治久安。皋陶以德为治国的重要方略，其根基在于重民，他的所作所为都和国家治道以及民心向背密切相关。皋陶司法的效果不仅在于"平，民各伏得其实"，也在于"维明能信"，即获取百姓信服，赢得民心的支持。这也说明，舜禹两位圣王，在发现和使用人才方面别具慧眼；反过来，也正因为贤吏皋陶的兢兢业业，才绘就了舜禹的赫赫宏图。

（二）召公创造的便民的审判方式

召公是周武王的弟弟，名奭。由于他参加了平定贵族内部的叛乱，受到周王的赞赏，将祁山以西作为他的封地。召公经常巡行乡邑，就地解决法律纠纷，形成了中国最早的便利民众就地审判的审判方式。他在巡行乡邑时，经常在一株甘棠树下搭建草屋，在那里就地办案，处理政事。《史记·燕召公世家》对此叙述如下："召公之治西方，甚得兆民和。召公巡行乡邑，有棠树，决狱政事其下，自侯伯至庶人各得其所，无失职者。召公卒，而民人思召公之政，怀棠树不敢伐，歌咏之，作《甘棠》诗。"诗《甘棠》充满了对召公的崇敬与思念："蔽芾甘棠，勿翦勿伐，召伯所茇。蔽芾甘棠，勿翦勿败，召公所憩。蔽芾甘棠，勿翦勿拜，召伯所说。"诗的大意是：不要砍伐甘棠树，召公曾在树下草屋里审理案件和休息。《诗经·行露》中还记载了召公审决的一件恶棍欺凌女子的案件，诗曰："厌浥行露，岂不夙夜，谓行多露。谁谓雀无角？何以穿我屋？谁谓妇无家？何以速我狱？虽速我狱，家室不足。谁谓鼠无牙？何以穿我墉？谁谓女无家？何以速我讼？虽速我讼，亦不女从。"诗的大意是：一个已有妻室的恶棍向一女子逼婚，逼婚不成，反而诬告该女子。这位被欺凌的女子，怀着抗暴的决心，不畏道路难行，露水湿衣奔赴召公申冤。召公如何判决呢？在此诗的开头处特别标示："召伯听讼也，衰乱之俗微，贞信之教兴，疆暴之男不能欺凌贞女也。"说明召公不仅公正审理此案而且还改善了不良的风俗。

召公实行的审判方式不是偶然的，是和周初周公提倡"重民"的思想分不开的。它显示了中国古代司法文明的创造性、先进性，值得后世的司法官认真体察、领悟，以改进自己的司法工作作风。

(三)"以五声听狱讼"的司法心理观察

西周初期，在摒弃商朝神断法的基础上，经过对司法经验的认真总结，形成了"五听"的审判方法。《周礼》记载："以五声听狱讼、求民情。"所谓五听"一曰辞听，二曰色听，三曰气听，四曰耳听，五曰目听"。对此，东汉的郑玄注释如下："观其出言，不直则烦；观其颜色，不直则赧然；观其气色，不直则喘；观其听聆，不直则惑；观其眸子视，不直则眊。""五听"是在总结大量司法实践经验与研究犯罪者心理变化的基础上所形成的审讯方法。根据犯罪心理学，罪犯在犯罪前的心理活动，常常是形成犯罪行为的内在动因。因此，通过观察与研究犯罪者的心理活动，进而判断其行为是否属于犯罪具有一定的科学根据。在物证技术极不发达的中国古代，司法官逐渐以人的心理状况为观察对象，借以发现案情事实的真相，而不简单地一味诉诸占卜或神判，这种远神近人的做法为中国古代的司法烙上了人文精神的鲜明印记。现代司法中所应用的测谎仪器，也不外乎是用现代的科学仪器侦测犯罪者的心理反应而已。

"以五声听狱讼"影响甚为深广。西晋的张斐论证说："夫刑者，司理之官；理者，求情之机；情者，心神之使，心感则情动于中而形于言，畅于四肢，发于事业。是故奸人心愧而面赤，内怖而色夺。论罪者务本其心，审其情，精其事，近取诸身，远取诸物，然后乃可以正刑。仰手似乞，俯手似夺，捧手似谢，拟手似诉。拱臂似自首。攘臂似格斗，矜庄似威，怡悦似福，喜怒忧欢，貌在声色。奸真猛弱，候在视息。"此论以心理学为依据对"五听"作了进一步诠释。

综上可见，早在公元前11世纪左右，司法制度已经摆脱了神断的约束，而集中到对人的观察。"五听"不是主观唯心主义的臆断，而是以充分的经验和心理观察为基础，总结出的审断办法，它与现代的司法心理学基本吻合，说明了中国古代司法文明的先进性。

（四）民、刑诉讼区分的司法理念

《周礼·秋官·司寇》提出“争罪曰狱”，“争财曰讼”。郑玄注曰：“讼，谓以财货相告者；狱，谓相告以罪名者。”因此对于刑事案件审理称为“断狱”，对于民事案件的审理称为“弊讼”。作为所有权关系转移凭证的“傅别”“约剂”，成为司法官审判民事案件的根据。周礼成书于战国时期，当时土地私有权已经确立。由此发生了一系列以土地作为交换、买卖、租赁对象的民事行为，也产生了民事侵权的司法诉讼。如果说古文献记载尚不足证，那么地下青铜器文物的发现则提供了确切的物证。著名的《曶鼎》《琱生簋》《鬲攸从鼎》《矢人盘》都在铭文中记录了属于民事案件审理的全过程，包括起诉、受理、调解、代理、判决与执行、誓审等。尽管尚不完备，但确实是民事诉讼的原型，证明了中华司法文明不仅起源早，而且具有东方文明的典型性。

由于两周时期刑事诉讼与民事诉讼还没有严格意义上的区分，侵权与犯罪也没有明确的界定，因此民事诉讼中的民事责任是惩罚性的，败诉的一方如不履行则与背誓同罪，处以刑罚。

随着社会经济的发展和不动产私有权的广泛确立，涉及田土所有权与债权的民事争讼一天天增多，从而推动了民事诉讼制度的发展。但无论如何，两周时期民事诉讼与刑事诉讼已经从混沌中初见泾渭，汇合中显现分流。

（五）律法断罪、罪刑法定制度的确立

中国古代的思想家、政治家对于法律的功能与价值是十分重视的，认为“法者，天下之程式也，万事之仪表也”[1]，“法律政令者，吏民规矩绳墨也”[2]，“法者，所以齐天下之动，至公大定之制也”[3]，因此“治国使众莫如法，禁淫止暴莫如刑”。法律既然具有这样的价值与功能，[4]在司法中，援法断罪就成为必然的选择。

战国时期，法家都是主张“一断于法”的；儒家同样主张以法为准绳，只不过强调以礼乐为司法的主宰。孔子说：“礼乐不兴，则刑罚不中；刑罚不中，则民无所措手足。”[5]

至晋代，三公尚书刘颂针对“法渐多门，令甚不一”的弊病，提出了具有划时代意义的司法改革意见。其一，主张“君臣之分，各有所司”，“监司以法举罪，狱官案劾尽实，法吏据辞守文”，皇帝也不要随意干涉司法，而应使执法者恪尽职守。其二,强调法律颁布以后,皇帝必须信守于天下,不得肆意更改。他说:“人君所与天下共者,法也。已令四海,不可以不信以为教。方求天下之不慢,不可绳以不信之法。”[6]其三,为了做到援法断罪,他强调:“律法断罪,皆当以律令正文。若无正文,依附名例断之。其正文名例所不及,皆勿论。”[7]同时建议:“今限法曹郎令史,意有不同为驳,唯得论释法律,以正所断,不得援求诸外,论随时之宜,以明法官守局之分。”[8]

刘颂关于援法断罪的思想,是汉以来封建法治思想的继承和发展。汉宣帝时,涿郡太守郑昌便提出:“律令一定,愚民知所辟,奸吏无所弄矣。”[9]并把这看作“正本”之举,可以避免司法之官擅断。东汉思想家桓谭鉴于“法令决事轻重不齐,或一事殊法,同罪异论……刑开二门”,认为“可令通义理,明习法律者,校定科比,一其法度,班下郡国,蠲除故条。如此天下方知,而狱无冤滥矣”。[10]除传承已有的认识外,多年的司法管理工作也使刘颂能够在经验的基础上,作出更加明确的理论概括,并使之上升为法律。

刘颂的主张与17—18世纪西方资产阶级革命时期提出的“法无明文规定不为罪”的罪刑法定相比,在基本原则上具有一致性,只是早于西方一千多年。

对于刘颂的主张,当时在朝中多有同意者。如,侍中太宰汝南王亮便奏请惠帝“以为宜如颂所启,为永久之制”[11]。门下属三公曰:“昔先王议事以制,自中古以来,执法断事,既以立法,诚不宜复求法外小善也。若常以善夺法,则人逐善而不忌法,其害甚于无法也。”[12]

由于晋律已佚,刘颂的主张是否法律化已不得而知,但北周、隋唐律中有关援法断罪的明确规定,不仅说明其思想影响的深远,同时也反证其主张已纳入晋律。如北周宣帝在宣下州郡的“诏制九条”中说:“一曰决狱科罪,皆准律文……三曰以杖决罚,悉令依法。”[13]

隋初开皇五年,文帝针对一件诬陷反坐案明令司法官断狱时具写律文,他说:“人命之重,悬在律文,刊定科条,俾令易晓。分官命职,恒选循吏,小大之狱,理无疑舛。而因袭往代,别置律官,报判之人,推其为首。杀生之柄,常委小人,刑罚所以未清,威福所以妄作,为政之失,莫大于斯。其大理律博士、尚书刑部曹明法、州县律生,并可停废。”“自是诸曹决事,皆令具写律文断之。”[14]

至唐朝,更将具引律令作为司法官必须履行的一项法律责任。唐律规定:“诸断罪,皆须具引律令格式正文。违者,笞三十。”[15]这条规定可以说是中国封建时代援法断罪、罪刑法定最简明、最典型的概括。它标志着中国古代刑法的发展和司法活动的规范化,既反映了法律所具有的权威,又严肃了司法官的司法责任,维护了法制秩序。《唐律疏议·断狱》虽然也明载“事有时宜,故人主权断”,但是“制敕量条处分,不为永格者,不得引为后比”,这对于人主权断的无限适用未尝不是一种限制。

宋朝是一个重视法制的朝代,宋太祖以法律为“理国之准绳,御世之衔勒”,要求“食禄居官之士”皆为“亲民决狱之人”。[16]在援法断罪方面,《宋刑统》完全继承了唐律援法而治的精神与规定,并根据社会的发展在制度上有所补充。宋朝在刑事审理中实行的鞫谳分司就是明显的例证,由司理参军专管狱讼勘鞫,成为“鞫司”;由司法参军专掌“检法断刑”,成为“谳司”。在司法机关中设专官负责“检法断刑”以确保罚当其罪,用法准确,这是宋朝的一项创举。宋朝在中央司法机关中也设有专门检法官,负责检详法条,目的都在于准确地适用法律,提高司法效能与权威。

明清两朝基本沿袭唐制,只是略有增减而已。

二、中国传统司法文化的史鉴价值

(一)公平公正是司法的第一要义

在先秦的文献中,以“中”,来比喻司法的公平与公正。周初伟大的政治家思想家周公总结殷亡于“重刑辟”的教训,提出“明德慎罚”的国策,就是不得“滥罚无罪,杀无辜”[17]。他还举出司寇苏公,作为执法得中的榜样:“司寇苏公,式敬尔由狱,以长我王国,兹式有慎,以列用中罚。”[18]所谓中罚,正义解释说:“列用中常之罚,不轻不重,当如苏公所行也。”[19]

孔子不仅提出兴礼乐为刑罚得中的主宰,还指出刑罚不中的社会危害,他说:“礼乐不兴,则刑罚不中,刑罚不中,则民无所措手足。”[20]民手足无措,必然招致社会的动荡不安。

荀子《王制篇》以“公平”为“职之衡也”,“中和”为“听之绳也”,即以公平来衡量官吏的职守,以中和作为司法的准绳。

汉武帝时董仲舒还运用阴阳五行之说,阐明刑罚不中所带来的后果:“刑罚不中,则生邪气,邪气积于下,怨恶蓄于上,上下不和,则阴阳缪盭而妖孽生矣,此灾异所缘而起也。”[21]汉宣帝元康二年(公元前64年)五月诏书中，一方面指出司法的重要与良吏执法的价值，所谓“狱者万民之命，所以禁暴止邪，养育群生也，能使生者不怨，死者不恨，则可谓文吏矣”[22]。另一方面谴责贪酷之吏任意用法造成的危害：“今则不然，用法或持巧心，析律贰端，深浅不平，增辞饰非，以成其罪。”[23]

唐高宗时，为了确保公正司法，建立了三司推事作为权力制衡的机制。据《唐会要》：“有大狱，即命中丞、刑部侍郎、大理卿鞫之，谓之大三司使；又以刑部员外郎、御史、大理寺官为之，以决疑狱，谓之三司使。”[24]三司推事一则在司法机关系统中建立了互相制衡的机制，再则发挥监察机关司法监察的作用。唐朝实行的三司推事，为公正司法提供了一重制度保证，对后世深有影响。明清时期的会审制度即导源于此。

由于公平公正是司法最重要的价值取向，也是司法官为官的第一要义，因此，要求司法官“去私曲，就公法”，以使“民安而国治”。为了保证程序公正，还实行司法官回避制度。《唐六典·刑部》规定：“凡鞫狱官与被鞫人有亲属仇嫌者，皆听更之。”唐以后审讯回避的规定更为具体，据《大清律例·听讼回避》条：“凡官吏于诉讼人内关有服亲及婚姻之家，若受业师及旧有雠嫌之人并听移文回避，违者笞四十。若罪有增减者以故出入人罪论。”

（二）司法官的选任与培养

由于中国古代重视司法，进而也重视对司法官的培养与选任。既重视司法知识与能力，更重视品格与德性。秦汉时，已设有专门传授法律知识、培养司法官吏的官署，称作“律学”。西汉元光元年（公元前134年）皇帝下诏，令郡察举人才设“四科，三曰‘明法律令’”，说明“明法律令”是重要的担任司法官的条件。

由魏晋至唐宋设律博士为讲授法律之官，以培训司法人才。据《三国志·魏书·卫觊》记载，魏明帝时始设律博士，以培训地方司法官吏。晋时律博士为廷尉属官执掌司法教育。

唐宋时，律学隶属国子监，仍设律博士，凡命官、举人皆得入学。

唐朝建立科举制度以后，设明法，开科取士。永徽三年高宗下诏指出：“律学未有定疏，每年所举明法，遂无凭准，宜广召解律人条义疏奏闻。”[25]可见，定疏议的目的之一就是为明法考试提供答卷解卷的标准。

宋沿唐制，科举中仍然设明法科，而且扩大录取名额。神宗改制时，为了进一步改变“近世士大夫,多不习法”的学风,“又立新科明法,试律令、《刑统》大义、断案”。[26]科举试法起着某种导向作用,激发了士人学习法律的积极性。如同神宗时大臣彭汝砺所说:“异时士人未尝知法律也,及陛下以法令进之,而无不言法令。”[27]苏轼在《戏子由》诗中说:“读书万卷不读律,致君尧舜知无术。”这从嘉祐二年(1057 年)苏轼参加科举考试撰写的策论《刑赏忠厚之至论》说明他是读书读律的,此文受到主考官梅尧臣和欧阳修的赏识,拔擢为第二名。至礼部复试时,苏轼再以《春秋对义》论取为第一名。

从明朝起,废除律博士,同时科举中废明法科、刑法科,改用八股取士,致使入仕之官对法律茫然无知,而明清律又都规定“诸断罪皆须具引律例”,如有舛错则予以处罚,因此审判时不得不倚仗幕吏,遂使幕吏擅权。这是明清司法的一大弊端。

为了弥补司法官法律知识的缺乏,防止司法权下移,《大明律》“吏律·公式”中首列“讲读律令”:“百司官吏务要熟读,讲明律意,剖决事务。每遇年终,在内从察院,在外从分巡御史、提刑按察史官,按治去处考校。若有不能讲解,不晓律意者,初犯罚俸钱一月,再犯笞四十附过。三犯于本衙门递降叙用。”

对于“讲读律令”,清代律学家吴坛在《大清律例通考》中考证说:“前明成化四年(1468 年)旧例内开:各处有司,每遇朔望诣学行香之时,令师生讲说律例及御制书籍,俾官吏及合属人等通晓法律伦理,违者治罪。”说明“讲读律令”条在现实中有一定的影响,并非完全具文。

清朝建立以后,仿《大明律》制定《大清律集解附例》,仍将“讲读律令”条列于“吏律·公式”之中,并加小注“益欲人知法律而遵守也”。

雍正一朝,对“讲读律令”极为重视。史载,雍正三年(1725 年)议准:“嗣后年底,刑部堂官传集满汉司员,将律例内酌量摘出一条,令将此条律文背写完全,考试分别上、中、下三等,开列名次奏闻。”[28]

乾隆初,吏部以内外官员各有本任承办事例,“律例条款繁多,难概责以通晓,奏请删除官员考校律例一条”,乾隆帝“不允”,谕曰:“诚以律例关系重要,非尽人所能通晓,讲读之功不可废也。”[29]乾隆七年(1742 年),上谕中严肃指出:“若谓各部则例未能尽行通晓则可,若于本部本司律例茫然不知,办理事件徒委书吏之手,有是理乎!”[30]

“讲读律令”条中所谓的“国家律令”，是指“颁行天下，永为遵守”的《大明律》和《大清律例》。这两部法典虽以刑法为核心内容，但也是诸法合体的国家大法，涵盖十分宽广，涉及行政、民事、财经、刑法、诉讼、断狱、监狱与家庭、社会等诸多方面，故而要求“百司官吏务要熟读，讲明律意，剖决事务”。

为适应官员“讲读律令”的需要，清朝允许和鼓励私家注律，形成了由州县官至封疆大吏乃至刑部官员组成的律学家队伍。为便于官吏学律，编著了“便览”之类的简易读本，此外，还有便于记忆的图表、歌诀类律学著作。

明清时代对于官吏的普法教育和一系列规定，是很值得玩味的。其一，为官者不可不知法，故普法对象首在官不在民。其二，官员普法不限于本部门的法规，而当熟悉国家最重要的法典。其三，官员普法的要求载于刑法典，是具有强制性的，违反者要给予制裁。其四，每年定期考试官员的法律知识必须形成制度而不是一时的轰轰烈烈。其五，考试结果区分优劣，按法予以奖惩。“讲读律令”条起了很好的导向作用，增加了官民的法律意识。历史的经验证明，只有执法者的法律素质提高，才有助于援法断罪，改善司法状况。改革开放以来，进行了几次全国性的普法运动，收到了很好的效果。其不足之处，一是普法对象重在民，其次在官；二是缺乏制度化、常态化。只有官员群体明法律令，才能自觉地贯彻依法治国的方略。

改革开放前的一段时期，司法被认为无专业业务可言，只要立场坚定便可以担任司法官，以致众多的复员转业军人干部充斥司法队伍，而政法院校的毕业生却限于编制不能进入司法行列，给司法工作造成了很大损失，历史的教训值得注意。

（三）司法官的责任要求

1. 奉公去私

荀子说：“法者，所以齐天下之动，至公大定之制也。”这是法的基本属性，但是，“徒法不足以自行”，为了实现法的基本属性，要求司法官在司法实践中一定要做到奉公去私，不能以私害法，这是对司法官最基本的责任要求。历代思想家不断发出“以私害法”的警语，慎到说：“法之功，莫大使私不行……今立法而行私，是私与法争，其乱甚于无法；”“夫立法者以废私也，法令行而私道废矣；私者，所以乱法也。”作为司法官，务要“审是非，查案情”,[31]公正断案,“合于法则行,不合于法则止”,历代所谓清官廉吏,不外乎此。

2. 职掌司法的州县长官必须亲理狱讼

由于司法结果不仅直接关系诉讼当事人的切身利益,也影响到社会的秩序与国家的稳定。因此从秦汉时起,便要求郡(州)县长官亲理狱讼。唐宋两朝是以法制相尚的朝代。《唐六典·诸州县令》规定县令职掌如下:“敦四人之业,崇五土之利,养鳏寡,恤孤穷,审察冤屈,躬亲狱讼,务知百姓之疾苦。”宋仁宗即位之初,即下诏“内外官司,听讼决狱,须躬自阅实据”。宋徽宗宣和二年诏:“州县官必须亲临现场主持查勘,如托故不即检验,或不为用心检验,移易轻重、增减尸伤不实;定执致死根因不明者,正官杖六十,首领官杖七十,吏典杖八十。”清朝鉴于州县长官均非明法出身,司法案件多委之幕吏,因此律法严惩幕吏擅权,如案件有违公正,对幕吏的惩罚重于长官。

3. 援法断罪

如前所述,晋朝引律断罪已经法律化了,如不引法而以意断罪,或虽引法但不如法,均为司法官渎职行为,要受到刑责。宋时,《名公书判清明集》中,法官断案多引“在法”“如法”,以示引律文判案的依据。

4. 不得违法刑讯

在中国古代基本实行罪从供定,因此刑讯取供是不可避免的,但司法官如法外用刑,则应负刑责。《唐律疏议·断狱》:“诸应议、请、减,年七十以上,十五以下,及废疾者,并不合拷讯,皆据众证定罪,违者以故失论。”“若拷过三度及杖外以他法拷掠者,杖一百,杖数过者,反坐所剩,以故致死者,徒二年。”另按明律:“但伤人不曾致死者,俱奏请,文官降级调用,武官降级于本卫所带俸。因而致死者,文官发原籍为民,武官革职。”

上述司法官的责任制度,对于约束司法官依法公正审理案件起到一定的作用,是司法文化中的积极内容,对于当代司法也有一定的借鉴意义。

(四)司法渎职的惩罚

中国古代不仅从正面提出了对于司法官的责任要求与道德要求,而且还以严格的法律惩治司法渎职行为。早在《睡虎地秦墓竹简》中便规定有“失刑”“纵囚”“不直”等罪名,用以惩治执法不直的官员。随着历代法律

的不断完善,惩治司法渎职的罪名不断增多,刑罚也不断明确,大致可以分为以下几类:

1. 断罪不如法

早在战国时期法家反对“临事议罪”,提出了援法断罪的主张。至西晋时,三公尚书刘颂针对司法实践中“断罪不如法”的现象提出:“律法断罪,皆当以法律令正文,若无正文,依附名例断之,其正文名例所不及,皆不论。”[32]至唐朝,唐律明确规定:“诸断罪皆须具引律令格式正文,违者笞三十。”[33]

《宋刑统》也仿《唐律》:“诸决罚不如法者,笞三十,”但“以故致死,徒一年。”[34]

《大明律》对于不如法者,笞四十,“因而致死者,杖一百”,但轻于宋律,须赔偿埋葬银一十两,“行杖之人,各减一等”。[35]

《大清律例》关于断罪不如法的规定更为具体:“凡官司断罪,皆须具引律例。违者,如不具引,笞三十。若律有数事共一条,官司止引所犯本罪者,听。所犯之罪止合一事,听其摘引一事以断之。其特旨断罪,临时处治不为定律者,不得引比为律。若辄引比致断罪有出入者,以故失论。故行引比者,以故出入人全罪,及所增减坐之。失于引比者,以失出入人罪,减等坐之。”[36]

2. 出入人罪

此罪分失出入与故出入,前者为过失,后者为故意出入人罪,是司法渎职的常见现象。唐律对于官司出入人罪的规定如下:“诸官司入人罪者,谓故增减情状足以动事者,若闻知有恩赦而故论决,及示导令失实辞之类。若入全罪,以全罪论;虽入罪,但本应收赎及加杖者,止从收赎、加杖之法。”疏议曰:“官司入人罪者,谓或虚立证据,或妄构异端,舍法用情,锻炼成罪。”[37]

唐律还规定:“从轻入重,以所剩论;刑名易者:从笞入杖、从徒入流,亦以所剩论。从徒入流者,三流同比徒一年为剩;即从近流而入远流者,同比徒半年为剩;若入加役流者,各计加役年为剩。从笞杖入徒流,从徒流入死罪亦以全罪论。其出罪者,各如之。”“即断罪失于入者,各减三等;失于出者,各减五等。”[38]

《大明律》在出入人罪的法律规定中,既简要剖析了犯罪的原因,又分清了官与吏各应负的刑责："凡官司故出入人罪，全出全入者，以全罪论。谓官吏因受人财及法外用刑，将本应无罪之人而故加以罪，及应有罪之人而故出脱之者，并坐官吏以全罪。""若增轻作重，减重作轻，以所增减论，至死者坐以死罪。若断罪失于入者各减三等，失于出者各减五等。"[39]

3. 受赇枉法

受赇枉法是一项古老的犯罪类别，也是司法官最常见的职务犯罪。据《说文》："赇，以财物枉法相谢曰赇。"据颜师古注："以财求事曰赇。"汉律对官吏受赇枉法的处罚严厉，犯之者处以重刑。汉文帝十三年（公元前167年）诏曰："吏受赇枉法……皆弃市。"[40]另据《张家山汉墓竹简》："受赇以枉法，及行赇者，皆坐其（臧）（赃）为盗。罪重于盗者，以重者论之。"[41]汉律除惩治受赇枉法者外，也制裁行赇者，如元朔五年，临汝侯灌贤"行赇，罪，国除"。[42]

《唐律疏议》以六赃——受财枉法、受财不枉法、受所监临财物、强盗、窃盗和坐赃，概括非法占有公私财物的犯罪。六赃之中以受财枉法列于首位，处刑极严。唐律"监主受财枉法"条规定，受绢一尺杖一百，每一匹加一等，十五匹处绞刑。即使"诸有事先不许财，事过之后而受财者，事若枉，准枉法论；事不枉者，以受所监临财物论"。[43]另据唐律"监主受财不枉法"条规定："赃一尺杖九十，每二匹加一等，三十匹加役流。无禄人受财不枉法减一等处刑，四十匹加役流。"[44]

4. 请托枉法

请托枉法，系指以私事相托，走门路，通关节，以求曲法减免罪犯的处刑。为杜绝此种司法渎职现象，唐律规定："诸有所请求者，笞五十；谓从主司求曲法之事。即为人请者，与自请同。主司许者，与同罪。主司不许及请求者，皆不坐。已施行，各杖一百。"疏议解释曰："凡是公事，各依正理。辄有请求，规为曲法者，笞五十。即为人请求，虽非己事，与自请同，亦笞五十。'主司许者'，谓然其所请，亦笞五十，故云'与同罪'。若主司不许及请求之人，皆不坐。'已施行'，谓曲法之事已行，主司及请求之者各杖一百，本罪仍坐。"[45]

如受人财而为请托者，"坐赃论加二等"；如系监临势要者，"准枉法论"；"与财者，坐赃论减三等"。疏议曰："'受人财而为请求者'，谓非监临之官。‘坐赃论加二等’，即一尺以上笞四十，一匹加一等，罪止流二千五百里。”[46]

5. 挟仇枉法

因挟私仇而枉法陷人于罪，亦属司法渎职的一种。明律中有“怀挟私仇故禁平人”之条：“凡官吏怀挟私仇故禁平人者，杖八十；因而致死者，绞。提牢官及司狱官、典狱卒知而不举首者，与同罪。至死者，减一等。不知者，不坐。若因公事，干连平人在官无招，误禁致死者，杖八十。有文案应禁者，勿论。若故勘平人者，杖八十；折伤以上，依凡斗伤论；因而致死者，斩。同僚官及狱卒知情共勘者，与同罪；至死者，减一等；不知情，及依法拷讯者，不坐。若因公事，干连平人在官，事须鞫问，及罪人赃仗证佐明白，不服招承，明立文案，依法拷讯，邂逅致死者，勿论。”[47]

6. 滥用酷刑

中国古代司法审判重视口供，因此有些司法官急欲取得罪犯口供，往往滥施酷刑。

从唐朝以法相尚，拷讯也趋于规范化。按唐律：“诸应讯囚者，必先以情，审察辞理，反复参验；犹未能决，事须讯问者，立案同判，然后拷讯。违者，杖六十。”[48]

7. 淹禁稽迟

在司法审判中承审官出于主观上的各种原因，出现应审不审、应释不释、应结不结等淹禁稽迟现象，亦属司法渎职。唐律规定：“诸徒、流应送配所，而稽留不送者，一日笞三十，三日加一等；过杖一百，十日加一等，罪止徒二年。不得过罪人之罪。”[49]

宋朝为了提高司法效率，规定了审判期限。凡大理寺审判的案件，大事不过二十五日，中事不过二十日，小事不过十日。审刑院详符（复核），大事不过十五日，中事十日，小事五日。所谓大事、中事、小事，凡二十缗以上为大事，十缗以上为中事，不满十缗为小事。但即使有上述期限的规定也无法避免审判实践中的拖沓淹滞与旷日废时。

（五）依法断罪的制度化与法律化

早在战国时期，法家都是主张“一断于法”的；儒家同样主张以法为准绳，只不过强调以礼乐为主宰。

至晋代，三公尚书刘颂针对“法渐多门，令甚不一”的弊病，提出了具有跨时代意义的司法改革意见。其一,主张“君臣之分,各有所司”,“监司以法举罪,狱官案劾尽实,法吏据辞守文”。他告诫皇帝也不要随意干涉司法,而应使执法者恪尽职守。其二,强调法律颁布以后,皇帝必须信守于天下,不得肆意更改。他说:“人君所与天下共者,法也。已令四海,不可以不信以为教。方求天下之不慢,不可绳以不信之法。”[50]其三,为了做到援法断罪,他强调:“律法断罪,皆当以律令正文。若无正文,依附名例断之。其正文名例所不及,皆勿论。”[51]刘颂关于援法断罪的思想,是汉以来封建法治思想的继承和发展。汉宣帝时,涿郡太守郑昌便提出:“律令一定,愚民知所辟,奸吏无所弄矣。”[52]并把这看作“正本”之举,可以避免司法之官擅断。东汉思想家桓谭鉴于“法令决事轻重不齐,或一事殊法,同罪异论……刑开二门”,认为“可令通义理,明习法律者,校定科比,一其法度,班下郡国,蠲除故条。如此天下方知,而狱无冤滥矣”。[53]刘颂多年的司法管理工作也他使能够在经验的基础上作出更加明确的理论概括,并使之上升为法律。

刘颂的主张与17—18世纪西方资产阶级提出的“法无明文规定不为罪”相比,在基本原则上具有一致性,只是早于西方一千多年。

对于刘颂的主张,朝中多有同意者。如,侍中太宰汝南王亮便奏请惠帝“以为宜如颂所启,为永久之制”[54]。门下属三公曰:“昔先王议事以制,自中古以来,执法断事,既以立法,诚不宜复求法外小善也。若常以善夺法,则人逐善而不忌法,其害甚于无法也。”[55]

由于晋律已佚,刘颂的主张是否法律化已不得而知,但北周、隋唐律中有关援法断罪的明确规定,不仅说明其思想影响的深远,同时也反证其主张已纳入晋律。如北周宣帝在宣下州郡的“诏制九条”中说:“一曰决狱科罪,皆准律文……三曰以杖决罚,悉令依法。”[56]

隋初开皇五年,文帝针对一件诬陷反坐案明令司法官断狱时具写律文,说:“人命之重,悬在律文,刊定科条,俾令易晓。分官命职,恒选循吏,小大之狱,理无疑舛。而因袭往代,别置律官,报判之人,推其为首。杀生之柄,常委小人,刑罚所以未清,威福所以妄作,为政之失,莫大于斯。其大理律博士、尚书刑部曹明法、州县律生,并可停废。”“自是诸曹决事,皆令具写律文断之。”[57]

至唐朝,更将具引律令作为司法官必须履行的一项法律责任。唐律规定:“诸断罪,皆须具引律令格式正文。违者,笞三十。”[58]这条规定可以说是中国封建时代援法断罪、罪刑法定最简明、最典型的概括。它标志着中国古代刑法的发展和司法活动的规范化,既反映了法律所具有的权威,又严肃了司法官的司法责任,维护了法制秩序。《唐律疏议·断狱》虽然也明载“事有时宜,故人主权断”,但是“制敕量条处分,不为永格者,不得引为后比”,这对于人主权断的无限适用未尝不是一种限制。

宋朝是一个重视法制的朝代,宋太祖以法律为“理国之准绳,御世之衔勒”,要求“食禄居官之士”皆为“亲民决狱之人”。[59]在援法断罪方面,《宋刑统》完全继承了唐律援法而治的精神与规定,并根据社会的发展在制度上有所补充。宋朝在刑事审理中实行的鞫谳分司就是明显的例证,由司理参军专管狱讼勘鞫,成为“鞫司”;由司法参军专掌“检法断刑”,成为“谳司”。在司法机关中设专官负责“检法断刑”以确保罚当其罪,这是宋朝的一项创举。宋朝在中央司法机关中也设有专门检法官,负责检详法条,目的都在于准确地适用法律,提高司法效能。

明清两朝基本沿袭唐制,只是略有增减而已。依法断罪是古代司法文明的一大亮点,具有重要的史鉴价值。

(六)法、理、情三者统一的司法考量

法,指国家的制定法,它是司法的主要依据。先秦时期的法律渊源主要是刑、誓、命,秦汉时期的法律渊源主要是律、令、科、比。至唐朝,发展为律、令、格、式、典、敕、例。两宋时期,除正律外还有敕、令、条法。明清时期,以律例为主,也包括则例、会典、敕谕等。可见,中国古代形成了悠久的制定法传统。随着法律的儒家化和司法经验的积累,在司法中法、理、情三者统一是司法官断罪量刑的重要考量。

理,主要指理由、道理、事理、理法,它具有普遍性的世俗规则的性质,因此司法审判中也要循理,不得悖理。至宋朝,理学家们又将宇宙万物之“极则”的“天理”与体现世俗规则的“理”相附会,并以之主宰司法,所谓“良法秉天理而定,司法秉天理而行”。

情,主要指情感、人情、情理,《礼记·礼运》说:“何谓人情?喜、怒、哀、惧、爱、恶、欲,七者弗学而能。”这说明,人情是人类带有的共同性特征,即通常所说的“人之常情”。在中国古代,人情以深厚的血缘伦理亲情为基础,具有伦理性,而亲情又是具有社会性的,是社会关系在家庭(族)

间的具体化。因此，人情也要从社会大视野的角度去认识和掌握，要把亲情扩大为世情。不从血缘伦理亲情着眼去考察人情，便脱离了宗法社会的本体，而仅仅从伦理血缘亲情着眼，又妨碍了揭示人情的社会本质。总之，人情具有伦理性、社会性、时代性，它不是个人的爱恶或少数人的趋向，而是公认的爱恶和社会绝大多数成员的趋向。人情的标准因时代、阶级、阶层而异，但也有共性，那就是人性在正常状态下的反应。《名公书判清明集》中出现的"情"，除人情外，有的也借以表达案情的事实而准情酌理，前者如"酌情据法，以平其事，则无厌之讼炽矣"，后者如"今揆之天理，决不可容，佥厅所拟，已近情理"。

汉时礼法合流，礼主刑辅成为国家法制的指导原则，以致纲常之礼被视为最重要的道理。至宋代，纲常之礼被渲染为"天理"，而在纲常入律以后，使得天理与国法相通，从而增加了法的权威性。南宋时人真德秀阐述了天理与国法的关系，说："是非之不可易者也，天理也；轻重之不可逾者，国法也。以是为非，以非为是，则逆乎天理矣！以轻为重，以重为轻，则违乎国法矣！居官临民，而逆天理，于心安乎？雷霆鬼神之诛，金科玉条之禁，其可忽乎？"[60]显而易见，真德秀的天理国法观是务实的，是立足于司法实际的，是对于居官临民的具体要求。坚持是非就是坚持天理，这样的天理非常具体，它同国法的关系也更加相合。

明清时期，随着科学技术文化的进步，充满神秘色彩的天理影响的空间缩小了，但天理的法律化却进一步加强了。天理愈是法律化，政治与伦理愈和谐，君权、父权、族权愈膨胀，个人的法律意识与权利观念愈淡薄。宋以后，中国法律历史就是沿着这样的轨迹发展的。

关于国法与人情的关系。一方面，二者具有一致性，纲常同以血缘、伦理、亲情为内涵的人情是完全相合的。法顺人情，赋予法律一种中庸平和的亲切感，使法贴近生活，凸显古代法律"仁"的基调。执法以顺人情，不仅使国法增添了伦理色彩，还获得了社会舆论的支持，因而对判决的执行更具有广泛的约束力。因此，古代法官司法时最为常见的情形便是"上不违于法意，下不拂于人情"。

另一方面，二者也存在冲突，人情所反映的亲情义务与法律规定所反映的国家义务之间存在不同的要求。中国古代虽然宣传国之本在家，但如家族私利影响国家利益，家法干扰国法，家族成员犯上作乱，则一律依法严惩,以示国重于家,君高于父。法律要求所有社会成员恪守国法,一体承担国家义务,迫使庶民接受赋敛征发,并以强制的制裁为后盾。不仅苛法违背人情,就是在一般情况下,国法与人情也存在不同的侧重面。要求不同,规范目的不同,制裁方式不同,从而构成了二者冲突的客观基础。南宋著名司法官胡石壁对于法与情的关系作了精辟的论述:“法意人情实同一体,徇人情而违法意,不可也;守法意而拂人情,亦不可也。权衡于二者之间,使上不违于法意,下不拂于人情,则通行而无弊矣。”[61]

明清时期,县衙大堂上一般都悬有匾额,上书“天理国法人情”,表示案件的审理既要顺应天理,又要遵守国法、合乎人情。河南内乡县衙是目前全国保存最好的一座古代县衙,大堂、二堂、三堂为县衙中轴线上的三大主体建筑,其中尤以大堂最为壮观,其上方悬挂“内乡县正堂”匾额,堂前黑漆柱子上楹联曰“欺人如欺天毋自欺也;负民即负国何忍负之”。大堂是昔日知县举行重大典礼、重审重大案件、迎接上级官员的地方,整个大堂的布置显得气派而森严。但至第二进院子则风格陡变,二堂屏门上挂一横匾,上书“天理国法人情”六个大字;堂前的楹联为“法行无亲令行无故;赏疑唯重罚疑唯轻”;堂上设公案,两侧有刑具。二堂的规模和气派都要逊于大堂,但却是县官主要的审判场所,绝大多数的案件都是在二堂审理的。从县衙的匾额、楹联中,可以看出传统的司法理念。通常情形下采取坐堂问案审理的形式,也颇为严肃威武。

对于刑事案件的判决,必须根据法律,情与理只作附带考量。对于民事案件的判决,情与理的影响加强,以致出现有法者依法律、无法者依情理的现象。司法官要在天理、国法、人情之间进行权衡、协调统一,以确保司法公正,利于社会有序和国家稳定。

(七)调解息争以利于社会和谐

中华民族自古以来便养成了以和为贵的心理状态,无论亲族之间、邻里之间,多以和睦相处、患难相济为相处之道。同时,在孔子“必也使无讼乎”司法理念的影响下,发生一般的民事方面的争讼,官府多以调解为主,当事人为减少讼累,也乐于接受调处。因此汉代便出现了调解息讼的一些案例。至唐代,有些善于调处的官员致仕返乡以后,民间争讼仍然奔赴其门请求调解。在宋代,调解息讼累见于文献记载。至清朝,调解息讼形式多样,分为堂上调解、堂下调解,堂下调解又可分为亲族调解、邻里调解、基层组织调解。调解之后,由当事人出具甘结,以示各息,官府据此结案,不许再诉。

调解是中国古代司法一项重要的经验,在中国法文化中,是独具特色的。其之所以延续千年而不衰,不是偶然的。中国古代稳定的血缘地缘关系是推动调解的客观条件,追求政简刑清是官府提倡调解的主观动机,避免讼累是民众乐于接受调解的主观原因和心理状态。

但是调解绝非不讲原则,不顾法纪,一味和事佬性质的举措,而是一种建基于情、理、法之上的"致中和"的司法艺术。调解的甘结,多是在"晓之以理,动之以情"之后作出的。调解的终极意义,在于激发争讼之人的羞恶之心、辞让之心、是非之心。当然,不论是执法原情、屈法伸情,还是调解息讼,所涉及的案件都是对社会和国家危害不大的,并且息讼甘结由官定、原情免罪由上裁。这样做,既可以起到渲染圣君仁慈的效果,又体现了重纲常、和睦相处、维护名教的宗旨。

(八)善法与良吏结合,实现司法的功能

选吏执法,是中国古代思想家政治家为防止司法渎职,正确发挥司法功能的一项重要措施。早在春秋战国时期,管子便说:"吏者,民之所悬命也。"吏的作用就是"奉主之法,行主之令,以治百姓而诛盗贼也",[62]"选贤论才而待之以法"[63],可见管子对于选吏执法的重视。孟子说:"徒善不足以致治,徒法不足以自行。"[64]对此,荀子更作出了恢宏的论断,他说:"故法不能独立,类不能自行,得其人则存,失其人则亡。法者,治之端也;君子者,治之原也。故有君子,则法虽省,足以偏矣;无君子,则法虽具,失先后之施,不能应世之变,足以乱矣。"[65]因此选吏执法便成为当政者重要的历史使命。

奉行法治的秦朝,特别提出以"明法律令"作为区分良吏与恶吏的标准。良吏明法律令,恶吏不明法律令。

唐初,谏议大夫王珪向太宗谏言:"但选公直良善人,断狱允当者,增秩赐金,则奸伪自息。"[66]太宗听从了王珪的谏言,慎重司法官的人选。终于缔造了法治昌明的贞观之治。唐德宗时白居易曾经发出慨叹:"虽有贞观之法,苟无贞观之吏,欲其刑善,无乃难乎。"[67]贞观时期制定的《贞观律》是一部良法,而贞观朝的魏徵、房玄龄、杜如晦、戴胄等人又都是一代贤吏,故而创造了贞观之治的盛世。而白居易所面对官僚状态,却是君子少小人多,故而发出了上述的慨叹。

宋王安石和陈亮先后论证了法与吏的关系。王安石说:"立善法于国者一国治,立善法于天下者天下治。"同时他也指出:"守法者,吏也;吏不良,则有法而莫守。""守天下之法者,莫如吏。"[68]陈亮说:"法当以人而行,不当使法之自行。天下不可以无法也,法必待人而后行者也。然尝思之,法固不可无,而人亦不可少。闻以人行法矣,未闻使法之自行也。立法于此,而非人不行,此天下之正法也。"[69]

明末清初,卓越的思想家王夫之在《读通鉴论》中,提出:"任人任法,皆言治也。"但是"任人而废法,是治道之蠹也","非法何以齐之"[70]。任法而废人也是"治之弊也","未足以治天下"[71]。结论就是任人与任法相结合,"择人而授之以法,使之遵焉"。[72]

晚清时期,魏源主张立法行法都必须得人,他说:"天下有不可强者三:有其人,无其财,一难也;有其财,无其人,二难也;有其人,有其财,无其材,三难也。"[73]修律大臣沈家本说:"夫法之善者,仍在有用法之人,苟非其人,徒法而已。""大抵用法者得其人,法即严厉,亦能施其仁于法之中;用法者失其人,法即宽平,亦能逞其暴于法之外。"[74]

为了使法与吏结合发挥执法之吏的作用,除严格选吏外,还需要以严法治吏。商鞅说:"守法守职之吏有不行王法者,罪死不赦,刑及三族。"[75]韩非说:"人臣循令而从事,案法而治官。"[76]

综观历代法典,都不乏对执法者知法犯法的处罚规定,或予以刑责,或交部议处。如《大清律例》规定:"命盗案件……傥审理错谬,关系重大者,即将承审之州县,及率转之知府,一并开参,照例分别议处。"[77]

选良吏执法,使法与吏统一,是一项经过历史检验的、成熟的治国方略。二者结合好的王朝多为盛世,如汉文景之治、唐贞观之治,既有善法又有良吏,相得益彰,造就了少有的盛世。二者悖谬的王朝多为衰世,如秦任用酷吏恣意违法,隋末宪章遐弃,不以官人违法为意,结果不旋踵而亡,成为历史上著名的两个短命王朝,这反映了历史发展的规律。

(九)严格执法,提高司法权威

中国古代思想家、政治家、明君贤相都充分认识到司法不仅关系到当事人的切身利益,而且也影响到社会的稳定和国家的兴衰,因而充分论证了严格执法、公正司法的重要性。

历史证明，只有严格执法，才会增强司法的权威性。例如，商鞅变法时，初期“言变法不变者以千数，其后太子犯法，卫鞅曰：‘法之不行，自上犯之。’将法太子。太子，君嗣也，不可施刑，刑其傅公子虔，黥其师公孙贾。明日，秦人皆趋令。行之十年，秦民大说，道不拾遗，山无盗贼，家给人足。”[78]

又如，东汉时期，湖阳公主的豪奴白日杀人，隐匿在公主家，后豪奴为公主驾车出行，洛阳令董宣乃“驻车叩马……大言数主之失，叱奴下车，因格杀之”。由于董宣严于执法，“由是搏击豪强，莫不震粟。京师号为‘卧虎’”。[79]

蜀汉诸葛亮以公正司法治世，说：“吾心如秤，不能为人作轻重。”[80]三国志的作者陈寿充分肯定了诸葛亮执法公平的效果：“亮之为政，开诚心，布公道，尽忠益时者，虽仇必赏；犯法怠慢者，虽亲必罚。”[81]

以公正司法、铁面无私、流芳百世的包公在知开封府时，“立朝刚毅，贵戚宦官为之敛手，闻者皆惮之”。人以包拯笑比黄河清。童稚妇女，亦知其名，呼日“包待制”。京师为之语曰：“关节不到，有阎罗包老。”[82]他曾说：“法令既行，纪律自正，则无不治之国，无不化之民。”[83]

（十）司法监察的制度化，构建遏制司法腐败的可靠防线

根据史书记载，中国古代行使司法监察权的方式主要有以下三种：

一是审录囚徒，辩明冤枉。

所谓录囚就是审录在押的囚犯，如发现冤抑就便纠正。录囚制度始于汉，据《后汉书·百官志五》载：“诸州常以八月巡行所部郡国，录囚徒。”皇帝有时也亲自录囚。由于录囚制度是行使监察权的方式，其任务就是辨明冤枉、及时纠正，借以监督司法活动、统一法律的适用，所以自汉以后延续了一千多年。录囚除定期举行外，遇有重大灾异，所谓天象示警，也要进行临时性的录囚，以疏通冤抑之气，纠正司法中的不法行为。

二是巡按州县，监督司法。

御史受命巡按地方，既考察官吏的治绩、农业的丰歉，更重要的是进行司法监察。唐时划分天下为十五道监察区，由御史台所属监察御史定期巡按所属州县。所察内容广泛，但以司法监察为重点。此外，朝廷也不定期地派出使臣巡行天下。太宗贞观八年正月，发布《遣使巡行天下诏》，派遣大臣萧禹等“分行四方，申谕朕心，延问疾苦，观风俗之得失。察政刑之苛弊”。[84]

《唐六典》卷十三《御史台》载："监察御史，掌分察百僚，巡按郡县，纠视刑狱，肃整朝仪。凡将帅战伐，大克杀获，数其俘馘，审其功赏，辨其真伪；若诸道屯田及铸钱，其审功纠过亦如之。"[85]御史巡按，一般是"持有制命"，"奉制巡按"，[86]因而具有较高权威。监察御史韦思谦说："御史出使，不能动摇山岳，震慑州县，为不任职。"[87]宪宗时，元稹为监察御史出使东蜀，劾奏故节度使严砺"违制擅赋"，严砺"虽死，其属郡七州刺史，皆坐责罚"。[88]唐高宗在仪凤二年（677 年）十一月十三日颁发《申理冤屈制》，制中要求巡按地方的监察官："所有诉讼冤滞文案，见未断绝者，并令当处速为尽理勘断，务使甘服，勿使淹滞。若处断不平，所司纠察得实者，所由官人，随即科附。"[89]

元朝虽然不重视法制，但对于监察机关的作用却极为重视。世祖曾郑重宣示："中书朕左手，枢密朕右手，御史台是朕医治两手的。"[90]至元十四年（1277 年）七月颁布的《行台体察等例》三十条中，属于司法监察的内容几乎占一半，而且在最后一条，还明确规定："其余该载不尽，应合纠弹事理，比附已降条画，斟酌彼中事宜就便施行。"[91]这就赋予提刑按察使以法律内和法律外的监察权。

终明之世，派遣巡按御史巡按地方司法，成为常态，起到了振肃的作用。

明洪武十四年遣监察御史林愿、孙荣、石恒等分按各道罪囚；洪武十五年设十二道监察御史（后增加一道）共 110 人。员额的扩大，一则反映了对于监察御史的倚重，再则适应了专制制度的强化，因为监察御史是皇帝的耳目之司。御史巡按州县，实质上是代表皇帝对地方司法的控制和监察。地方官吏有罪，由巡按御史按问。除此之外，地方无权管辖的案件，也由巡按御史审理。地方重案的复审权，也由巡按御史行使。从效果上看，巡案御史在依法问刑，辩明冤枉方面，确实起到了一定的作用。如嘉靖时期海瑞巡按应天府时，力摧豪强奸顽，赈抚穷弱黎民，"豪有力者，至窜他郡以避"。[92]又如陈选巡按四川时，"黜贪奖廉，雪死囚四十余人"[93]。

三是"杂治"会审，决定大狱。

所谓"杂治"，是指监察官与行政官、司法官共同审理案件的体制。如汉武帝时东平王云被人控告"谋弑上为逆"，此案便由廷尉、丞相长史、御史中丞共同审理。汉时的"杂治"发展至唐朝，形成了三司推事的体制，也就是刑部、大理寺、御史台长官共同审理大案要案。据《唐会要》记载:"有大狱,即命中丞、刑部侍郎、大理卿鞫之,谓之大三司使;又以刑部员外郎、御史、大理寺官为之,以决疑狱,谓之三司使。"[94]至明清两代,会审制度进一步发展,除刑部、大理寺、都察院长官的三司会审外,还有九卿会审,就是三司外加上其他六个部门的行政官员共同审判大案要案及死刑复核案件。三司会审或九卿会审是最后的司法审级,同时也为司法监察提供了平台。凡属死刑奏案,多由会审审定,由皇帝勾决。在会审中,御史台和明清时期的都察院长官不仅是会审的主要成员,就便负责、监督案件的审理情况,而且还派出御史纠弹无故不参加会审的官员。

综上可见:

第一,司法监察是遏制司法渎职的一道防线。自秦汉以来,对于地方司法进行定期不定期的监察,的确纠正了某些冤假错案,而汉代青州刺史隽不疑"每行县录囚徒还,其母辄问不疑有所平反,活几何人"[95]。说明监察官握有解决命案的重大权力。唐朝是以法治相尚的朝代,有的司法官在处理案件时不惜违反君命。如贞观初年,某县县令裴仁轨私役民夫,唐太宗欲斩之,殿中侍御史李乾佑谏曰:"法令者,陛下制之于上,率土尊之于下,与天下共之,非陛下所独有也。仁轨轻罪而致极刑,是乖画一之理,刑罚不中,则人无所措手足。臣忝宪司,不敢奉制。"终于使太宗折服。又如唐宪宗时,御史中丞薛存诚依法判处犯法作恶的僧人虚鉴,但是宪宗命他将虚鉴释放,存诚不奉诏。次日,宪宗又命宦官来宣旨,表示只想亲审,并无开释之意。但薛存诚依旧抗命,并说:"虚鉴罪款已具,陛下若召而赦之,请先杀臣,然后可取。不然,臣期不奉诏。"[96]最终,宪宗也无可奈何。可见,御史的司法监察在一定程度上约束了皇帝的司法专制。

第二,制定专门的监察法。中国古代除刑典列有惩治官吏贪腐与司法渎职之法外,还专门制定了适用于监察官的监察法,而且自汉以后自成系统,是中国古代法律体系中的重要组成部分,其规范的细密,制度建构的完整,均为世界法制史所仅见。汉武帝时期,针对地方州郡长官与地方豪强勾结、鱼肉百姓的现象制定了《刺史六条察郡之法》。这是中国历史上第一部专门的监察法。其第三条显然是为监察而定。西晋时制定有"察长吏八条",这八条既奖廉吏,也惩贪官,特别是要求司法承审官办案时清正廉洁、秉持公正,洁身自律。唐朝玄宗时期制定了《监察六条》。它与汉武帝的《刺史六条察郡之法》不同，面对的是所有官吏，而非仅限于二千石的高官。宋朝的中央监察体制仿照唐制，仍为一台三院制。但在地方建立监司通判监察系统，并制定了监司互监法，以充分发挥监察官的监察职能。元朝虽然并不重视法制，但惟独监察法较为发达。这和元统治者重视监察制度是分不开的。明朝从太祖起便重视监察立法，先后制定了《宪纲总例》、《六科给事中》总例及各科事例、《出巡事宜》、《巡抚六察》等一系列监察法规。清朝制定的《钦定台规》是秦汉以来监察立法之大成，是中国封建时代最完备的一部监察法典。其中的《训典》和《宪纲》应为总则，其他则为分则。不仅从制度层面做出了一系列规定，还从程序层面详加规范，以保证制度规定的落实。除此之外，由于监察法中详定了监察官的职掌、权责以及违法处置，这既是监察官行使监察权的依据，也是防止监察权滥用的法律约束。

第三，严格监察官的任职条件与监察责任。监察官虽然官品不高，但权重，是天子的耳目之司。由于监察官的素质直接关系到监察效能的发挥，因此历代以品、学、识作为选用监察官的条件。品指思想品质、道德品质。首要的是清正刚直、不畏权势、嫉恶如仇。学指文化素养，监察官一般要求须进士出身，未经科举入仕者不得为监察官。识指基层工作的实际经验。凡未经州县官实任者，一般不得为监察官。正是对监察官品学识的要求，使历代涌现了许多尽忠职守、奉法察吏的监察御史。还需指出，监察官如果失监虚监，玩法失职者，要加重处刑。

注释

1 《管子·明法》。
2 《管子·七主七臣》。
3 《慎子·君臣》。
4 《管子·明法》。
5 《论语·子路》。
6 《晋书·刑法志》。
7 《晋书·刑法志》。
8 《晋书·刑法志》。
9 《晋书·刑法志》。

10 《后汉书·桓谭传》。
11 《晋书·刑法志》。
12 《晋书·刑法志》。
13 《周书·章帝纪》。
14 《隋书·刑法志》。
15 《唐律疏议·断狱》“断罪不具引律令格式”。
16 《宋会要·选举》卷十三之十一。
17 《尚书·康诰》。
18 《尚书·康诰》。
19 《尚书·立政》。
20 《论语·子路》。
21 《汉书·董仲舒传》卷五六。
22 《汉书·宣帝纪》卷八。
23 《汉书·宣帝纪》卷八。
24 《唐会要·诸史中》卷七八。
25 《旧唐书·刑法志》。
26 《宋史·选举志三》。
27 《历代名臣奏议》卷一一六《风俗》(二)。
28 马建石、杨育棠主编:《大清律例通考校注》,中国政法大学出版社 1992 年版,第 374 页。
29 《历代刑法考》附《寄簃文存·大清律例讲义序》卷六。
30 《大清律例汇辑便览》。
31 《韩非子·诡使》。
32 《晋书·刑法志》。
33 《唐律疏议·断狱》“断罪不具引律令格式”。
34 《宋刑统·断狱律·决罚不如法》卷二九。
35 《大明律·刑律·断狱》卷二八,“决罚不如法”。
36 《大清律例·刑律·断狱下》卷三七,“断罪引律令”。
37 《唐律疏议·断狱》“官司出入人罪”。
38 《唐律疏议·断狱》“官司出入人罪”。
39 《大明律·刑律·断狱》卷二八。
40 《汉书·刑法志》。
41 张家山二四七号汉墓竹简整理小组编:《张家山汉墓竹简·二年律令·盗律》,文物出版社 2006 年版,第 16 页。
42 《史记·高祖功臣侯者年表》,第 895 页。

43 《唐律疏议·职制》“事后受财卷”。
44 《唐律疏议·职制》“监主受财不枉法”。
45 《唐律疏议·职制》“有所请求”。
46 《唐律疏议·职制》“有所请求”。
47 《大明律·刑律·断狱》卷二八。
48 《唐律疏议·断狱律》“讯囚察辞理”。
49 《唐律疏议·断狱篇》“徒流送配稽留”。
50 《晋书·刑法志》。
51 《晋书·刑法志》。
52 《晋书·刑法志》。
53 《后汉书·桓谭传》。
54 《晋书·刑法志》。
55 《晋书·刑法志》。
56 《周书·章帝纪》。
57 《隋书·刑法志》。
58 《唐律疏议·断狱》“断罪不具引律令格式”。
59 《宋会要·选举》卷十三之十一。
60 (宋)真德秀:《西山政训》。
61 《名公书判清明集》。
62 《管子·明法解》。
63 《管子·君臣上》。
64 《孟子·离娄上》。
65 《荀子·君道》。
66 (唐)吴兢、谢保成集校:《贞观政要集校·贞观政要卷第八·论刑法第三十一》,中华书局2003年版,第429页。
67 (唐)白居易撰:《长庆集》卷四八,《乾隆御览四库全书荟要》本。
68 (宋)王安石撰:《王安石全集·翰林学士除三司使》卷四八,四部丛刊影明嘉靖本。
69 (宋)陈亮撰,邓广铭点校:《陈亮集·人法》(增订本)卷十一,中华书局1987年版,第124—125页。
70 (清)王夫之撰,舒士彦点校:《读通鉴论·三国》卷一〇,中华书局1975年版,第736页。
71 (清)王夫之撰,舒士彦点校:《读通鉴论·代宗》卷二三,中华书局1975年版,第1871页。
72 (清)王夫之撰,舒士彦点校:《读通鉴论·三国》卷十,中华书局1975年版,第736页。

73 (清)魏源撰:《海国图志·筹海篇三》卷二,岳麓书社2011年版,第38页。

74 (清)沈家本撰,邓经元、骈宇骞点校:《历代刑法考·刑制总考四·唐》,中华书局1985年版,第51页。

75 《商君书·赏刑》。

76 《韩非子·孤愤》。

77 (清)薛允升撰:《读例存疑·刑律·二十五断狱下》卷四九,光绪三十一年京师刊本。

78 《史记·商君列传》。

79 《后汉书·酷吏列传》。

80 《北堂书钞》三七《三国蜀诸葛亮杂言》。

81 《贞观政要·论公平》。

82 《宋史·包拯传》。

83 包拯:《致君》。

84 《全唐文》卷二七。

85 《唐六典·御史台》。

86 《唐会要·御史台上》。

87 《新唐书·韦思谦传》。

88 《唐会要·御史台下》。

89 《唐大诏令集》卷八二“身理冤屈制”。

90 (明)叶子奇:《草木子》。

91 《元典章·台纲一》。

92 《明史》。

93 《明史》卷一六一《陈选传》。

94 《唐会要》卷七八。

95 《汉书·隽不疑传》。

96 《唐会要》卷四十《臣下守法》。

张晋藩

代表作

法律文化撷要

拾　弘扬中华法文化蕴涵的民族精神

20世纪九十年代中期，中国共产党的领导人多次发出"中华民族伟大复兴"的号召，这个号召是时代的最强音，震撼了各族人民的心弦，极大地鼓舞了他们创造业绩的进取精神。为了谋求中华民族的伟大复兴，首要任务是复兴中华民族优秀的文化，其中也包括法文化。

作为传统文化重要组成部分的中华法文化，是世界法文化苑中的一块瑰宝。它体系完整，内容丰富，特色鲜明且绵延数千年而未中断，不仅为中华文明的发展与进步提供了法文化支持，也为中华民族的复兴保留了珍贵的法文化资源和治国理政的经验。虽然世易时移，但传统法文化中所蕴涵的民族精神，仍然具有超越时空的价值。一个民族如果不尊重自己的文化传统和凝结于其中的民族精神，它便在世界上失去了尊严。

中华民族的伟大复兴，除复兴优秀的文化传统外，还要复兴凝结于其中的民族精神，这二者的统一，是中华民族复兴的重要支点。

中华民族自形成之日起，经历了数千年的发展过程，逐渐凝聚出代表中华民族特质的民族精神。它是中华民族的脊梁，也是中华民族凝聚力和生命力的根源。但在国情因素的影响下，它既有超越时空的优秀部分，也杂有历史沉淀下来的保守部分。为了中华民族的伟大复兴，我们有责任复兴具有传世价值的优秀的民族精神。这是一个极应珍视的历史任务。

在法文化与民族精神的关系上，民族精神为法文化的形成以及发展提供了重要的引导和支撑；而在民族精神的形成过程中，法文化也注入了使其不断巩固与发展的因子。历史法学派通常认为，法律乃是一个国家民族

原文发表于《比较法研究》2018年第1期，标题为《中华民族精神与传统法律》。

精神的体现及产物。萨维尼曾经说过，“民族的共同意识乃是法律的特定居所”[1]，这个所谓的“共同意识”也就是民族精神。

正是由于传统法文化中凝聚着民族精神，因此复兴法文化也自然地涉及民族精神的复兴问题。复兴中华民族优秀的、独立的民族精神，将会增加中华民族建设社会主义国家的自信心和自豪感。我们需要根据社会发展的要求，对于固有的民族精神加以丰富和提高，力求与现代文明的进步潮流相契合，使之成为中华民族伟大复兴的精神力量。

本文从传统法文化中抽绎出蕴藏于其中的优秀民族精神，意在说明法文化与民族精神之间的内在联系和相互关系，以及弘扬优秀民族精神的现代意义。

一、法律的发展不受宗教干预，体现了理性务实的民族精神

被马克思称为“早熟的文明小孩”[2]的古代中国，早在黄帝时代三苗的首领蚩尤便摆脱了神灵的羁绊，制定了法律。《尚书·吕刑》中说，“苗民弗用灵，制以刑，惟作五虐之刑，曰法。杀戮无辜，爰始淫为劓、刵、椓、黥。”[3]注曰：三苗之君，“习蚩尤之恶，……而更制重法，惟作五虐之刑，乃言曰此得法也”。三苗活动在长江流域，较之黄河流域更适合于原始农业，因而很早便出现了财产的私有制和激烈的阶级分化。杜预在文公十八年为《左氏春秋》作注时指出：“贪财为饕，贪食为餮，即三苗也。”“民皆巧诈，无有中于信义。”正是为了压制被剥削者的反抗，出现了最早的刑罚。至夏朝建立，已经形成了稳定的国家形态，并在三苗“五虐之刑”的基础上建立了“墨、劓、刖、宫、辟”的五刑系统，一直沿用至汉初。

夏商时期由于生产力水平极端低下，局限了人们的视野，对自然界种种现象充满了敬畏，因而假借天意动用刑罚。所谓“天讨有罪，五刑五用”。[4]商朝统治者崇尚神权政治，设计了上帝与帝廷。但商朝的上帝与西方宗教中的上帝完全不同。商朝的上帝是商王死后升格为上帝，这个上帝实际上是商王的祖宗神。商王对于上帝尊崇备至，以期祖先的亡灵维护其现实的政治统治。这种天道观实际上带有宗法的色彩。至商末纣王亲自控制了贞卜，表现了神权政治的没落。由于纣王“重刑辟”，使国势衰微，终于在“前途倒戈者亿兆夷人”[5]的严峻形势下，被西北方部落国家——周所推翻。商朝的灭亡使商王的天道观一起发生动摇。以周

公旦为代表的周朝统治者，鉴于商亡的教训，把关注的焦点从天上转移到地下，从神转移到人，提出了具有充分理性的一系列观点作为新王朝的治国方略。

其一，提出"人无于水监，当于民监"[6]的观点，把人心的向背看作决定国家兴衰的根本。这个观点具有千古不朽、历久弥新的价值。

其二，提出"皇天无亲，惟德是辅"[7]，即天只赞助有德之人为君，周之代商正是周人有德所致，借以论证周人政权的合理性。

其三，提出"明德慎罚"的立法原则，明德是慎罚的精神主宰，慎罚是明德在法律领域的具体化。强调以德主宰用刑，避免商朝滥刑亡国之祸。

其四，通过"制礼作乐"，建立礼乐政刑综合治国的管理体制。如同《史记·乐书》所说："故礼以导其志，乐以和其声，政以壹其行，刑以防其奸。礼乐刑政，其极一也，所以同民心而出治道也。"[8]

其五，以因时、因地、因势、因族为立法考量。《尚书·吕刑》"刑罚世轻世重"；《周礼》"刑新国用轻典，刑平国用中典，刑乱国用重典"[9]，一直被后世奉为立法的圭臬。在《尚书·酒诰》中就群饮一事规定：周人"群饮，汝勿佚，尽执拘以归于周，予其杀"。这是吸取殷人好酒亡国的教训而制定的法律。但对于殷人嗜酒则"勿庸杀之，姑惟教之"。这可以说是最早的因族立法。因族立法，适应统一多民族国家的国情，既带有族的特性，也带有地方的特性。清朝制定的《理藩院则例》、《西藏章程》、《回疆则例》、苗族《条例》等，可谓民族立法之大成。就立法技术而言，从舜时皋陶造律到清朝因案成例，借以将个别调整上升为一般调整，反映了立法的规律性。

其六，推重司法中的"中罚"。周公说："司寇苏公，式敬尔由狱，以长王国，兹式有慎，以列用中罚。"[10]依儒家经典解释，"不偏之谓中"，所谓中罚即公平、公正的司法。孔子曾经论证司法不中的危害，即"刑罚不中，则民无所措手足"[11]，只有刑罚得中才符合中道，才能达到和的效果。

以上之所以不惜篇幅，论证周初政治与法制，意在说明早在公元前11世纪的周朝统治者便十分注意运用理性求实的方式建设法制、管理国家。这不仅在当时取得了良好的效果，而且影响于后世者至为深远。汉以后的"德主刑辅"、唐时的"德礼为本，刑罚为用"、宋以后的"法情允协，法理情三者相统一"，都源于周朝的创制。

至于宗教，其对于中国几千年的立法司法影响极小，并没有进入立法司法程序。早在东汉时期本土的宗教——道教就产生了,印度的佛教也传入中国,成为统治者信奉的宗教。虽然影响过统治者的自然观、政治观、宗教观,但宗教的作用并没有深入政治法律领域。相反,宗教的存在一定要依附于政治权力,所谓“不依国主,法事难立”[12]。一旦宗教势力膨胀干预了政治,便会遭到打击。唐朝安史之乱以后,均田制度遭到破坏,寺院占有大量土地,势力膨胀,交结藩镇,影响到国家的统治,因此唐武宗下令灭佛,在全国范围内拆毁庙宇,强制僧侣还俗,使佛教遭到沉重打击。

再如康熙初年,允许西方传教士到中国传教,康熙五十九年(1720年),罗马教皇派人来华向天主教徒发布禁约,禁止教徒祭天、祭祖、祭孔。为此康熙皇帝下谕:“以后,不必西洋人在中国行教,禁止可也,免得多事。”[13]可见中国古代的统治者对于宗教保持高度的政治警觉,不使其干预现实中的政治措施与立法司法活动。西方中世纪存在的教会法与宗教法庭,在中国是没有的。中国传统法文化中无论是制度的构建、法律生活的缔造、法律文化的延伸都渗透了中华民族理性与务实的民族精神。

中华民族理性务实的民族精神在形成过程中受到了儒家思想的深刻影响。儒家是人本主义的提倡者,主张“人为万物之灵”。[14]孔夫子不仅“不语怪力乱神”,[15]而且明确表示,“敬鬼神而远之”,[16]“未知生,焉知死”,[17]“未能事人,焉能事鬼”。[18]说明他是立足现世,以积极务实的态度关注人生,由此而提出了“仁者,爱人”的伟大命题。而与西方宗教关于彼岸世界的说教完全不同,孔子所关注的是现实主义的此岸世界。如同子产所说:“天道远,人道迩,非所及也,何以知之。”[19]

孔子之后,孟子将“仁者爱人”进一步发展为仁政学说,从而把人们关注的焦点吸引到政治主张上来。儒家思想自汉武帝时被确立为统治思想以后,由于它符合专制制度的政治要求,更贴近传统的国情和人们的心理状态,因而不断深入人心,这有助于形成重理性的务实求真的民族精神,当然,这是一个漫长的历史过程。

除儒家思想影响外,在农业立国的封建时代,做为社会主体的农民,所关注的是一家人的温饱,是再生产的准备与应付国课的筹措等,这些都是摆在面前不容半点轻忽的现实问题。尽管他们也祈求上天的保佑,但在现实的功利面前,这种吁天是在严酷的现实面前一种无助的自我安慰。正是这种生存与生活的实际需要促成了中华民族重理性精神的形成。正因如此，中国本土的道教虽曾经受到少数统治者的笃信，但在民间的影响力较为微弱。佛教的信徒虽较广泛，但也只是个人的信仰。

中国传统法文化中，有关理性务实的种种规定以及统治者在法制上的理性思考，归根结底决定于中华民族基于实际生活需要而形成的理性务实的民族精神。

二、德主刑辅，明刑弼教体现了厚德亲伦、以德化民的民族精神

早在周初，周公旦鉴于商朝失德亡国，提出了明德慎罚的治国方略，强调"明德""敬德""成德"作为施政的理论基石。其后，孔子说："为政以德，譬如北辰，居其所而众星拱之。"[20]孟子也说："以德行仁者王，……以德服人者，中心悦而诚服也。"[21]这些也都为德的价值、德与仁政的关系作了注脚。在德刑关系上，今人王国维认为周朝制刑"本于德治、礼治之大覩经，其所以致太平与刑措者，盖可矣"[22]，所以"是殷周之兴亡，乃有德与无德之兴亡"[23]。至汉代，董仲舒大肆宣扬德治，力主为政以德，发挥德的治国之具的作用。他说："以德为国者，甘于饴蜜，固于胶漆，是以圣贤勉而崇本，而不敢失也。"[24]

他还提出了"大德而小刑"的命题，并以阴阳五行学说加以论证："天道之大者在阴阳，阳为德，阴为刑，刑主杀而德主生。是故阳常居大夏而以生育养长为事，阴常居大冬而积于空虚不用之处，以此见天之任德不任刑也。……王者承天意以从事，故任德教而不任刑。刑者不可任以治世，犹阴之不可任以成岁也。为政而任刑，不顺于天，故先王莫之肯为也。"[25]经过董仲舒与其他汉儒关于德治与德刑关系的论证，大德小刑、阳德阴刑、先德后刑成为汉以后中国法制历史的一条主线，为古代社会德主刑辅的正统法律思想奠定了理论基础。

至唐朝，著名的《唐律疏议》开篇就宣布"德礼为政教之本，刑罚为政教之用"，并以自然现象的"昏晓阳秋"来比喻德礼刑罚之密切联系、永恒运行、互补互用而不少变，所谓"昏晓阳秋，相须而成者也"。

由于汉儒以"三纲"——君为臣纲、父为子纲、夫为妻纲；"五常"——仁、义、礼、智、信作为德的核心内容，因而与先秦儒家所提倡的德的内涵有所不同，更适合中国固有的伦常关系，而被广大群众所接受。其为了贯彻唐律所规定的德礼为本，进一步将"三纲五常"的道德规范入律，使道德法

律化，法律带有强烈的道德主义倾向，伦常关系之间的道德义务与法律义务相统一。法律由于得到道德的支撑更具有稳定性和穿透力。德主刑辅的法制指导原则之所以延续千余年，不是偶然的，它体现了中华民族厚德与亲伦的民族精神。

中国古代经过由家而国的路径，进入文明社会。因此宗法制度成为覆盖整个社会的一项制度，以致伦常关系成为最重要的社会关系，伦理道德成为最基本的道德规范。特别是经过儒家的论证，伦理道德更具有神圣性。它是人们立身行事的根本和区别远近亲疏的依据，这种“亲伦”精神是根深蒂固的。所谓“今大道既隐，天下为家。各亲其亲，各子其子，货力为己。大人世及以为礼，城郭沟池以为固。礼义以为纪，以正君臣，以笃父子，以睦兄弟，以和夫妇，以设制度，以立田里”[26]。又如孟子所说：“使契为司徒，教以人伦，父子有亲，君臣有义，夫妇有别，长幼有序，朋友有信。”[27]孟子所说的君臣、父子、夫妇、兄弟、朋友间的人伦通称为“五伦”。人伦是不变的常道，由此而形成了一系列道德规范。人伦之中最主要的是君臣、父子。宋儒程颐说：“父子君臣，天下之定理，无所逃于天地之间。”[28]儒家的伦理道德学说就是以此为核心而展开的，经过儒家的论证而形成的一整套的道德哲学。伦理道德入律之后，又形成了独具特色的伦理法传统。

人们遵守道德的自觉性，也体现了自身境界的提升和对人生价值的尊重。以之律己，可以净化灵魂；以之待物，可以彼此和睦。因而主张教化为先，刑焉其后，明刑在于弼教，使之与厚德亲伦的民族精神相契合。这种民族精神不仅对中国、也对相邻的东方国家具有重大的影响力。中华法系之所以被相邻国家所接受，其原因之一就在于它们接受了厚德亲伦精神的影响。

三、传承与创新的法制历程，体现了坚韧进取的民族精神

中国古代所处的封闭的地理环境，妨碍了中国与外国的法文化交流，加之专制主义的制度也使得统治者有意识地固守这种封闭状态，以防止不利于专制主义的文化袭入，何况中国古代法制在相当长时期内居于世界的前列。在以上各种因素的作用下，中国古代的法律只能是纵向的传承、是输出的，不可能与外来法文化进行横向的交流与吸收。自“夏有乱政”而制“禹刑”，其后，商有“汤刑”，周有“九刑”，秦有“秦律”，汉有“汉律”，魏有“新律”，晋有“泰始律”，唐宋元明清也各有律，其间源流清晰，损益可考。

由于法律植根于社会，社会的发展推动了法律的发展。因而法律虽然具有历代传承的因袭性，但基于不同时期社会生产方式与社会关系的变化而有所发展变化，形成了特有的时代特点。孔子在考察夏、商、周三代礼的源流关系时曾经指出："殷因于夏礼，其损益可知也，周因于殷礼，其损益可知也。"[29]孔子关于礼的源流关系的论断同样适合于法。四千余年的法律史，无论篇章结构、条款规范，都基于时代的变化而有所不同，其源流兴革各有踪迹可寻，从而形成了具有内在联系性的系统和完整的法律传统。其发展的轨迹由粗疏到细密，由低级到高级，由简单到复杂，至唐代，已经形成了封建的法律体系。在以刑法为法律主体的体系内，也还有行政性法律、民事法律、经济法律、诉讼法律等类似今之部门法。至末代王朝清朝，其刑制虽较之唐律有所倒退，但就总体而言，清朝法律已经相当完备。无论行政立法、民族立法、司法制度都达到了新的高度，但是有些规定如别籍异财和尊卑为婚的条例则更贴近社会生活。《大清律例》别籍异财条律文规定："凡祖父母、父母在，子孙别立户籍、分异财产者，杖一百。若居父母丧而兄弟别立户籍、分异财产者，杖八十。"但条例规定："祖父母、父母在者，子孙不许分财异居。其父母许令分析者，听。"[30]尊卑为婚条律文规定："若娶己之姑舅、两姨姊妹者，杖八十，并离异。"但条例规定："其姑舅、两姨姊妹为婚者，听从民便。"[31]在清朝的法律实践中，律有例者听例，有例者不用律，上述二条例均改正了律文的规定，其结果更贴近社会生活与民俗。随着社会的发展变化，法制的转型与法律近代化，也是历史的必然。

中国法律的历史是在传承与创新中逐渐发展起来的。传承是以历史所提供的资料为基础；创新是在传承的基础上的某些突破。因而创新较之传承更为艰苦，历时也更为长久。因为创新首先需要认真总结前代法律的成功经验与缺失，使新立之法避免前车之覆，创新也需要认真分析把握社会的主要矛盾，从而确立立法的主要方向，以有利于矛盾的解决；创新更需要先进的思想家、法学家，将其思想认识与理论见解注入到法律中去，开创法律的新天地。以战国时期《法经》为例，《法经》的作者李悝总结了战国时期各国制定成文法的经验，所谓"集诸国法典，造《法经》六篇"[32]，是集大成的成果。李悝洞察了魏国的主要矛盾，遂以"盗贼"为《法经》打击的重点，提出了"王者之政莫急于盗贼"的立法指导思想。李悝作为早期法家思想的代表人物，秉承"不别亲疏，不殊贵贱，一断于法"[33]的法治精神，强调贵族高官违法犯罪依律处刑。他不仅是一位思想家,还是主持改革的政治家,他提出的“尽地力之教”的政策,推动了魏国的富强。《法经》既是改革的产物,也是推动改革的重要手段,它适应社会转型,开辟了法律封建化的路径,具有里程碑式的意义。

再以汉律为例,汉承秦制表明了法律发展的内在连续性。汉律的主要创新之处在于儒家化,这是建立大一统的专制主义的西汉王朝所需要的。以董仲舒为代表的汉儒,提出了大德小刑之说,确立了影响悠久的德主刑辅的法制原则。汉儒还通过各种途径将三纲之说入律,使伦理道德法律化。法律由于得到道德的支撑不仅减少了施行的阻力,而且也有助于社会的安宁。“三纲”入律是儒家的伟大创举,这个引礼入法的变革,虽有最高统治者的支持,但它所遭受的阻力也是不言自明的。没有两汉儒家的坚持奋斗和他们提出的理论先导,就不会有儒家化的汉律。这个过程虽然始于汉,但它的最后完成却是在几百年之后的唐朝。

晋朝虽然是士族掌权,政治腐败,但却出现了张斐、杜预、刘颂等一批杰出的法学家。在他们主持下修订的晋律,也是具有代表性的创新之作。晋律沿袭了汉律开创的引礼入法的先河,继续推进了儒家化的进程。如同《晋书·刑法志》所说,晋律“峻礼教之防,准五服以制罪”,“凡断正臧否,宜先稽之以礼”。[34]当代著名历史学家陈寅恪指出,“司马氏以汉末年之儒学大族创建晋室,统制中国,其所制定之刑律尤为儒家化”。[35]晋律在篇章结构上以魏《新律》为基础,但有较大改进,如将刑名分为刑名、法例两篇,列于律首;增加和变更了一些律名,如增设宫卫、关市、水火、违制、诸侯等律;删除了魏律中的劫掠、惊事、偿赃、免坐四律。这些变动反映了法与时转的客观规律,也体现了发展社会经济、强化专制制度的要求。

晋律令还将七百七十三万余字的汉律令及说解精简为十二万六千三百字,称得上“蠲其苛秽,存其清约”,这是何等艰巨的工程。对此,杜预评论说:“法者盖绳墨之断例,非穷理尽性之书也。故文约而例直,听省而禁简,例直易见,禁简难犯。易见则人知所避,难犯则几于刑措。”[36]

特别需要指出的是晋代律学在发展过程中对于律与令以及一些法律概念进行了较为明确的解释,如提高正律的地位,区分律令的界限。根据《太平御览》引杜预《律序》:“律以正罪名,令以存事制”,“其余未宜除者,若军事、田农、酤酒，未得皆从人心，权设其法，太平当除，故不入律，悉以为令，施行制度，以此设教，违令有罪则入律。其常事品式章程，各还其府，为故事”。[37]可见，律是固定性的规范，令是暂时性的制度，违令有罪，属于律的范围，非依律不能定罪，从而矫正了秦时法律令混用不清的弊病，也进一步明晰了汉时关于“前主所是著为律，后主所是疏为令”[38]的内涵。

此外，对于刑法概念的解释也更为准确和接近科学，如“其知而犯之谓之故，意以为然谓之失，违忠欺上谓之谩，背信藏巧谓之诈，亏礼废节谓之不敬，两讼相趣谓之斗，两和相害谓之戏，无变斩击谓之贼，不意误犯谓之过失，逆节绝理谓之不道，陵上僭贵谓之恶逆，将害未发谓之戕，倡首先言谓之造意，二人对议谓之谋，制众建计谓之率，不和谓之强，攻恶谓之略，三人谓之群，取非其物谓之盗，货财之利谓之赃，凡二十者，律义之较名也”[39]。在这里区分了故意和过失犯罪的界限，提出了“造意”、“合谋”和“群”的基本要件，明确了由于粗心而造成的失职与过失犯罪的区别，剖白了“赃”“戏”“斗”“诈”“强”“略”“戕”“率”等字的含义。这些规范化的解释，体现了中国古代律学所达到的新水平，为其摆脱穿凿附会的引经解律，使律学向着科学的方向发展，做出了开创性的贡献。

《晋律》在传承中所做的创新是一项十分艰巨的智力工程，表现了律学家们所付出的心血。晋律不仅是南朝制定法律的范式，对于唐律的问世也具有历史渊源的价值。著名的唐《永徽律》就是远取汉晋律，近取隋开皇律的成果，是封建律典定型与成熟的标志。隋《开皇律》颁行于开皇三年，迄至唐高宗永徽二年，历时六十八年，中间经过高祖、太宗二朝修订的《武德律》和《贞观律》。可见一部成熟的法典的制定与颁布都不可能一蹴而就，既要不断地总结经验，也要在整理旧律令的基础上取其宜于时者，因此历经时日是不可避免的。

唐律“于礼以为出入”的总体规定标志着儒家化的基本完成。不仅如此，唐律还为相邻国家日本、高丽、越南各国制订法律所取法，说明这些国家的法制已经纳入中华法系的系统之内。

中华民族自形成之日起，就在日常的生产生活中贯穿了自强不息的进取精神，以其坚韧的创造力和锲而不舍的顽强毅力，不断地克服自然界和人为的灾难，推动了经济的发展与社会的进步。例如汉初，经过秦末以来的战乱，社会生产遭到严重破坏，民生凋敝，百物困乏，以致汉高祖出行时无法配齐四匹相同颜色的马匹。史书说:“天下既定,民亡盖藏,自天子不能具钧驷,而将相或乘牛车。”[40]但是在汉朝相对宽松的政策影响下,人民群众克服困难,努力生产,至文帝时不过二十余年社会生产不仅恢复而且获得较大的发展,“京师之钱累巨万,贯朽而不可校;太仓之粟陈陈相因,充溢露积于外,至腐败不可食”[41]。

再如隋朝建立以后,一度成为强盛的帝国,但至二世炀帝时推行“百役繁兴”“征税百端”的政策[42],使文帝晚年本已尖锐的社会矛盾更加激化,“区宇之内,盗贼蜂起,劫掠从官,屠陷城邑”。[43]于是,炀帝抛弃了宽仁的伪装,以“急令暴条以扰之,严刑峻法以临之,甲兵威武以董之”,结果“海内骚然,无聊生矣”。[44]大业九年(613 年),杨玄感起兵失败,炀帝对御史大夫裴蕴说:“玄感一呼而从者十万,益知天下人不欲多,多即相聚为盗耳,不尽加诛,无以惩后”,“由是峻法治之,所杀三万余人,皆籍没其家,枉死者太半,流徙者六千余人”。[45]终于在公元 611 年爆发了全国性的隋末农民大起义,势如急风骤雨迅速扩展到全国。不仅摧毁了隋政权,而且深刻地影响着唐初的政治。

唐初,统治集团目睹拥有百万军队和庞大国家机器的隋朝瞬间覆亡,确使他们“惕然震惧”。为了重建和巩固封建国家的统治,恢复“万户则城郭空虚,千里则烟火断灭”的残破经济,[46]不得不实行一系列与民休息的政策。武德七年(624 年)颁布均田令,使农民获得少量土地;实行租庸调法,减轻徭役和赋税负担的同时宽减刑罚,讲求吏治,惩治贪官,奖励农耕,兴修水利,注重生产;等等。获得土地的农民激发了极大的生产积极性,宽松的政策环境又使得他们得以展示才智,改进生产技术,提高生产力水平。至贞观年间已经出现了“天下帖然”“人人自安”的祥和局面。[47]史书说:“商旅野次,无复盗贼,囹圄常空,马牛布野,外户不闭。又频致丰稔,米斗三、四钱。行旅自京师至于岭表,自山东至于沧海,皆不赍粮,取给于路。入山东村落,行客经过者,必厚加供待,或发时有赠遗……”[48]

上述记载虽不免史书的溢美之词,但确实表现了贞观之治的盛世景象。它的出现最根本的原因是广大农民自强不息,奋力耕耘的结果。这种精神使得中国社会沿着螺旋式上升的轨迹不断发展,也正是这种精神推动着法律在传承中不断创新,并且经历四千余年的兴革而从未中断,这在世界文明古国中可以说是绝无仅有的。

四、法以诚信为本,体现了敦诚守信的民族精神

诚信是中国古代法律权威性的根源,是法律价值的重要取向,也可以说是法律的灵魂。法如果丧失了信用,也就失去了存在的价值。商鞅变法时“立木为信”,以示法必行。对此,宋人王安石大加赞誉,他说:“自古驱民在信诚,一言为重百金轻。今人未可非商鞅,商鞅能令政必行。”[49]

法家的诚信法律观在实践中的主要表现是信赏必罚。商鞅变法期间,力主“赏厚而信,罚重而必”,无论赏与罚所重者在于“信”。他说:“民信其赏,则事功成;信其刑,则奸无端。”[50]韩非也认为“信赏必罚”将会带来所期望的社会效果,他说:“以赏莫如厚而信,使民利之;罚莫如重而必,使民畏之……故主施赏不迁,行诛无赦,誉辅其赏,毁随其罚,则贤不肖俱尽力矣。”“赏厚,则所欲之得也疾,罚重,则所恶之禁也急。……是故欲治甚者,其赏必厚矣;其恶乱甚者,其罚必重矣。”[51]

法家还认为要做到以信行法,务在去私。早期法家管子说:“私情行而公法毁。”邓析也说:“夫治之法,莫大于使私不行;法之功,莫大于使民不争。今也立法而行私,与法争,其乱也,甚于无法。”[52]商鞅更尖锐地指出释法行私,国家必乱。他说:“世之为治者,多释法而任私议,此国之所以乱也。”《战国策·秦策一》盛赞商鞅施行赏罚无私无畏:“商君治秦,法令至行,公平无私,罚不讳强大,赏不私亲近,法及太子,黥劓其傅。”

唐太宗时,为惩治假冒资历的官吏,曾下敕后犯者处以死刑。不久,温州司户参军柳雄诈冒资历事发,大理寺少卿戴胄“据法断流”。“太宗曰:‘朕初下敕,不首者死,今断从流,是示天下以不信矣。’胄曰‘陛下当即杀之,非臣所及。既付所司,臣不敢亏法。’太宗曰:‘卿自守法,而令朕失信邪。’胄曰:‘法者,国家所以布大信于天下,言者,当时喜怒之所发耳。陛下发一朝之忿而许杀之,既知不可而置之以法,此乃忍小忿而存大信,臣窃为陛下惜之’。”正是由于法是国家布大信于天下,才最终使太宗折服,并表示:“朕法有所失,卿能正之,朕复何忧也。”[53]

为了惩治各种欺诈行为,唐律专设“诈伪律”。疏议曰:“诈伪诡狂,欺谓巫罔。”在诈伪律中,以伪造御宝、伪写官文书、符节、诈伪制书等为重罪,犯者或斩绞或流。它如,妄认良人为奴婢部曲,犯者流三千里;诈教诱人犯法,犯者与犯法者同罚。欺诈官私财物,犯者准盗法论,罪止流三千

里。在《唐律·杂律》中还规定了惩治商品交易中强买强卖,欺行霸市,哄抬物价,以假乱真等欺诈行为。唐律规定:"诸卖买不和而较固取者";"及更出开闭,共限一价";"若参市,而规自入者,杖八十。已得赃重者,计利,准盗论"。所谓"而较固取者",是指"强执其市,不许外人买";所谓"更出开闭",是指买卖双方共为奸计,"自卖物者以贱为贵,买人物者以贵为贱";所谓"参市",是指"负贩之徒共相表里,参合贵贱,惑乱外人",还有"人有所卖买,在傍高下其价,以相惑乱"。上述四种情况,依《唐律》均处杖八十,如"已得利物,计赃重于八十者,计利,准盗论","其赃既准盗科,即合征还本主"。

在物价管理方面,官府也以诚信作为准则。由于物价关系到千家万户的生活,也是控制市场的重要环节。因此,官府派出官员根据生产与消费的供求情况,以及产品的质量,"遣评""公私交易"的商品价格。如应贵而评贱,应贱而评贵,要负法律责任。《唐律·杂律》规定:"诸市司评物价不平者,计所贵贱,坐赃论;入己者,以盗论。"在要求主管市场官员公平议价的同时,也赋予他们监督商品质量的职权,凡在市场上出售不符合规格的低劣商品,依法治罪,"得利赃重者,计利,准盗论","市及州、县官司知情,各与同罪,不觉者,减二等"。

在度量衡管理方面,唐时全国实行统一标准的度量衡制度。由尚书省户部中金部掌全国"权衡度量之数"。私人虽允许制作度量衡器,但必须经官府核校盖印后方能使用。太府寺校印署及州县地方机关负责核校工作。根据《关市令》,"斛斗秤度等,所司每年量校,印署充用",时间定在每年八月。私制的度量衡器不合乎规格而在市场使用者,笞五十;虽合乎规格,但未经官府加盖印署,笞四十。如给他人造成损失,计所增减,准盗论。负责监校度量衡器的官员,如徇私不平,治罪。"诸校斛斗秤度不平,杖七十。监校者不觉,减一等,知情,与同罪。"这些规定,可以说是中国封建时代的市场管理法。法律规定上的诚信原则,是维持正常的商品交易的保障。

综括上述,古代法律中所规定的诚信原则是敦诚守信的民族精神的具体体现。儒家思想对于敦诚守信民族精神的形成也起了重要的作用。孔夫子说:"人而无信,不知其可也。大车无輗,小车无軏,其何以行之哉。"[54]他甚至将"信"看得重于生命,所谓"自古皆有死,民无信不立"。[55]在儒家经典中“信”是“五常”——仁义礼智信之一,“五常”是处理各种社会与人际关系的常道,是具有永恒价值的道德规范。儒家所强调的重义轻利的“义”,不外乎重诚信,远诈伪。

与信密切相联系的是诚,孟子将诚提到天道的高度,他说:“诚者,天之道也;思诚者,人之道也。”[56]天道与人道的沟通就在于“存乎诚”。经过儒家思想的长时间熏陶,起到了化民成俗的作用,敦诚守信已经成为主宰人们思想行为的信条。从社会普遍的意识来看,重诚信者为君子,欺诈者为小人,小人为民众所不齿。这种舆论的谴责常常重于法律的制裁,人们敬重的是道德境界的高尚,不是不义而富且贵的市井之徒。这种诚实守信的民族精神不仅体现在法律当中,也体现在小说戏曲等各种意识形式当中,流传的蓝桥会的故事就是一个例证。

五、重惩不孝不忠的犯罪,体现了孝亲爱国的民族精神

中国古代沿着由家而国的路径进入文明社会以后,维系伦常关系的血缘纽带依然强固,从而为宗法制度的建立提供了条件。因此,在传统的法律中,很早便出现了维护亲权的不孝罪名。《孝经·五刑章》说:“五刑之属三千,而罪莫大于不孝。”近代学者章太炎考证此为夏法,并撰写《孝经本夏法说》的论著。至周朝随着宗法制度的确立,除“不孝”仍为重罪外,还出现了“不悌”“不睦”“不友”“不姻”“不敬祖”等新的罪名。至隋唐制定十恶重罪,不孝为其中之一,此项规定一直延至晚清修律。法律除以严刑惩治不孝罪外,还赋予父母对子女的教令权和对不孝子女的送惩权,即请求官府代为惩治。

此外,法律也严惩不忠于国家的反叛罪。在十恶重罪中谋反、谋叛列于十恶之首,犯之者不仅本人处死,而且诛连家族,其刑罚之严酷迄至明清愈演愈烈。国家不仅运用法律惩治不孝、反叛等罪以强化孝亲与爱国的意识,而且还借助儒家学说竭力宣扬孝亲与忠君爱国为人生最重要的价值取向。孔门弟子有子说:“君子务本,本立而道生。孝弟也者,其为仁之本与?”[57]儒家还强调家国相通,忠孝一体,所谓在家为孝,在国为忠,由家而国,移孝作忠。《孝经》中托孔子之言说:“君子事亲孝,故忠可移于君。”《礼记·祭礼》引曾子的话说:“事君不忠,非孝也。”有子对此更作了充分的论证,他说:“其为人也孝悌,而好犯上作乱者,鲜矣;不好犯上而好作乱

者,未之有也。”[58]

在中国古代,孝作为伦理道德的基本原则,不仅是修身的重要信条,也是齐家的根本规范。由于家是社会的构成单位,齐家不仅是再生产的需要,也是承担赋税的保障,只有齐家才能治国进而平天下。正因为如此,有些王朝标榜以孝治天下,有些帝号也冠以孝字,如汉孝文帝、孝景帝、孝武帝。

在儒家经典中,忠君和忠于国是一致的,爱国也表现为忠君,这是和专制制度下朕即国家的体制密切相关的。

经过国家制定法的强力约束,加上儒家学说的熏陶渗透,使孝与忠深入人心,成为不可动摇的道德标准和自觉实践的行为规范,最终形成了中华民族孝亲爱国的民族精神。这样就使道德义务与法律义务相统一,个体在整体中的地位也由此界定明确,这种民族精神有助于建立礼法控制下的社会秩序。为了彰显孝亲爱国,忠孝一体的民族精神,中国古代还通过戏曲、小说等艺术表现形式进行广泛宣传,以致精忠报国的岳飞成为家喻户晓、妇孺皆知的民族英雄;而卖国求荣的秦桧则被永远钉在历史的耻辱柱上。

六、调解息讼的司法传统体现了崇尚和谐、和睦的民族精神

在古代司法中,并非一味以刑杀为威,相反,所追求的是“讼简刑清”,力求实现刑措而不用的和谐社会。孔夫子所说“听讼,吾犹人也,必也使无讼乎”[59],发挥了长久的影响作用。历代所谓“盛世”,其重要标志之一就是“法致中和,囹圄常空”。“以和为贵”的司法理念在实践中即表现为调解息讼。

早在汉朝已经有调解和息争讼的史例。据《汉书·循吏传》,刘炬为县令时,“民有争讼,矩常引之于前,提耳训告,以为忿恚可忍,县官不可入,使归更寻思,讼者感之,辄更罢去”。韩延寿为左冯翊守时,“民有昆弟相与讼田自言”,韩延寿自责未宣明教化,遂闭门思过。两昆弟深刻自悔,表示终死不再相争。韩延寿以此“恩信周遍二十四县,莫复以辞讼自言者”。

至唐朝礼法结合进入新阶段,司法官多以伦理为据调解争讼。例如,开元中韦景骏任贵乡令,“县人有母子相讼者,景骏谓之曰:‘吾少孤,每见

人养亲，自恨终无天分，汝幸在温情之地，何得如此？锡类不行，令之罪也。'因垂涕呜咽，仍取《孝经》付令读之，于是母子感悟，遂称孝慈"[60]。有些著名的良吏致仕以后，乡人也请其裁决纷争。唐高宗时，元让以太子右内率府长史任满还乡，"乡人有争讼，不诣州县，皆就（元）让决焉"[61]，说明唐时调解息讼渐成风气。

宋时调解称为"和对"，已有官府调解、乡曲亲戚调解、宗族调解之分，而且趋向制度化。

元朝调解结案以后，严定不许再起讼端，违者治罪："今后凡告婚姻、土地、家财、债负，如原告被论人等自愿告拦休和者，准告之后，再兴讼端，照勘得别无违错事理，不许受状。""今后凡告婚姻、田宅、家财、债负，若自愿告拦，详审别无违法，准告以后，不许妄生词讼，违者治罪。"[62]

至清朝，调解息讼案件的形式已经多样化和规范化。清朝调解分为州县官调解与民间调解两类。州县调解是在州县官主持下对民事案件和轻微刑事案件的调解，是诉讼内调解，带有一定的强制性。根据档案材料，在当事人"吁请"息讼的甘结中，双方都申明"依奉结得"，即遵命和息。州县官还通过"不准"状的办法，促成双方和解，所谓"善批者可以解释诬妄于讼起之初"[63]。

由于调解息讼是州县官的治绩和"大计"（考察地方官）的重要指标，因此州县官对于自理案件，首先着眼于调解，调解不成时，才予以审结。康熙时陆陇其任河北灵寿县知县，每审民事案件，则传唤原告、被告到庭，劝导双方说："尔原被（告）非亲即故，非故即邻，平日皆情之至密者，今不过为户婚、田土、钱债细事，一时拂意，不能忍耐，致启讼端。殊不知一讼之兴，未见曲直，而吏有纸张之费，役有饭食之需，证佐之友必须酬劳，往往所费多于所争，且守候公门，费时失业。一经官断，须有输赢，从此乡党变为讼仇，薄产化为乌有，切齿数世，悔之晚矣。"[64]

民间调解是诉讼外调解，其主要形式有宗族调解、乡邻调解和基层保甲长调解，而以宗族调解最为普遍。族内调解一般先由族长剖决是非，不得轻易告官涉讼。安徽桐城《祝氏宗谱》规定："族内有争竞者，必先鸣户尊、房长理处，不得遽兴讼端，倘有倚分逼挟恃符欺弱及遇事挑唆者，除户长禀首外，家规惩治。"江西南昌《魏氏宗谱》也规定："族中有口角小愤及田土差役账目等项，必须先经投族众剖决是非，不得径往府县诳告滋蔓。"

由此可见,民间发生的大量民事纠纷,在告官兴讼之前,往往在家族内部经由族长调处化解。但由于宗族内部成员在身份上有严格的尊卑之分,又有远近亲疏的支派之别,特别是门房的人丁财势有强弱,嫡庶之间法定的权利有高下,因此族内成员在接受调处时,往往因其在族内的地位而处于不平等的状态,说明宗族调处也带有某种强迫性。

至于乡邻调解,在中国也有着深刻的社会原因。中国古代封闭式的经济、政治环境,形成了安土重迁的观念,由此而产生了强固的地缘关系。乡邻之间几代人比邻而居,有无相通,患难相扶,一旦发生争讼,乡邻调解也可以起到一定的作用。

调解息讼之所以成为司法的一个传统,除儒家思想的影响和州县官追求政绩外,也与最高统治者——皇帝的指向密切攸关。例如,康熙《圣谕十六条》明确要求:“敦孝悌以重人伦,笃宗族以昭雍睦”,“和乡党以息争讼,息诬告以全良善”。[65]

调解息讼的司法传统,反映了中华民族重和谐和睦的民族精神。中华民族在发展的过程中受到伦理道德的影响,以宗族内部的和睦相处为重要的价值取向;又在生产生活的斗争中体验到人与人之间只有和睦相处,互相帮助,才能取得生存与发展的机会。正是这种朴素的规律性的认识,使中华民族形成了以和为贵,以争为耻的理念。在固有国情影响下形成的稳定的血缘关系和地缘关系,也为重和谐和睦的民族精神的形成提供了重要条件。如同宋人胡石壁所说,“大凡乡曲邻里,务要和睦。才自和睦,则有无可以相通,缓急可以相助,疾病可以相扶持,彼此皆受其利”[66]。这种民族精神不仅缔造了调解息讼的司法传统,而且还是中华民族凝聚力之所在,是多元一体的民族关系赖以形成的重要因素。

结　论

中华民族自形成之日起经历了数千年的发展历程,在顽强的生产斗争、生存斗争中形成了优秀的民族精神。这种民族精神渗透到社会生活、国家制度、法制建设的方方面面,使之带有民族性的特质。由于中华民族优秀的民族精神引导和支撑中国古代法文化,二者之间便具有了内在的联系性和相互的关联性。由此,不难理解在法文化发展过程中表现出的远神近人,以人为本;明刑弼教,德主刑辅;以诚行法,以和为贵;孝亲亲伦,忠君爱国等民族精神的具体体现,这种民族精神也可以称之为中华魂。由于中华民族精神内容丰富广博,本文只是抽绎出与法文化密切相关的部分,至于中华民族所具有的“富贵不能淫,贫贱不能移,威武不能屈”以及刻苦耐劳、勤俭朴厚等民族精神,因与法文化关系相对较远,故略而不述。

重新领悟传统法文化中的民族精神,有助于调整清末修律以来一味西方化所造成的心态失衡;有助于克服由于市场经济消极层面带来的既违法而又悖于道德的各种行径;更会有助于激发民族的自信心、自豪感和内在的潜能,克服一切困难,奋发进取地建设中国特色社会主义法治国家,实现国家富强、人民幸福的美好未来。

注释

1 [德]萨维尼:《论立法与法学的当代使命》,许章润译,中国法制出版社 2001 年版,第 9 页。
2 《马克思恩格斯论中国》,人民出版社 1953 年版,第 3 页。
3 《尚书 · 吕刑》。
4 《尚书 · 皋陶谟》。
5 《尚书 · 殷本纪》。
6 《尚书 · 康诰》。
7 《尚书 · 蔡仲之命》。
8 《史记 · 乐书》。
9 《周礼 · 秋官 · 大司寇》。
10 《尚书 · 立正》。
11 《论语 · 子路》。
12 《高僧传 · 释道安传》。
13 故宫博物馆编:《康熙与罗马使节关系文书》(影印本)。
14 《尚书 · 泰誓》。
15 《论语 · 述而》。
16 《论语 · 雍也》。
17 《论语 · 先进》。
18 《论语 · 先进》。
19 《左传 · 昭公十八年》。
20 《论语 · 为政》。

21 《孟子·公孙丑上》。

22 王国维:《殷周制度论》,载《观堂集林》卷十《史林二》,中华书局 1959 年版,第 480 页。

23 王国维:《殷周制度论》,载《观堂集林》卷十《史林二》,中华书局 1959 年版,第 480 页。

24 《春秋繁露·立元神》。

25 《汉书·董仲舒传》。

26 《礼记·礼运》。

27 《孟子·滕文公上》。

28 《二程遗书》卷五。

29 《论语·为政》。

30 《大清律例·户婚·别籍异财》。

31 《大清律例·户婚·尊卑为婚》。

32 《唐律疏议》。

33 《史记·太史公自序》。

34 《晋书·庾纯传》。

35 陈寅恪:《隋唐制度渊源略论稿·刑律》,三联书店 2001 年版,第 111 页。

36 《晋书·羊祜杜预列传》。

37 《晋书·刑法志》。

38 《汉书·杜周传》。

39 《晋书·刑法志》。

40 《史记·平准书》。

41 《史记·平准书》。

42 《隋书·炀帝纪》(下)。

43 《隋书·炀帝纪》(下)。

44 《隋书·炀帝纪》(下)。

45 《资治通鉴》卷一八二。

46 《旧唐书·李密传》。

47 《贞观正要》卷六,《奢纵》。

48 《贞观政要》卷一,《政体》。

49 王安石:《商鞅》。

50 《商君·修权》。

51 《韩非子·六反》。

52 《邓析子·转辞》。

53 《贞观政要》卷五,《公平》。

54 《论语·为政》。

55 《论语·颜渊》。

56 《孟子·离娄上》。

57 《论语·学而》。

58 《论语·学而》。

59 《论语·颜渊》。

60 《旧唐书》卷一八五上,《良吏上·韦机附孙景骏》。

61 《旧唐书》卷一八八,《孝友·元让传》。

62 《元典章》。

63 白如珍:《论批呈词》,见《牧令书》卷十八。

64 吴炽昌:《续客商前话》卷三。

65 《圣祖实录》,康熙九年十月。

66 《名公书判清明集》卷十《乡里》。

拾壹 宋人诗文中的法观念

宋初，由于实行“不立田制”“不抑兼并”的政策，从而使土地的流转加快，中小地主与自耕农数迅速增加，佃农也成为租佃制下的国家编户，摆脱了部曲制下依附于主人的私属身份，从而刺激了他们生产的积极性，推动了农业、手工业、商业的发展，使宋朝成为当时世界上著名的贸易大国和科技先进的国家。

社会经济的恢复和发展，又为建立“事为之防，曲为之制”的中央集权制度提供了物质基础。正是从全面加强中央集权制度出发，宋初统治者更着眼于实际，强调经世致用，这在选官重要途径——科举内容的变化上，可以得到确切的反映。

北宋前期科举分为进士、明经、诸科等科目，在考试内容上仍然仿唐制，进士科主要考试诗、赋，而且对于平仄、对偶、押韵都有严格的要求。仁宗时欧阳修、范仲淹提出先试策论，以使天下举子留心治乱之道。熙宁四年（1071 年），王安石改革贡举后，逐渐变为进士一科。进士省试罢帖经、义、诗、赋，改试以经义、论策。殿试也由原来的诗、赋、论三题，改为试策一道以便举子向皇帝谈古论今、建言奏事。通过论策考察举人关于历代治乱兴衰的知识和对当代时事的对策，这对于改变奢靡浮华的文风和选拔经世致用的人材具有积极意义。宋人诗文中频频出现的关于法律的思考，和这样的历史背景有着密切的关联。所谓“诗言志，歌永言，声依永，律和声”[1]，通过发掘宋人诗文中的法观念，我们可以直观地感受到这一时期法制的律动，从而深化对宋朝法制的理解。

原文发表于《政法论坛》2016 年第 1 期。

一、宋人诗歌中的法观念

由于宋初皇帝务实求实，做为治国之具的法律自然进入皇帝的视野。他们非常重视运用法律管理国家和控制社会。太祖曾说："王者禁人为非，莫先于法令。"[2]太宗也反复告诫臣下："法律之书，甚资政理，人臣若不知法，举动是过，苟能读之，益人知识。"[3]仁宗更将法制作为图治的首要条件，他说："法制立，然后万事有经，而治道可必。"[4]在上述尊法重法的思想影响下，宋朝皇帝多"究心庶狱""临轩虑囚"，积极开展立法活动，加强法制建设。

太宗时期，在"经生明法，法吏通经"[5]的思想影响下，创建了"明法科"，使法律进入科考领域。太宗太平兴国八年（983 年），又命"诸科始试律义"。遂使法律成为科举考试的重要内容。神宗改制时，为了进一步改变"近世士大夫，多不习法"的学风，"又立新科明法，试律令、《刑统》大义、断案"。[6]科举试法起着某种导向作用，激发了"士人"学法习律的积极性。如同神宗时大臣彭汝砺所说："异时士人未尝知法律也，及陛下以法令进之，而无不言法令。"[7]苏轼在《戏子由》一诗中说："读书万卷不读律，致君尧舜知无术。"这从嘉祐二年（1057 年）苏轼参加科举考试撰写的策论《刑赏忠厚之至论》中说明他是读书读律的，此文受到主考官梅尧臣和欧阳修的赏识，拔擢为第二名。至礼部复试时，他再以《春秋对义》取为第一名。在他的做官经历中，也有纯然为司法官员者，如大理寺平事、知登闻鼓院等。苏轼《戏子由》诗中所说的"致君尧舜知无术"的"术"是战国时期法家提出的，特别是韩非提出"法术势"三者并用的思想，形成了完整的思想体系。韩非所说的术就是"君人南面之术"。他说："术者，因任（能）而授官，循名而责实，操生杀之柄，课群臣之能者也，"[8]"凡术也者，主之所以执也。"[9]可见，苏轼倡导读书读律意在说明只有精通法律才能辅佐皇帝治理国家。他与韩非所论证的术，角度不同，但有相通之处。

在《戏子由》诗中，他还写了"头虽长低气不屈"，"道逢阳虎（春秋鲁国以'陪臣执国政'的季孙氏家臣）呼与言，心知其非口诺唯"的诗句，表达了他在王安石变法时期受到新党压制时抑郁和矛盾的心理状态。这在苏辙《次韵子瞻见寄》诗中表述得更加明白。苏辙嘉祐二年（1057 年）进士，在为官的过程中，政见与其兄苏轼基本相同，既反对王安石改革时的新党，也对此后的旧党颇有微词,因此同时为新旧两党所不容。他在诗中所说“自从四方多法律,深山更深逃无术”意在讥讽王安石变法时加强立法,使得社会受到法律的控制,即使深山更深,也无所逃于法律的束缚,诗句中所说“弹劾未至理先屈”表达了对其兄迭遭文字之狱的愤懑。他在诗中还大胆的提出了“繁刑弊法”实为“公耻”,并且以汉贾谊、楚屈平之不得见用,略以自慰:“贾生作傅无封事,屈平忧世多离骚。”

苏辙在另一首诗《送傅宏著作归觐待观城阙》中赞美东汉郑玄“千载遗风”加惠“后生”。郑玄,字康成,东汉经学大师,他不仅说经,而且引经解律,使律学附庸于经学。一时之间,通经解律成为士人向往的学风,也是东汉律学的一大特点,其影响及于魏晋。苏辙诗中说,“胶西前辈郑康成,千载遗风及后生”,“旧学诗书儒术富,兼通法律吏能精”。正是对于郑玄所开创的说经解律一代学风的赞颂,也反映了当时读书读律、既崇儒术亦申律学的时代特点。

曾经作为苏轼座师的梅尧臣在《长歌行》中,也描述了北宋时期运用法律控制社会的情景,诗曰:“富贵拘法律,贫贱畏笞榜。”也就是说,富贵之家也要受到法律的约束,不得妄为;至于贫贱之家,也应畏惧法律的制裁,即所谓“笞榜”,而不敢为非,表达了宋初以来运用法律控制社会所取得的效果,也显示了梅尧臣重视法律的法观念。梅尧臣,字圣俞,世称宛陵先生,北宋著名诗人,他关心民瘼,对于百姓在赋役盘剥下的艰苦多有同情。在他最富盛名的《陶者》诗中云:“陶尽门前土,屋上无片瓦。十指不沾泥,鳞鳞居大厦。”就是对贫富悬殊不公平的社会现象的控诉,他甚至在诗中作了这样的描写:“世人何恶死,死必胜於生。”由于他为诗写实,时人称颂其诗直可作史实观。

与苏轼、苏辙同时期的王安石,亦是北宋中期著名的诗人,所不同者,王安石不仅是一位杰出的诗人,还是一位有理想、有抱负的政治改革家。他的诗具有“务为有补于世”的强烈政治色彩。他还通过歌咏历史人物表达他的政治抱负和以史为鉴的用心。他借古论今,所写的《商鞅》一诗称得上是一首史诗:

自古驱民在信诚,一言为重百金轻。
今人未可非商鞅,商鞅能令政必行。

商鞅变法时,为了表明“信赏必罚”,曾经徙木立信,据《史记》卷六十八《商君列传》记载:“孝公既用卫鞅,鞅欲变法,恐天下议己。令既具,未布,恐民之不信,已乃立三丈之木于国都市南门,募民有能徙置北门者予十金。民怪之,莫敢徙。复曰:‘能徙者予五十金。’有一人徙之,辄予五十金,以明不欺。卒下令。”

《商鞅》一诗作于王安石变法失败罢相后,全诗不过二十八字,但是寓意深刻,表达了他对于商鞅变法成功的仰慕和对于商鞅这个历史人物的肯定。他认为诚信不仅是治民之要,也是法律的价值所在。商鞅变法的成功,就在于“法必信,令必行”,充分发挥法的功用,这也正是王安石从变法失败中深深感悟到的。除《商鞅》外,他撰写的《愿事》《兼并》《收盐》《省兵》等诗都是从政治、经济、军事的角度出发,议论朝政得失,借以表达他对于时政的关切。

特别应该提出,王安石与苏轼虽然政见不和,处于对抗的地位,但当苏轼因文字获罪,身陷大狱,危在旦夕之时,他向皇帝上书说:“安有圣世而杀才士乎?”因王安石“一言而决”,才使苏轼免罪出狱,贬为黄州团练副使。由此可见王安石胸怀的宽广。王安石早期的诗作,以用典发论为特征,敢于直言披露;晚年诗句注重文字推敲,追求情思深曲、雅丽精妙,被称为“王荆公体”,对黄庭坚等诗人有一定的影响。

宋初,统治者提倡明习法律,不仅对参加科举的士人有所影响,即使对以论道著称的理学家,也同样有着现实的影响。陈襄创作的《和郑闳中仙居十一首》便是一证。诗曰:

我爱仙居好,公馀日在房。
忧民极反覆,责己未周详。
法律行随手,诗书坐满箱。
老来须向学,多病喜安康。

陈襄,北宋理学家,庆历二年(1042年)考中进士,与周希孟、陈烈、郑穆(字闳中)合称“海滨四先生”,以陈襄为首。诗中所云“法律行随手,诗书坐满箱”表明了陈襄治学涉猎的广泛,而且法律之书和诗书一样同在左右不离,这在他的施政实绩中,也得到了确切的证明。庆历二年(1042年)陈襄任浦城县主簿,县令缺位,先生代行令事,断狱明决,不徇私情,史载:“每听讼,必使数吏环立于前,私谒者不得发,老奸束手。”[10]由此可见,日讲“危微精一”道统之学的理学家在施政的实践中也不得不求助于实学——

法律之学。

陈襄《和郑闳中仙居十一首》诗中所云郑氏，名穆，字闳中，“海滨四先生”之一，皇祐五年(1053年)进士，积官集贤校理，历岐王、嘉王侍讲。王安石曾在《酬郑闳中》一诗中赞赏他的道德文章，诗曰：

萧条行路欲华颠，回首山林尚渺然。
三釜只知为养急，五浆非敢在人先。
文章满世吾谁慕，行义如君众所传。
宜有至言来助我，可能空寄好诗篇。

南宋时期，具有代表性的爱国诗人是陆游，其诗作近万首，称得上是多产的作家，他的诗歌充满了渴望“马上破贼”、为国雪耻的英雄壮志和献身精神。在他中年时期，曾应四川宣抚使王炎之邀在幕中办理军务，这是他一生唯一的身临前线的机遇，给他留下了极其深刻的印象。诗作《秋怀》是暮年回忆往事之作，诗中表达了他力求沙场效力的爱国情怀和读律之后面对司法实际的感触。诗云：

少时本愿守坟墓，读书射猎毕此生。
断蓬遇风不自觉，偶入戎幙从西征。
朝看十万阅武罢，暮驰三百巡边行。
马蹄度陇雹声急，士甲照日波光明。
兴怀徒寄广武叹，薄福不挂云台名。
颔须白尽愈落寞，始读法律亲笞榜。
讼氓满庭闹如市，吏牍围坐高于城。
未嫌樵唱作野哭，最怕甜酒倾稀饧。
平生养气颇自许，虽老尚可吞司并。
何时拥马横戈去，聊为君王护北平。

此诗虽然描述了他记忆中亲临前线时的兴奋之情，颇有汉代边塞诗的余韵。但是他的壮志并未能实现，使他发出了“兴怀徒寄广武叹，薄福不挂云台名”的慨叹。到了“颔须白尽愈落寞”的时候，才“始读法律亲笞榜”。所谓“亲笞榜”并不是说他充当了司法官吏，而是说他关心和注意观察南宋时期的司法状况，表明了陆游关注热点的转变。但是，使他失望的是，南宋时期随着政治日渐腐败，司法状况也一直下滑，以致出现了他诗中描写的“讼氓满庭闹如市,吏牍围坐高于城”的现象。所谓“讼氓”,是他对当时健讼之人的贬义称呼,表达了他对健讼之风的厌恶;同时,也是对当时法吏断案延滞,久拖不决以致案牍“高于城”的讥评。说明他虽然开始读法律,但并没有引起他跻身司法的热情,他并不甘心“未嫌樵唱作野哭,最怕甜酒倾稀饧”的生活状态。他虽老,胸中豪气仍在,他所追求的仍是“何时拥马横戈去,聊为君王护北平”。我们从诗中看到陆游中年以后开始研读法律,关心司法,这和南宋皇帝的重视司法,控制敕例的滥用,强调法吏依法治世,由此而开创了南宋立法的新局面不无关系。从一个侧面,也能反映出法律之学在社会上颇为盛行。

南宋初期,陈宓在《送师道弟守德庆》诗中说:“得暇诗书休释手,先公法律自治身。”既表现了诗书时刻在手的儒家本色,也阐述了以法治世、治人之前先要治身,即以法律约束自身行为的法理念,表达了对法律的尊重和内心的自省。陈宓,福建莆田人,学者称复斋先生,南宋名相陈俊卿第四子,曾历南宋四朝。

陈普,南宋理宗时人,著名理学家和教育家。元兵南侵时,隐居讲学于石堂山,以穷经著述自娱。面对江山残破,他在愤世嫉俗的心境下,写成《咏史上宣帝》诗,诗云:

不将法律作春秋,安得河南数国囚。
莫道汉家杂王霸,十分商鞅半分周。

诗中前二句盛赞宋朝以法治世曾经起到的积极作用;后二句借咏史抒怀,进一步表达他对以法治国的肯定,同时也是对南宋末期法纪败坏、国将不国的抨击。所谓“莫道汉家杂王霸”是指汉宣帝所提倡的:“汉家自有制度,本以霸、王道杂之,奈何纯任德教,用周政乎!”[11]由此形成了外儒内法的政策传统。陈普对于宣帝的“霸王道杂之”的论断是肯定的,并且作了夸大性的解释,所谓“十分商鞅半分周”,也就是内法占十分,外儒只占半分。这对于一位理学家说来不是偶然的,是时代加在他思想上的对于法治的渴望。

二、宋人散文中的法观念

宋朝不仅诗人辈出,散文学家也如群星灿烂,著名的唐宋八大家宋朝就占了六位,其文风之盛,可见一斑。本文只选取具有明显法观念的散文,以飨读者。

主张读书读律的苏轼，在他应科举策论而撰成的《刑赏忠厚之至论》中，表达了年轻时代的苏轼对于如何用刑的一系列观点。如他认为刑法之所以产生，是对“罪戾”的惩罚，目的不仅在于惩恶，也在于劝善，以使吾民不要“入于其中(罪戾)”。所以，他主张“罪疑者从轻”，“舍有罪而从无罪者，是以耻劝之”，也就是使其产生知耻之心，而远离犯罪。但如“罪恶暴著”不可辩解，“不得已而用其刑”时，也务使天下“知吾之用刑而非吾之好杀人也”。(本文略去苏轼关于厚赏的议论)从苏轼关于用刑的简短论述中，可以看出其认识的渊源。慎罚之说与疑罪从轻都源于《尚书·周书》的一些经典论断，如《尚书·康诰》“明德慎罚”、用其“义刑义杀”；《尚书·吕刑》“罪疑从罚，罚疑从赦”。这是苏轼论文的理论依据。由于宋初科举考试仍然试经义，所以读经对于举子来说是必要的课业。这就使得苏轼在策论中能信手拈经撷要，运用自如，以表达他“明刑弼教”的法理念。他在《戏子由》诗中所说的读书读律之议，他自己就是实践者，他对于刑赏之用的总结正是致君为“尧舜”的一种“术”。

苏轼还在《策别一》中，借古喻今，抨击了刑不上大夫及于今世的消极影响，强调大夫庶民违法犯罪皆当一体同科、罚当其罪。他在文中开头便提出用法当使人心服，否则遗患无穷，他说：“用法而不服其心，虽刀锯斧钺，犹将有所不避，而况于木索、笞棰哉！”[12]他以严峻的文字抨击当时朝廷高官有罪不罚的弊政：“今之卿大夫有罪亦得以首免，是以盗贼小人待之欤？天下惟其无罪也，是以罚不可得而加。如知其有罪而特免其罚，则何以令天下？今夫大臣有不法，或者既已举之，而诏曰勿推，此何为者也？圣人为天下，岂容有此暧昧而不决？故曰：厉法禁，自大臣始，则小臣不犯矣。”[13]苏轼一生命运多舛，数以文字获罪，既不见容于新党，也不见容于旧党，这和他任情抒怀、讥评无忌不无关系，但这也恰恰表达了苏轼作为性情中人的品格。

王安石作为一位锐意改革的思想家，他在文中充分论证了国家立法的重要性，以及法与吏的关系。他将国家比喻为“大器”，为了治理国家，“非大明法度，不足以维持，非众建贤才，不足以保守……贤才不用，法度不修，偷假岁月，则幸或可以无他，旷日持久。则未尝不终于大乱”[14]。他以五代时期晋、梁、唐三帝不重法制、不任贤才，遭致“灾稔祸变”为例，建议皇帝

“以至诚询考而众建贤才,以至诚讲求而大明法度”[15]。王安石虽然主张治天下以法,但他明确区分善法与恶法之别,强调只有行善法才能发挥以法治国的作用,他说:“立善法于天下,则天下治,立善法于一国,则一国治,如其不能立法,而欲人人悦之,则曰亦不足矣。”[16]自汉唐以来,法制与盛世的关系不断证明了“奉法者强则国强,奉法者弱则国弱”,但此法必须是善法,否则恶法肆虐,则国将危矣。

王安石作为改革家,他重法,但不拘泥于法,他凭借进化的历史观,主张法律是可变的,他说:“祖宗之法,不必尽善,可革则革,不足循守。”

为了发挥善法的治世功能,他更重视贤吏执法。前文《上时政书》中便提出“非众建贤才”,不足以保持法制的状态。他还在《翰林学士除三司使》文中提出“聚天下之众者莫如财,治天下之财者莫如法,守天下之法者莫如吏”的观点。

治法与治吏结合并重,汉唐以来论者多矣。如唐白居易所说:“虽有贞观之法,苟无贞观之吏,欲其刑善,无乃难乎。”[17]王安石从变法改革的实践中,更切身感觉到良吏的重要性。而王安石变法最终的失败,虽有各种原因,其中吏不良未尝不是原因之一。

宋朝著名清官包拯在《上殿札子》《论诏令数改易》《论取士》《晏殊罢相后(上)》《请选用提转长吏官》五文中,阐述了发挥法律治世功能的论点。

包拯,字希仁,宋仁宗时期先后任地方官、后任监察官,官至枢密副使。包拯刚正清廉,执法不阿,断狱不畏权贵,《宋史》赞誉他“立朝刚毅,贵戚宦官为之敛手,闻者皆惮之。人以包拯笑比黄河清”[18]。他在《上殿札子》中,论述了执法对于国家治乱的重要性,表达了清晰的法治理念。首先,他提出法令是人主手中最重要的权柄——“大柄”,也是“国家治乱安危之所系”的关键,因此“不可不慎”。其次,他尖锐地揭露了当时法纪败坏的主要弊政之一就是“赏罚之典因循”,“不足以沮劝”,其所以如此,就在于“人知法令之不足信”故也。自商鞅变法以来,法律的权威在于信,成为思想家、政治家的共识。唐太宗时,戴胄还明确表述了“法者,国家所以布大信于天下”[19]。长期担任司法监察官的包拯,深知“信”不仅是法令权威所在,也是法令生命力的源泉,法如不信,赏罚乖方,国家纲纪难以维持。包拯特别举出唐文宗时与宰臣李石的一段对话:文宗问:“天下何以易治?”李石答曰:“朝廷法令行则易治。”对此,包拯大加赞赏,他说:“诚哉! 治道之要,无大于此。”再次,他希望皇帝“赏者必当其功,不可以恩进;罚者必当其罪,不可以幸免”,“邪佞者虽近必黜,忠直者虽远必收”。最后,他指出“法令既行,纪律自正,则无不治之国,无不化之民”。

包拯此札从面对的朝廷弊政出发,强调法令既定之后一定要信守,法令如不能取信于民,也就丧失了法律的权威,无法维持国家的纲纪,不仅赏罚无度,更为严峻的危乱之局也就迫在眉睫了。

为了使法令取信于民,需要保持法令的稳定性,包拯针对当时法令朝发夕改之弊,在《论诏令数改易》中指出:“缘累年以来,此弊尤甚,制敕才下,未愈月而辙更;请奏方行,又随时而追改。”所以他建议:“朝廷凡处置事宜,申明制度,不可不慎重。”只有保持法令相对的稳定性,才能收到“法令画一”之效,使百姓信仰法令,遵守法令,发挥法令的治世功能。

为此,包拯也强调贤吏执法的重要性。他在《论取士》文中提出:“治乱之原,求贤取士得其人而已。”他还在《晏殊罢相后(上)》中提出:“帝王之德,莫大于知人,知人则百僚任职,天工无旷矣。”他在《请选用提转长吏官》文中不仅再次论证了选官的重要,而且以刚正无私的原则立场揭露了一些不称职的地方官,表现了“关节不到,有阎罗包老”[20]的性格。他说:“窃见近日除授转运使,但理资序,不甚选择,如江西路刘纬、利州路李熙辅,皆知识庸昧,众所共知;其提点刑狱,亦未甚得人,若广西潘师旦、江东令狐挺、京西张士安、河东席平,皆素非干敏之才,又无廉洁之誉,猥当是选,宜乎不任其职。虽近例并委两制奏举,然所举之人,或才有合格,以微文不用,故不才者往往进焉,乃是诃其细而忽其大,恐非任才之意也。欲乞今后应除转运使,先望实而后资考,则所得精矣。凡举提刑,若保荐之人不协公议,即乞责其谬举。别委他官。如此,则可绝徇私之请矣。”[21]

站在王安石对立面的旧党代表人物司马光反对变法。司马光,字君实,陕州夏县人,仁宗朝进士,累官至尚书仆射兼门下侍郎,以“孝友忠信,恭俭正直,居处有法,动作有礼”[22]著称。他主编的《资治通鉴》为一代不朽的名著,是名副其实的“资治”通鉴。司马光在政治上与主张改革的王安石处于对抗的地位。王安石改革失败罢相后,司马光恢复旧制。司马光从反对王安石变法的立场出发,明确表达了“祖宗之法,不可变也”的观点,他在答神宗法律变与守的问题时,不惜举出史例说明法律不变,他说:“三代之君常守禹汤文武之法,虽至今存可也,武王克商,曰乃反商政,政由旧,然则虽周亦用商政也,书曰无作聪明乱旧章,汉武帝用张汤言,取高帝法,纷更之,盗贼半天下,元帝改孝宣帝之政,而汉始衰。”[23]司马光这段论辩主要是为了论证“祖宗之法,不可变也”的结论,认为变法常常是遭乱之源。其实,司马光所论并不尽合历史的状况,法律固有其辗转相承的延续性,但各朝历史条件的变化,决定着法律的变化,而有其时代的烙印。以武王“九刑”之法而言,不仅与夏禹“昏墨贼杀”之法有极大的不同,而且相较汤之法也有很大的发展。至于“明德慎罚”的法制原则,区别用刑的司法规定,法用“中罚”的价值取向,罪疑从赦的无罪推定等等,不仅是汤刑之所未备,也是中华法制文明的奠基之笔,其影响虽及于北宋,但认为“至今存也”,未免牵强。至于武帝中期以后的“盗贼半天下”,元帝时汉室的衰微,其原因是复杂多样的,并非变法改制所造成。司马光痛诋王安石变法,“清革朝典,学非言伪,王制所诛,非曰良臣,是为民贼”[24],并主张对于变法的新党,应予制裁。这不仅受到历史观法律观的局限,也表现了党争的色彩。

但是,司马光从治理国家的实践经验中也体验到“任官”“信赏”“必罚”三者为“致治之道”。[25]在法制上,他在主张重礼的同时,也建议礼法结合并用,他说:“礼与刑,先王所以治群臣、万民不可斯须偏废也。”[26]他特别强调司法官必须了解“法意”才能准确断刑,他说:“凡议法者,当先原立法之意,然后可以断狱。”[27]司马光此论具有重要价值,发前人之未发。由汉讫宋,注释律学的出发点,归根结底就在于剖解法意,以便于司法官准确断案。

宋朝是理学盛行的时代,故又称宋学,代表人物朱熹,字元晦,徽州婺源人,高宗时进士,著名理学家,主张“存天理,灭人欲”。所谓“天理”即儒家所说的三纲,朱熹将其推崇至“天理”的高度,深受统治者的肯定和宣扬。至清朝康熙时,将朱熹列于孔子十哲之次,说明天理人欲之说对于专制国家统治所起的政治功用。值得提出的是理学家并非终日论道,无视法律之学,朱熹就曾发表了《尧典象刑说》和《论治道》二文表达了他的法观点。“象以典刑”出自《尚书·舜典》,历代解释者颇多,《唐律疏议》解释说:“(象刑)画象以愧其心。”朱熹的解释仿此,朱熹认为赏与刑都发自圣人之心,他说:“圣人之于天下,其所以为庆赏威刑之具者,莫不各有所由……故其赏也,必察其言,审其功,而后加以车服之赐;其刑也,必曰‘象以典刑’者,画象而示民,使民畏刑。”又说:“上古惟有肉刑,舜之为赎、为扑,乃不忍民之斩戮,而始为轻刑者。”朱熹对于九刑(墨、劓、剕、宫、大辟、鞭、扑、流、赎)的诠释,对后世律学的发展很有影响。

朱熹还对《唐律疏议》中的“德礼为本,刑罚为用”在儒家传统基础上做了进一步发挥。他说:“愚谓政者,为治之具。刑者,辅治之法。德礼则所以出治之本,而德又礼之本也。此其相为始终,虽不可以偏废,然刑政能使民远罪而已,德礼之政,则有以使民日迁善而不自知。故治民者不可徒恃其末,而又当深探其本也。”[28]然而朱熹面对的政治现实,使他有感而发,“有德礼而无刑政又做不得”[29]。

朱熹在《论治道》一文中则立足于地方官的施政经验,比较切实地阐述了他对法律的认识。首先,他认为立法必有弊端,要在得人,可以弥补法之弊,他说:“大抵立法必有弊,未有无弊之法,其要只在得人。若是其人,则法虽不善,亦占分数多了。若非其人,则有善法,亦何益于事。”[30]同时,他面对现实,反对行古之法,他认为:“居今之世,若欲尽除今法,行古之政,则未见其利,而徒有烦扰之弊。……要之因祖宗之法而精择其人,亦足以治。”[31]其次,他认为当时既有“时弊”,也有“法弊”,他说:“今世有二弊:法弊、时弊。法弊,但一切更改之,却甚易;时弊,则皆在人。人皆以私心为之,如何变得。”此论意在抨击主张变法之人只重“法弊”,而不重“时弊”。“君子欲为其事以拘于法而不得骋,小人却徇其私,敢越于法而不之顾”。再次,他认为法令颁布之后,违法者自当给予刑罚,他说:“号令既明,刑罚亦不可弛。苟不用刑罚,则号令徒卦墙壁尔。”最后,他从孔子论证宽猛出发,强调:“古人为政,一本于宽,今必须反之以严。盖必如是矫之而后有以得其当。今人为宽,至于事无统纪,缓急予夺之权,皆不在我,下梢却是奸蒙得志,平民既不蒙其惠,又反受其殃矣。”[32]

总之,宋代士大夫以天下为己任,体现的是一种儒家的“公民”意识。[33]故而在其诗文中,追求性灵闲适的成分少,经世致用的成分多,正所谓“诗以道志”,“文以载道”。而法作为“治世之具”,是企图“得君行道”并关心民瘼的士大夫不可回避的话题,是以其诗文中每每出现关于法的讨论和评判,其中又有不少言论直指现实,切中时弊,发散出耀眼的思想光芒,值得我们认真对待。

三、余论:以诗文证法史

以上通过宋人诗歌和文集中与法相关的内容,来探讨宋人的法观念和法意识。观念和意识皆为法文化的重要组成部分,甚至比起制度而言,对人们的影响更深刻。我们要了解一个制度在社会中的运用,除了看制度文本和司法案例外,还得推究,当时之人处当时之世,究竟对法律作何观。因此,借助于"言为心声"的诗文,不失为一捷径。所以杜甫之诗,被公认为"诗史",通过其诗,我们可以直观地感受到安史之乱给社会造成的动荡,给人们带来的灾难,其真实度甚至比一般的历史载籍还要来得可信。近人陈寅恪先生很早就注意运用诗词来治史,诗歌和史学相互沟通,其《元白诗笺证稿》即为运用这一方法的名著。

当然,这一方法的运用也存在很大风险,因为人们写作,"直抒胸臆"固然有之,"春秋笔法"亦复不少。但是,"自古文人尊古卑今,是古非今之论多矣,实则对外之宣传,未必合于其衷心之底蕴也"[34]。这就要求我们在运用诗文论史的时候,对其加以细致地辨析。这方面陈寅恪先生也提供了一个可资借鉴的经验,比如他在笺证元微之悼亡诗时,就开宗明义提出:"故于(一)当日社会风习道德观念。(二)微之本身及其家族在当日社会中所处之地位。(三)当日风习道德二事影响及于微之之行为者。必先明其梗概,然后始可了解。"[35]也就是说,以诗证史、诗史互证是有一定前提的,且前提随时代和人物的不同而有相应的改变。所以我们在运用材料时,必得明白作者是在何时、何地、何种境遇之下而作,只有既知人,又论世,才有可能凭借个性化的诗文求得客观的历史真实。在法律史学的研究上,以诗文证法史也应该是一条蹊径,而存在古代书目分类中的"集部",又如同一座沉睡很久的丰富矿藏,等待着我们来发掘。

最后再回到本题,宋朝是一个经济发展、政治宽松的朝代,因此,诗文繁盛,思想家辈出。而且由于皇帝尚法制,因此流行于宋代的诗文中多有各自的法观念、法意识,显示了法文化的繁荣。从浩如烟海的古代诗文中,搜索法文化资料,也是法史钩沉的一端。至于苏轼提倡的读书读律,对于当前普及全民的法律知识,扩大依法治国的群众基础,夯实依法治国的文化基础,都具有一定的启迪意义。

注释

1 《尚书·尧典》。
2 《宋大诏令集》卷二百,《刑法》(上),《改窃盗赃计钱诏》。
3 (宋)李攸:《宋朝事实》卷一六,《兵刑》。
4 《续资治通鉴长编》卷一四三,庆历三年九月。
5 《文献通考》卷三二,《选举考》(五)。
6 《宋史·选举志三》。
7 《历代明臣奏议》卷一一六,《风俗》(二)。
8 《韩非子·定法》。
9 《韩非子·难三》。
10 《宋史·陈襄传》卷二二一。
11 《汉书·元帝纪》。
12 《苏轼集·策别一》卷四七。
13 《苏轼集·策别一》卷四七。
14 《王文公文集·上时政书》。
15 《王文公文集·上时政书》。
16 《王文公文集·周公》。
17 《长庆集》卷四三。
18 《宋史·包拯传》。
19 《资治通鉴·唐纪·唐纪八》。
20 《宋史·包拯传》。
21 《请选用提转长吏官》。
22 《宋史·司马光传》。
23 《司马温公行状》。
24 《奏弹王安石表》。
25 《言御臣上殿札子》。
26 《进士策问十五首》。
27 《议谋杀已伤案问欲举而自首状》。
28 《论语集注》卷一。
29 《朱子语类》卷二三。

30 《论治道》。

31 《论治道》。

32 《论治道》。

33 参见余英时:《朱熹的历史世界》,北京三联书店 2004 年版,第 211 页。

34 陈寅恪:《元白诗笺证稿》,北京三联书店 2001 年版,第 167 页。

35 陈寅恪:《元白诗笺证稿》,北京三联书店 2001 年版,第 85 页。

拾贰 清初实学影响下的法律观

一、明末西学的传播与实学的兴起

提起实学,要从明末西方传教士来华传播的西学说起。

明万历朝,已经陷入衰败的境地,专制制度的高度发展使得宦官政治成为丛弊之薮;农业经济由于灾祸频仍,无力扩大再生产;江浙一带的资本主义萌芽得不到政策的支持,陷入停滞的状态。至于兴盛一时的阳明心学由于只是谈空说玄,使心学禅化,完全脱离了经世致用的实际需要。就在这样的历史背景下,西方传教士把西学传入中国。

15—16 世纪,天主教耶稣会为了重振和扩大天主教的势力,把东方的中国视为最重要的传教目标。

万历十年(1582 年),来华的传教士罗明坚(Michele Ruggleri)撰写了传播基督教教义的《圣教实录》,于万历十二年(1584 年)在广州刊行。但在当时,儒家思想仍占据统治地位,儒家所奉行的"不语怪、力、乱、神"[1],"未知生,焉知死"[2],只关注今世的现实主义的精神,加上尊祖敬宗的伦理道德观念,使基督教神学之书遭到了屏蔽。

不仅如此,在现实的谋生产、求生存的利害面前,即使产生于中国本土的道教和东汉以来便输入中国的佛教,也在广大百姓中失去了昔日的影响力,更何况与中国传统文化特别是宗教文化格格不入的洋教。

此后,意大利传教士利玛窦(Matteo Ricci)在总结前人传教失败的经验教训的基础上,深刻体验到儒家思想在中国根深蒂固、影响深远,主宰着士大夫的思想和行动,是西方文化所难以动摇的。何况,儒家思想的背后

原文发表于《法制与社会发展》2016 年第 2 期,标题为《明末清初的实学与进步的法律观》。

还有着强大的专制政权的支持。因此,利玛窦将西方的神学比附中国的儒学,摆出一副合儒的姿态,企图借此立定脚跟,调和儒学与基督教教义之间的差异,走迂回传教的道路。于是他把中国古籍中的敬天、事天的活动附会为中国古人拜上帝的宗教活动,把儒家倡导的"仁"比附为天主教的"爱"。同时,对中国人传统的祭天、祭祖、祭孔的活动采取宽容的态度。传教士合儒态度的转变为他们的活动打开了一片新天地,同时也给了部分官僚士大夫与传教士相契合的一个机会。

与此同时,传教士们还把宣传的重点放在西方应用科学和工程技术上,先后出版了《测量法义》《浑天谈》《万国全图》《西国记法》《几何原理》等二十余种译作。这些译作对中国人说来是一种新知识,也是开明官僚士大夫所追求的,因而受到了欢迎。例如,礼部尚书徐光启便与利玛窦合译了《几何原理》。利玛窦逝世以后,颇有影响的传教士艾儒略(Jules Aleni)在天启三年(1623 年)撰写了《西学凡》一书,第一次明确提出了西学的概念,并以六科——理科、文科、医科、法科、教科、道科,诠释西学的内容,反映出西方学术知识的分类体系。从此以后直至晚清时期,西学便成为西方输入中国的新知识的概括。

经过利玛窦等人传播的近代科学技术知识,开拓了中国士大夫们的视野,启迪他们探索中国所不曾有的新知识,加上传教士的合儒做法,逐渐赢得了一些官僚士大夫们的心仪。以至于朝廷中的官僚徐光启、杨之藻等人都成了天主教的信徒。通过他们,较为顺利地宣传了适合于明朝统治的西学内容。

西方近代天文、地理、数学、几何、物理、水利、机械、医药、音乐、语言、绘画等一些知识,都是此时传入中国的。可见,中外的文化交流对于吸收新知识、改进中国的科技状态具有积极的意义。

传教士们通过合儒的策略,与明朝的士大夫们接近并形成了相知的关系,特别是传教士们介绍来的天文、地理、水利、机械、火炮等科学知识,不仅打动了这些文人士大夫,也受到了明朝统治者的重视。仿西方铸造的红衣大炮,便在辽东战场发挥了极大的威力。这些新知识当时被统称为"实学"。由于传教士们主要活动在江浙地带,而以东林书院为据点的文人士大夫也多聚集于此,万历二十二年(1594 年)顾宪成、高攀龙等人讲学于无锡东林书院。他们讽议朝政,主张开放言路、进行改良,成为社会舆论中心。东林书院的士大夫们道德气节相尚,关心国家大事,所谓“风声、雨声、读书声,声声入耳;家事、国事、天下事,事事关心”[3]。由于徐光启、李之藻、杨廷筠三人也曾在东林书院讲学,遂成为传教士与东林党人之间的中介。传教士们宣传的实学也受到东林书院的重视,丰富了他们面向实际的思想内涵。继东林书院之后成立的复社,是江南士大夫组织的政治团体,他们传承了东林书院关心国家大事的学风,所谓“接武东林”[4],更倾心于实学,追求实效。

二、批判心学,倡导实学

明朝覆亡以后,复社中的士大夫们痛感社稷沦亡、衣冠扫地,他们怀着悲愤的心情思考着明亡的教训,同时也在设计着匡时救世的方案。在这中间也表达了他们的法律观,形成了实学主宰下的经世致用的法文化。

清初批判心学,首推王夫之。

王夫之(1619—1692 年)字而农,号姜斋,世称船山先生。出身于没落的小地主家庭。他从青年时起便关心时政、民情,探索历代社会经济与典章制度的变革关系;并参加复社,要求改革。1648 年清兵进占衡州,王夫之于衡山起兵抗清,因寡不敌众失败。后参加桂王政府,又在南明小朝廷的党派斗争中受到排挤,几乎丧命。这使他痛感国事糜烂,已不可为,遂愤然离去,长期隐居于荒岩绝壑,苗瑶山洞中,从事著述,借笔墨倾吐匡复之志。他在极端艰苦中写成了许多著作。他痛斥心学是误国之学、亡国之学。他说:“(王守仁)以良知为门庭,以无忌惮为蹊径,以堕廉耻、捐君亲为大公无我……祸烈于蛇龙猛兽。”[5]

他在清算心学的斗争中,还从哲学的根本问题入手,用唯物主义观点阐明了理气关系、道器关系、知行关系,给予理学的唯心主义基础以沉重打击。他否定了“理本气末”“理在气先”的唯心论,肯定了“理在气中”“理即是气之理”[6]的唯物主义一元论。把理学家颠倒了的物质与精神的关系,重新颠倒过来,建立了超越前人的包括自然观和认识论的较完整的唯物主义体系。

黄宗羲怀着国恨家仇也批判心学。黄宗羲(1611—1695 年),字太冲,号南雷,又号梨洲,浙江余姚人,出身于官僚地主家庭。其父黄尊素是东林党的重要人物,在明末腐败的政治环境中被阉党迫害而死。清兵南下,黄宗羲毁家纾难，投身抗清，奋斗十余年。失败以后，隐居乡间，讲学著述，多次拒绝清政府的征聘，著有《明夷待访录》《南雷文定》《明儒学案》等书。

黄宗羲从各个方面尖锐地批评心学，他说："今之言心学者，则无事乎读书穷理，言理学者，其所读之书不过经生之章句，其所穷之理不过字义之从违……天崩地解，落然无与吾事，犹且说同道异。"[7]"今夫世之讲学者，非墨守训故之习，则高谈性命之理。大言炎炎，小言詹詹，有其声而无宫角，宁当于琴瑟钟鼓之调乎？"[8]"儒者之学，经纬天地，而后世乃以语录为究竟，仅附答问一二条于伊、洛门下，便侧儒者之列，假其名以欺世。"[9]

如果说王夫之与黄宗羲从理论与实际的结合上痛斥心学的空疏误国，那么顾炎武则从正面树立起了实学的大旗，力图使学风转向经世致用。

顾炎武(1613—1682年)，字宁人，号亭林，江苏昆山人，出身于江南大族，青年时期加入以抨击明末弊政为宗旨的"复社"，提倡读书务实，留心经世之学。他针对明末士大夫的空疏不学，强调"博学于文，行己有耻"，以"明道救世"为治学宗旨，把学术研究和解决社会问题联系起来，"自一身以至于天下国家，皆学之事也"[10]，力图扭转明末极端腐败的学风。他注重调查研究，广求证据，详查山川地理和各种制度沿革，提倡创新，反对盲从和剽窃。内容浩瀚的《天下郡国利病书》和《日知录》就是实践这个方法论的范例。他以"频年足迹所至，无三月之淹……一年之中，半宿旅店"[11]，每至一地，则"考其山川风俗，疾苦利病，如指诸掌"[12]。

由于顾炎武有力地纠正了"束书不观，游谈无根"[13]的恶劣学风，开辟了清代治学方法和学术门类的新途径，对继起的考据学派影响很大，因而在清代学术思想史上占有重要地位。梁启超说："清代许多学术，都由亭林发其端，而后人衍其续。"[14]

顾炎武提出的讲究实学，经世致用的思想，既传承了复社讲求实学的传统，又是从总结明亡的教训和从其清算陆王心学的斗争中完成的，是封建士大夫救世的呼声，力图从理学教条的束缚中解放出来，实现社会的改革和汉族王朝的复兴。

继顾炎武之后不久，颜元继续高举实学的旗帜，批判心学。颜元(1635—1704年)，字易直，号习斋，河北博野人。他生于穷乡，幼年因家贫为朱性养子，长期贫困的农村生活和青年时期"用力农事"的经历，使他对社会矛盾和人民的疾苦有所了解，从而形成注重"躬行践履"，讲求功利，反对空谈性命的思想。颜元一生主要以行医、教书为业，曾南游访问一些知名学者，与之论学辩道。晚年，一度主持漳南书院，开设文事、武备、经史、艺能四科，企图把积学待用的教育思想付诸实践。其主要著作有《四存编》(包括《存性》《存学》《存治》《存人》四编)和《四书正误》等。

颜元痛斥理学家所鼓吹的主静哲学是"虚学"，"愈谈愈惑，……愈妙愈妄"[15]，"分毫无益于社稷生民"[16]。他积极倡导以富国强兵为主旨的实学，认为"救弊之道在实学不在空言"[17]，"实学不明，言虽精，书虽备，于世何功，于道何补"。[18]他曾概括表述了"实学"的内容："如天不废予，将以七字富天下：垦荒、均田、兴水利；以六字强天下：人皆兵，官皆将；以九字安天下：举人材，正大经，兴礼乐。"[19]

在颜元所创办的漳南书院，讲坛的一副对联很能说明办学的实学宗旨：

聊存孔绪励习行，脱去乡愿、禅宗、训诂、贴括之套；

恭体天心学经济，斡旋人才、政事、道统、气数之机。[20]

上述王夫之批判心学、顾炎武提倡实学都继承了东林书院的学风，溯本追源，还应源于传教士所输入的自然科学，它给予王夫之批判心学以新的知识武器，同时也扎实了顾炎武所提倡的实学的根基。这从王、顾同时人方以智的学术经历中可以得到证明。方以智对于天文、地理、礼乐、音韵、医药均有涉猎，著有《通雅》《物理小识》《医学会通》等。方以智从对自然史的研究中得出了"盈天地间皆物也"[21]和"一切物皆气所为也"[22]的唯物主义结论，阐明了处于永恒运动的天地万物都有规律，所谓"物有其故"[23]。这规律就是"物理"，"物则"。他还主张，"藏知于物"，认为正确的认识应当符合事物的本来面目，所谓"知至而以知还物"[24]。

三、实学主导下的法律思想

清初批判心学、崇尚实学的思想家必然把视线投向政治、经济、法律等实际问题，由于明末传教士们翻译的西方书籍中并没有政治法律之书，以免为朝廷所忌，因此清初思想家们的法律思想并不带有西方近代法律的内容。但由于他们活动的领域已经发生了资本主义萌芽，市民的力量也有所勃兴，同时又受到经世致用的实学的影响并且意在总结明亡的教训，因此他们的法律思想已经达到了封建时代所能允许的高度，形成了饶有时代特色的法文化。

（一）有治法而后有治人的法治观

延续了二百余年赫赫不可一世的明王朝，居然被人口不到二十万的满洲族所推翻，这在汉族士大夫看来不仅是社稷沦亡而且是衣冠扫地。他们苦苦地思索明亡的教训。熟读经史的思想家们领悟到明朝之兴，在于太祖朱元璋制定严明的法律，并且重用执法的廉吏。而明朝之亡，恰恰亡于一切非法都变成了合法，宦官专政就是实例。在宦官专政的背景下发挥不了法律的治世功能。至于执掌法律的官吏，多听命于宦官，不以违法为意。这些现象清初思想家们不仅目睹，而且有着切身的感触，所以在他们的法律思想中重治法。黄宗羲有感而发出了天下之治乱“系于法之存亡”的感叹。[25]王夫之也说：“治道之裂，坏于无法。”[26]黄宗羲反对有治人无治法的传统观点，说：“吾以谓有治法而后有治人。”[27]理由就是非法之法，“即有能治之人，终不胜其牵挽嫌疑之顾盼，有所设施，亦就其分之所得，安于苟简，而不能有度外之功名。使先王之法而在，莫不有法外之意存乎其间。其人是也，则可以无不行之意；其人非也，亦不至深刻网罗，反害天下。故曰有治法而后有治人”[28]。

黄宗羲关于“有治法而后有治人”的法治思想是和他反对君权专制分不开的，他希望用法律来限制君权的滥用。同时在一定程度上反映了工商市民法律上要求平等权利的呼声。所以有治法而后有治人是有条件的，那就是此法必须是善法，也就是立法为公的天下之法。

王夫之鉴于明末暴政，深感“治道之裂，坏于无法”[29]，他说：“法未足以治天下，而天下分崩离析之际，则非法不足以定之，”[30]“……无法，则民无以有其生，而上无以有其民。”[31]因此，“立国之始，法不得不详”[32]，也不得不严，只有“严之于法而无可移，则民知怀刑；宽之以其人而不相尚以杀，则民无滥死”[33]。

法律既然关系到国家的存亡，所以它必须顺应时代的潮流和民心民意，所谓“因时而取宜于国民”[34]，王夫之从总结中国封建政治兴衰的历史经验中，阐发了丰富的法律思想。他根据进化论的历史观，发展了“法与时转”的观点，并明确指出“故立法者，无一成之法”[35]，法应该“因其时而酌其宜”[36]。又说：“天下有定理而无定法……无定法者，一兴一废一简之间，因乎时而不可执也。”[37]在这里，王夫之不仅论证了法律的可变性，而且也为他设想的社会改革作了舆论准备。既然“事随势迁，而法必变”[38]，所以只有“各因其时，建一代之规模”才能“相辅而成治”。[39]顾炎武也明确提出：“法不变，不可以救今已……而姑守其不变之名，必至于大弊。”[40]他们关于法律须要“随时更新”的主张，虽与“法与时转”的传统法律观相类似，但他们是针对明末法弊而不更，使天下大乱而发出的呐喊，带有鲜明的时代特点。

明中叶以后多以制定条例取代《大明律》，以便于皇帝任意援例破法以行其私。随着皇权的膨胀，条例也日益增多，以致造成法例冲突和国家的无序。王夫之有感而论“法愈密而天下之乱即生于法之中，所谓非法之法也。”[41]他主张：“法贵简而能禁，刑贵轻而必行。”[42]“夫法者，本简者也，一部之大纲，数事而已矣，一事之大纲，数条而已矣。”[43]他所说的大纲，就是“安民也，裕国也，兴贤而远恶也，固本而待变也”[44]。他反对法外有例，例外有令，要求“择折狱之吏，申画一之法，除条例之繁，严失入之罚，枉者固千百而什一矣”[45]。他扼要地指出“律简刑清”的效果：“刑清则罪允，罪允则民知畏忌。”[46]

顾炎武也痛感因例破法所造成的后果，他借用参知政事龚茂良的话，表达内心的愤懑：“昔之患在于用例破法，今之患在于因例立法，自例行而法废矣……吏胥得操其两可之柄。”[47]他进一步论证：“夫法制繁则巧猾之徒皆得以法而为市，而虽有贤者，不能自用，此国事之所以日非也。……前人立法之初，不能详究事势，豫为变通已之地。后人承其已弊，拘于旧章，不能更革，而复立一法以救之。于是法愈繁而弊愈多……”[48]

王夫之还从社会的复杂性与犯罪的多样性来论证法律的局限性。他说：“法之立也有限，而人之犯也无方。以有限之法，尽无方之慝，是诚有所不能该矣。”[49]法律既然不可能完全调整复杂的社会关系和问题，因此执法者还须要“尽理”“原情”，即做到原情定罪，论罪量刑，酌理参分。或当罪，或“曲宥”，都须要依法、明慎，但不能借口明慎而留狱，“留狱者，法之为大扰也”[50]。

（二）任法与任吏并重

如前所述，黄宗羲为了克服明末法制乱象，强调“有治法而后有治人”。在这里，他虽然重视治法，希望由此恢复法律秩序，但并未忽视治人（治吏）的重要性，只是在政治比重上治法优先于治人而已。所谓治法，是指制定以国家政策为依据,以顺应时代发展需要为准绳,以增删旧制为依归,以选择律学家起草的律文为蓝本,经过反复斟酌而成的国家大法。在此过程中,体现了治“法”的功能。

在治法与治吏的结合上,王夫之作出了远比黄宗羲丰富的理论阐发,他说:“任法任人,皆言治也,而言治者曰:任法不如任人。虽然,任人而废法,则下以合离为毁誉,上以好恶为取舍,废职业,徇虚名,逞私意,皆其弊也。于是任法者起而摘之曰:是治道之蠹也,非法而何以齐之?故申、韩之说,与王道而争胜。”[51]在王夫之看来,法是人君制定的,人君依靠法律饬吏治、恤民隐。所以“天下将治,先有制法之主,虽不善,贤于无法也”[52],“民气之不可使不静,非法而无以静之”。但是,他反对只任法不任人,指出:“法者非必治,治者其人也。”[53]所以,“治之敝也,任法而不任人”[54]。任法而不任人“未足以治天下”,是“治之敝也”。因为“律令繁,而狱吏得以缘饰以文其滥。……律之设也多门,于彼于此而皆可坐。意为轻重,贿为出入,……辩莫能折,威莫能制也”,而且“法之立也有限,而人之犯也无方。以有限之法,尽无方之慝,是诚有所不能该矣”[55]。因此,他也重视执法之吏。

如果说治法的终极目的在于制定一部善法,那么治吏的终极目的则在于建立起贤吏执法的官僚系统。清初思想家针对明末吏治的败坏,有针对性地提出治吏的主张。

其一,不得“舍大臣而任小臣,舍旧臣而任新进,舍敦厚宽恕之士,而任徼幸乐祸之小人”,如果使之操法,势必造成“国事大乱……小人进而君子危,不可挽矣”[56]的危局。明末的政治态势恰恰是如此,所以他认为“任人而废法,是治道之蠹也”,势将造成“下以合离为毁誉,上以好恶为取舍,废职业,徇虚名,逞私意”[57]的种种弊病。因此,王夫之多次肯定了曹操“任法课能,矫之以趋于刑名”[58]的为政之道。

其二,鉴于明末官场上“流品不清”“铨选不审”“秉宪不廉”“荐剡吹嘘”的种种乱象[59],王夫之主张严以治吏,他说:“严者,治吏之经也;宽者,养民之纬也。”[60]如果“驭吏以宽,而民之残也乃甚”[61],王夫之关于“严以治吏,宽以养民”[62]的理论是适合于任何时代的,这是他读《通鉴论》总结出来的极为有价值的历史镜鉴。为了贯彻严于治吏的主张,王夫之强调“严治上官”,他说:“严下吏之贪,而不问上官,法益峻,贪益甚,政益乱,民益死,国乃以亡。”[63]只有“严之于上官”，才会“贪息于守令，下逮于薄尉胥隶，皆喙息而不敢逞。……吏安职业，民无怨尤，而天下已平矣”[64]。贪酷之吏不除，犹如“养百万虎狼于民间”[65]，必须立法严治，否则“法不立，诛不必，而欲为吏者之毋贪，不可得也”[66]。顾炎武也非常重视整饬吏治，他说：“古之哲王所以正百辟者，既已制官刑儆于有位矣，而又为之立闾师，设乡校，存清议于州里，以佐刑罚之穷。”[67]他盛赞唐朝“以礼坊民，而法行于贵戚”[68]的做法。这同王夫之的法贵责是一致的。

其三，严惩胥吏专权。由于明科举考试创设了“八股”的格式，只讲求文章形式上的逐段对偶、堆砌雕琢，完全脱离了社会生活的现实，比起唐宋以诗文取士，更加禁锢士人的思想。这是强化专制主义在文化思想领域的反映。顾炎武曾经痛切地指出：“愚以为八股之害，等于焚书，而败坏人材，有甚于咸阳之郊所坑者但四百六十余人也。”[69]以八股作为敲门砖的官员对司法茫然无知，不得不依靠胥吏，使胥吏得以操纵司法，玩法行私，以致胥吏擅权是明朝司法丛弊之薮。所以黄宗羲将治吏的锋芒指向了胥吏，他说胥吏“创为文网以济为私。凡今所设施之科条，皆出于吏，是以天下有吏之法，无朝廷之法……京师权要之吏，顶首皆数千金，父传之子，兄传之弟……今天下无封建之国，有封建之吏”[70]。

其四，面对明朝覆亡以后，一些官僚士大夫，如钱谦益、侯朝宗之流纷纷降清以求仕进，王夫之主张除依法整饬吏治外，还从正面强调官吏需要重视“名教”“名节”。顾炎武阐述了士人要有知耻之心，他说：“士人有廉耻，则天下有风俗。”又说：“耻之于人大矣！……士而不先言耻，则为无本之人。”[71]为正人心风俗，顾炎武认为教化为先。他说：“教化者，朝廷之先务；廉耻者，士人之美节；风俗者，天下之大事。朝廷有教化，则士人有廉耻；士人有廉耻，则天下有风俗。”[72]

清初思想家任法与任吏相统一的观点，具体表现为：“择人而授以法，使之遵焉”[73]，“进长者以司刑狱，而使守画一之法”[74]。他们剔除了某些思想家各执一端的偏见，特别是就明末法制废弛，官吏贪暴的恶劣现实而发的，是抨击，也是矫弊；是对以往的总结，也是对未来的期望。

法治与吏治的统一结合，经过历史的检验，证明了它是一个成熟的治国方略。二者结合得好的王朝多为盛世，如汉文景之治、唐贞观之治，既有良法也有执法的贤吏。

（三）以天下之法取代一家之法

这是明末清初思想家反对专制主义的重要组成部分，也是最具有时代特色的法律思想。

17世纪后期的进步思想家从切身经历中痛感明末专制政治的腐败和专制皇帝的昏庸，以及宦党的荼毒，因而对封建专制主义的弊害有比较深刻的认识，奋笔进行了尖锐的抨击，其中以黄宗羲、唐甄最为激烈。

1663年，黄宗羲怀着士大夫的“亡国”深恨，写了一部以批判封建专制主义为特色的政治专著——《明夷待访录》。在这部书中他比较大胆地突破了纲常名教观念的束缚，剔除君权神授的神秘色彩，用赤裸裸的“利”“害”观点，论证了君权的起源及实质。他指出：“古者以天下为主，君为客，凡君之所以毕世而经营者，为天下也。”“不以一己之利为利……不以一己之害为害”。可是后来的君主，治理国家不是为了谋“公利”，而是把国家当成一家一姓的私产，以便“传之子孙，受益无穷”。君主“以天下之利尽归于己，以天下之害尽归于人”，不惜“屠毒天下之肝脑，离散天下之子女”，“敲剥天下之骨髓”，供一己之淫乐，致使天下人的“私”与“利”完全淹没在君主个人的“大私”“大利”之中。[75]他们赞美尧舜之世，反对“以君为主，天下为客”的今世，认为“以君为主，天下为客”的统治关系是造成天下不得安宁的根本原因，即所谓“今也以君为主，天下为客，凡天下之无地而得安宁者，为君也”，“天下之大害者，君而已矣”。[76]天下之人，把专制君主“视之为寇仇，名之为独夫”。在君主的淫威笼罩一切并得到理学家百般辩护的专制时代，这个结论确如惊天霹雳，猛烈震动着黯然窒息的思想界。

在反对封建专制主义的思潮中，稍后于黄宗羲的是唐甄。唐甄（1630—1704年）字铸万，四川达州人。清初举人，当过十个月知县，后在江南经商，过着“居于市廛，日食不匮”[77]的生活，晚年讲学论道，著有《潜书》。唐甄以“君臣之伦不达于我也”“不敢言君臣之义”的鲜明立场[78]，向着被儒家神圣化的君权发起攻击，指出“天子虽尊，亦人也”[79]，“天子之尊，非天帝大神也，皆人也”[80]，从而抹去君主头上的神圣光环，降格与平民同列。他在“天下之人视君主如寇仇”的认识基础上，进一步揭露了历代君主都是屠杀人民的刽子手。“自秦以来，凡为帝王者皆贼也。”“……大将杀人，非大将杀之，天子实杀之……官吏杀人，非官吏杀之，天子实杀之。

杀人者众手,实天子为之大手。”[81]“嗟乎！何帝王盗贼之毒至于如此其极哉!”[82]唐甄的激烈抨击不仅清算了历史上君主的罪恶,锋芒也触及清初的社会现实,所谓“近者二三十年……杀人之事……帝王居其半”[83],就是指满洲贵族的军事镇压活动。

但是,无论黄宗羲还是唐甄都没有从揭露君主的罪恶中引导出废除君主专制制度的结论。他们的激烈抨击确实倾泄了长期积郁的愤懑,黄宗羲甚至还提出了“向使无君也”的假设,然而实际的着眼点仍在于提高相权,限制君权,用宰相传贤制补充天子世袭制。使君主“不以一己之利为利,而使天下受其利,不以一己之害为害,而使天下释其害”[84]。

顾炎武十分推重《明夷待访录》,亲为作序,自称《日知录》同于《待访录》者“十之六、七”。他提出的以“众治”代“独治”[85],即扩大郡县守令的职权,借以平衡君权和地方权力的见解,以及王夫之“不以天下私一人”[86]的“均天下”主张,是和黄宗羲、唐甄反对专制的政治思想相通的。

在黄宗羲批判专制主义的论述中,特别提出了以立法为公的天下之法取代立法为私的一家之法,这是明末清初最具时代特色的法律思想。他认为三代以上之法不是为“一己而立”,所谓“三代之法,藏天下于天下者也。山泽之利不必其尽取,刑赏之权不疑其旁落,贵不在朝廷也,贱不在草莽也”[87]。他称三代以上之法是为天下之法。天下之法,立法为公,立法为万民。“知天下之不可无养也,为之授田以耕之;知天下之不可无衣也,为之授地以桑麻之;知天下之不可无教也,为之学校以兴之,为之婚姻之礼以防其淫,为之卒乘之赋以防其乱。”[88]“天下之法”使人人“各得自利”[89],自然受到天下人的拥护,所以“法愈疏而乱愈不作,所谓无法之法也”。[90]

至于三代以下之法,立法为私,“唯恐其祚命之不长也,子孙之不能保有也,思患于未然以为之法”,这种法是“藏天下于筐箧”,用以桎梏人民手足的“一家之法”,“何曾有一毫为天下之心哉”。[91]因此,“法愈密而天下之乱即生于法之中,所谓非法之法也”[92]。黄宗羲主张以“天下之法”取代“一家之法”,不是意在“复古”,而有其强烈的现实针对性,是对封建专制君权的继续抨击。

顾炎武赞同黄宗羲以“天下之法”取代“一家之法”的论点,他认为一家之法束缚了人的思想,使其志不得伸,昏然俯首,一听于法。“豪杰之士无以自备而同归于庸懦也”,此种法成为“败坏人材之具”。[93]不仅如此,他还引述宋代孙洙所作《资格论》，抨击三代以下的选官法的弊病："三代以下，选举之法，其始终一切皆失者，其国家资格之制乎！今贤材之伏于下者，资格阂之也。职业之废于官者，资格牵之也。士之寡廉鲜耻者，争于资格也。民之困于虐政暴吏，资格之人众也。万事之所以抚弊，百吏之所以废驰，法制之所以颓烂决溃而不之救者，皆资格之失也。"[94]这些资格之官，"来而暴一邑，既岁满矣，又去而虐一州也，非以赃败，至死不黜"[95]。他认为这种选官法，对于天下国家来说是"大失也，大害也"[96]。总之，专制的"一家之法"使"事功日堕，风俗日坏，贫民愈无告，奸人愈得志，此天下之所同患"。但是顾炎武也承认人性中是有"私"的。所谓"人之有私，固情之所不能免矣"。他主张通过立法途径来保护"天下之私"即民众的利益，若法律只是保护君主的利益就是恶法，若法律保护民众的利益就是"公天下而为之者也"的良法。

王夫之完全认同黄宗羲的观点，他说立法必须"循天下之公"，而不能为"一姓之私"。[97]但是王夫之也强调"就事论法，因其时而酌其宜，即一代而各有弛张，均一事而互有伸诎"[98]。他关于"天下有定理而无定法"的论断是很有价值的，他说："定理者，知人而已矣，安民而已矣，进贤远奸而已矣；无定法者，一兴一废一繁一简之间，因乎时而不可执矣。"[99]

从中国法制历史发展的过程来看，法律的出现是和私有制与阶级的出现分不开的。法律的实质是统治阶级意志的体现，是用来控制社会、维护统治阶级利益的工具。在这一点上，无论天下之法还是一家之法都是一致的。只不过是三代以后秦始皇建立了专制主义的皇帝制度，使法律成为君主手中任意施为的手段。这样一家之法的"私"便永远超过天下之法的"公"。尽管天下之法的"公"也是建立在"私"的基础之上，二者只有度的差别，没有质的差别。黄宗羲提出以天下之法取代一家之法，是他批判专制主义范畴中的一个组成部分。这种反专制主义的法律观不仅洋溢着反专制主义的战斗精神，也是那个时代的特定产物。

（四）经世致用，以法促改革

清初思想家反对明末浮夸空谈的学风，讲求经世致用的功利主义。顾炎武痛诋王阳明学派"置四海之贫困不言，而终日讲危微精一之说"[100]，致使"神州荡覆，宗社丘墟"[101]；他认为治学就是求治道，在自述著书宗旨时说："有王者起，将以见诸行事，以跻斯世于治古之隆，"[102]"意在拨乱涤污，法古用夏,启多闻于来学,待一治于后王。”[103]他强调“多学而识,行必有果”,注意理论和实际、思想和行动的一定程度的结合。虽然顾炎武的哲学思想不如王夫之丰富,政治思想不如黄宗羲激进,但始终贯彻经世致用的主线,构成顾炎武学术思想的突出特点。可见,经世致用的思想是清初思想家从总结明亡教训和清算理学的斗争中形成的,目的在于摆脱明末以来封建社会的危机,整顿濒于崩溃的封建秩序,恢复和加强封建国家的统治,实际上是发自封建士大夫的“救世”的呼声。但由于它企图从理学教条的束缚中解放出来,追求社会的变革,因此,在当时具有进步的意义。

1. 提倡均田法,主张工商皆本

经历了明末农民大起义的思想家们,从此起彼伏的农民反抗中认识到,明末官僚贵族大地主疯狂地兼并土地,造成“有田者什一,为人佃作者什九”的严重“不均”,是招致农民大起义的根源。为了改变明末弊政,缓和阶级矛盾,维护封建制度的基础,他们提出以限制官僚贵族大地主的兼并,作为社会改革的核心。王夫之反对王者擅取天下的土地,拥护自占自耕。他说:“有其力者治其地”,[104]“王者能臣天下之人,不能擅天下之土”,[105]“人所自占为自耕者,有力不得过三百亩。”[106]黄宗羲在《明夷待访录》中借恢复井田为号召,提出“授民以田”,“田土均之”。[107]他根据明代的军屯制度设想了恢复井田制的蓝图。顾炎武针对明末官僚地主对农民的繁苛剥削,也力主“均田”和“垦田”,并在诗文中流露出对于农民现实惨痛生活的一定同情。颜元不仅揭露了“一人而数十百顷,或数十百人而不一顷”[108]的严重社会不均,而且把抨击的锋芒指向了清初的圈地政策,谴责说:“国朝之圈占,几半京辅。”[109]他大声疾呼“天地间田宜天地间人共享之”[110],均田为“第一义”,“田不均,则教养诸政俱无措施处”[111]。他的七字富天下的经济纲领实际也是以均田为基石的。

均田法发源于北魏,定型于唐朝。根据唐开元二十五年均田法:“诸丁男给永业田二十亩,口分田八十亩,其中男年十八以上,亦依丁男给。老男、笃疾、废疾各给口分田四十亩,寡妻妾各给口分田三十亩。先有永业者,通充口分之数。黄、小、中、丁男女及老男、笃疾、废疾、寡妻妾当户者,各给永业田二十亩、口分田二十亩。应给宽乡,并依所定数。若狭乡新受者,减宽乡口分之半。其给口分田者,易田则倍给(宽乡三易以上者,仍依乡法易给)。”[112]永业田可以传子孙,“不在收授之限,即子孙犯除名者,所承之地亦不追”[113]。口分田，本人死后还官。州县内“受田悉足者为宽乡，不足者为狭乡”[114]。

此外，“诸以工商为业者，永业、口分田各减半给之。在狭乡者并不给”；[115]“道士给田三十亩，女官二十亩，僧尼受具戒准此”；[116]“杂户者，依令，老免进丁受田，依百姓例。官户受田，减百姓口分之半”[117]。

由于唐朝建立在隋末大起义之后，国家掌握了大量无主土地，使推行均田法成为可能。由于贫苦农民获得了土地，捐税也有所宽缓，刺激了农业经济的发展，使家给人足、安居乐业，出现了贞观之治、开元之治。这对于清初思想家极有影响。但他们面对政治现实，深知实行唐均田法完全不可能，只是借助均田之意推行土地改革，调整现行的租佃关系。

黄宗羲主张把土地收归国有，然后按井田制的形式“受民以田”，均田于民，不必“拘泥其制度疆界”[118]，同时还要保护富民之田。

颜元曾经幻想“一月不刑一人，而均一邑之田亩”[119]。颜元的弟子李塨也认为：“均田，第一仁政也。”[120]他还提出收田、献田、买田等具体办法[121]，补充了颜元的均田主张。

17 世纪思想家的“均田说”，在浓厚的复古色彩的掩盖下具有极其现实的针对性。它从维护封建制度的基础出发，揭露了当时社会发展的主要症结和动乱的根源，抑制了土地兼并的泛滥，反映了岌岌可危的自耕农的呼声和中小地主的要求。均田的主张同他们要求平等的参政权是一致的。但是，这些思想家的均田主张，有的以军屯制度作样板（如黄宗羲），有的参照了当时的租佃关系（如颜元、李塨），都主张实行自上而下的渐进式改革。这种改革不但难以实现，而且仍然给土地兼并留下了广阔的余地，只是构成了 17 世纪进步思潮的重要内容。

此外，黄宗羲还提出“工商皆本”的思想，与传统的“重农抑商”的经济政策、经济法律相对抗。他说：“世儒不察，以工商为末，妄议抑之。夫工固圣王之所欲来，商又使其愿出于途者，盖皆本也。”[122]唐甄也把封建统治者历来视为“末业”的商贾，提到与农业并重的高度，认为农商皆本，发展农商是统治者“为政之道”最重要的内容。他曾经幻想通过增加生产与市易的途径，改变“四海之内，日益贫困，农空、工空、市空、仕空”[123]的现状。

清初，工商皆本（或农商皆本）的思想是资本主义萌芽的物质关系的产物，是代表市民利益的意识形态。当然，这种思想还是零碎片断的，而非完整系统的。因为当时城市中工商业者的力量、作用虽有所增长,但远没有形成强大的、可以和封建势力抗衡的社会力量。在现实生活中还只是尚未牢固、尚未壮大的新事物,反映在思想上也只能是模糊不定的轮廓而已。清初思想家朦胧地意识到工商业者的重要作用,在一定程度上寄希望于市民力量的发展,但又不可能对这支相对微弱的力量进行更细致的描述和更大胆的支持。他们所说的商贾,侧重点在商品流通的领域,而非商品生产的领域;他们所说的"富民",除了工商业者之外,也包括了那些不当权的地主在内。

在中国古代,农业是基本的经济结构,也是专制制度得以建立的物质基础。自汉以来重农抑商的政策便法律化了,违反者要受到法律制裁。其结果严重阻碍社会经济的发展,扼制了资本主义萌芽的趋势,这一点清初思想家深有所感。在天崩地解的大变局中,他们挺身而起,向煌煌的盛世和严酷的法律挑战,形成了全面反对专制主义的合唱。

2. 分权而治,平衡君权

虽然这是清初思想家为批判专制主义而提出的命题,但它已经透露了近代议会政治与权力分治的曙光。

一方面,他们反对"君为臣纲"的封建教条,黄宗羲阐述了君臣"名异而实同",是平等的"师友"关系,有别于宦官宫妾。臣的职分"为天下,非为君也;为万民,非为一姓也"[124]。他嘲笑鼓吹"臣为君而设","君臣之义无所逃于天地之间"的理学家,蔑视他们尊为最高道德标准的忠君思想。他认为"不以万民之忧乐"为意的君主,其兴亡只是"一姓之兴亡",臣下无需"从君而亡",或"杀其身以事其君"[125],这种万民之忧乐重于一姓之兴亡的观念,是对传统的封建纲常的否定。唐甄也以"君臣之伦不达于我也""不敢言君臣之义"的鲜明立场[126],向着被儒家神圣化了的君权发起攻击,指出"天子虽尊,亦人也"[127],"天子之尊,非天帝大神也,皆人也"[128],从而抹去君主头上的神圣光环。

另一方面,他们从秦以后的历史上发现,凡是君主独治,往往"祸国殃民"。为此,黄宗羲和王夫之都提出了"君臣共治"的主张,顾炎武则进一步提出了"百官分治",他说:"人君之于天下,不能以独治也。独治之而刑繁矣,众治之而刑措矣。"[129]他主张大小官吏都应分天子之权"以各治其事",各掌其权。他说:"天子之所恃以平治天下者,百官也。"[130]"一命之官，莫不分天子之权以各治其事。”[131]这意味着要在统治集团内部实行有限的“民主”。

不仅如此，他们还主张恢复宰相制度，用相权来制衡君权，同时要求把地方的军民财政大权“一归于郡县，则守令必称其职，国可富，民可裕，而兵农各得其业矣”[132]。这样可以避免明末皇帝专制所造成的“故郡县空，而本末俱弱”的局面。顾炎武所说“寓封建之意于郡县之中，而天下治矣”也就是要在郡县之中加进封建制下地方长吏的一定独立性。“于不变之中，而寓变之之制，因已变之势，而复创造之规”[133]，这实际上是要求分散帝王的权力而加强地方的自治权。

3. 学校议政，公其非是

黄宗羲希望通过学校来监督君权的行使。主张学校不能单纯“养士”，而应成为具有“公其非是”职能的清议机关和士大夫评论国事和出谋划策的平台，显然这是东林书院的遗风。他引古筹今，以东汉和宋朝的历史为例，论证了学校的作用。他提出太学祭酒应拥有“其重与宰相等”的权力，可以当天子之面直言“政有缺失”。由于“天子之所是未必是，天子之所非未必非”，所以要通过学校使天子“不敢自为非是，而公其非是于学校”。[134]郡县学官对地方官的“政事缺失”也可以“小则纠绳，大则伐鼓号于众”[135]。这样的学校类似近代的代议机关，它是黄宗羲政治思想中最激进的、具有初步民主主义的思想，表达了专制极弊之后对于贤人政治的渴望心情。

顾炎武认为“清议”是一种社会舆论，它与社会风俗密切相关。风俗在禁恶扬善、激浊扬清方面能够起到法律所不能起到的作用，淳厚的风俗可以作为法制的辅助手段而使国家大治。他说：“天下风俗最坏之地，清议尚存，犹足以维持一二。至于清议亡而干戈至矣。”[136]“清议”作为一种社会舆论，既可以监督不法，又可以激发人的羞耻心，从而预防犯罪。他还以亡秦为例，谴责明末繁法苛刑之害，指出：“法禁之多，乃所以为趣亡之具”，只靠法制禁令“非所以为治也”，关键在于“正人心、厚风俗而已”。[137]而正风俗又应从“清议始”，“政教、风俗苟非尽善，即许庶人之议”[138]，实际是为士大夫争取发言权。

明末清初是中国历史上阶级矛盾、民族矛盾异常尖锐的动荡时代。明朝的瓦解和满洲贵族入主中原，使一些封建士大夫面对着“社稷沦亡，天下陆沉”,“天崩地解”的大变局,使他们沉重地思考明朝发生危机的原因。他们面对严酷的现实,以犀利的笔锋,奔放的激情,抒发了深刻而新颖的政治观点、哲学观点、法律观点,形成了与宋明以来陈腐理学相对立的,具有批判精神和求实精神的新思潮、新学风。

明末,中国封建社会已经进入了后期,长江流域一带在商品经济发展的基础上产生了资本主义萌芽,虽然这些发生在封建社会内部的新的经济因素还极其微弱,但已经开始显露出它的社会影响。清初的思想家大多生活或活动在东南地区,与工商业存在这样或那样的联系。他们之所以能够透过封建正统思想的重重笼罩,产生出某些民主主义思想的萌芽,是和比较发达的经济条件分不开的。

经由传教士利玛窦传入的西方自然科学,影响着中国思想界实学的兴起。清初思想家许多是“复社”的成员,他们传承了东林书院“家事、国事、天下事,事事关心”的遗风,再加上西方自然科学思想的传入,都有助于他们剔除自己宇宙观和历史观中的神秘色彩,摆脱理学观点和迷信思想的束缚,开始用求实的态度和比较科学的方法来观察政治问题和社会问题。

就法律观而言,他们反对传统的人治,提倡法治,在法与吏的关系上坚持二者统一,不可偏废。特别是提出以天下之法取代一姓之法,把批判的锋芒指向了整个封建法制。这一切都是围绕着批判专制主义而展开的,带有鲜明的时代特色。

由于清初思想家坚持实学的主张,因此他们的法律观也含有经世致用的现实主义的内容。在中国思想历史的漫长发展过程中,每处于社会转折时期,都有人作出自己时代所能作出的总结。清初思想家正是站在急遽变化的社会潮流的前面,总结性地批判过去,揭开了中国思想史上辉煌、瑰丽的新篇章。

但是,清初思想家仍然存在阶级和历史的局限性。他们在政治上的初步民主主义和法治主义的倾向,虽然达到了中国思想史上前所未有的水平,但他们的进步观点往往夹杂着封建的元素,表现为模糊朦胧的幻想或稍纵即逝的闪光;他们的整个思想体系没有冲破封建的迷雾,摆脱传统的网罗,基本上仍是地主阶级的思想体系。因此,即使他们在思想史上谱写了光辉的篇章,但在实践中对于继起的清朝的政治法律制度并没有发生积极的影响,他们的经世致用的豪情如同行云流水没能留下痕迹。直到两百多年以后,发生了“三千年未有之变局”的鸦片战争,一些思想家重新翻阅清初思想家批判专制主义的一系列著作,企图从中寻求拯救国家危亡的良方。但是,历史条件已经发生了巨变,继起的新思潮则是提倡设议院,开国会,实行三权分立,改良或取消君主政体的更为激进的思潮。这是黄宗羲等人料想不及的,正是江山代有才人出,各领时代的风骚。

明末清初进步思想家倡导的实学带来了学风的转变,在很大程度上改变了“束书不观,游谈无根”的心学影响。但是他们的实学主张并没有落实到经世致用的改革方案上。因为继起的清朝仍然是一个专制主义的保守的统治,不可能按照思想家们设计的改革方案行事。相反却将专制主义推向了极端的程度,以致一度兴起的实学学风很快便转向皓首穷经的考据之学。尽管考据学脱离了社会生活的实际,但这门学问带有一定的科学性,是清朝学术文化上最具代表性的成就。

清初思想家提倡的实学学风,以及他们怀着对于民族、国家无限忠贞而设计的救世的改革方案,尽管在清朝文化专制的高压下,遭到了严重的挫折,但在鸦片战争前夜,即将面临前所未有的巨变时,一批思想家如龚自珍、魏源等,重又举起改革弊政的经世致用之旗帜,他们的视野更加开阔,“师夷制夷”的豪情更加澎湃,他们传承的实学传统和对民族国家的责任感、使命感,对于我们奋发图强建设社会主义的法制中国仍然具有一定的借鉴意义。

注释

1 (清)阮元校刻:《十三经注疏·论语注疏·述而》。

2 (清)阮元校刻:《十三经注疏·论语注疏·先进》。

3 (明)顾宪成:《题东林书院》。

4 (清)赵尔巽:《清史稿·钱澄之传》。

5 (清)王夫之著,舒士彦点校:《读通鉴论·平帝》。

6 (清)王夫之:《读四书大全说·孟子·告子上篇》。

7 (清)黄宗羲著,陈乃乾编:《黄梨洲文集·杂文类·留别海昌同学序》。

8 (清)黄宗羲著,陈乃乾编:《黄梨洲文集·碑志类·兵部督捕右侍郎西山许先生墓志铭》。

9 (清)黄宗羲著,陈乃乾编:《黄梨洲文集·碑志类·赠编修弁玉吴君墓志铭》。

10 (清)顾炎武:《顾亭林诗文集·与友人论学书》。
11 (清)顾炎武:《顾亭林诗文集·与潘次耕》。
12 (清)潘耒:《日知录·原序》。
13 (宋)苏轼著,孔凡礼点校:《苏轼文集·李氏山房藏书记》。
14 梁启超:《中国近三百年学术史》。
15 (清)颜元:《颜元集·存人编》。
16 (清)颜元:《颜元集·朱子语类评》。
17 (清)颜元:《颜元集·存学编》。
18 (清)颜元:《颜元集·存学编》。
19 (清)李塨:《颜习斋先生年谱》。
20 (清)李塨:《颜习斋先生年谱》。
21 (明)方以智:《物理小识·自序》。
22 (明)方以智:《物理小识·天类·气论》。
23 (明)方以智:《物理小识·自序》。
24 (明)方以智:《物理小识·总论》。
25 (清)黄宗羲:《明夷待访录·原法》。
26 (清)王夫:《读通鉴论·梁武帝》。
27 (清)黄宗羲:《明夷待访录·原法》。
28 (清)黄宗羲:《明夷待访录·原法》。
29 (清)王夫之:《读通鉴论·梁武帝》。
30 (清)王夫之:《读通鉴论·代宗》。
31 (清)王夫之:《读通鉴论·五代下》。
32 (清)王夫之:《船山全书·噩梦》。
33 (清)王夫之:《读通鉴论·景帝》。
34 (清)王夫之:《读通鉴论·德宗》。
35 (清)王夫之:《读通鉴论·汉高帝》。
36 (清)王夫之:《读通鉴论·叙论四》。
37 (清)王夫之:《读通鉴论·光武》。
38 (清)王夫之:《读通鉴论·成帝》。
39 (清)王夫之:《读通鉴论·高宗》。
40 (清)顾炎武:《顾亭林诗文集·军制论》。
41 (清)黄宗羲:《明夷待访录·原法》。
42 (清)王夫之:《读通鉴论·玄宗》。
43 (清)王夫之:《读通鉴论·梁武帝》。
44 (清)王夫之:《读通鉴论·三国》。

45 （清）王夫之：《读通鉴论·后废帝》。
46 （清）王夫之：《读通鉴论·宣帝》。
47 （清）顾炎武：《日知录·铨选之害》。
48 （清）顾炎武：《日知录·法制》。
49 （清）王夫之：《读通鉴论·宣帝》。
50 （清）王夫之：《读通鉴论·安帝》。
51 （清）王夫之：《读通鉴论·三国》。
52 （清）王夫之：《读通鉴论·五代下》。
53 （清）王夫之：《读通鉴论·隋文帝》。
54 （清）王夫之：《读通鉴论·光武》。
55 （清）王夫之：《读通鉴论·宣帝》。
56 （清）王夫之：《读通鉴论·光武》。
57 （清）王夫之：《读通鉴论·三国》。
58 （清）王夫之：《读通鉴论·三国》。
59 （清）王夫之：《读通鉴论·文帝》。
60 （清）王夫之：《读通鉴论·桓帝》。
61 （清）王夫之：《读通鉴论·桓帝》。
62 （清）王夫之：《读通鉴论·桓帝》。
63 （清）王夫之著，舒士彦点校：《读通鉴论》卷二八《五代上》，中华书局 1975 年版，第 1032 页。
64 （清）王夫之著，舒士彦点校：《读通鉴论》卷二八《五代上》，中华书局 1975 年版，第 1033 页。
65 （清）顾炎武：《顾亭林诗文集·亭林文集》卷一《郡县论八》，中华书局 1959 年版，第 16 页。
66 （清）顾炎武：《日知录》卷十三《除贪》，载顾炎武著，黄汝成集释，栾保群、吕宗力点校：《日知录集释》（全校本中册），上海古籍出版社 2006 年版，第 787 页。
67 （清）顾炎武：《日知录》卷十三《清议》，载顾炎武著，黄汝成集释，栾保群、吕宗力点校：《日知录集释》（全校本中册），上海古籍出版社 2006 年版，第 764 页。
68 （清）顾炎武：《日知录》卷十五《居丧饮酒》，载顾炎武著，黄汝成集释，栾保群、吕宗力点校：《日知录集释》（全校本中册），上海古籍出版社 2006 年版，第 917 页。
69 （清）顾炎武：《日知录》卷十六《拟题》，载顾炎武著，黄汝成集释，栾保群、吕宗力点校：《日知录集释》（全校本中册），上海古籍出版社 2006 年版，第 946 页。
70 （清）黄宗羲：《明夷待访录·胥吏》，载沈善洪主编：《黄宗羲全集》（第一册），浙江古籍出版社 1985 年版，第 43 页。
71 （清）顾炎武：《顾亭林诗文集·亭林文集》卷三《与友人论学书》，中华书局 1959 年版,第41页。

72 (清)顾炎武:《日知录》卷十三《廉耻》,载顾炎武著,黄汝成集释,栾保群、吕宗力点校:《日知录集释》(全校本中册),上海古籍出版社2006年版,第773页。

73 (清)王夫之:《读通鉴论·三国》。

74 (清)王夫之:《读通鉴论·景帝》。

75 (清)黄宗羲:《明夷待访录·原君》。

76 (清)黄宗羲:《明夷待访录·原君》。

77 (清)唐甄:《潜书·食难》。

78 (清)唐甄:《潜书·守贱》。

79 (清)唐甄:《潜书·善游》。

80 (清)唐甄:《潜书·抑尊》。

81 (清)唐甄:《潜书·室语》。

82 (清)唐甄:《潜书·全学》。

83 (清)唐甄:《潜书·全学》。

84 (清)黄宗羲:《明夷待访录·原君》。

85 (清)顾炎武:《日知录·爱百姓故刑罚中》。

86 (清)王夫之:《黄书·宰制》。

87 (清)黄宗羲:《明夷待访录·原法》。

88 (清)黄宗羲:《明夷待访录·原法》。

89 (清)黄宗羲:《明夷待访录·原君》。

90 (清)黄宗羲:《明夷待访录·原法》。

91 (清)黄宗羲:《明夷待访录·原法》。

92 (清)黄宗羲:《明夷待访录·原法》。

93 (清)顾炎武:《日知录·人材》。

94 (清)顾炎武:《日知录·停年格》。

95 (清)顾炎武:《日知录·停年格》。

96 (清)顾炎武:《日知录·停年格》。

97 (清)王夫之:《读通鉴论·叙论一》。

98 (清)王夫之:《读通鉴论·叙论四》。

99 (清)王夫之:《读通鉴论·光武》。

100 (清)顾炎武:《顾亭林诗文集·与友人论学书》。

101 (清)顾炎武:《日知录·夫子之言性与天道》。

102 (清)顾炎武:《顾亭林诗文集·与人书二十五》。

103 (清)顾炎武:《顾亭林诗文集·与杨雪臣》。

104 (清)王夫之:《船山全书·噩梦》。

105 （清）王夫之：《读通鉴论·孝武帝》。
106 （清）王夫之：《读通鉴论·文帝》。
107 （清）黄宗羲：《明夷待访录·田制二》。
108 （清）颜元：《存治编·井田》。
109 （清）颜元：《存治编·井田》。
110 （清）颜元：《存治编·井田》。
111 （清）钟錂：《颜习斋先生言行录·三代第九》。
112 ［日］仁井田陞著，栗劲、霍存福等译：《唐令拾遗·田令》。
113 ［日］仁井田陞著，栗劲、霍存福等译：《唐令拾遗·田令》。
114 ［日］仁井田陞著，栗劲、霍存福等译：《唐令拾遗·田令》。
115 ［日］仁井田陞著，栗劲、霍存福等译：《唐令拾遗·田令》。
116 ［日］仁井田陞著，栗劲、霍存福等译：《唐令拾遗·田令》。
117 ［日］仁井田陞著，栗劲、霍存福等译：《唐令拾遗·田令》。
118 （清）黄宗羲：《明夷待访录·田制二》。
119 （清）钟錂：《颜习斋先生言行录·三代第九》。
120 （清）李塨：《拟太平策·地官》。
121 （清）李塨：《平书订·制田第五上》。
122 （清）黄宗羲：《明夷待访录·财计三》。
123 （清）唐甄：《潜书·存言》。
124 （清）黄宗羲：《明夷待访录·原臣》。
125 （清）黄宗羲：《明夷待访录·原臣》。
126 （清）唐甄：《潜书·守贱》。
127 （清）唐甄：《潜书·善游》。
128 （清）唐甄：《潜书·抑尊》。
129 （清）顾炎武：《日知录·爱百姓故刑罚中》。
130 （清）顾炎武：《日知录·吏胥》。
131 （清）顾炎武：《日知录·守令》。
132 （清）顾炎武：《日知录·守令》。
133 （清）顾炎武：《顾亭林诗文集·军制论》。
134 （清）黄宗羲：《明夷待访录·学校》。
135 （清）黄宗羲：《明夷待访录·学校》。
136 （清）顾炎武：《日知录·清议》。
137 （清）顾炎武：《日知录·法制》。
138 （清）顾炎武：《日知录·直言》。

拾叁 中国传统注释律学的终结与近代法学的兴起

一、中国古代律学的发展历程与成就

律学是中国古代法文化苑中的一块瑰宝，代表着中国古代法学的成就。律学发展的形态及其所取得的成就，也是衡量中国古代法制文明的重要尺度。中国古代的律学很早便摆脱了宗教神学观的束缚，其发展方向与程度受到专制国家的严格控制，因而基本上是官学，私家注律只是国家注律的补充。律学的主要任务就是通过阐释现行国家的大法的立法意图与法律原则；注释法律的概念术语；评介条文的源流得失与演变，揭示各种法律形式之间的关系等，以便于法律的统一适用，借以维护大一统的国家法制与政治统治。

中国古代律学发轫于商鞅变法，兴起于汉，繁荣于魏晋，成熟于唐，衰微于宋元，复兴于明清，清代私家注律盛行一时，成果丰硕，但已临近终结。律学的发展是以先驱者留给后人的文化思想材料作为前提的，这中间的继受、因革便是律学发展的真实过程。律学每一发展阶段所取得的成果，都将古代法制文明向前推进一步，都有裨于立法与司法的实际工作。

（一）秦汉律学

在夏商西周时期，统治者强调“刑不可知，则威不可测”，法律处于秘而不宣的状态，定罪量刑完全听凭贵族们自由判断，法律缺乏稳定性和可预测性。在这种形势下，作为解释法律的知识体系的律学，既无产生的可

原文连续发表于《中国法学》1995 年第 3 期、第 4 期，标题为《清代律学及其转型（上）》及《清代律学及其转型（下）》。

能性，也没有必要性。

春秋时期，“礼崩乐坏”，社会的大变动和社会结构的大调整，使原先被禁锢在贵族内部的法律知识，开始向社会传播。据史籍记载，作为名家创始人的郑国大夫邓析“与民之有狱者约，大狱一衣，小狱襦。民之献衣襦而学讼者，不可胜数”。[1]同时，他还将春秋时期盛行的思辨的方法引入法律领域，为律学的形成提供了方法论的基础。但对律学的发端贡献最大的还是战国时期的法家，尤其是商鞅。

公元前361年商鞅变法，改法为律，为律学的产生和发展提供了载体，因此可以说中国传统律学发轫于商鞅变法时期。商鞅改法为律的目的是强调法律的统一适用，以调整急遽变动的社会关系，确认新建立的专制主义的典章制度。法家是主张法律公开化的，所谓“法莫如显”，为了使各种新产生的体现新的“名分”关系的法律，能够为“愚知遍能知之”[2]，并且明白“法令之所谓”，就需要对法律进行解释，于是作为一种知识体系的律学，便应运而生。为了保证法律的统一适用，商鞅“为置法官，置主法之吏，以为天下师”[3]，将律学引向官方形式，开创了秦以后历代“以法为教”“以吏为师”的官方律学之先河。

秦奉行法家学说，“燔诗书而明法令”，不遗余力地推行“援法而治”“法出于一”的法制模式。同时，还在思想文化领域贯彻专制主义的统治，禁止民间任意学法，“民有欲学法令者以吏为师”，只有国家官吏才有资格研究法律、注释和讲解法律。但他们也只是对律文作忠实的注释，已经不可能像战国时期那样进行争鸣，更不可能像西方法学家那样以正义为核心，对法律作超越政治制度之外的研究。从此中国古代律学便走上了以注释法律为根本特征的道路，而秦简的“法律答问”便是注释律学的滥觞。

先秦律学的成就，集中体现在1975年年末在湖北云梦县睡虎地十一号墓出土的秦墓竹简《法律答问》之中。秦时，由于注释法律的职责归于官府，所以一般官吏如对法律不解，或适用时有歧异，均由主守官予以解答，“法律答问”就是这种解释法律的汇编。在一百八十则的《法律答问》中，既有实体法方面的解释，也有程序法方面的解释，主要涉及三个方面，即解释法律概念、确认罪名和确定刑罚。如对“不直”的解释是：“罪当重而端轻之，当轻而端重之，是谓‘不直’。”对“纵囚”的解释是：“当论而端弗论，及其狱，端令不致，论出之，是谓‘纵囚’。”对确认罪名的解答，如“甲诬乙通一钱黥城旦罪,问甲同居、典、老当论不论?不当”。“甲告乙盗牛若贼伤人,今乙不盗牛、不伤人,问甲何论?端为,为诬人;不端,为告不审”。对确定刑罚的解答,如“完城旦,以黥城旦诬人,何论?当黥。甲贼伤人,吏论以为斗伤人,吏当论不当?当谇”。“当耐为隶臣以耐司寇诬人,何论?当耐为隶臣,以系城旦六岁”。

《法律答问》除以问答的方式解释法律外,还广泛使用成例比照、举例比较等多种解释方法,表现了秦时法律解释的水平。尤其是解释的用语简洁,遣词准确,概括力强,明白清晰地阐明了罪与非罪的区别,以及法律条文中专有名词的定义,这为后代的法律解释提供了丰富而宝贵的经验,同时也为我国古代律学的发展开辟了蹊径。

汉承秦制,在律学上具有延续性和一致性,但同时又有很大的差别。其一,表现在指导思想上,秦时奉行法家思想,汉初先行黄老之学,后确立董仲舒为代表的新儒家理论为统治思想。其二,秦时律学研究者的身份主要是官吏,他们代表国家对法律进行有效解释;汉则除官吏解释外,还有大批儒者以私人身份解律,但他们所作的解律除个别经皇帝认可成为有权解释外,其他多为无效解释。其三,秦专以法家学说解律,汉则以儒家经义解律。

汉初鉴于秦专任法术,二世而亡的教训,实行宽减刑罚、与民休息的黄老之学,同时以刑德并用的“仁政”思想相标榜。但是,随着不断变化的社会关系和新出现的种种犯罪现象,统治者只能通过陆续颁布单行法规来进行调整和给予制裁。这些单行法规大多是因时因事而发,数量繁多,内容庞杂,没有也不可能形成规范严谨、统一的法律体系。据《汉书·刑法志》载:“律令凡三百五十七章,大辟四百零九条,一千八百八十二事,死罪决事比一万三千四百七十二事。文书盈于内阁,典者不能遍睹。”由此导致了“罪同而论异,奸吏因缘为市,所欲活则傅生议,所欲陷则予死比,议者咸冤伤之”的结果。为了统一适用法律,解决儒家思想确立为统治思想以后与以秦律为渊源的制定法之间的矛盾,从汉武帝时起,便推行以儒家经义注释制定法。通过引经注律,为引礼入法开辟了通道,推动了法律的儒家化,使儒家思想逐渐渗透于现行法中。

引经注律,使三纲成为立法的基石和司法的准绳,并将“父子相隐”“君亲无将”“赏及于全家、刑止于一身”等儒家教条入律,凡是违背伦理道德的行为,均被纳入刑法制裁的范畴。这对于确立封建的法制秩序,是非常重要的。尤其是春秋大一统的观点,完全适应了建立统一的专制主义中央集权的国家需要,因此得到两汉统治者的肯定。从此,以经解律,引经折狱遂成为两汉注释律学的主要特点。从效果上看,以经解律、引经决狱对当时的繁法严刑、律令杂乱的现象是一种规范和补救,起着减缓刑法的作用。但是抛开法律原意,不以司法实践中的问题为思考点,只是随意引用儒家经义解律、折狱,不可避免地出现了以意附会,与法律适用不统一的现象。如同近人章太炎所批评的:"仲舒之折狱二百三十二事……上者得以重秘其术,使民难窥;下者得以因缘为市,然后弃表埻之明,而从滲游之荡,悲夫经之虮虱,法之秕稗也。"[4]就律学本身的发展而言,引经解律的结果,使律学成为经学的附庸,丧失了发展的独立性。

西汉时期的律学家,一类是官僚汉儒,如董仲舒、叔孙通等,他们声望显赫深受皇帝器重,虽是私家注律,却经皇帝认可,视为有权解释。另一类是专任司法要职的法吏,如张汤、于定国、路温舒等人,他们既习儒又明法,所关注的重点是使注释符合法意、与法律原则相一致。由于他们的解释多从司法实践中来,且具有一定的法律效力,因此带有官方解释的色彩。

除此之外,从西汉后期开始,社会上出现了以注律为业的注律世家,并由此开创了私家授律的时尚。据史料记载:"汉朝治律有家,子孙并世其业,聚徒讲授至数百人。"[5]著名的如杜周、杜延年父子,于定国父子,郑弘父子,郭弘父子等,都是世代相传习律。这种现象为传统律学的发展打开了新的局面。由于引经注律成为社会的热点,不仅许多司法之吏热衷于此道,有些侯王也兼习法律,钻研律文,从而形成了私家注律、习律的风气。西汉允许私家注释现行法律,反映了统一的国家已经巩固,而并存的诸家之说又都符合国家的利益和需要,对于断狱也起着不可忽视的作用。

东汉沿袭西汉私家注律的遗风,除继续引用儒家经义解律外,更聚徒授律,形成一种"师受之"、"世守之"、累世相传的世业,并因师门不同而形成不同的流派。当时著名的注律大家如郑玄、马融、郭令卿、吴雄等均为一代大儒,常聚众数百人讲经解律,"郭(躬)吴(雄)陈(宠)三家代以律学鸣","律有三家,其说各异"。[6]由于东汉的统治者继续鼓励私家注律,并将明经、通律视为晋升之阶,所以一时间儒生官吏习律成风,经学大师马融、郑玄也都为注律立说,推动了律学走向兴盛。

由于东汉律学家将注释律学完全引入儒家思想的轨道,有力地推动了法制的儒家化。其突出表现就是将研究儒家经典的章句之学引入解律之中，对汉律进行章句疏证。由于章句“离章辨句，委曲支派，而语多附会，繁而不杀”[7]，以致“叔孙宣、郭令卿、马融、郑玄诸儒章句十有余家，家数十万言，凡断罪所当由用者，合二万六千二百七十二条，七百七十三万二千二百余言”。[8]使本来就已繁琐的法律经过注解后更为庞大、琐碎，“言数益繁，览者益难”，给执法者的实际操作带来极大的困难。为此曹魏明帝时规定：“但用郑氏章句，不得杂用余家”[9]，确立了以郑玄的“章句”释本为权威性的法律释本，私家释律的合法性得到了进一步确认。郑玄的汉律章句“括囊大典，网罗众家，删裁繁诬、刊改漏失，自是学者略知所归”。[10]

律学家们还从训诂学的角度，对一些法律名词、概念进行解释，如汉律规定：“孤儿幼，年未满十岁，无罪而坐率。”注文为：“服虔曰：率，坐刑法也。如淳曰：率，家长也。”[11]再如，关于“贼”与“盗”的释义，许慎《说文解字》解释为：“贼，败也；从戈则声；败，毁也，与毁则为贼之义合，乃谐声兼会意字。盗，私刑物也，从次；次，欲皿者，乃会意字。二字之本义如此。”这种逐渐朝向规范化方向的解释，标志着注释方法上的新建树，对后世影响甚大。

（二）魏晋律学

魏晋南北朝时期是我国历史上南北政权对峙，朝代更替频繁的时期，这一时期的统治者，从夺取政权，巩固政权的实践中增强了法律为“治世之具”的认识。因此，为了确保政权的相对稳定和争雄于世，都加强了法制的力度。就立法而言，魏、晋律是带有总结性的产物，北齐律则是隋唐律的蓝本。与此相联系，注释法律也更加受到重视，特别是历时二百余年的分裂割据与动乱的历史条件，使政治上的专制主义有所削弱，从而给予律学的发展以较大的空间，推动了注律活动走向繁荣。魏晋南北朝时期是中国传统律学的重要发展阶段，并具有鲜明的特点。

其一，由私家解律复归于官方注释。这一时期的注律大家如魏陈群、刘邵、卫觊、晋贾充、刘颂、张斐、杜预等，在身份上都是国家重臣，他们是法律的制定者，又是执行者，更兼奉命注释律令，解答疑难。由担负国家立法与司法要务的重臣来注释法律，不仅得其要领，洞悉渊源，具有针对性和可操作性，而且容易博得国家的认可，是权威性的官方注律。代表性的如张斐的《汉晋律序注》《律解》，杜预的《律本》，贾充、杜预的《刑法律本》等。

尤以张斐、杜预的解律文本最具权威性，并由皇帝颁布全国，作为晋律的统一注释文本，与《晋律》具有同样的法律效力，故世称《晋律》为张杜律，或杜张律。

其二，开始突破汉代引经解律的局面，逐渐摆脱了对经学的附庸地位，在注律方法上和注释内容上有了重大创新。突出表现在对法律名词术语和法律适用原则的准确解释以及立法司法理论的阐发上，由此使律学逐渐成为相对独立的一个学科。例如，杜预在《律本》中说："法者，盖绳墨之断例，非穷理尽性之书也，故文约而例直，听省而禁简。例直易见，禁简难犯，易见则人知所避，难犯则几于刑厝……今所注皆网罗法意，格之以名分，使用之者执名例以审趣舍。"[12]张斐说："夫刑者，司理之官；理者，求情之机。……论罪者务本其心，审其情，精其事。"[13]在这里，杜预和张斐将"文约例直"和审情援法，作为立法和司法的基本要求，说明其达到了较高的认识水准。

魏晋律学内容广泛，其主要成就是对法典体例的阐释和法律术语的规范性解释。譬如，关于律令的界定，自战国历经秦汉始终不够明确，至晋，杜预解释为："律以正罪名。"即定罪量刑的依据，属于刑法。"令以存事制"，即刑法以外的典章体制。这种区分不仅为晋律的制订者所采纳，而且传承于后世，《唐六典》所载："律以正刑定罪，令以设范立制。"即发源于杜注。

张斐还在《律表》中，对一系列重要的罪的概念及其含义，作了扼要而精确的规范化解释。如"其知而犯之谓之故，意以为然谓之失，违忠欺上谓之谩，背信藏巧谓之诈，亏礼废节谓之不敬，两讼相趣谓之斗，两和相害谓之戏，无变斩击谓之贼，不意误犯谓之过失，逆节绝理谓之不道，陵上僭贵谓之恶逆。将害未发谓之戕，唱首先言谓之造意，二人对议谓之谋，制众建计谓之率。不和谓之强，攻恶谓之略，三人谓之群，取非其物谓之盗，货财之利谓之赃，凡二十者，律义之较名也"。[14]《律表》区分了故意和过失犯罪的界限；提出了"造意"、"合谋"和"群"的基本要件；明确了由于精心而造成的失职与过失犯罪的区别；剖白了"赃""戏""斗""诈""强""略""戕""率"等字的含义。这些规范化的解释，体现了中国古代律学所达到的新水平，为其摆脱穿凿附会的引经解律，使律学向着科学发展，作出了开创性的贡献，因而为后世立法者与注律者所推重和沿用。

须要指出，魏晋律学虽然逐渐摆脱了对经学的附庸，但是仍然遵循着礼与法相统一的原则。譬如，他们在注律时，一方面提出"网罗法意"，即务求符合法意;另一方面又强调“刑之本在于名分,故必审名分……格之以名分”[15]。

魏晋律学的注律成果,标志着中国古代注释律学已经达到了逻辑化和科学化的程度,具有鲜明的时代特色,表现了中华民族在铸造法制文明上的理性与智慧。魏晋律学为后世唐、宋、元、明、清所继承和发扬。

(三)唐代律学

唐朝是我国封建社会的盛世,典章制度臻于定型,律学研究的目的开始新的转向。律学家们所关注的是解决僵化的律典与日益复杂的社会关系之间的矛盾冲突,而不再是以经学理论解说法律。他们力图阐释国家的立法意图,概括国家的法律原则,注解法律的概念术语,评论条文的源流得失,以提高司法官吏的办案能力和用法的准确性,避免失轻失重。《永徽律》的制定以及长孙无忌等奉旨对它所作的逐条疏解,既显示了立法技术的成熟,也反映了唐代律学的新成就。《唐律疏议》不仅是中国现存最完整的古代律典,也是现存最早而又最为严谨的律学著作。以疏附于律文之后,是唐人在总结魏晋注释律学的基础上的一大创造,它便于执法者领略律意,避免在实施中出现偏颇。如同《旧唐书·刑法志》所说:“(永徽)三年,诏曰:‘律学未有定疏,每年所举明法,遂无凭准。宜广召解律人条义疏奏闻,仍使中书、门下监定。’于是太尉赵国公无忌、司空英国公……等,参撰律疏,成三十卷,四年十月奏之,颁于天下。自是断狱者皆引疏分析之。”可见《永徽律疏》仍为官方律注,它既有对于法律精神、法律原则与名词术语的规范性解释,也有对实际操作中可能发生的问题的预见和处理。在注释方法上,熔文理、史源于一炉,在文字上也符合明白晓畅的要求。它的完成不仅为断狱者提供了“引疏分析”的依据,还给科举明法提供了统一的标准。

以《唐律疏议》为代表的律学成果,以其综合性、准确性和谐调性为特点,在中国古代律学发展史上,显现出极高的价值。所谓综合性,是指就解释内容的分类而言,既解释词义,又阐述法理;既有限制性解释,又有扩张性解释;既有对律名历史沿革及排列顺序的阐述,又引用大量律疏以外的法令作为补充和参照,以增强律疏的完备性和周密性。解释的文体也服从于内容的需要,通晓而不呆滞,既有字面阐释,又针对疑难问题,自诘自答。

所谓准确性,是指逻辑谨严、文字精练、用语精密、阐释详明,使律文明白易懂,更具可操作性,从而为准确适用法律奠定基础。

所谓谐调性,是指法律条文、注文疏议、假设、答疑浑然一体,篇条目次分明,体例编排严谨合理,不仅大大提高了理论性,也大大增强了对司法实践的指导意义。这种律文和释文合于一体的注释体例对明清的注律影响极大,因而可以说唐代律学承先启后达到了一个新的高峰。

唐朝距儒家思想被确立为统治思想已数百年,如果说,汉、晋律是法律儒家化的重要发端,那么唐律的儒家化过程已经基本完成。儒家推崇的礼,由于合于民族心理和大一统的专制统治,因此礼的基本规范入律,取得了法律的形式,礼法关系被确认为本用关系,所谓“德礼为政教之本、刑罚为政教之用”,这二者被比喻为“昏晓阳秋”的自然现象,以示其永恒性。于礼以为出入,既是法律的指导思想,也是注律的基本精神。譬如,《杂律》中“不应得为”条的解释是:“谓律令无条,理不可为者。”理不可为实际上就是“礼不可为”。

唐代律学在注释方法上,采用文理、历史、系统等解释方法,相互融合,使法律条文的意义更趋明确。以笞刑为例,律文为:“笞刑五、笞一十、笞二十、笞三十、笞四十、笞五十。”疏议解释说:“笞者,击也。又训为耻,言人有小愆,法须惩戒,故加捶挞以耻之。……故《书》云:‘朴作教刑。’即其义也。汉文帝十三年,太仓令淳于意女缇萦上书,愿没入为官婢,以赎父刑。帝悲其意,遂改肉刑:当黥者钳为城奴令舂,当劓者笞三百,此即笞、杖之目……从笞十至五十,其数有五,故曰‘笞刑五’,徒仗之数,亦准此。”这里既有对笞的字义解释,又有对笞的适用条件和适用等差的说明,并对笞刑的演变作了历史考证。这种注释风格和注释方法较之晋律注释显然更具合理性和先进性。

又如,关于“化外人”的解释,疏议曰:“化外人,谓蕃夷之国,别立君长者,各有风俗,制法不同。”此解释对后世极有影响。《律疏》中也采取了历史解释和引用儒家经典的解释,前者如对《卫禁律》的解释:“《卫禁律》者,秦汉及魏未有此篇。晋太宰贾充等,酌汉魏之律,随事增损,创制此篇,名为《卫宫律》。自宋洎于后周,此名并无所改。至于北齐,将关禁附之,更名《禁卫律》。隋开皇改为《卫禁律》。”后者如对流刑的解释:“《书》云‘流宥五刑’谓不忍刑杀,宥之于远也。又曰:‘五流有宅,五宅三居。’大罪投之四裔,或流之于海外,次九州之外,次中国之外,盖始于唐虞。”特别值得提出的是引律释律，例如："诸断罪无正条，其应出罪者，则举重以明轻。"[16]疏议曰："断罪无正条者，一部律内，犯无罪名，'其应出罪者'，依《贼盗律》：'夜无故入人家，主人登时杀者，毋论。'假有折伤，灼然不坐。"

综上所述，可见以《律疏》为代表的唐代律学所追求的是更准确地适用法律，这是大一统的中央集权的封建帝国所要求的。律疏所显示的重要成就，说明了它是集汉魏晋律学之大成，所谓"远则皇王妙旨，近则萧贾遗文，沿波讨源，自枝穷叶，甄表宽大，裁成简久"。[17]同时，其又是唐代律学大家房玄龄、长孙无忌、李勣、宋奭、于志宁等人的集体创作。律学家的社会地位与权威性，使《律疏》的解释也具有权威性，疏与律文具有同等效力。如果说罗马帝国查士丁尼于公元533年颁行的《学说汇纂》五十卷，将历代罗马法学家的著作和法律解答汇编成集，是重点解释民法的宏篇巨著，那么《唐律疏议》则是重点解释刑法的彪炳于世的律学大观。

（四）宋元律学

宋朝是较为重视法制的朝代，统治者强调"法制立，然后万事有经，而治道可必"。[18]宋神宗时，因变法急需专门法律人才，大兴律学教育，开设"明法科"，选拔法律专门人才。但神宗变法失败以后，律学开始衰微。同时，在专制主义不断强化的宋朝，虽然要求官员知法执法，却严禁民间抄写刻印法律，更不准私授律学。

南宋时，理学兴起，学术风气发生了巨大的变化，由讲求实用而转向空疏。由于理学主要是阐释抽象的义理和性命之学，是一种务虚的"心性之学"，恰与"贵在致用"的注释律学相对立。受这种空疏学风的影响，诸多文人士子专攻理学，并成为一种社会风尚。于是律学由注释现行法律转向案例分析与司法勘验。

由于宋元时期对文化的控制有所弱化，使以官员身份进行的私家注律得到某种发展，也出现了一些颇有价值的释律著作，如宋人傅霖的《刑统赋》、孙奭的《律音义》、郗秉原的《刑统赋解》、元人王元亮的《唐律释文》和《唐律纂例五刑图》、郑汝翼的《永徽法经》、刘高夫的《刑统赋解》、赵仝的《疑狱集》和元绛的《谳狱集》等。另外，元人郑汝翼所撰的《永徽法经》，将金律与唐律作了比较研究。四库全书总目提要称此书"列唐律于前，而附金律于后，或有或无，或同或异，或增或减，俱详为之注，颇为精密"，因而是一部有价值的比较律学著作。

宋时较为注重司法实践，一些总结司法实践经验的律学著作应时而生，如桂万荣的《棠荫比事》、郑克的《折狱龟鉴》、宋慈的《洗冤集录》等。《折狱龟鉴》是中国第一部汇集历史上有关决狱和司法检验的案例，并作出分析评述与总结的著作，表达了作者"尚德缓刑""明慎用刑"的主张和对庸官酷吏"深文峻法，务为苛刻"的憎恨，是一本研究中国古代司法的律学著作。《棠荫比事》"凡一百四十四条，皆古来剖析疑狱之事"。该书从执法、断狱、量刑、司法检验等各方面，总结历代司法审判的经验与教训，流传甚广。

宋慈在采撷前人著作中有关法医检验案例的基础上，结合自己的实践经验，编成的《洗冤集录》，对中国古代法医学进行了全面的总结，既是我国最早的一部比较完整的法医学著作，也是世界上第一部法医学专著，不仅成为南宋办理命案官员的必读之书，而且被后世"奉为金科玉律"，先后译成朝鲜、日、法、英、德等多国文字，为世界法制文明的演进作出了卓越的贡献。

（五）明律学

明朝建立以后，朱元璋即着手立法创制，倡导吏民知法守法，在法典中首创官吏"讲读律令"条，要求百司官吏"务要熟读，讲明律意，剖决事务"，一时之间以读律、讲律为时尚，这为中国古代律学的复兴创造了良好的社会氛围。《律令直解》就是明初最早的官方注律的成果。洪武三十年大明律修成后，朱元璋下令，严禁改动、议论大明律，否则坐以变乱祖制之罪。以致《大明律》除编纂者奉帝命所作的官注外，私家注释者寥寥。

但是，社会的发展和法律运用的实际需要，迫切要求对法律进行更深入更细致地注释。自万历时起，社会经济关系日趋复杂，阶级矛盾日趋激烈，社会问题与犯罪现象不断增多，为了进行法律调整，多次编纂条例，由此引起了律例适用上的歧异，原有的"明律直解"，已经不能适应司法实践中新出现的亟待解决的各种各样的问题。所有这一切都要求对《大明律》进行扩大解释，以解决律例之间的矛盾，于是注律问题悄悄地提上议事日程。然而明中叶以后，政治极端腐败，宦官擅权，皇帝昏庸，政府已无力组织较大规模的官方注律，不得不委之于私家。只要体现国家的立法意图，符合当政者的利益需求，有利于现行法律的贯彻实施，私家注律不仅被认可，而且受到鼓励。

有明一代，律学著述甚多，其中较具代表性的有：张楷撰《律条疏议》，以图表形式罗列律条罪名，每一罪包括罪名、律文和刑罚，排列有序，使人一目了然；何广撰《律解辨疑》，不仅注释详实，且为清代歌诀、诗赋类注释树立了形式范例，使律学注释方法多样化；王樵积数十年司法实践之经验，并采诸家之长而撰写的《读律笺释》，既详细，又准确，不仅堪称明代中期以后异军突起之私家注律的代表作，且被后世律学家奉为圭臬，对清代律学产生了深远的影响。另有王肯堂所著的《大明律附例笺释》，以家学为渊源，并撮集明人注律的精华，为明代权威性解律之作。此外，彭应弼的《刑书据会》、唐枢的《法缀》，也都是创新之作，他们共同为清朝私家注律的昌盛奠定了重要的基础。

二、清代律学的成就及其转型

（一）清代律学兴起的原因

清朝是统治中国二百六十余年的封建专制王朝，其律学兴起于顺、康朝，全胜于乾、嘉、道三朝，持续二百余年，是传统律学之集大成者。清代注律学者官私并举、注家辈出，他们源于传统，而又不简单重复和模仿传统，在共同的倾向性中表现出了多彩多姿的注释内容与千变万化的注释风格，可以说是流派纷呈，他们各有专长与侧重面，彼此影响，互相推动，其著作的丰厚、涉猎的广泛、形式的多样均为中国律学史之最，是中国历史上私家注律的鼎盛阶段，造就了清代注释律学超越前人的历史性成就。

清代律学之所以达到鼎盛，是由多种原因共同促成的：

其一，传承明律学，为清律学的发展奠下基石，如同恩格斯所说：“由它的先驱者传给它，而它便由以出发的特定的思想资料作为前提。”[19]

清朝入关以后，于顺治三年制定的《大清律集解附例》是详译明律、参以国制而成的，原《大明律集解附例》中所增小注多保留，其中不乏明律学家王肯堂等人的注律观点，这对清代律学家重视和传承明律学成就极有影响。前明律学不仅在内容上为清律学的发展提供了重要基础，而且其所采取的以裨益司法为目的，就律例释律例，就疑案释疑案，就刑罚释刑罚，不涉及国家大政，不评论政治事件与人物的注律方法，使其能够在专制政治的高压下得以存在和发展，这给清代律学家提供了宝贵的经验。以致读王氏之书成为清初律学家一时的风尚，但是，随着清朝律例的不断修订，特别是司法实践中各种复杂问题的发生，前明律学已经无法涵盖，清朝律学家不得不摆脱明律学的拘囿，开始走自己的路。至康熙朝，王明德纂《读律佩觿》标志着清代律学家已经走上独立发展之路，正如王明德在《读律佩觿》“凡例”中所说：“兹刻所笺，止缘在公同志，偶为指难，共证互参、退而笔之，若非王君因时详考，备为足法也。”[20]

其二，注解律意，统一释法的需要。

清朝虽是中国封建社会末代王朝，但社会经济仍有相当的发展余地。经过清初几代开明皇帝的治理，农业经济得到了恢复与发展并带动了手工业和商业的发展，清朝实行的“摊丁入地”的政策和取消匠籍的措施，都有利于农业、手工业的发展，而人身依附关系相对减轻，也带来社会结构的某些变化。经济关系的复杂化与社会关系的变动，产生了新的复杂的法律关系。社会成员广泛介入买卖、租赁、借贷、典当、雇佣、租佃等民事法律活动。涉及坟山、田场、林园、磨房的归属权而引起的“兴讼”，在司法案例中已占有较大比重，不再是“细事”“恶事”。清代著名学者崔述说：“自有生民以来，莫不有讼，讼也者，事势之所必趋，人情之所断不能免者也。……凡有血气皆有争心，必此争而彼甘于让，斯已耳；苟不甘于让，则必讼之矣。……所争者，非一人之所失，则不当让，让之而争者不已，让之而争者得逞，人皆从而效之，则亦不能终让，故虽贤与孤弱者亦不能尽无讼也。”[21]在诉讼中，法律成为判断是非曲直的标准。但以《大清律例》为主要代表的“王法”，律文过于概括，例文的变动又十分频繁，当事人虽欲凛遵王法，却又不明律意。《大清律例·吏律》“讲读律令条”虽规定“其百工技艺诸色人等，有能熟读讲解通晓律意者，若犯过失及因人连累致罪，不问轻重，并免一次。其事干谋反、叛逆不用此律”，然而能够熟读讲解通晓律意者鲜有几人。因此注解律例不仅为司法官所急需，也为百姓所乐于接受。为使高深莫测的王法为百姓所知，迫切需要浅显的释律之作，以解答对于具体律例的法意与如何适用的困惑。可见体现民众法律意识深化的广泛的社会需要是律学兴起的原因之一。

其三，断罪引律令的司法需要。

《大清律例·刑律·断罪引律令》规定：“凡断罪，皆须具引律例。违者，笞三十。若数事共条，止引所犯罪者，听。其特旨断罪，临时处治不为定律者，不得引比为律。若辄引致罪有出入者，以故失论。”条例还规定：

"承问各官审明定案,务须援引一定律例。若先引一例,复云不便照此例治罪,更引重例及加情罪可恶字样,坐人罪者,以故入人罪论。""督抚审拟案件,务须详核情罪,画一具题,不许轻重两引。承问各官徇私枉法,颠倒是非,故出故入,情弊显然,及将死罪人犯错拟军、流,流人犯错拟死罪者,仍行指名参处。至于拟罪稍轻,引律稍有未协,遗错过失等项,察明果非徇私,及军、流以下等罪错拟者,免其参究,即行改正。"

以上可见,根据《大清律例》,司法官断罪如不具引律令,或错引律令,致罪有出入,均要负法律责任。清朝皇帝对司法官的作用尤为重视,雍正帝多次谕示:"但天下事有治人无治法,得人办理则无不允协,不得其人,期间舞文弄法正自不少,虽条例划一,弊终难免。"[22]"凡立法行政,孰可历久无弊,从来有治人无治法。文武之政,布在方策……正谓有治人无治法。"[23]

在《大清律例》明示于前,大清皇帝督责于后的形势下,司法官必须严肃对待律例问题,然而《大清律例》律文虽仅有四百三十六条,但却涵盖了诸多法律部门,以至寥寥数语所包含的内容都是丰富而又复杂的,律文既概括,用词也很艰深和专门化,以致言愈简而意愈费解,辞愈艰而理愈难伸,确有"其意难明"之处。而自乾隆五年以后,清朝统治者认为经过近百年的反复研修,律文已经臻于定型,因此宣布不再修改。而以增修例文来补充由于时代的变迁造成的律文不足,并且定制:例文五年一小修,十年一大修。就法律地位而言,律尊于例,是国家累世相传的"常法";就司法实践中的作用而言,例高于律。随着例的数量不断增多,律学家既要注律也要注例,以应付司法实践的需要,这成为推动清代律学发展的最重要的原因。

其四,为官吏讲读律令提供"课本"。

清朝建立以后,仿大明律制定《大清律集解附例》,仍将讲明律令列于"吏律公式"之中。"雍正三年议准,嗣后年底,刑部堂官传集满汉司员,将律例内酌量摘出一条,令将此条律文背写完全,考试分别上、中、下三等,开列名次奏闻"。时任封疆大吏的河东总督田文镜和浙江总督李卫遵照雍正帝旨意撰写的《钦颁州县事宜》中列有"讲读律令"一项,其中首先阐明《大清律例》在国家立法中的地位,"律例一书乃本朝之定典,万世之成宪也。蒙我皇上圣明鉴定,归于允协,特赐颁发,以昭遵守,仰见治益求治之圣怀,刑期无刑之至意"。其次,强调指出初任州县官熟读讲明律意的必要性,"盖州县亲民之官,百姓诉讼,既听其剖断以辨是非,上司批发,更藉其审定以成谳狱。若胸中茫然,并不谙晓律意,则事由之轻重,案情之出入,不能识其端委。而奸胥猾吏,得以高下其手。曲直莫分,颠倒任意,民间将有覆盆矣"。因此"尤其须臾不可释手"。再次,指出虽有幕友仍需熟读律例,以免为其操纵。"如曰署中延有幕宾,是固熟谙律例者,何必官又读之讲之也。不知幕中之友,佐理簿书以分其劳,而刑名钱谷,我为官守,若不能明白于胸,了然于口,洞悉于首尾,斟酌于情理,而梦梦焉徒听于入幕之宾,此即谓尸位而素餐也,又何以堪。况当听断之际,哓哓讦讼。摘奸发隐,止须片言,即足以折其心,而俯其首。所谓老吏断狱者,盖其得于讲读也深矣。故初任牧令,其于办事之暇,即应将《大清律例》,逐篇熟读,逐段细讲,务必晓畅精意,而于轻重疏密之间,以会其仁至义重之理,然后胸有定见,遇事可决,而民无冤狱。"最后,劝诫年少州县官既已出仕自当以律例为重,捐弃其他风雅之事,"每见少年州县,喜恃聪明,或于无事时,学书学画,讲弈讲诗,津津然自诩为能。而问之以律例,则呐呐不能出诸口。夫书画诗弈等类,家居文人之余事也;律例者,出仕治人之大纲也。既已出仕治人,而乃效彼家居者,挥毫拈韵,子声铮铮然,以侈得意,是何异于舍已芸人者之可笑也。夫居官之贤否,视乎吏治。若经济无闻,纵其笔墨入妙,而已无当于国计民生之要,况必至于废时,必至于误公。是以有用之精神,施于无用之游衍,方且足以引累而招尤,岂不甚可惜哉。若以此副心思,而于退食之下,究心律例,所谓学问中实际也。故圣人有云:君子思不出其位。又云:君子素其位而行。初仕者之讲读律例,正所以靖共尔位也,可不勉欤"[24]。

以上可见《钦颁州县事宜》渊源于"讲读律令"条,是为贯彻其法律规定而制定的。它以"钦颁"的形式发布,说明不仅适用于河南浙江二省,而是适用于直省各州县。

乾隆五年《大清律例》成,"吏律·公式·讲读律令"条规定如下:"凡国家律令,参酌事情轻重,定立罪名,颁行天下,永为遵守。百司官吏务要熟读,讲明律意,剖决事务。每遇年终在内、在外,各从上司官考校。若有不能讲解、不晓律意者,官罚俸一月,吏笞四十。"

"讲读律令"条所规定的考校时间,定在每年年终,但负责考校的机关与对不合格者的惩治,明、清律稍有不同。按明律:京内官由察院考校,京外官由分巡御史、提刑按察司官考校。对于“不能讲解,不晓律意者,初犯罚俸钱一月,再犯笞四十附过,三犯于本衙门递降叙用”。按《大清律例》:无论京内京外官均由“上司官考校”。对于“不能讲解、不晓律意”的官吏的制裁为“官罚俸一月,吏笞四十”。

清代律学家吴坛在《大清律例通考》一书中,对明、清律中“讲读律令”条的沿革关系考证如下:“此条系原律改定。其原律‘每遇年终’下,原系‘在内从察院,在外从分巡御史、提刑按察司官按治去处考校。若有不能讲解、不晓律意者,初犯,罚俸钱一月,再犯,笞四十,附过;三犯,于本衙门内递级叙用’。雍正三年馆修,以官吏俱应讲读律令,但今无在内从察院,在外从按察司年终考校,及不晓律意、三犯递降叙用之例,应将‘每遇年终’以下句改为‘在内在外,各从上司官考校。若有不能讲解、不晓律意者,官罚俸一月,吏笞四十’,改如前律。”

明清律中专列“讲读律令”条不是偶然的。明清时期的科举制度已不再设明法科、刑法科,而以制艺即八股文为官吏入仕的敲门砖。因此,明清两朝入仕之官对于法律完全处于愚氓无知的状态。临民之后又面对大量的司法案件,而且《大清律例》明文规定:“凡(官司)断罪,皆须具引律例,违者(如不具引)笞三十。”为避免州县官断狱时瞠目不知所措,和避免受制于刑名幕吏的操控,故而专列此条。可见“讲读律令”条的针对性是非常突出的,是对于八股取仕选官制度的补偏救过之举。

乾隆初,吏部以内外官员各有本任承办事例,“律例条款繁多,难概责以通晓,奏请删除官员考校律例一条”,乾隆帝“不允”,谕曰:“诚以律例关系重要,非尽人所能通晓,讲读之功不可废也。”[25]

正是为了适应官员讲读律令的需要,才涌现出了一批类似参考书之类的律学著作,如《大清律例提纲》《读律心得》《大清律例便览》等简明读本,而图表歌诀类的律学著作也应运而生。因此,适应官员讲读律令的需要也是推动律学发展的动力之一。

(二)律学群体的构成

清代律学沿袭二百余年不仅成果累累,而且形成了一个庞大的注律群体,这个群体由三部分人构成:一是官员,二是刑名幕友,三是失意文人。

1. 官员律学家

官员律学家分为两类：一类为殿阁大学士及各部堂官与刑部各司官员；另一类为地方州县官以至督抚。

第一类官员或参与立法，或批答直省上报的案件。故其律学著作意在剖解律意，阐述立法的根据，指出某些律例适用时应注意之点。如顺治时左副都御史李柏撰《大清律集解附例笺释》。康熙时刑部尚书对哈纳校解《大清律例朱注广汇全书》、吏部尚书朱轼撰《大清律例总类》。雍正时兵部尚书鄂尔泰编撰《钦定京卫道里表》、户部尚书蒋廷锡撰《祥刑典》。乾隆时户部尚书徐本编撰《三流道里表》、刑部右侍郎阮葵生撰《秋谳志略》。嘉庆时兵部尚书明亮编撰《钦定五军道里表》。道光时兵部尚书伊里布撰《学案初模》、刑部尚书桑春荣撰《秋审实缓比较汇案》。光绪时刑部尚书薛允升撰《读例存疑》《唐明律合编》等。

由于刑部为"直省刑名总汇"，所属十七省清吏司官员，对于各省题结案件或秋审核拟案件定罪量刑不当，可以奏准皇帝驳回，是为题驳。《大清会典》有云："外省督抚具题案件，内有情罪不协，《律例》不符之处，部驳再审。该督抚及司道等官虚心按《律例》改正具题，将从前错之处免其议处。"[26]部驳案件多涉及律意的理解、刑罚掌握的尺度以及适用律例是否得当。因此，刑部司官所著律学之书，或从宏观对律意进行剖析，或针对具体案例辨析疑难两可之处，或对引律例不准确、处刑不当指出应行驳正之点。故此类著作，具有较强的针对性和指导意义。如康熙时刑部郎中王明德撰《读律佩觿》。乾隆时刑部郎中曾恒德撰《律表》，刑部主事全士潮等撰《驳案新编》。嘉庆时刑部郎中杨漫中撰《大清律例根源》。咸丰时刑部官蔡逢年、蔡嵩年撰《大清律例便览》。同治时刑部司官宋邦德撰《祥刑古鉴》等。

第二类官员，因系地方临民之官或封疆大吏，故所撰多为读律与司法实践的经验心得，以及个人审结的案例汇编。由于州县官审理命案需亲自勘验，因此也不乏《洗冤录》之类的著作。如康熙时州县官于琨撰《祥刑要览》、知县黄六鸿撰《福惠全书》。雍正时知县蓝鼎元撰《鹿州公案》、河南总督田文镜撰《州县事宜》。乾隆时江苏巡抚徐士林撰《守皖谳词》、《巡漳谳词》、江苏巡抚吴坛撰《大清律例通考》。嘉庆时广东提刑按察使陈若林撰《大清律例重订统纂集成》、湖南布政使理问、瞿中溶撰《洗冤录辨正》。

道光时四川保宁府知府刘衡撰《读律心得》、州县官穆翰撰《明刑管见录》。同治时湖广总督李瀚章撰《大清律例汇辑便览》。光绪时湖北州县官江峰撰《大清律例略记》等。

清朝注释律学以服务于司法应用为出发点与着眼点，因而此类著作数量最多，最具应有价值。至于州县官注律家所接触的仅是本州县所辖之案件，其面虽窄，但具体深入，对州县官司法亦有借鉴意义。刘衡撰《读律心得》即为例证。刘氏结合司法实践经验，从《大清律例》中节选律文44条，例文49条，进行评注。如其自序所云"皆所以示有司法所得为与所不得为"[27]而已。他反对滥引成案，严防棍蠹，注意体恤民情，减轻讼累，所谓"衡尝谓律意忠厚，本之为治，求达爱民之心，然爱民必先去其病民者，故恒寓宽于严。官民之阻隔，皆缘丁胥表里为奸"[28]。《读律心得》对初任执法者颇有引领入门之功，故被一再刊印，转相传阅。

稍晚于刘衡的穆翰，系道光年间州县官，时人称为"治狱有声"。[29]所著《明刑管见录》"述其在官经历所得"，于光绪六年首刻之后多次刊印，受到各级审判衙门的重视与推崇。该书主要阐述了诉讼程序、审案要领、以及司法检验等，借以提高官员处理司法实务能力与办案水平。如"讲求律例"中提出："每有新改之例，(官员)一经奉文，当即抄录，或令伺候签押，家人抄写粘于律例内本条之上，以使翻阅。可学而不用，不可不学。"

以上概述官员注律成果的大略，由于官方注律者的职责要求，使之有可能较全面掌握国家整体与地方某些地区法律适用的情况，明确立法的重心和法律适用的症结所在，故其律注多是经验的总结与升华。而执法之官又竞相注律，由此形成了蔚然壮观的经验主义的佳作。这不仅是清朝律学发展的原因之一，也是清律学价值之所在。此项经验颇具现实借鉴意义。

作为注律主力军的官员，因其身份的不同，又得到朝廷的允许，因此其注律成果带有官方的色彩。

2. 私人律学家

私人律学家以刑名幕友为主体，间有少数科场失意文人侧身其间。刑名幕友由来已久，迄至雍正朝已形成队伍庞大、家世相袭、门生众多的特殊社会阶层，直至清亡最终消失。幕友多为科举不第或仅取得生员之文人士子，各自以刑名律例、文书案牍、钱粮会计等专业知识，襄赞主官治理政务。所谓"佐官为治"，"掌守令司道督之事，以代十七省出治者，幕友也"。[30]

刑名幕友在司法审判中的主要职责为拟律和批答案牍。拟律即根据案件选拟适用的律例以定罪量刑。按清律,"凡(官司)断罪,皆须具引律例。违者(如不具引)笞三十","承问各官审明定案,务须援引一定《律例》"。

然而科举出身的官员于律例或茫然无知,或知之甚少。而刑幕则多明习《律例》,了然律例条文的变化,因而不仅掌握了拟律之权,还代主官批答案牍。从州县至督抚,以主官名义批写的判词、批语、札饬等,多为幕友代笔,实际成为主官断案决狱的主宰。刑名幕友实际适用法律的需要,促使其钻研律例知识,总结审判经验,著书立说,聚徒传授。著名律学家沈之奇、汪辉祖、万维翰、沈辛田、王又槐、李观澜等人,均为一代名幕,其解释律意和应用律例的著作,既是学幕秘本,又是佐治司法的指南,在司法实践中被广泛援用。

刑名幕友的律例注释虽为无权解释,但却受到朝廷的关注,视为"备律所未备"。[31]在官府的支持下,幕友们纷纷以个人名义刊印发行其注律文本。著名的如康熙年间江苏吴兴钱之清撰《大清律例笺释合抄》、沈之奇撰《大清律辑注》。乾隆时浙江钱塘王又槐撰《办案要略》,江苏吴江万维翰撰《大清律例集注》,浙江武林鲁廷礼撰《律例掌珍》,浙江萧山汪辉祖撰《佐治药言》,江苏澄江夏敬一撰《律例示掌》。嘉庆时浙江山阴李观澜撰《大清律例全纂集成汇注》、浙江王又槐撰《办案要略》。道光时山阴姚润、胡仰山撰《大清律例增修统纂集成》、江苏常熟邵春涛撰《读法图存》。同治时会稽任彭年重辑《大清律例增修统纂集成》。光绪时会稽陶东皋等撰《大清律例增修统纂集成》等。

以刑幕为主的注律者,多从司法实践中发现律例中的难点、疑点以及适用上两可之处,因此除对律文作规范性的解释外,更关注如何适用条例。名幕夏敬一有言"自汉唐递相沿革,至我本朝(清)百余年来,因时损益,条例极繁……各律目中所附条例,有律轻例重,律重例轻,律与例不符者,有此条例与彼条例重复浮赘者,有一事数款不隶一门而散见于他条者,有即附此条而不用之,旧例尚存彼条者,有旧例已更而至今尚未修入者,有本例已经删改而另条仍复援引入例者",[32]故"若不为之旁参互证,剖析注明,初学方苦"。[33]通过注律"阐发律例中之精蕴,而听狱讼者得资以为观指"。[34]私家注律的成果着眼于实际应用,对司法审判颇有指导价值。

由于私家注律队伍庞大,因而形成了不同的流派,或以辑注擅长,或以考证名世,或以司法应用相标榜,或以图表歌诀为时人所称道。极大地丰富了律学的内容,其某些注释方法和律例应用理论,亦颇有可取之处。

康熙时人沈之奇纂写的《大清律辑注》不仅是司法官奉为圭臬的座右铭,而且受到朝廷的重视(详见后)。此外,活动于乾隆中叶的王又槐,长期从事刑幕,所著《办案要略》,是其丰富的司法实务经验的总结。该书侧重于诉讼与司法文书制作及现场勘验,内含《论命案》《论抢夺》《论犯奸及因奸致命案》《论强窃盗案》《论杂案》《论批呈词》《论详案》《叙供》《作看》《论作禀》《论驳案》《论详报》《论枷杖加减》《论六赃》十四篇专论。由晚清律学家张廷骧刻印成册并为之作序,称其书"议论精确,颠扑不破……与诸先辈幕学各书,合为全璧,亦足为初学准绳矣"。[35]是书被列入《清史稿·艺文志》。

上述官、私并举的注律活动,蔚成风气,是治狱经验的升华。

(三)律学的成就

1. 源于传统,超越传统

清代注释律学继承了中国的传统律学,尤其是对于明代律学有着直接的继受关系。但是,随着清朝政权的稳定、经济基础的巩固和社会关系的发展,清袭明制逐渐为清朝的独立发展所取代。为此清代注律学家不能不适应形势的变化而改变自己的律学研究态度与方法,把立脚点彻底移向现实的基础上来。康熙十三年王明德著《读律佩觿》,标志着清代律学摆脱明人影响的开端。其后,康熙五十四年沈之奇编纂《大清律辑注》,显示了清代律学走上独立发展道路的新风格、新观点与新成就。自此以后,清代律学家所关注的是开拓新领域,总结新经验,创造新价值,而不是重复明人的旧说。

清代律学家们经历了封建社会后期更为复杂尖锐的矛盾与斗争,他们涉及的领域更宽广,占有的材料更丰富,纂写的方法更科学,所作出的解释也更细微,不断增加与社会生活、风俗习惯密切相关的内容。他们站在坚实的经世致用的基础上,剔除了注律思想中的非理性因素,以务实、求实的态度对待严肃的注律工作。但在清朝不断掀起文字狱的高压下,注律的自由度是有限的,凡与圣谕及律例要旨相悖的注律不仅无效,而且难免受到惩罚。

2. 流派纷呈,互相推动

清代律学家人才辈出,如群星灿烂、互相推动,注律成果流传至今者不下数百种。有的以辑注擅长,有的以考证名世,有的标榜司法应用,有的借用图表歌诀而为人所称道,真正是流派纷呈,各领风骚。各派之间各从其注律的中心出发注解律例。

例如,历史考证派,着重于考证律例的历史源流,其代表人物为刑部大员吴坛,代表著作为《大清律例通考》。该书对"五刑"的考证如下:"谨按:五刑之始,见于《虞书》,曰:'象以刑典。'又曰:'五刑有服,无服三就。'注谓:'墨、劓、剕、宫、大辟也。'三代相承,尤莫详于《周官》司寇之治,盖皆肉刑也。自汉文帝除肉刑,延至隋唐,乃以笞、杖、徒、流、死定为五刑。历代因之,至今不改。""查唐、明原律,笞杖各条下俱注赎刑数目。顺治、康熙年间律内无,雍正三年馆修,始将应赎银数开列前图。又,国初律笞杖数目下原注以五折十,康熙年间现行则例始以四折十,并除不及五之零数,故杖一百止折责四十板。雍正三年馆修,乃改注'折四'、'除零'等语。"

辑注律意派侧重于注释律意,沈之奇在《大清律辑注》中以窃盗概念为例,注云:"窃盗二节律意甚微,须逐字推勘。曰'窃盗',则其所谋所行皆系为窃,未有拒捕杀伤之意也;曰'临时',则拒捕杀伤乃临时猝起之事,非预有此谋也……事主捕之,盗者拒之,峡谷相格斗,谓之拒捕。"

又如,《刑律·嘱托公事》:"官吏以故出入人罪论,若为他人及亲属嘱托者,减官吏罪三等。"注曰:"法,本直也,而欲求其偏曲,故为嘱托。嘱托者,私言也,若不求曲法,何用私言?倘因官吏见之不明,处之不当,或以朋友之谊,从中匡正;或以亲戚之枉,为之关白。虽曰非分,实为公言,不得谓之嘱托矣。于嘱托上加'曲法'二字,则不曲法者勿论可知矣。"

律例便览派,此派的著作或为官吏应付讲读律令考试之用,或为深入研究律例提供阶梯,因其简单明了,故称为便览,以蔡逢年、蔡嵩年兄弟所撰《律例便览》为代表。除此之外,律例歌诀、律例图表也都属于便览之类。

成案汇编派,至嘉庆朝已较为普遍,以至习刑幕者皆从熟悉成案入手,而不读律例。[36]由此而形成了成案汇编派。乾嘉道三超刑案汇编之书不断问世,其代表作一为《刑案汇览》,一为《驳案新编》。

《刑案汇览》,会稽名幕祝庆祺纂辑、歙(县)鲍书芸参订,道光十四年刊行,全书分为二编,前编辑录自乾隆元年(1736 年)至道光十四年(1850 年),九十九年间刑案五千六百四十余件;续编(《续增刑案汇览》)辑录道光三十年(1850 年)间刑案一千六百七十余件。

《驳案新编》,由乾隆时刑部官员全士潮、张道源、李大翰、怀谦、周元良、金德舆等纂辑,所谓驳案,即各省题结案件或秋审核拟案件定罪量刑不当,为刑部奏准皇帝驳回之案。《驳案新编》汇辑乾隆元年(1736 年)至四十九年(1784 年)间刑部历年奉谕旨驳改拟及大臣援案奏准永为定例之成案。

由以案代例而发展起来的汇编成案,成为清中叶以后律学的新发展。此类著作不仅展示了清朝律例演变的轨迹,而且也表明清朝在重视制定法的同时也给予判例法以一定的空间。这是汉以来律、令、科、比相辅相成的传统在新的历史背景下的展现。

3. 考证详审,阐释细微

在清代,众多的律学著作中,以王明德著《读律佩觿》与沈之奇著《大清律辑注》流传最广,最为时人所称道,稍作简介,以见一斑。

《读律佩觿》为刑部陕西清吏司郎中王明德所撰。

卷一,载有《大清律例》中常见的“八字”(以、准、皆、各、其、及、即、若),亦称“律母释义”。王氏认为,“正律为体,八字为用”,不懂八字律母不足以言知法。以“以”字为例,大清律本注:“以者,与真犯同。谓如监守贸易官物,无异真盗,故以枉法论,以盗论,并除名刺字,罪至斩绞,并全科。”王氏注曰:“以者,非真犯也。非真犯,而情与真犯同,一如真犯之罪罪之,故曰以。”

卷二、三,将清律中常用之“例、减、杂、但、并、依、从、罪同、同罪、并赃论罪、折半科罪、坐赃论、收赎、缘坐、革、不言刺免”等词语,从文字学、音韵学和法律适用的角度进行解释,称为“律眼释义”。王氏注曰:“不知母固不可以读律,而不知眼更不可以用律。”以“并”字为例,“并,即日月并行不悖之并,与同字、俱字相似而实非。盖同对异言,义取乎恰合,因其所犯各异也。特为合论而罪之,以同如同强盗论是也。俱对独言,义取乎概括。因其事理散殊也,故特概言而统之以俱。如俱勿追坐,俱勿论之类是也。然律中凡用同字与俱字处,大约皆包有尊卑、上下、巨细、远近在内,若用并字处,则系平平合看,有横理而无竖义。盖缘事理本同一致,情罪无分大小,流品更不甚相悬绝,而准理执法,则罪应齐等,情应一视者,因一以并字该之"。"如监守自盗等各条内各云,并于右臂膊上刺字之类。总之,与皆字、俱字命意相同,而用皆字、俱字各律中,实有大小轻重,严急宽缓,及广狭横竖之各别。故前贤于用并字处,则不得不为之斟酌,以异其文"。

"读律八法"、"八字广义"与"律眼释义"三篇,为《读律佩觽》一书中最为重要之篇章,诸多观点得到官方认可,并对清代立法与司法审判产生了影响。

卷四,分"金科玉律"与"五刑附闰"两部分,共三十二项解释。

卷五,"以准总类",王氏注曰:"罪有真犯,律有明条。凡律所称依某项问及问某项者,皆真犯也。若冠之以'以'、'准'字样于上,则皆非本罪之真,乃从其类而以之准之者耳。"并对"以……论","准……论"等法律用语详加论注。

卷六,"罪止……"王氏于"罪止总目"注曰:"律有加减各例,备载正律各条,其类甚夥,每一查阅,辄为目炫神迷……减者,就本罪上减轻……称加者,就本罪上加重……即或误减而至失出焉,其法固犹可及追也。若加罪,乃加而入乎重……则本犯业已身受而弗可追;如止就一人一事妄施焉,似亦无甚大为差谬。但比类递加,其有重乎此者,又将何以为地耶?得毋上干天和而下重不平之鸣欤?是以律中,即于一笞之微亦必各著以罪止之例,以重示夫刑之不可不慎……则廷鞠之下,或为肤诉所乘,喜怒所驱,其不幸而至肉飞气尽,立毙杖下者,恐亦不鲜。因于律中,凡言罪止各条,备检汇集,以备观览,庶乎偶为经心,寓目于平昔,自不至愤怒酷罚于临顷。其于钦恤详刑之义,未必无小补,慎勿视为冗杂繁夥而忽之。然本卷所标虽以止云罪止,乃实所以著加律也,明乎其为罪止之加。"

卷七,"不准折赎总目",王氏注曰:"夫必有不准折赎之严,而后民始不敢犯,亦必有不准折赎之法而后准令折赎之恩。"本卷汇集"不准折赎"字样律文二十条,进行说解。

卷八,洗冤录补、辨周身骨脉等十三项为止。辨受毒伤、辨火炙伤等十二项为下,分别注解。

王氏还在潜心研读律文的基础上,总结出"读律八法",即"扼要、提纲、寻源、互参、知别、衡心、集义和无我",成为司法者的"读律捷径"。《读律佩觽》一书名副其实的成为了司法官断狱的"佩觽"。

王氏为刑部官，接触的是全国报送的大案要案，故其论著全面，涉猎广泛非专指一端。

沈之奇，曾任江南数省院、司、府、州、县衙门刑幕三十余年，积三十年刑幕之经验，并在汇辑明人注说与清初各家注释成果的基础上，纂成《大清律辑注》，于康熙五十四年（1715 年）刊印问世，此书的特点与优点，正如他所说，《大清律辑注》"辑诸家之说，参以折中之见"，"其于律文逐节疏解，字字精炼，无一言附会游移，遇疑似之处，引经质史、酌古斟今，必归至当"[37]，"尤严于轻重出入之界限"[38]，受到康熙皇帝的青睐。《大清律辑注》共十册三十卷。分为上、下二栏。下栏辑录康熙五十四年以前行用之律文与条例，及律文中官方小注，并于每条律文后附官方评注和自注。为区别官注与自注，自注以略低于官注的格式排写，注文后辑条例。上栏为注释与论评，对下栏的律文、注解与条例作进一步阐述，内含律目历史源流、律文注解、术语及关键词解释、名家笺注、本人评注与按语等项。如《刑律·贼盗·盗内府财物》：（律文）"凡盗内府财物者，皆斩。（杂犯。但盗即坐，不论多寡，不分首从。若财物未进库，止依盗官物论。）"沈氏注曰："天子之库曰内府，在皇城禁地之中，但盗一切财物者，不论多少，不分首从，皆问杂犯斩罪。但有死罪之名，而无死罪之实，以其罪难免，而情可矜，故准徒五年以贷之。虽贷其死，而不易其名，所以示戒也。若财物尚未进库而盗之，则止依常人盗论。"

沈氏注解律文尤重阐明律意。自序有云："集解足发律之精意，兼补律之未备。"如《名例·流囚家属》：（律文）"凡犯流者，妻妾从之。父祖子孙欲随者，听。迁徙安置人（随行）家口，（妻妾、父祖、子孙）亦准此。若流徒人（正犯）身死，家口虽经附（入配所之）籍，愿还乡者，放还。其谋反逆叛及造畜蛊毒，若采生拆割人、杀一家三人，（此等人恶极祸延，虽）会赦犹流者，（指家口，即使正犯身死，不得如前无罪之家属可还原籍也。）家口不在听还之律。"沈氏注曰："流罪者之妻妾，非应流之人，而俱令从之，欲其有家而安之也。父祖子孙，非应随之人，而愿随者听之，顺其就养之情也。迁徙安置，与流相同，故应从愿随之家口，亦准此例。若本犯死于流徙之所，家口虽以附籍，而愿还乡者，准与削籍，给引照回。此为寻常流徙之人言也。其中若有谋反、逆叛等项，其亲属家口，在常赦不原之数，即会赦犹流之人，自不在前项听还之律。"

《大清律辑注》对于时下流行解律书中不妥之处,也提出了己见。如《刑律·贼盗·发塚》:(律文)"凡发掘坟塚见棺椁者,杖一百,流三千里。已开棺棺见尸者,绞。"沈氏注曰:"见棺椁见尸两'见'字,音胡甸切,显也,露也,谓发掘坟塚,至于显露棺椁,已开棺椁,至于显露其尸也。开动曰发,穿地曰掘,二字亦有浅深之别。下未至棺椁者,若蒙上文发掘而言,则于掘字义不合,故复用发字另起。止曰发,不曰掘,谓虽开动,尚未掘穿至棺椁也。律文精密如此。《笺释》诸书,皆解见为视,意义俱谬。且以未至为未见,曰发掘坟塚未见棺、已见棺、已见尸云云,殊可笑也。夫所重于见棺、见尸者,谓暴露其棺与尸也,故塚必发掘,棺必开,方坐本罪。假如发而未至棺椁,仅于穴旁去指大一砖,便可窥见棺椁,即做见棺椁之罪乎?"一时难以辨明之歧见,则以"俟考"存之,审慎对待。如《户律·钱债·违禁取利》:(律文)"若准折人妻妾子女者,杖一百。"律文后有注:"奸占即从和奸论。"沈氏注曰:"奸占即从和奸论。谓准折非同强夺,有奸亦系和同也。但本律准折即杖一百,而和奸止杖八十,俟考。"

《大清律辑注》涉及律例较为全面,评析允当,且多创见,被奉为私家释律之权威之作,被执法者广泛应用,直至同光时期仍不断有重编、重刻本问世。

4. 充实立法,改进司法

清代注释律学由于针对性强,始终着眼于实际,而且多为司法实践经验的总结,因而在一定程度上充实了立法、改进了司法,促进了清朝法制的发展。

雍正五年,颁布《大清律集解》,在律后总结中开始辑入沈之奇《大清律辑注》和王明德《读律佩觿》的注律成果,从而将私家注律引入法典,说明国家认可其立法解释效力。而乾隆五年修律时增加的"纳赎诸图"的适用,明确规定应查照《读律佩觿》的有关解释,"以免畸轻畸重之失"。[39]作为《大清律例》律母的八字——"以、准、皆、各、其、及、即、若"的释义,也是以《读律佩觿》的注解为权威的解释。

清代的注律成果尤其对司法起着重要的指导作用。地方司法机关在审判实践中较多参考《大清律辑注》,当《辑注》本的观点和本律稍有异议或相悖时,司法官常常引私注而弃律例。据《刑案汇览》所载,引用《辑注》等私注观点作为审断案件依据的有近四十个案例。尤其是律例无明文规定时，多引私注观点作为定案依据，即使是中央刑部也援用或引证《辑注》作为参考，或以之回复下级司法机关对于有关律例条文含义的疑问。

以上可见，清代注释律学的成果对立法者具有相当大的启迪作用，而以国家立法的形式作出的必要的肯定，更显示了其价值。不仅如此，通过私家注律，使法律更具有可操作性，因而也增强了司法官适用法律的准确性，提高了司法质量。如马腾蛟所说："阐发律例中之精蕴，而听狱讼者得资以为观指。"[40]

清朝注释律学从清初直到晚清连绵不绝，形成了一个专门学术领域和一支庞大的研究队伍，并且取得了超越以前历代的成果，不仅指导了司法实践活动，而且也丰富了立法者的思想。注律学者们从多侧面、多角度、多层次、多形式分别进行注释，群书竞献，蔚为大观。如果说乾嘉时期以考据为代表的汉学是清朝文化史上一大成就，那么清代的律例注释之学则是清朝法律文化史上一大成就。

三、中国注释律学的特点与中西法文化的比较

中国传统律学也和其他文化现象一样，是源远流长的，它以准确地阐明律意，辨析法律原则，解释名词术语为基本内容，以加强用律执法为最终目的。历代虽有小异，但基本传统辗转相承，成为古东方国家特有的传统律学。由于律学着眼于实用，这是它的长处，也是统治者对注律解律家们的要求。但律学又始终是着眼于实用，缺乏理论上的概括，这个长处又变为短处。传统律学探讨了律例之间的关系，条文与法意的内在联系，以及立法与用法、定罪与量刑、司法与社会、法律与道德、释法与尊经、执法与吏治、法源与演变等各个方面，其微、其细、其广、其博、其实、其用，均为世界同时期其它国家所少有。

中国传统律学在国情因素的影响下具有以下特点：

其一，律学反映了专制主义的政治与文化政策，中国专制主义的政治集中反映为大一统的皇权统治。律学所追求的统一适用法律就是服务于大一统的皇权统治。专制主义的文化政策集中反映为尊儒重经，纳士大夫的思想于一轨，禁止自由意志的抒发，这也给律学以深深的烙印。

其二，律学显示了重刑轻民的倾向。在两千多年的封建专制主义的国家统治下，以惩治危害国家的犯罪行为为首要任务，而对民间的财产纠纷

则视为细故。民事纠纷不仅在立法上缺乏应有的比重，在司法上也较为漠视，或听任调处和息，或一审了结。律学既然以律文作为研究对象，那么它的主要内容也只能是刑法，以及与之密切相关的刑事诉讼法学。

其三，律学是在一个封闭型的国家里发展起来的特有的法学。中国古代自然经济的保守性，闭关锁国的对外政策，以及专制国家的政治考虑，造成了古代中国在经济上、政治上、文化上的封闭状态。律学在其发展过程中，从未受过外来法律文化的影响，所以只存在纵向的继受关系，而没有横向的比较。它的特殊性既表现为独立性，也表现为孤立性。

其四，从汉代说经解律到晚清注释律学，一直贯穿了礼法结合、任法与任礼并举的精神。中国古代国家形成的特殊途径，血缘地缘关系的悠久束缚，以及封建王朝独尊儒术的政策影响，使礼治具有广泛的规范力量。礼尊于法、礼主刑辅是封建统治者经验的积累和辗转相承的共识。因此，律学家在释律中要奉礼不违礼，违礼的解释是无效的，律学与礼治如同律学与法制一样地不可分。

其五，律学的发展方向受国家的宏观控制。律学基本上是官学，私家注律只是对国家注律的补充。律学作为一种意识形态，必然受到专制国家的关注。随着专制主义的强化，国家对律学的干预和控制日益加强，以确保其发展方向符合国家的利益。因此，从汉晋隋唐以来，律学一直是官学，即以官府注释为基本形式。明清时期国家对适用法律的要求更为迫切，对律学的期望值也愈益提高，因此鼓励私家注律以补充官府注律的不足。所谓私家，其实是具有官方或半官方身份的人士，他们注律或受命于朝廷，或委聘于长官。他们注律时总结了从事刑名工作的经验，抒发了研究律例的体会，形式上是自由的，但不得逾越国家宏观控制的限度，不得违背传统的法律意识和礼的基本规范，不得别立异端思想。否则，其所注之律不仅无效，而且要受到惩治。因此私家注律是寓自由于不自由之中的。

其六，律学是适应司法实践的要求而发展起来的，是注律者从事刑名断狱的经验的积累和总结，因而以经验主义的特色著称，缺乏抽象思辨的内涵。综括律学之书，凡问题的提出无不源于经验，注释的根据与心得亦不外于经验，律学的最高成就就是综合新经验并使其条文化，成为国家修律的新内容。明清之季，特别是清朝律学的发展是和律学家队伍的壮大分不开的。清朝从事律学研究的不仅有已仕、致仕的刑部官员与地方大吏，还有从县府省到部院各级政权的刑名幕僚,这是一支庞大的与官员注律相配合的注律大军,他们不仅熟悉律例,而且饶有实际操作司法的经验,清朝私家注律的兴盛与注律成果的辉煌,充分反映了这支队伍的实力。

其七,律学是随着社会物质生活条件、社会关系与社会存在的改变而改变的,因而具有阶段性和时代特点。律学的发展又是以先驱者留给后人的文化思想材料作为前提的,这中间的继受关系便是律学发展的真实过程。至明清二代,科学技术的发展和西方天文学、数学、物理学的相继传入,也有助于注律家们剔除自己宇宙观和历史观中的神秘色彩,以及"束书不观,游谈无根"的理学教条的束缚,能够用务实的态度和比较科学的方法来观察国家的法制现象,进行复杂的注律工作。

其八,律学经过了两千多年的发展,虽然道路迂回曲折,但确实历久不衰,这是和它在维护法制建设方面的作用分不开的。譬如:律学家提出的法律实施中的问题和经验,对于国家立法具有指导意义;律学研究的成果丰富了立法者的法律意识和立法的针对性思考,使法制建设不断完善;律学研究通过阐释国家的立法意图,概括国家的法律原则,注解法律的概念术语,评论条文的源流得失,有利于法律的统一适用,进而也促进了国家的稳定统一;提高了司法官吏的办案能力和用法的准确性,避免失轻失重;为学法者提供了教材,为讲读律例提供了范本,为读书不读律的官员提供了执法断狱的凭依;律学著作的广泛性与多样性,有利于法制宣传,加强了法制文明建设,也繁荣了中国的传统法学。

从中国注释律学特别是清代律学出发考察中西法文化的差异,可以看出如下的差异:

其一,家族本位的公法文化与个人本位的私法文化。

中国是东方文明的早熟形态。中国从进入阶级社会时起便以家族为本位,由家而国,家国相通,家是国的基本单位,国是家的扩大延伸。当家族本位与专制政治相结合以后,皇帝也利用父权来加强政治统治,政治伦理化了,法律也变成了这个联合体的附庸。

为了保护家与国的利益不受侵害,以惩恶为目的的刑法被特别强调,罪与罚的规定是中国古代法律的中心内容,刑法几乎涵盖了中国法律的基本体系。民事法律由于缺乏法律上的私人平等和财产流转上的诸多限制,而处于零散状态,没有形成私法体系。

由于个人从属于家族,法律对他们所要求的是尽其应尽的对国对家的义务,而不是享受更多的权利。个人的价值决定了他们在伦常秩序中的尊卑和国家机关中的位置。法律不仅体现这种身份与伦常关系,而且维护这种关系,以示重纲常名教。中国几千年的古代社会,就是遵循着这样的规范而运行着,既没有广泛的契约关系的发展,也没有为身份自由而进行的运动。

西方社会早期政治与法律也是以家族为本位,但随着罗马发展成世界性的商业军事帝国,为了财产流转上的便利,而要求人们之间的平权关系。个人逐渐摆脱了家庭的身份限制,获得了较大的独立自由权,家族本位开始向个人本位过渡。文艺复兴时代到来以后,罗马法中关于个人本位的法律原则得到了弘扬。它所强调的是个人是权利主体与法律主体。法律保障个人在个性、精神、道德及其它方面的发展所需要的自由。这种个人本位的学说,奠定了近代资产阶级人权理论的基石。在西方法律体系中,保护国家利益的公法相对弱于私法,相反调整平等主体之间的权利义务关系的私法,却代表了法律的主流,是以个人为本位的私法文化。

其二,封闭型的法律体系与开放型的法律体系。

中国是一个内陆国家,自给自足的自然经济结构为其独立生存提供了物质基础。专制政府长期推行的闭关锁国政策,使这种独立性固定化。血缘关系的因袭和地缘关系的联络,又为这种独立生存的封闭性、保守性提供了社会支柱。在这样的国度里建立起来的政治制度,是几千年不变的专制制度,法律体系是辗转继受陈陈相因的中华法系。在法律文化上只有输出,没有输入,从无双向的交流。

就法律体系而言,刑法是最集中的代表,重刑轻民的指导思想不仅表现在立法的比重上,也表现在以刑罚手段来处理某些民事的、经济的法律冲突上。

由于刑法典集中体现了中国的法律体系,因此法律规范的性质基本是禁止性的、惩罚性的,尤其对某些法律主体的独立价值与人格的漠视,表现了中国古代法律的等级性与保守性。

在国家实行一元化的制定法和提倡法律官学的条件下,法律学说也只能为大一统的国家辩护,倡行儒家思想指导下的法律伦理。法学家(律学家)所能起到的作用主要是讲求法律的统一适用,而不可能在法理学上进行创造性的研究和构造新的法律体系。

古希腊与古罗马由于是海洋性的国家，海外贸易是维持生存的经济命脉，因此在文化上也处于开放条件下广泛交流的状态。古希腊法吸收了东方小亚细亚文化，形成了范围广泛，内容丰富的多元化的法律体系与法学理论。而希腊文化又为古罗马法提供了法观念与法原则的基础。至西欧中世纪时期，与罗马法、教会法并存的还有日耳曼法、地方法、城市法、商法、国王敕令，以致其互相吸收，诸法杂存。西方法学的相互吸收与广泛交流，推动了法律体系的多元化，公法与私法、基本法与普通法、宪法与部门法、实体法与程序法共同组成了复杂的法律体系。表现在法学理论上，也同样流派纷呈，既有理论法学，也有历史法学和部门法学。经验证明，开放的环境才能使法学研究充满活力；相互的论辩与批判吸收才能取得认识上的升华。

其三，国家控制下的法文化研究与自由主义的法文化研究。

中国是法制文明起源很早的国家，但发展进程却十分缓慢，其根本原因在于专制主义的制度。它限制了学术与思想的自由发展，尤其是法学。由于法是国家制定法，因而不容许任何非议，法学家只能注释现行法律，领会立法者的意图，研究法律的适用，而不得自由评价，更不允许批判。

西汉独尊儒术的政策实际是对战国以来百家争鸣的学术风气的扼杀，是文化禁锢主义在深层次的表现。以儒学为指导思想的律学只能贯彻以皇权为中心的纲常名教，只能在设定的范围内去研究礼法结合，而一切研究成果都要符合大一统的国家和君主至高无上的观念，否则就是异端。

宋以后专制主义愈强化，学术研究的自由权愈受到侵凌。明清两代的文字狱充分体现了对于学术施加的政治高压，使研究者失掉了独立性、科学的态度、人格和尊严。没有政治自由的学术研究，不可能产生合乎理性的成果。多年以来中国的律学家所涉猎的范围，不外乎立法技术、法典内部篇章的编排、法律术语的规范、法医检验学等，尽管在某些方面综合了悠久的经验，达到了较高的水平，但却从未着眼于法理学的探究，以致变成了实用上的巨人，理论上的矮子。

在西方，由于政治环境相对民主开放，加之商品经济的发展，为学术的自由研究提供了良好的条件。以罗马法学家为例，他们对于现行的法律制度和法学成果都抱着严格的批判态度，以致在人们的观念中形成了“一种法律制度如不经过批判就不会完善,一种学说如不经过批判也不可能充实,只有充满批判精神的法理学著作,才被公认为权威性的法学著作”的认知,这对于近代西方法学的发展具有深远的影响。

其四,从属于官府的律学家队伍与独立的职业法学家集团。

法学的兴盛离不开研究主体的学识、品格及其社会政治地位。综括中国古代律学家,或为官僚律学家,或为经学律学家,或为“幕友”,其都不是以法律为专门职业。他们只对皇帝负责,只讲求用法的准确、字义的疏解,而勿论理论上的是非。他们奉行的是国家至上主义、君主至上主义,而勿论社会的公允和私人的利益。他们研究成果的价值决定于是否得到皇帝的认可。在他们的研究成果中,法律的功能单一化了,不外乎禁暴惩奸。律学研究也单一化了,不外乎刑的宽严适用。只有读书不成者才弃而学律,而类似律师性质的讼师是不合法的。

在西方,法律具有较大的权威性。与此联系的法学家则倍受人们尊敬。他们在研究上也充满了独立性与自由精神,显示了学术上的个性,这对于真正独立的法律科学的形成具有重要的意义。例如,罗马法学家对罗马法的研究,推动了私法理论的发展,西塞罗系统地提出了自然法学说,为罗马法奠定了理论基础。

在中国专制时代,人治主宰一切,人治集中体现为君治。无论是立法权、行政权、司法权,都归属于君,并形成了与此相适应的行政管理体制与司法制度。随着专制主义螺旋式的强化,皇权不断加强,人治的色彩也愈益浓厚。

西方在古希腊、古罗马时代便出现了奴隶制的民主政体,并将民主的精神渗透到法律中去,形成了“法治”的意识。柏拉图曾经表述说:“如果一个国家的法律处于从属地位,没有权威,我敢说这个国家一定要覆灭。”[41]甚至罗马皇帝狄奥多西也承认“权力服从法律的支配,乃是政治管理上最重要的事项”,“我们的权威都以法律的权威为依据”[42]。亚里士多德认为优良的政体要由三部分构成:一是有关城邦一般公务的议事机能部分;二是行政机制部分;三是审判机能部分。如果让其中一个来统治,这就相当于在政治中混入了兽性的因素。为了使法治获得制度上的保障,近代西方创立了三权分立的体制。

显而易见,古希腊、古罗马的民主与法治精神对近代西方资产阶级民主与法治的影响是巨大的。

上述以清代注释律学为代表的中国传统律学,在与西方法学进行粗略的比较中可以看出,它们经历了不同的发展道路具有各自的规律性。这种比较不在于说明孰优孰劣,而在于展示二者的异同。凡是存在的都是有条件的,在当时都是合理的。以今非古、以外非中都是片面的、错误的。中外横向比较在于总结过去,创造未来,取人之长,勇敢革新。如果说西方法学长于法理学方面的抽象与综合,那么中国古代律学特别是清代律学在应用法学方面无疑也是一面先进的旗帜,它不仅对中华法文化苑作出了突出贡献,也对人类文化宝库作出了自己的贡献。

四、传统律学的终结与近代法学的兴起

(一)传统律学的终结

1840年鸦片战争以后,中国的国门被侵略者的炮火轰开,中国的司法主权也在不平等条约的作用下被列强攫取,西方的法文化也通过各种途径输入中国,中国传统的法制遭遇到空前的挑战,从洋务派的"稍变成法,引进西法"到最初的奖励商人投资的立法,揭开了晚清法制改革的序幕,戊戌变法期间,康有为提出的制定宪法建立近代法律体系的主张,虽然没有实现,但却为此后清政府推行的新政、预备立宪和改革法制提供了先验。1900年义和团运动以后,清政府已经不能照旧统治下去了,其下诏表示实行新政。1905年,日俄战争以后,国内主张宪政的思潮风起云涌,为自救自存,清政府宣布实行预备立宪,并委派沈家本、伍廷芳为修订法律大臣,从此,中国传统的法制走上了近代化的道路,在修订法律期间实行的立法建制都远远突破了传统律学所涉及的藩篱。

其一,以君主立宪和三权分立为新律的指导原则。传统律学是以加强封建君主专制制度、巩固君主的立法权、司法权为宗旨的。沈家本与此相反,他明确提出编纂新法典"实预备立宪之要著"[43],因而把修律纳入了君主立宪的政治改革当中。同时,他根据孟德斯鸠三权分立的学说提出:"东西各宪政之萌芽,俱本于司法之独立",[44]"司法独立,为异日宪政之始基。"[45]因此他强调"政""刑"分离,反对"以行政而兼司法",为此"考古今之沿革,订中外之异同"[46],制订了体现司法独立的《法院编制法》。

其二,研究领域大大超过了以大清律例为对象的注释律学,而延伸到

构成新法系的六法部门。沈家本说:“窃维法律之损益,随乎时运之递迁,往昔律书体裁虽专属刑事,而军事、民事、商事以及诉讼等项错综期间。现在兵制即改,则军律已属陆军之专责,民商及诉讼等律钦据明谕特别编纂,则刑律之大凡自应专注于刑事之部,推诸穷通久变之理,实今昔之不宜相袭也。”[47]沈家本的视野宽广,他的功绩不是固守祖宗成法,不是注释祖宗成法,而是创新法律体系与新的法律学说。

其三,坚持法治原则,用以反对封建的纲常礼制。沈家本在西方法治思想的影响下,一方面主张“一切犯罪须有正条乃为成立”[48],反对比附援引,旗、汉各族人民犯罪在法律上“一体同科”;另一方面在很大程度上摆托了传统的礼教纲常的束缚,把立足点放到“任法”而非“任礼”上来,力图在新刑律中删去干名犯义、无夫奸、子孙违反教令等条。

其四,在天赋人权思想影响下,反对买卖人口与奴婢制度,主张尊重人格,尊重人权。他在《删除奴婢律例议》中说:“不知奴亦人也,岂容任意残害,生命固应重,人格尤宜尊,正未可因仍故习,等人类于畜产也。”

其五,以“甄采中西”“会通中外”为修律释法的宗旨,力图通过修律改变中国固有的传统法系,将中国法律纳人世界资本主义法系以便“与各国无大悬绝”[49]。

其六,重视研究法理学,并使法理与经验相结合。他说:“法之修也,不可不审,不可不明。而欲法之审,法之明,不可不究其理。”[50]“若设一律而未能尽合于法理……则何贵乎有此法也。”[51]他在《法学名著序》一文中大声疾呼:“议法者欲明乎事理之必然,而究其精意之所在,法学之讲求乌可缓乎?”“不明学理,则经验者无以会其通;不习经验,则学理无从证其是,经验与学理,正相两需也。”[52]

其七,由固守中国一国的传统的法观念到广泛吸收世界公认的法律与法学。沈家本从中国与世界关系的角度阐述了不能保守旧法律与旧律学,他强调“我中国介于列强之间,迫于交通之势,盖有万难守旧者”。在他主持制订新刑律、刑事诉讼律和民事诉讼律时都参照了日本、德国的相关法律。

其八,按西方法学教育模式培养新式法律人才。沈家本凭借多年从事法学研究与司法领导工作的经验,深知“法律之学世皆懵暗”[53],而司法人才的奇缺,又绝非固有的律学家辗转承受的方式所能补救的,因此他非常同意伍廷芳所说的“法律成而无讲授法律之人,施行必多阻阂,非专设学堂培养人才不可”[54]。为此,他以修订法律大臣的身份向清政府陈奏设立法律学堂,加强法学教育,培养人才以“为他日审判之预备”。经过沈家本的争取,光绪三十二年九月中国第一所法律学堂设立,这是一所基本上按照西方法学教育模式建立起来的法学最高学府。教育的内容以资产阶级法律为主,并聘请日本法学家冈田朝太郎、松冈义正等担任主讲。它完全不同于封建时代培养律博士的机构,更非私人律学家子孙相传所可比拟。这所法律学堂是晚清修律的副产品,也是中国法制走向近代化,由传统律学向近代法学转型的具体象征。这所法律学堂在很短的时间内便培养了大批专业人才,并为以后的近代法律教育开辟了先例。

以上晚清修律时所实行的宗旨与各种主张和实际活动都使律学完全处于丧失作用的地位,特别是《大清新刑律》制定以后,《大清律例》已成为历史文献,这就使得律学失去了存在的载体而宣告终结。传统律学终结的同时,近代法学却适应形势的需要迅速发展起来。

(二)近代法学的兴起

中国近代法学主要是通过译书、办报刊、建学堂等途径发展起来的。

西学东渐以后,西方著名的法学著作经过传教士翻译成中文在知识界传播,对西方法学的扩展起了重要的作用。

1887 年由英国苏格兰长老会教士韦廉臣创立于上海的广学会,在传教士创办的译书机构中,规模最大,出书最多,影响最广,也最具代表性。

当时,光绪皇帝也订阅了广学会的杂志,还向广学会订购了 89 种书籍。[55]梁启超在戊戌维新时期曾列举过一些西学书刊,其中广学会的书籍就有十几种。[56]

广学会十分注重争取读者群,它从中国的士大夫入手,把中央和地方的高级文武官员、举人以上的在职和在野的士大夫,以及全国的应考秀才,都作为他们的对象,其传播范围是十分广泛的。例如,广学会翻译出版的《泰西新史揽要》和《中东战纪本末》,因为旗帜鲜明地宣传变法思想而成为 1896 年长沙乡试举子的必备读物。[57]

西方传教士通过广学会的翻译出版工作,介绍了伏尔泰、卢梭、孟德斯鸠、狄德罗等人的学说以及法律改革思想,宣传了人权观念、平等观念、法制观念,这在中国要求进步、要求认识外部世界和向西方寻求救国真理的知识界，引发了极大的共鸣，起到了思想启蒙的作用，为中国的变法维新运动提供了理论先导。梁启超于1890年路过上海时，“得有机会检阅了由傅兰雅、林乐知和江南制造局其他人译成中文的西方书籍”，他认为这一年是“伟大的世界开始对他说话的一年”。[58]康有为也曾向香港《中国邮报》的编辑说过：“我信仰维新，主要归功于两位传教士，李提摩太牧师与林乐知牧师的著作。”[59]

19世纪60年代京师同文馆设立以后，翻译西方国际法著作的活动，在各方人士的鼓励和帮助下，被广泛地提上日程。同文馆翻译的国际法著作，有《公法会通》《公法便览》《公法千章》《中国古世公法》等。[60]与此同时，供职于江南制造局的英国传教士傅兰雅（Frayer）也翻译了五种西方法律著作，其中属于国际法方面的著作，有《公法总论》（英国罗柏村原著）、《各国交涉公法》、《各国交涉便法》（英国费利摩、罗巴德原著）。[61]此外，1898年译出的国际法著作，还有《公法总论》、《法使指南》、《欧洲东方交涉记》、《中西关系略论》[62]以及《英俄印度交涉书》等。[63]

不仅如此，在19世纪60年代出现的一大批以学习西方文化为目的的新式学堂里，万国公法受到了普遍的重视。京师同文馆、天津中西学堂以及上海南洋公学的章程中，明确将万国公法列为必修课程[64]，这为接受西方国际法知识开辟了另一条渠道。

自19世纪60年代开始，中国引进西方法文化的中心，已由南部沿海转移到了上海。上海以其优越的地理位置，使得大众传播业的发展在全国遥遥领先。至晚清修律开始以后，修订法律馆又成为评介西方法律的中心。

除此之外，设立于江南制造局的翻译馆也是译书最多、影响最大的出版机构。供职于江南制造局的传教士傅兰雅，因其译书数量之巨而获得了广泛的赞誉。在傅兰雅的77部译著中，法律类的书籍有：《佐治刍言》《公法总论》《国政贸易相关书》《各国交涉公法论》《法律医学》《各国交涉便法论》等。

除傅兰雅外，林乐知、舒高第等人，也都翻译了法律政治方面的著作。如《列国岁计政要》《美国宪法纂释》《东方交涉论》《各国交涉公法论》《东方交涉记》《日本东京大学规制》等。其中《佐治刍言》和《美国宪法纂释》成为了戊戌变法和20世纪立宪运动的必备参考书。康有为曾评论说：

"《佐治刍言》言立国之理及人所当为之事，凡国与国相处，人与人相处之道悉备焉。皆用几何公论，探本穷源，论政治最通之书。其上半部论国与国相处，多公法家言；下半部论人与人相处，多商学家言。"[65]经江南制造局翻译馆翻译出版的社会科学方面的书籍共有33种[66]，它们"把西方书籍中所有的知识，用轻松、免费的方式加以转载"。[67]接受这些知识的大都是中国的先进知识分子，或上层人士，他们在得到新思想武装以后，积极推动中国的政治改革与法律近代化的进程。

在资产阶级改良派的提倡和努力下，戊戌变法前后，大批译书局、译书社相继成立，翻译刊行西方资产阶级法律法学著作。如大同译书局、上海新作社、上海南洋公学译书院、新民译书局等。

除译书外，报社也对宣传新法学起了重要作用。上海《申报》是这一时期全国最大、最具有代表性的一家报纸，"上海各士绅无不按日买阅"。[68]它的信息空间十分广阔，在19世纪70年代，《申报》已经把西方的社会政治时事列为观察评论的第一主题。例如，日本明治维新运动展开以后，《申报》立即对日本仿效西方模式进行法律改革的各种措施，作了报道。《申报》也发表了中西政治与法律比较的一类文章，如《中西刑律异同说》《中西政情之别》《论中西民情不同》等。

广学会出版的《万国公报》，也是宣传西方文化极有力的一家报纸。它刊载各国消息、时事述评、科学知识，以及涉及西方文化等方面的内容。该报发表的有影响的法律政治方面的文章，有广东宣道子的《华盛顿肇立美国》，金琥、朱逢平的《富国要策》，花之安的《国政要论》，李提摩太的《论生利分利之别》，林乐知的《译民主国与各国章程及公议堂解》，海滨逸民的《论泰西要政》，李提摩太的《三十一国志要》《泰西新史揽要》《大同学》等。20世纪初，该报还登载了一些西方思想家的作品，如英国施本思（即斯宾塞）的《自由篇》。还将李提摩太翻译的《回头看纪略》改名为《百年一觉》，以单行本发行。该书出版以后，向中国思想界提供了一个西方人笔下对未来社会的憧憬。谭嗣同在《仁学》中概述此书内容时说："千里万里，一家一人。视其家，逆旅也；视其人，同胞也。父无所用其慈，子无所用其孝，兄弟忘其友恭，夫妇忘其倡随。若西书中百年一觉者，殆仿佛《礼运》大同之象焉。"[69]

康有为所著《大同书》，除中国传统的大同世界的理想熏陶外，也受到了此书的启发。康有为自称:“美国人所著《百年一觉》书,是大同影子。”[70]

资产阶级改良派还创办了《时务报》《湘学新报》《国闻报》,以及后来的《清议报》《新民丛报》等,大量介绍和翻译了西方资产阶级的法律法学著作和文章。另外,在其出版的《质学丛书》(1896 年)、《西政丛书》(1896 年)、《西学富强丛书》(1896 年)、《续西学大成》(1897 年),以及后来的《新学大丛书》(1903 年)中,也都专设法政或法律一类,收编西方法律法学译书。

戊戌运动失败以后,上海商务印书馆继续承担着翻译出版法政书籍的任务。见于《东方杂志》广告的法政译著有:[71]

《法学通论》(织田万著,刘崇佑译)
《法律经济通论》(石水宽人著,何炳时译)
《国法学》(笕古参著,陈时夏译)
《比较国法学》(末刚精一著)
《政治学》(小野喜平次郎著,郑译)
《行政法各论》(清水澄著,金泯澜译)
《民法原论》(富井政章著,陈海瀛等译)
《民法要论》(梅谦次郎著)
《国家学原理》(高田早苗著)
《地方行政法》(岛村地三郎著)
《法学通论》(山田三良著)
《刑法通论》(冈田朝太郎著)
《经济原论》(天野为三著)
《日本维新史》(村松贞臣著)
《国法学》(有贺长雄著)
《列强大势》(高田早苗著)
《民法要论》(稀木喜三郎著)
《警察学》(文保田政周著)
《货币论》(河津暹著)
《政法理财讲义》(佚)
《汉译日本法律经济辞典》(佚)
《日本法规大全》(佚)

《日本六法全书》(佚)

《日本法制要旨》(佚)

《日本明治法制史》(清浦奎吾著)

《日本警察法讲义》

《日本监狱法详解》

《日本预备立宪过去事实》(村志钧译)

《日本宪法义解》(伊藤博文著)

《日本议会记事全编》

《日本议令法规》

《自治论》(日本独逸学会著,谢冰译)

《公债论》(田中穗积著,陈兴年等译)

《商法论》(松坡仁一郎著,秦瑞玠译)

《刑法通义》(牧野英一著,陈承泽译)

《民事诉讼法论纲》(高木丰三著)

《刑事诉讼法论》(松室致著,陈时夏译)

从以上目录可以看出它们或是日本的法规汇编,或是日本法学家的著作,这不是偶然的。当时留日的中国学生,主动积极地把西方法律文化影响下的日本法律和日本法学家的法学著作,译成中文,传到国内,再由出版机构以最快的速度、最大的批量推到国内读者面前。由于清廷预备立宪期间,提出言论出版自由所造成的客观环境,加上商务印书馆的元勋张元济的思想指导与坚定态度,使法学译著的出版呈现上升之势。张元济认为出版事业可以"提携多数国民,似比教育少数英才为尤要"。在他的译书计划中,政治、法律、理财、商业是重要的内容,从1899年到1901年,商务印书馆出版了几十种这样的书。[72]这些书在国内发行,销量极大,其影响是不可以低估的。

晚清为立宪改律而设立的修订法律馆和宪政编查馆,在引进西方法文化著作方面,也起了历史的作用。修订法律馆和宪政编查馆是清朝官方的机构,代表着官方的意图,它们的设置使北京又成了引进西方法律文化的中心。

宪政编查馆的前身是考察政治馆,清廷在上谕中要求它"择各国政法之与中国治体相宜者,斟酌损益,纂订成书"。[73]为此,宪政编查馆专门设立

"译书处","凡各国书籍为调查所必需者,应精选译才陆续编译"。各省设立的调查局,也进行收集和翻译外国的法律、法规、法学著作的工作。在有关立宪问题的群臣奏议中,无论是保守派还是立宪派,在论证他们的观点时,都能征引西方的宪法历史和理论,这说明西方的宪法知识在清廷已有了一定程度的普及,这与宪政编查馆的努力是分不开的。

修订法律馆作为法律起草机关,清廷要求它"将现行一切律例按照交涉情形,参照各国法律,悉心考订,妥为拟议"。[74]因此,修订法律馆特别重视翻译西方法律法规的工作。在短短几年里,先后译出法兰西刑法、德意志刑法、俄罗斯刑法、荷兰刑法、意大利刑法、法兰西印刷律、德国民事诉讼法、日本刑法、日本改正刑法、日本海军刑法、日本陆军刑法、日本刑法论、普鲁士司法制度、日本裁判构成法、日本监狱访问录、日本新刑法草案、法典论、日本刑法义解、日本监狱法、监狱学、狱事谭、日本刑事诉讼法、日本裁判所编制立法论,共26种。已经开始而未译完的尚有:德意志民法、德意志旧民事诉讼法、比利时刑法论、比利时监狱则、比利时刑法、美国刑法、美国刑事诉讼法、瑞士刑法、芬兰刑法、刑法之私法观,共10种。[75]修订法律馆出于立法的实际需要,以西方各国现行的部门法和重要的法学著作作为翻译的对象,它们是直接面向朝廷君臣的,是为立宪修律服务的,因此,具有官方的色彩和良好的传播效果,极大地改变了清廷上下对西方法律文化闭目塞听的状态,并为晚清修律提供了参考依据。

除此之外,设立于各地的法政学堂对于开展法学教育推动新法学也起了重要的作用。

修订法律期间,沈家本深知"法律为专门之学,非俗吏所能通晓,必有专门之人"[76]。然而在中国,法律之学又是"世皆懵暗……积习相仍,于今为甚"。[77]为了执行新法,和适应司法制度改革的需要,沈家本倍感"造就司法人才,为他日审判之预备"的紧迫。他非常同意伍廷芳在修订法律馆设立后所说:"法律成而无讲求法律之人,施行必多阻阂,非专设学堂培养人才不可。"[78]他也曾向清廷陈述了西方各国由于重视法律教育与人才的培养,致使司法后备力量极其充实。他说描述西方:"各国法理昌明,学校林立,法律思想普及全国。其高等法学毕业之人,皆足备法官之登进,取才初不为难,故可由司法省大臣专任其事。"[79]

经过沈家本的奏请,终于"奉旨俞允",于光绪三十二年九月(1906年

10月),设立了中国第一个法律学堂,学员数百人。鉴于当时"教习无其人,则讲学仍记空言也",特别聘请日本法学家冈田朝太郎、松冈义正担任主讲。由于培养司法人才是预备立宪与司法改革所急需,所以各地各类法政学堂纷纷设立,沈家本充满信心地说:"吾中国法律之学,其将由是而昌明乎。"[80]各地法律学堂所开设的课程大体仿日本法科学校所定的课程,除中国法制历史的有关课程外,其它如宪法、刑法、民法、罗马法、诉讼法、行政法、国际公法、国际私法等均为必修课。京师法律学堂创办仅几年时间,"毕业者千人,一时称盛"。[81]说明各地设立的法律学堂成为研究新法学和培养法学人才的重要基地。例如,著名法学家王宠惠就是1900年毕业于北洋大学法律系的大学生,获钦字第一号文凭。1901年赴日研读法学,1902年转赴美留学,在耶鲁大学获法学博士学位。后赴英国再行研究法学,取得了英国律师资格。他还游历欧洲,考察各国宪法,并被选为柏林比较法学会会员。他赞同孙中山学说,组织发起成立国民会,1904年曾在美国协助孙中山撰写《中国问题的真解决》的英文稿。辛亥革命后他曾任南京临时政府外交总长、北京政府司法总长、大理院院长、教育总长,并一度组阁,署理国务总理。

综上可见,传统律学的终结与新法学的兴起都是不可抗拒的历史潮流的推动,各有其存在的历史价值。

注释

1 《吕氏春秋·离谓》。

2 《商君书·定分》。

3 《商君书·定分》。

4 《检论·原法》。

5 崔祖思:《请择人习律令奏》。

6 《后汉书·陈宠传》。

7 王利器:《风俗通义校注》。

8 《晋书·刑法志》。

9 《晋书·刑法志》。

10 《后汉书·郑玄传》。

11 程树德:《九朝律考·汉律考》。

12 《晋书·杜预传》。

13 《晋书·刑法志》。

14 《晋书·刑法志》。

15 《晋书·刑法志》。

16 《唐律疏议·名例》,“断罪无正条”。

17 《唐律疏议·名例·序》。

18 《续资治通鉴长编》卷一四三,庆历三年九月丙戌。

19 《马克思恩格斯选集》(第四卷),第485页。

20 《读律佩觿》“凡例”。

21 崔述:《无闻集》卷二《讼论》。

22 《清实录》雍正元年七月巳未。

23 《清实录》雍正元年三月丁未。

24 《钦颁州县事宜》见官箴书集成编纂委员会编:《官箴书集成》(第三册),黄山书社1997年版,第680—681页。

25 沈家本:《历代刑法考》“大清律例讲义序”。

26 《大清会典》卷五四,刑部。

27 《读律心得》序。

28 《清史稿》列传二六五。循吏三。

29 《明刑管见录》之黄彭年序,光绪十三年(1887年)陕西县署重刻本。

30 《皇朝经世文编》卷二五,吏政一,韩振《幕友论》。

31 《大清律例汇辑便览·凡例》,同治十一年,江苏臬署刻本。

32 夏敬一:《大清律目附例示掌序》,简称《律例示掌》。

33 夏敬一:《大清律目附例示掌序》,简称《律例示掌》。

34 万维翰:《大清律例集注·马腾蛟序》。

35 《办案要略·序》。

36 张廷骧:《入幕须知·赘言十则》。

37 《大清律例集注·序》。

38 《大清律例集注·序》。

39 《大清律例·部颁凡例》。

40 《大清律例集注·马腾蛟序》。

41 柏拉图《法律篇》。

42 《西方法律思想史资料汇编》,第25页。

43 沈家本:《奏修订法律大概办法折》。

44 《清末筹备立宪档案史料》(下册),第843页。

45 《清末筹备立宪档案史料》(下册),第827页。

46 《明律目笺》卷一。

47 《奏刑律例草案告成由》,《档、法、律例80号》。

48 《清末筹备立宪档案史料》(下册),第888页。

49 《寄簃文存》一,《奏虚拟列罪改为流徙折》。

50 《寄簃文存》六,《法学通论讲义序》。

51 《寄簃文存》二,《论杀死奸夫》。

52 《天一阁书目跋》。

53 《寄簃文存》七,《元史新编跋》。

54 《寄簃文存》七,《法学通论讲义序》。

55 《广学会年报》1889年,附录中有书目。载《出版史料》1988年第2期。

56 梁启超:《西学书目表》,载中国史学会主编《戊戌变法》(一),上海人民出版社1957年版,第452—455页。

57 [加]许美德等:《中外比较教育史》,上海人民出版社1990年版,第62页。

58 [美]杰西·格·卢茨:《中国教会大学史(1850—1950)》,曾钜生译,浙江教育出版社1987年版,第39页。

59 [美]杰西·格·卢茨:《中国教会大学史(1850—1950)》,曾钜生译,浙江教育出版社1987年版,第39页。

60 梁启超:《西学书目表》,《戊戌变法》第一册。

61 云岭:《清末西方法律、法学的输入及影响》,载《法律史论丛》第三辑。

62 参见田涛、李祝环:《清末法学输入及其历史作用》,载中国政法大学编:《法学论文集·法制史》1990年第三卷;李贵连:《近代中国法律的变革与日本影响》,载《比较法研究》1994年第1期。

63 熊月之:《江南制造局翻译馆史略》,载《出版史料》1989年第1期。

64 舒新城编:《中国近代教育史料》(上册),人民教育出版社1981年版。

65 梁启超:《读西学书法》,载《戊戌变法》第一册。

66 熊月之:《江南制造局翻译馆史略》,载《出版史料》1989年第1期。

67 [美]乔纳森·斯潘塞:《改变中国》,三联书店1990年版,第154页。

68 张仲礼主编:《近代上海城市研究》,上海人民出版社1990年版,第930—931页。

69 谭嗣同:《仁学》,载《谭嗣同全集》增订本下册,中华书局1981年版,第367页。

70 《康南海先生口说》,中山大学出版社1985年版,第31页。

71 以下转引自陈丰祥:《日本对清廷钦定宪法之影响》,台湾师范大学历史研究所未出版的硕士论文,第36页。

72 汪家熔:《大变动时代的建设者——张元济传》,四川人民出版社1985年版,第55页。

73 《设立考察政治馆酌各国政法纂订成书呈进谕》(中国第一历史档案馆军机处录副

档案)。

74 《大清光绪新法令》第一册,第7页。

75 沈家本:《奏修订法律情形并请归并法部大理院会同办理折》,载故宫博物院明清档案部编:《清末筹备立宪档案史料》(下册),中华书局1979年版,第838页。

76 《寄簃文存》卷一《设律博士议》。

77 《寄簃文存》卷七《元史新编跋》。

78 《寄簃文存》卷六《法学通论讲义序》。

79 《奏末筹备立宪档案史料》(下),《奏酌定司法权限并将法部原拟清单加具按语折》。

80 《寄簃文存》卷六《法学通论讲义序》。

81 《清史稿》卷四三三《沈家本传》。

张晋藩代表作

清朝法制及其转型

拾肆 清朝法制历史发展规律管窥之一

清朝是中国封建社会的末代王朝，其法律体系是封建法律体系的完备形态，由于清朝去今不远，遗留下浩如烟海的官书、档案资料，为研究者提供了方便，特别是从清朝法制史的研究中可以了解社会发展的规律。譬如，社会转型与法律变革互动的规律；先进法文化战胜并取代落后法文化的文化发展规律；由个别调整到一般调整的立法发展规律；从实际出发因俗制宜的民族法发展规律等，本文就从这四个方面进行分析阐述。

一、社会转型与法制变革互动的规律

法律与社会的相互关系及内在联系，是马克思主义法理论范畴的基本问题之一，也是研究法制史学开宗明义的第一章。社会是法律形成与发展乃至其全部历史的真正发源地，法律关系是社会关系的反映，法律的形式与内容、思想与语言、制度与实施都不过是社会生活的记录。但是，法律不是消极地反映社会、适应社会，而是积极地作用于社会，或者促进社会的发展，或者阻碍社会的进步。中国古代的统治者之所以视法律为“治世之具”，就在于他们充分认识到法律所具有的社会调整与维系国家活动的功能。特别是社会发生激变的转型时期，法律更是发挥着清除旧势力的阻挠和为新社会开辟道路的作用。

人类历史上的各种社会形态，是由不同的生产关系的总和所构成的，各种社会形态的本质和特点都植根于社会生产关系的总和之中。原始社

原文收录于《学思欣录》（张晋藩自选集），首都师范大学出版社 2015 年版。

会解体以后，由新的生产关系所形成的社会结构，存在阶级利益的对立与冲突，由此而产生了国家与法律以及相适应的意识形态。社会的变革与转型，总有它的物质前提和条件，那就是旧的生产关系已经成为社会生产力发展的严重桎梏，而新的生产关系也已孕育成熟，先进的社会力量手中所掌握的不仅有物质性的武器——政权与法律，还有精神性的武器——新的意识形态，最终在激烈的斗争中取得胜利。

在中国历史上，就中原地区而言，主要的社会形态的重大转型如：从氏族社会晚期转型至夏商奴隶制社会；从春秋中后期的地方经济的发展与礼崩乐坏转型至战国以后的封建社会；从晚清民族资本主义的发展与自救改革转型至近代社会。每次社会转型都是指社会结构的整体性、根本性的变动，是由经济、政治、文化等诸多因素所决定的，因此每次社会转型都含有结构转换、机制转轨和观念转变的内容。每次社会转型总是引起法律相应的激烈变革，并从多方面立法建制确保转型成功。在这个过程中，新的法律思想与理论起着重要的导向作用。本文以关外时期后金为例，论述社会转型与法制变革的相互关系与规律性。

（一）关外时期社会的转型

清朝于 1644 年入关之前曾于关外建立后金（崇德改元后称清）政权。经过努尔哈赤、皇太极两代君主的艰苦经营，不仅统一了女真各部，发展了社会生产，而且建立了较为完备的国家机构、各项制度与法制，故称之为肇基时期。肇基时期的历史发展为我们提供了考察社会转型与法律变革相互关系的确切资料和真实的进程。

努尔哈赤统治时期，就社会形态而言，是由家内奴隶制向庄园奴隶制过渡的时期。这一时期将掳掠来的汉人主要“为奴使唤”[1]，有的被“驱使耕作”[2]，他们的人身是不自由的，可以“相互买卖使唤”[3]。至努尔哈赤创建“八旗制度”，“以旗统人”，八旗旗主控制了全部社会劳动力，开始由家内奴隶制向庄园奴隶制过渡。1616 年，努尔哈赤建立后金政权以后，社会经济迅速发展，天命四年（明万历四十七年，1619 年），朝鲜人李民寏根据目睹记载说：“土地肥饶，禾谷甚茂，旱田诸种，无不有之。”[4]而且“收获颇丰，仓库充盈”[5]。显示了农业已成为后金社会生产的主要部门。努尔哈赤及其家族各有农庄不等，并委派专人管理农庄，以驱使和监督奴隶进行耕作，这是典型的奴隶制庄园。

后金天命六年(明天启元年,1621年)七月,努尔哈赤进入辽沈地区。辽沈地区汉族人口居多,封建生产关系已占主导地位,努尔哈赤为恢复生产,稳定社会秩序,将汉民及一些汉族自由民编为民户,组成庄屯,自耕自种,向后金国家缴纳官粮,应差服役。这些民户实际上是后金国家的农奴,而社会形态也开始向农奴制转变。关外肇基时期,尽管奴隶制的生产方式与农奴制的生产方式存在矛盾与冲突,但先进的生产方式终究会战胜落后的生产方式,正像马克思和恩格斯所指出的:“定居下来的征服者所采纳的社会制度形式,应当适应于他们面临的生产力发展水平,如果起初没有这种适应,那么社会制度形式就应当按照生产力而发生变化。”[6]在这个过程中法律不仅相应地发生了变革,而且积极促进了新的生产方式的发展和社会的转型。

(二)适应社会转型的法律变革

1. 统治者法律观念的形成

据史书记载,后金于明万历十五年(1587年)筑城费阿拉,“上始定国政,禁悖乱,戢盗贼,法制以立”[7]。另据《老满文档册》(荒字档)乙卯年十二月记载:(英明汗)“成功地治理征服的国人,制止了暴乱,平定了盗贼,建立起各种法制”。“法制”一词在满文体实录中意为“禁约”“禁令”“定例”。可见所谓“法制以立”,当为初步整理的努尔哈赤口头宣布的“禁令”“定例”,但仍十分简陋,“俗淳政简,所著者为令,鞭扑斩决而已。”[8]传统的女真习惯法仍有较广泛的约束力,如发生纠纷采取“偕众听断”;允许族内婚和夫死妻殉。

除此之外,努尔哈赤既是后金一国之主的汗,又是女真部落最强大的家族的族长,他的权威来自政权和族权的双重支柱。在以家族血缘与政治的二重原则为依据的条件下,努尔哈赤颁布的谕令,既是家法,也是国法,二者合一而不可分。

然而,开国肇基的迅速发展,使努尔哈赤开始注意吸收汉族的法文化。他曾下达文书给都堂阿敦、副将李永芳、马友明及汉人众游击官,“著将明国所定诸项章典,俱缮文陈奏,以便去其不适,取其相宜”[9]。例如,有关拾遗物的规定,“其拾得之物分为三份,失主得二份,拾者一份”,便是在明律“得遗失物”条影响下的“此无前例之法”[10]。按《明律》“得遗失物”条规定:“于内一半给与得物人充赏,一半给还失物人。”

努尔哈赤鉴于明朝之衰败，源于法令不公平、不严明，故严戒诸子及诸大臣："为国之道以何为贵？在于谋事公信，法度严明也。其弃良谋、慢法度之人，无益于此道，乃国家之鬼祟也。"[11]他要求诸大臣立誓"严守法度，严束部下"，"秉公持正"。遵汗谕，"统兵之一等大臣以下，五牛录额真以上各官誓曰：'汗所降谕旨及各项法令，定牢记不忘，且勤加宣谕。'"否则"甘受贬黜"。"众章京和各村拨什库誓曰：'诸贝勒、大臣已将各项法令下达于牛录额真。我等定不忘牛录额真传谕之言。'否则'甘受天责殃及死罪'。"[12]天命八年（1623年）六月戊辰，努尔哈赤因诸女骄纵无度，召之于八角殿，斥曰："夫执政诸贝勒且不得废法而免，况汝等女曹，或干政紊法，朕岂肯徇纵、废国典乎？男子披甲胄、效忠死事者，因不背同心之盟，故以身殉国。尔等安居于家，若违法制、坏基业，岂其可哉？"复谓皇妹曰："汝其以妇道善训诸女，有犯，朕必罪之，汝毋阻朕也。"[13]努尔哈赤确实做到了"有罪者，虽亲不贳，必置之法；有功者，虽仇不遗，必加之赏"[14]。至临终前仍叮嘱八固山之主"继我之后亦如是严法度，以效信赏必罚"[15]。明朝人陈仁锡在《无梦园初集》中，评论后金政权"法令之严，无徇无纵"。

继立的皇太极在努尔哈赤法观念的基础上更注意以史为鉴，法律意识进一步明确。崇德二年（1637年）六月，训谕诸王群臣曰："自今以后，宜思所以宣布法纪，修明典常，为保邦致治之计，……尝观前代，励精图治，法制详明者，国祚必永；怠忽政事，废弛纪纲者，国势必危。"[16]皇太极为了督励诸王贝勒贵族勋戚奉法执法，宣布："国家创立制度，所以辨等威，昭法守也，乃往往有不遵定制，变乱法度者，若不立法严禁，无以示儆。自后，若王贝勒贝子等犯者议罚，官员犯者幽系三日议罚，庶民犯者，枷号八日，责治而释之。"[17]"人有言曰，越山易，越法难，国法攸昭，天鉴不爽，朕心时加敬谨，尔等安能忘越于法耶？"[18]

2. 反映社会转型的立法建制

社会的发展使传统习惯法渐为成文法所取代，是皇太极时期立法一大特点。由此法律形式开始复杂化、立法内容也多样化。天聪一朝先后颁布"内外牛录首告离主条例""禁隐匿壮丁令""禁诸王贝勒违制挑取牛录下差役令""六部职掌条约""讦告诸王贝勒离主条例""禁诸王贝勒违法罚赎条例""纵畜入田罚例""禁服式僭越令"等一系列单行法律。至崇德元年（1636年），议定"会典"，可谓立法之大成。此外，还迭颁军律，以适应战争的需要;颁发盛京定例,以约束外藩蒙古诸部落。

甲,反映家内奴隶制瓦解的《离主条例》

天聪五年(1631 年)七月,议定《离主条例》:“一除八分外,有被人讦告私行采猎者,其所得之物入官,讦告者准其离主。一除八分外,出征所获,被人讦告,私行隐匿者,以应分之物,分给众人,讦告者准离其主。一擅杀人命者,原告准其离主,被害人近支兄弟并准离主,仍罚银千两。一诸贝勒有奸属下妇女者,原告准其离主,本夫近支兄弟并准离主,仍罚银六百两。一诸贝勒有将属下从征效力战士隐匿不报,乃以并未效力之私人,冒功滥荐者,许效力之人讦告,准其离主。仍罚银四百两。一本旗人欲讦其该管之主,而贝勒以威钳制,不许申诉,有告发者,准其离主,仍罚银三百两。此外,凡以细事讦诉者,不许离主。”[19]天聪六年(1632 年)三月庚戌再谕曰:“凡有讦告诸贝勒者,断离本主与否,前已详谕定例矣。其余彼此讦告者,今更详悉定例。凡讦告之人,务皆从实。如告两事以上,重者审实,轻者审虚,免坐诬告罪,仍准原告离主。如告数款,轻重相等审实一款亦免坐诬告之罪。如所告多实,及虚实相等,原告准离其主。所告多虚,原告不准离主。所告两事以上,而轻者实,重者虚,与告一事,而情轻诉重者,审实,坐被告以应得之罪,其原告仍坐诬诉罪,不准离主,若子告父,妻告夫,及同胞兄弟相告果系反叛逃亡、有异心于上,及诸贝勒者,许告。其余不许,若有告者,被告照常审拟,原告罪亦同,不准离主。”[20]崇德元年(1636年)议定《会典》时收录《离主条例》,显示皇太极对它的重视。《离主条例》不可能出现在家内奴隶制盛行之时,它的出现是家内奴隶制瓦解的反映,同时又是促进家内奴隶制瓦解的一种强制力量。除此之外,从《离主条例》所规定的“告主”事项和范围,也说明了皇太极维护中央集权制度,控制和削弱八旗旗主及贵族势力的意图。

乙,制定保护农业生产的一系列法律

皇太极时期面对农奴制取代奴隶制的社会发展趋势,注意制定保护兴起中的封建性农业经济的立法。他曾多次告诫官员:“劝农讲武,国之大经,尔等宜各往该管屯地,详加体察,不可以部务推诿。”[21]“各屯堡拨什库,无论远近,皆宜勤督耕耘,若不时加督率,至废农事者,罪之。”[22]特别是实行保护汉民从事农业生产的政策,凡缺少耕牛、农具者“给以牛具”,以利于“乘时耕种”[23]。“有洼下不堪耕种,愿迁移者,听之”,以“使各安其业,无荒耕种”[24]。禁止满人“擅取(汉)庄民牛、羊、鸡、豚”等财物。[25]为改变满族壮丁只战不耕的现象,实行“三丁抽一”之法。即三丁中一人披甲出征,二人留家称为余丁,专事农业生产,负责供给披甲人生计,披甲人战争所获,也酌分给余丁。

为防止行师出猎践踏农禾及牲畜进入农田,定“纵马食禾”罪及牲畜进入农田罚令。天聪五年(1631年)六月辛亥,“有二人纵马食禾,上见之,坐以纵马食禾罪,命各贯一耳以徇”[26]。崇德七年(1642年),皇太极特命大学士范文程等宣谕:“太祖时凡遇行兵巡幸,军士有践踏田禾者,重则射之,轻则鞭之,处分严明,所以重农事也。近来诸王贝勒行兵出猎,见有践踏田禾者,亦曾察出定罪否?何并无一究治者耶?若果有之,朕何未之闻耶?”诸王贝勒大臣慌忙复奏:“臣等遇有践踏田禾之人,应鞭责者鞭责,应罚赎者罚赎,不敢疏纵也。”[27]

天聪五年(1631年),再颁牲畜进入农田的罚令:“如豕入人田者,令送还本主,每次计豕罚银五钱;过三次,许赴告该牛录额真,即以其豕给之。如羊入人田者,计每只罚银二钱。骆驼、牛、马、骡、驴入人田者,计每匹头罚银一两,仍偿其禾。”[28]鉴于亲贵子弟郊外放鹰,蹂践田园,天聪九年(1635年)皇太极谕诸贝勒大臣:“昔太祖时曾禁诸贝勒子侄不许郊外放鹰,盖以扰害人民,蹂践田园,伤残牲畜故也。今闻违背禁令,仍复扰民,此风渐不可长。……嗣后放鹰之人如扰民不止,事发之后,决不轻恕。”“放鹰之人应自备牛羊,以供诸人食用,不宜需索民间。”[29]为保护农业生产所需大牲畜,天聪元年(1627年)九月初一日,颁发上谕:“马骡以备驰驱,牛驴以资负载,羊豕牲畜以供食用,各有所宜,非可任情宰杀也。嗣后自宫中暨诸贝勒以至小民,凡祭祀、筵宴及殡葬市卖,所用牛、马、驴、骡永行禁止。如有违禁用者,被家人及属员举首,将首人离主,仍照所用之数追给首人。牛录额真及章京失察者,罚锾入官。惟国家大宴仍用牛,祭太祖、列祖陵寝照旧仍用大小牛只。至于诸贝勒、大臣有牧牛多者,亦须节用,毋得妄杀。自宫中及诸贝勒以至小民,凡祭祀、筵宴及殡葬、市卖止许用羊、豕及鸡、鹅、鸭等物。”[30]此谕收入崇德元年《会典》时有所修订:“凡人祭神、还愿、娶亲、死人、上坟,杀死货卖宰杀牛、马、骡、驴,永革不许。……今后许绵羊、山羊、猪、鹅、鸡、鸭还愿、祭神、娶亲、死人、上坟宰杀买卖。……牛录章京、拨什库因失于稽查,问应得之罪。”[31]为恤用民力,不误农时,天聪九年

(1635年)二月,皇太极训谕群臣:“朕昨出见民间耕种愆期,盖因牛录章京有事城工,欲先时告竣,故额外派夫,致误耕作。筑城固为正务,然田地荒芜,民食何赖?嗣后有滥役民夫致妨农务者,该管牛录章京、小拨什库等俱治罪。”[32]崇德八年(1642年)六月,皇太极严谴工部大臣“重困民力,甚为扰累”,并将工部承政萨穆什喀等“坐以应得之罪”[33]。

为激发农民生产积极性,提高粮食产量,皇太极下令:凡“获罪之人,无银纳赎,愿输粮者准依时价算收;有余粮愿助者,量给奖赏;愿卖者,许其自粜”[34]。

丙,仿《大明律》十恶入律

刑事法律是关外时期立法的核心部分,天命初期刑事法律仍以女真族的习惯法为主。随着后金国的发展,努尔哈赤颁发的某些谕令,已具有刑事单行法的性质。至天聪朝,对汉族法律文化积极吸收,大明律中“十恶”开始入律。天聪十年(1636年)三月,以上尊号礼成,颁诏大赦,除“十恶不赦外,其余罪犯悉赦之”[35]。崇德五年(1640年)十月,皇太极以己之诞辰颁诏:“兹万寿之辰,朕普施恩泽,自诸王以下以及庶民,罔不沾被。即有罪之人,亦欲推恩及之。除十恶外,余罪概行肆赦。一、谋危社稷;一、谋毁宗庙山陵及宫阙;一、谋背本国,潜逃他国;一、蛊毒魇魅;一、盗毁大祀神器,及上服御器物;一、殴辱祖父母、父母;一、兄卖弟;一、妻告夫;一、与宗族通奸;一、杀人强劫财物。惟此十恶不赦。”[36]与此同时,“诏谕朝鲜国王李倧:十月二十五日,乃朕诞辰,庆洽臣民,恩宜覃沛,因仿会典,除十恶外,凡国中一切罪犯,概行肆赦。朕思中外俱属一体,国内既赦,亦宜恩及外藩。想尔国岁贡米万包,皆取给于民者,今减去九千,止贡千包,俾尔臣民,同沾浩荡。特谕”[37]。崇德六年(1632年)正月,“朝鲜国王李倧,遣陪臣赍谢恩表及奏疏至。表曰:崇德五年十一月二十二日,贺节陪臣怀恩君李德仁等,赍捧到敕谕。十月二十五日乃朕诞辰,庆洽臣民,恩宜覃沛,因仿会典,除十恶外,凡国中一切罪犯、概行肆赦。……臣钦此钦遵外,与一国臣民,不胜感激。谨奉表称谢者,臣倧诚惶诚恐,稽首顿首”[38]。除十恶外,尚有以下罪名:

其一,犯上欺上。凡“烧毁宗庙山陵宫阙”“盗御用器物”“冲犯仪仗”“国丧娱乐”等,均属“犯上”之罪,犯之者处以极刑。至崇德元年(1636年),犯上罪列于十恶之首,[39]以示帝权独尊。如以谎言欺上则属欺上罪,按窃盗律处罚。天聪八年(1634年)十一月乙丑,宗室巴布泰获财帛甚多,匿不以闻。上问之,诡言毫无所得,坐巴布泰欺上罪,照窃盗律革职。[40]

其二,逃叛。努尔哈赤进入辽沈地区后,实行严苛的民族压迫政策,激起强烈反抗,由此而出现了“逃叛罪”。天命八年(1623年)三月,“汗曰凡见逃叛即来告者,凡知奸细即执送者,仍照前人之例举之为官,记功赐赏。若闻逃叛而不报,见奸细来而不擒之,被人首告”[41]。天聪八年(1634年)五月,皇太极得知科尔沁国噶尔珠、塞特尔、海赖等向北方索伦部落叛逃,立即传谕科尔沁土谢图济农等曰:“法律所载,叛者必诛,尔科尔沁贝勒若获噶尔珠、塞特尔等,欲诛则诛之,若不诛,而欲以之为奴者,听。”[42]崇德元年(1636年)四月,“谋背本国潜逃他国”正式列入“十恶”。

其三,冲犯仪仗。崇德七年(1642年)八月,秘书院学士杨方兴等三名汉官醉后乘马冲突,不避御前仪仗,皇太极命执而问之。杨方兴等奏:“谨按《会典》,近仪仗百步者绞,入仪仗内者斩,我等冲犯仪仗,罪应死。”[43]上皆都从宽释之。

其四,逃人及容隐逃人。逃人罪是沦为满洲奴仆的汉人和朝鲜人,因不堪残虐,冒死逃亡而引发的犯罪,如容隐逃人则构成容隐逃人罪。此二罪是关外时期最具特色的犯罪。天命八年(1623年)正月,努尔哈赤命李永芳、佟养性强行迁徙辽南沿海一带汉民,信牌上明书:“若此次寻查时隐匿不报,被人讦发或被查获,则治逃人以潜逃罪,其收留之人治以盗人罪。”[44]天聪六年(1632年)二月,皇太极再谕兵部:“至独身行路之人,令详查之,若查出者系逃人,仍以擒获逃人例给赏,倘不详查,独行之人,其人出尔家后,为他人擒获,仍以容纳逃人例罪之。”[45]

其五,隐匿及售卖武器。进入辽沈地区后,为防止汉人持械暴乱,汉人隐匿武器及售卖武器治罪。天命八年(1623年)四月初六日,都堂书谕:“汉人军士及百姓,凡有弓矢刀枪炮等军械,限于二十日内,送交各该管官。逾二十日隐匿不送者,被人首告,治以重罪。禁止汉人工匠售卖弓矢刀枪等军械,十日以后,卖则罪其售卖之人,买则罪其购买之人。限各所属人于二十日将军械送交完竣,并著该管官员具文上奏。”[46]满人打造的兵器,只能卖与满人,不准卖与汉人,否则,卖者、买者一律治罪。同时,禁止将武器私与或私售于归顺的蒙古诸国。天命十一年(1626年)十二月庚子,上谕曰:“弓矢矛刃,行军之要器,三大贝勒以下入八分。诸贝勒以上,凡遇蒙古诸贝勒遣来之人,毋得私与,若与则必奏闻。至外藩诸贝勒大臣以下,小民以上,遇蒙古诸国虽经归顺者,亦不得私鬻与彼,违者罪之。"[47]

其六,左道惑众。崇德七年(1642年),镶红旗李国梁等传布善友教,皇太极就此谕礼部:"自古僧以供佛为事,道以祀神为事,近有善友邪教,非僧非道,一无所归,实系左道也。……自今以后,除僧道外,凡从善友邪教者,不论老少男妇,尔部永行禁止。如有不遵禁约者,或被他人首发,或经衙门察获,杀无赦!"[48]天聪五年(1631年)闰十一月,特谕:"满洲、蒙古、汉人、土默特、喀喇沁、巫觋星士等,妄言吉凶,蛊惑妇女,诱取财物者,实繁有徒。……嗣后若不严行禁止,有被获者,将此妄行之人,必杀无赦。"[49]

其七,杀人。关外时期,开疆拓土与征战频繁,劳动力日益受到重视,即使俘获之汉人亦不得任意杀害。天命八年(1623年)三月二十八日,"拜楚喀之弟因射杀汉人,定拟死罪。拜楚喀复至四贝勒前申诉,遂治其罪,销其记功银十五两"[50]。至崇德年间,杀人开始区分故杀与过失杀,即使家下奴仆也不得擅杀。崇德元年(1636年),"佟整家人徐廷举等,首告伊主违法擅杀等事十一款,下刑部鞫讯得实,拟辟。奏闻,命免死,革职,籍其家"[51]。如杀降,则处重罚。天聪二年(1628年)十月乙未,上谕:"今后来降之人,若诸贝勒明知而杀者,罚民十户;贝勒不知,而小民妄行劫杀者,抵死,妻子为奴。"[52]

其八,窃盗。后金物质极端匮乏,因此立法严治窃盗。万历十五年(1587年)六月二十四日,定国政时,"凡作乱、窃盗、欺诈悉行严禁"。天命四年(1619年)六月,定窃盗处罚律,"微贱者窃大物,黥其耳鼻(贯耳鼻);次者射骲箭十;窃小物者,打脸十次"[53],盗汗物则处死刑。天聪时,汉人生员胡贡明条奏云:"奸、盗二事,我国最重。"[54]说明惩治奸盗是一贯的政策。崇德初,一般窃盗刑部俱拟鞭责、贯耳之刑,有世职者,准折赎。凡贪取不义之财、"受贿"、"不纳骡税"、"私隐俘获"均比照窃盗例治罪。

其九,奸情。无论通奸与强奸,犯之者均处重刑。[55]强奸罪犯者不仅处死,而且示众。天命七年(1632年)正月,法克什茂海夺去汉民妇女奸淫,将其处死后,"按八旗裂尸八段,悬八门以示众"[56]。至皇太极时期,奸情罪一般免死,鞭一百,贯耳鼻。在皇太极颁布的军律及向外藩蒙古颁发的盛京定例中,也有"奸淫妇女者死"的规定。[57]

其十,隐藏财物及户口。凡隐藏从战争中掠获之财物,根据情节或处鞭刑，或处死，或革去官职，并允许奴仆就此告发其主。天命八年（1633年）五月初二日，汗降书谕曰："凡人在与明交战中，所匿之物，均须交出，交则无罪，不交，被人首告则罪之。"[58]隐匿户口罪较隐藏财物为重。

其十一，贻误军机。崇德元年（1636年），"叶克舒旗下尚间豁洛，攻昌平城时，盾未携到，因鞭八十"[59]。崇德四年（1639年）六月丙申，"刑部遵旨议牛录章京季世昌所铸炮子，俱熔炼不匀，攻松山时出炮口即碎，……审实，世昌失误军机，应论死。……上以季世昌曾铸红衣炮有功免死"[60]。关外时期的刑制，初期沿用满洲族传统的刑罚，随着社会的发展与转型以及明朝法文化的输入，逐渐形成了仿明的刑制体系。例如，努尔哈赤统治时期盛行"打腮"、"射箭鸣镝"与"贯耳"之刑，至皇太极时期多代之以鞭责，或以罚银折赎。

在刑罚适用原则上，开始区分首犯从重，从犯减免，累犯加重，数罪并罚。特别是皇太极时期，还仿明制立连坐之法与赦宥之条，体现了参汉酌金的立法思想。

丁，仿《明会典》充实国家机构

努尔哈赤建立后金政权后，以国主兼家长的双重身份集政权、军权、族权于一身，拥有无可争议的绝对权力。至于国家机构则较为简单，置八旗总管大臣、佐管大臣统辖军旅；置议政五大臣、理事十大臣理治政刑。天命六年（1621年）进入辽沈地区后，疆域扩大，人口增多，原宜于征战的组织，已不适应管理的需要。天命八年（1623年）二月初七日，"八旗设都堂八员，每旗设审事官二员，蒙古审事官八员，汉审事官八员，为贝勒挂文启示者四人"[61]。皇太极即位以后，与诸贝勒定议，设八大臣为八固山额真，"总理一切事务，凡议政处，与诸贝勒偕坐，共议之；出猎行师，各领本旗兵行，凡事皆听稽察"。设"佐理国政，审断狱讼"十六大臣以及管理驻防八旗十六大臣。又设立"管地土、军器、刑名三衙门大臣"[62]。期间，文馆大臣宁完我等屡次上疏，"请设六部、立谏臣、更馆名、置通政、辨服制等事"[63]。经诸贝勒议定设六部以强化国家管理。史载：天聪五年（1620年）七月庚辰，"上集诸贝勒大臣议，爰定官制，设立六部……"每部设管摄部务贝勒1人，承政4人（满洲2人，蒙古、汉各1人，惟吏部满洲1人，刑部汉2人），参政8人（惟工部满洲8人，蒙古、汉各2人，共12人），启心郎1人（惟工部满洲1人，汉启心郎2人）。[64]天聪六年（1632年）八月，六部衙门竣工，皇太极命人将“其职掌条约备录之,榜于门外”[65]。所谓“职掌条约”即六部法定的职掌权限。秀才孙应时疏称:“六部衙门,修盖已完,各部官员克日入衙,升座料理部务。然一部有一部之事,即一部有一部之责:在吏部则当思何以鉴别寮品,在户部则当思何以筹裕国储,在礼部则当思何以详明典制,在兵部则当思何以制胜威敌,在刑部则当思何以听断无冤,在工部则当思何以劳民不怨。”[66]孙疏所言概括了六部初设时职掌的大略。崇德元年(1636 年),又仿明制设都察院“职司谏诤”,有权察核纠弹上自皇帝、王、贝勒、大臣,下至牛录属员,以及六部公务。皇太极曾告谕都察院诸臣说:“尔等身任谏臣,职司谏诤。朕躬有过,或奢侈无度,或误遣功臣,或逸乐游畋,不理政务,或荒耽酒色,不勤国事,或废弃忠良,信任奸佞,及陟有罪、黜有功,俱当直谏无隐。至于诸王贝勒大臣,如有荒废职业,贪酒色,好逸乐,取民财物,夺民妇女,或朝会不敬,冠服违式,及欲适己意,托病偷安而不朝参入署者,该礼部稽察,若礼部徇情容隐,尔等即应察奏。或六部断事偏谬,及事未审结,诳奏已结者,尔等亦稽察奏闻。”[67]在国家机构中具有特色的是理藩院。理藩院前身为蒙古衙门,崇德三年(1638 年)六月,更定蒙古衙门为理藩院,凡征调外藩蒙古诸部军队从征,及查户口、编牛录、颁法律、禁奸盗、会审罪犯、清理刑狱……均由该衙门会同文馆(内三院)、都察院官员办理。[68]外藩蒙古告发内八旗官员,须赴理藩院,此外理藩院还职掌喇嘛宗教事务。

同年(1638 年)七月,皇太极准大学士范文程、希福、刚林等人奏请,命吏部睿亲王多尔衮更定六部、都察院、理藩院官制。各衙门改设满洲承政一员,以下酌设左参政、右参政、理事官、副理事官、主事五等官。

六部二院合称八衙门,其组织尚不严密,制度亦不完备,但体现了满汉固有官制的融合,是政权建设的标志性成果。崇德以后,与帝权独尊相应,六部职权有所扩大,成为对皇帝负责分理政务的官僚机构。

天聪十年(1636 年)三月辛亥,将天聪三年(1629 年)建立的文馆改为内三院,“一名内国史院,一名内秘书院,一名内弘文院,分任职掌。内国史院职掌记注皇上起居、诏令、收藏御制文字,凡皇上用兵行政事宜、编纂史书;撰拟郊天告庙祝文及升殿宣读庆贺表文;纂修历代祖宗实录,撰拟矿志文;编纂一切机密文移及各官章奏;掌记官员升降文册;撰拟功臣母妻诰命印文;追赠诸贝勒册文;凡六部所办事宜可入史册者,选择记载。一应邻国远方往来书札俱编为史册。内秘书院职掌撰与外国往来书札，掌录各衙门奏疏及辩冤词状、皇上敕谕、文武各官敕书并告祭文庙、谕祭文武各官文。内弘文院职掌注释历代行事善恶，进讲御前；侍讲皇子，并教诸亲王；颁行制度”[69]。内三院仿六部设承政、理事官、副理事官等职。

此外，还在天命后期建立朝会制度，据《满文老档》记载，汗曰：“朝会仍循费阿拉之例，凡诸申、汉人、蒙古牛录之人，须于天明前集于其牛录额真、备御之衙门，由牛录额真、备御查其在否。天明后，总兵官、副将、参将、游击、备御皆集于固山贝勒之衙门。集合后，查各官来否，其后，由固山贝勒率领，于日出时，集于八角殿。……戍守官及因事差遣之官员，由其子弟代朝。”[70]皇太极时期除继续实行朝会制度外，还严申朝会、朝贺之法。天聪六年(1632年)十年丁未，上谕六部诸贝勒曰：“国家初设六部时，满洲蒙古汉人各部承政参政分为二行，定有班次。近见朝会之时，坐立无序，尊卑紊越，如此体统何由而肃乎？嗣后尔等宜按次就班，各加整饬。”[71]崇德元年(1636年)五月十四日，“制定元旦、万寿节朝贺礼”[72]。

戊，关于官员的选任与考绩

努尔哈赤时期尚无固定的制度。天命八年(1623年)二月十七日，努尔哈赤谕八和硕贝勒：“不肖者不降不革，何以惩恶；贤者不举不用，何以劝善。”[73]至天聪朝始渐制度化，天聪三年(1629年)八月乙亥，谕曰：“自古国家，文武并用，以武功戡祸乱，以文教佐太平。朕今欲振兴文治，于生员中考取其文艺明通者优奖之，以昭作人之典。诸贝勒府以下及满汉蒙古家所有生员，俱令考试。于九月初一日，命诸臣公同考校，各家主毋得阻挠，有考中者，仍以别丁偿之。九月壬午朔，考试儒生。先是，乙丑年十月太祖令察出明绅衿尽行处死，谓种种可恶，皆在此辈。遂悉诛之。其时诸生隐匿得脱者，约三百人。至是考试分别优劣，得二百人。凡在皇上包衣下，八贝勒等包衣下，及满洲蒙古家为奴者，尽皆拨出。”[74]除科考选官外，荐举仍为常行之制。天聪九年(1635年)二月壬午，谕曰：“朕惟图治以人才为本，人臣以荐贤为要，尔满汉蒙古各官，果有深知灼见之人，即当悉行荐举。所举之人，无论旧归新附，及已仕未仕，但有居心公正，克胜任使者，即呈送吏部，有通晓文艺居心公正，足备任使者，即呈送礼部，该部贝勒奏闻，朕将量才录用。天下才全德备之人，实不易得，但能公忠任事者，其速行荐举。”[75]官员考绩当在“爰定官制，设六部”之后。天聪七年(1633年)十月，皇太极谕六部启心郎:“各部之事若不勤加整理,至三年考绩,或升或降,被降贝勒、大臣、启心郎岂不愧悔耶?”[76]据《清太宗实录》记载:天聪八年(1634年)乙丑,六部各官三年考绩,分别升授官职。以吏部为例:“吏部承政图尔格先经革职,复授二等甲喇章京;李延庚由三等甲喇章京升二等甲喇章京;启心郎索尼以白身授牛录章京;参政库拜由牛录章京升三等甲喇章京。”[77]考绩的对象初为六部官员,后扩及内三院、都察院官员。考绩之法亦不断完善。“崇德二年(1637年)定:官员办事勤敏称职而无过犯者,准加授官爵。八年(1643年)定:各官办事勤慎,考注一等、二等者,虽有小过,亦准加授官爵”[78]。兵部副理事官巴尔泰“驻盖州时,汉民刘二逃走,巴尔泰令郎绍桢拿获后讯问,然讯问之后,未报承政,曾拟罚规定之罪,上述罪遇赦宥免。而后三年考绩时,隐匿未言,故巴尔泰应革世职。奏闻,上命免革世职,加倍罚以规定之罪,罚入官”[79]。“正白旗哈什谭往征朝鲜时,对本旗卓洛牛录下科约之子以无甲闲散而从征一事失于觉察,应鞭二十五……此其罪一。又迎多罗豪格贝勒妻福金时,牛羊未曾宰杀妥办,应鞭一百,解部任。奏闻,上命宥其罪,此其罪二。其两罪在三年考绩时隐匿,著吏部送交刑部勘审”[80]。康熙《大清会典·吏部·考满》条记载:“国初典制,内外官三年考满,视其称职与否,而黜陟从之,即古三载考绩遗意。”[81]所云国初定制即指天聪朝考绩立法。

(三)司法制度初具规模

1. 司法机关

明万历十七年(1589年),努尔哈赤“自中称王”后,设“扎尔固齐”一职,解决法律争端。“扎尔固齐”源出蒙语,即断事官之义,但扎尔固齐并非专职司法官,出则统领军队,入则参预国政,握有军政与司法之权。万历四十三年(1615年),努尔哈赤以八旗制度为中心,全面推进后金国政权建设,司法机关始具雏型。据《满文老档》乙卯年(1615年)十一月记载,“遴选审理团事之公正贤能人士擢为八大臣,继之委四十名为审事官,不食酒肴,亦不贪金钱。每五日集诸贝勒、大臣入衙门一次,协议诸事,公断是非,著为常例”[82]。天命时期,八旗内部案件大致分两级审理。凡旗下人轻微犯罪,可在基层组织——牛录审理。“若是大事,不可擅自审断,须送汗城理事大衙门,由众人审断。我不准于各地擅行审理,若擅自审理,恐为不公者袒护,贪财者纳贿,倒置是非,妄加剖断,尤甚者,为有仇之人,借仇杀人。

我亲生之八子,其下八大臣及下属众臣,五日一次,集于汗城理事大衙门,焚香拜天,开读我所颁公诚存心之篇,乃将各案再三听断。不纳犯人金银,不食犯人酒肴,秉公审理。凡有事者,当来诉于汗城理事大衙门”[83]。努尔哈赤握有最高司法权,“凡事都堂先审理,次达五臣,五臣鞫问,再达诸王,如此循序问达,令讼者跪于太祖前,先闻听讼者之言,犹恐有冤抑者,更详问之,将是非剖析明白,以直究问,故臣下不敢欺隐,民情皆得上达矣”[84]。基于统治范围的扩大和国家规模的发展,使司法机关也处于迅速变动中。天命七年(1622年)三月,“八王商议设诸申大臣八人,汉大臣八人,蒙古大臣八人。八大臣下,设诸申审事八人,汉审事八人,蒙古审事八人。众审事审理后,报于大臣,大臣拟定后,奏于八王知,由八王审断定罪”[85]。至天命八年二月,“每旗设审事官二员”[86]。皇太极即汗位后,又设十六大臣为佐管大臣,“佐理国政,审断狱讼”。又设十六大臣为调遣大臣,“出兵驻防,以时调遣,所属词讼,仍令审理”[87],说明八王共治期间各旗均握有司法权。

天聪五年(1631年)七月癸巳颁谕,确认牛录为基层司法机关。凡窃盗、斗殴等小事“俱令各该牛录额真,即行审结;事有大于此者,送部审理”[88]。

天聪五年(1631年)七月八日,建立刑部,以贝勒济尔哈朗管刑部事,下设满洲承政二员、蒙古承政一员,汉承政二员,另设参政八员,启心郎一员。[89]天聪六年(1632年)八月甲午,“谕八固山额真,于所属各旗,察问民间贫乏疾苦,并悉心审断罪犯”[90]。此后,八固山额真只有奉旨才可以巡视下属旗下诉讼,就便加以审理。

由于刑部审理的案件一般须奏闻取旨,因此崇德元年(1637年)五月十四日,汗谕:“每月初五、十五、二十五等日,自和硕亲王、多罗郡王、多罗贝勒以下牛录、章京以上,于日出前齐集崇政殿,依所编班次排列毕,圣汗出御宝座,听臣工奏报所办之事及所断之案。”[91]崇德元年(1637年)六月十五日,“圣汗御崇政殿,……刑部承政朗球以正白旗毛达色诳圣汗罪,鞭一百,解牛录任,贬为庶人。奏闻,圣汗降旨,依议行”[92]。崇德三年(1639年)七月,皇太极命多尔衮更定八衙门官制,刑部于管部贝勒以下,设承政一人,参政五人(满洲二人、汉二人、蒙古一人),理事官六人,副理事官八人,启心郎三人(满洲一人、汉二人),主事二人。[93]至此,皇太极控制了最高司法权。据崇德三、四两年《盛京刑部原档》所载案例,凡比较重大的案件刑部审理后，均奏请皇太极裁决。

除牛录和刑部外，诸王贝勒大臣会议、觉罗会议与部院会议，也对特定案件行使一定的司法权。凡涉王、贝勒或其亲属之案，或情节严重之案，由诸王贝勒大臣会议审议拟罪，奏闻皇太极裁决。

崇德六年（1642 年）七月十一日，兵部多罗贝勒多铎获罪，皇太极“命诸王以下，梅勒章京及参政以上集于笃恭殿会审”[94]。

都察院虽职司谏诤，但亦有司法权。崇德元年（1637 年）五月十四日，皇太极谕都察院诸臣：“凡罪人赴部控告，该部王、承政等尚未拟罪审结，又预先赴告尔衙门者，尔等公议，当奏者奏，不当奏者，则由尔等议驳之。”[95]外藩蒙古贝勒有犯，或违反所颁《盛京定例》，由理藩院大臣会同外藩蒙古贝勒大臣共同审理。崇德二年（1638 年）七月癸未，“遣都察院承政国舅阿什达尔汉、蒙古衙门承政塞冷、尼堪等往古尔班察干地方颁赦诏，并会外藩蒙古科尔沁国亲王、郡王、贝勒清理刑狱”[96]。

2. 诉讼

关外时期有关诉讼的规定，多以汗谕的形式出现，很不完善，习惯法仍起着重要的作用。按女真习俗，男子成年（十八岁），即由其父分与财产，另立门户，自为家主，具有诉讼当事人和充当妻妾奴仆诉讼代理人的法定资格。

妇女，除非十恶不赦之类大罪，或本夫已亡，方可告诉。

奴仆婢妾无告诉权，但允许奴仆婢妾首告家主的违法行为。家人涉案，家主可以出庭为之辩护。天聪六年（1632 年）正月，高鸿中陈刑部事宜奏议有云：“我国中下人犯事，或牛录、或家主就来同审事官坐下，正犯未出一语，家主先讲数遍，旁边站立者纷纷滥说……”[97]但如家人犯法，家主也要负连带责任。天聪九年定：“自后家奴行窃，则将其主一并治罪。”[98]关外时期告诉的方式大致分为自诉、举首、参劾、自首四种。

自诉。

努尔哈赤曾效法古人，立“诽谤之木”，为自诉于汗者提供条件。天命五年（1620 年）六月初四日，汗谕：“国人有何言，欲诉告于汗者，无需亲至汗前，可将欲诉之言，书写成文，悬于门外所立之二木上，阅其诉词，酌情审理。”[99]《满文老档》中不乏投书直诉于汗的记载。

至皇太极时期，“国政初立，事多繁难，凡在下大小官民人等下情，有应在六部申诉者，有应在皇上陈奏者，六部有六部贝勒代为转奏，皇上有书房榜什(即巴克什)代为转奏"[100]。天聪十年(1636年)三月,内三院取代书房,改由内三院大学士转奏。但大部分案件或直接向刑部呈控,或向本管长官呈控。

举首。

举首为常见之告诉方式,朝鲜人李民寏在《建州见闻录》中曾云:"胡俗好告讦。"此风至努尔哈赤晚年尤盛,即使首告失实,也不反坐其罪。

皇太极即位后,极力稳定努尔哈赤后期动荡不安的社会秩序,对首告加以限制。天命十一年(1626年)九月定:"凡有告讦,所告实则按律治罪,诬者反坐。"[101]若首告谋危社稷等大罪审实,首告者加授世职,并可取得抄没之犯人家产。天聪九年(1635年)十二月,冷僧机以告发莽古尔泰、德格类、莽古济等潜谋叛逆事,授予世袭三等梅勒章京,永免徭役,并给以屯布禄、爱巴礼的家产。[102]

参劾。

参劾是以国家官员身份,行使对违法行为的检举纠参。努尔哈赤曾任命八大臣负责纠参八和硕贝勒。"如知其非即责之,如不受责即告于汗。"[103]皇太极时期,八固山额真被赋予规谏、参劾本旗贝勒之权。为加强对六部及诸王贝勒的监察,崇德元年(1636年)设都察院。皇太极特别叮嘱:"若止奏在下细民之事,将在上之人之事匿不奏闻,非忠直之道也。"[104]

自首。

自首者一般减免其应得之罪。但如自首不实,希图减轻罪责,或借机诬陷他人,则从重议处。崇德元年(1636年)以前虽有自诉、举首、参劾、自首四种告诉方式,但尚无诉状要求,告诉者经常以口头呈控。至崇德元年(1636年)始有诉状的规定,"满洲、蒙古、汉人凡有奏上及告状等项,代书者务要照本人情辞书写,后写代书的名字。如有代书笔贴什分别假捏情辞,不写自己姓名,问以应得之罪。无代书的名字,不准"[105]。关外时期告诉亦有限制,如禁越诉、禁诬告。

天命时期国家初创,统治地区狭小,司法管辖尚不明确,也无越诉之禁。至崇德初始明文规定:"凡有告理者,或被断屈者,许先在刑部告诉;若刑部不为断理,将审事大人的名字明写,赴都察院告诉,都察院审明转奏。若竟投驾前告诉者,照例打鞭子。"[106]崇德元年(1636年)五月,在谕都察院诸臣时,又作出补充规定:"凡人在部控告,该部王及承政未经审结,又赴告于尔衙门者，尔等公议，当奏者奏，不当奏者公议逐之。"[107]崇德元年虽有越诉之禁，但尚未发现惩治越诉者的案例。

天命六年(1621年)五月初五日，努尔哈赤颁谕："出首告人者，若据实呈诉，则治被告以应得之罪，若捏词诬告，则反坐诬陷者。"[108]努尔哈赤晚年，在辽东地区奖励和保护举首，"凡首告贪赃枉法，榨取民财，以及叛逃之罪者，倘有虚假，首告者亦不反坐"[109]。以致诬告盛行，社会动荡不安。因此，皇太极即位之始便明令诬告者反坐，并表示"所以严禁者，以此乃古圣王之成法，故今仿而行之耳"[110]。所云仿行之"古圣王之成法"，实即大明律中诬告反坐之法。

3. 审判

努尔哈赤创建后金国后，任命断事官职掌司法。为改变女真的习俗，实行公议制度。天命元年(1616年)丙辰七月己巳，"上谕议政大臣五人曰：凡事不可一人独断，如一人独断，必致生乱。国人有事，当诉于公所，勿得诉于诸臣之家，其有私诉者，曾付以鞭索俾执而责之。前以大臣额亦都巴图鲁有私诉于家者，不执送，已治以罪。兹更加申谕，传于国中"[111]。无论被告具有何种官职身份，均须出庭受审。但鞫讯下人，家主参预。天聪六年(1632年)正月，刑部承政高鸿中奏称："凡犯事人自有正身，如正身不到，审事官必不问理。见得我国中下人犯事，或牛录，或家主就来同审事官坐下，正犯未出一语，家主先讲数遍……切思暗中属托公事者，尚且有罪，况明明坐在一处讲事，不系属托，此系势压，而法纪安在？"[112]无论刑事、民事诉讼，言词审理均为重要环节。通过言词审理，取得口供，因此经常一案多次问供。天聪五年(1631年)三月，大贝勒莽古尔泰曾云："臣等虽居私第，每据三次供词，覆加详阅，以断是非，未有明知而敢枉断者。"[113]在言词审理中，允许诉讼当事人互相驳诘或自辩。[114]即使部议论死，亦允许申辩，"崇德七年(1642年)七月辛未，……噶布喇于锦州阵逃，部议应论死，收系之。上召而诘之曰：尔更有辩乎？……噶布喇奏云：臣有辩，但无质证人在耳……"[115]

口供虽为定案的重要根据，但不得刑讯取供，擅刑者治罪。天命六年(1621年)九月初十日，"李都司曾执郭游击部下千总用刑，杖其臀，夹其足，为人首告，众官会审拟罪"[116]。至皇太极时期开始重视证据。天聪五年(1631年)建立刑部时，皇太极特颁谕令："听讼务持其平，谳狱贵得其实。

尔司刑诸臣,审理民事,于两造未陈,当即拘见证,同众面鞫,庶有实据。若不速问见证,两造知觉,潜相嘱托,支饰避罪,则审断安得公平?自今以后,不先取见证口供,致事有冤抑者,即按事之大小,坐以罪。”[117]崇德元年(1636年)议定的《会典》中,收录此谕,以示重视。

证据含人证、物证。作为人证不仅家主具有作证资格,奴婢也可以充当证人。在物证中如属贪赃,则以赃物为证;如属欺诳,则以书证为凭。在审讯中,如两造各执一词,又无其他证据,或免议,或令誓于神。但立誓必于公所,或得到皇帝特许,私下立誓,为法所禁。

为使判决公正,贝勒大臣与断事官议罪有误,要受到责惩。刑部官员因认定事实、定罪量刑有误,而被治罪甚众,以致不能完全承担听讼谳狱之责,而经常由皇太极指定内大臣或八旗议政大臣共同审理。

从努尔哈赤至皇太极,对奏闻的案件,一般都亲自裁决,作为终审判决,付诸执行。凡涉及王、贝勒、贝子、公及其亲眷以及有世职者的案件,即使是式微细事,也须由该管法司审拟后奏闻请旨。如,镶黄旗昂邦章京察喀尼祭太祖时食韭,法司奏请,上命罚罪。但终皇太极之世,奏闻与不奏闻的法律界限尚无明文规定。

关外时期的司法制度,经过努尔哈赤、皇太极两代的经营,适应社会转型的需要,确已建立起一定的规模和体制。

综括上述,可见清朝于关外肇基时期的社会形态处于急遽变动的转型时期。生产关系的迅速变化推动了社会结构的变化,以及整个上层建筑的剧烈变动。凡此也都体现在法律关系的调整与新制定的法律当中。没有农奴制的社会转型,就不可能有一系列的农业立法;没有由传统的满族社会向中原封建社会的转变,也就不可能出现“参汉酌金”的立法思想与立法路线。如果说努尔哈赤统治时期,满洲传统的习惯法还具有相当广泛的约束力,至皇太极统治时期则表现出强烈的民族间法律文化的融合。这是南北朝、辽金西夏、元所经历过的法文化融合的历史在新的条件下的新发展。但是关外肇基时期社会转型更为迅速,统治者的法律思想更为丰富,法律变革的实际过程更为详实具体,内容更加广泛,对于社会转型所起的作用也更为突出和易于把握,特别是它所反映社会转型与法制变革之间的内在联系与相互关系的互动以及其规律性,值得进行深入的研究。

由于关外后金政权距今不过三百余年,其社会转型与法律变革的互动规律更具有真实性,更易于为人们所理解和掌握,以后金的历史为据,考察中国历史上多次发生的社会转型与法制变革的历史,便可以发现其中的共性与大同小异之处,不妨以春秋战国为例再作一番考证。

自公元前770年周平王东迁雒邑,至公元前221年秦统一,是中国历史上的春秋战国时期,也是社会型态由奴隶社会向封建社会转型的剧烈变动时期。这个变动是由铁制生产工具的应用使生产力提高引起生产关系发生变化的结果。

春秋中叶以后,铁制生产工具广泛应用于农业生产,迅速提高了生产力,"千耦其耘"的奴隶制集体耕作方式,被以一家一户为生产单位的小农经济所代替。商鞅变法时曾规定"民有二男以上不分异者,倍其赋"[118],表明商鞅以法律的强制力推动一家一户为单位的小农经济结构的形成。

铁制农具的使用还大大加强了"辟草莱"的能力,新开垦出的土地归开垦者所有,以致私田的数量不断增多,而且经营远较公田出色。在这个过程中土地国有制逐渐瓦解,土地私有权开始确立,由此而发生了关于土地买卖、转让、交换、赔偿等一系列民事法律行为。由于当事人多为贵族、卿大夫,而于土地所有权的变更是重大民事行为,因此有时周王也派官参加土地转让的仪式,并且铸铭文于铜器之上,以示郑重无悔。

生产关系的变化,以及各国所采取的变法,使原有的社会结构也发生了重大变化。商鞅变法时为奖励耕战,实行凡"僇(努)力本业,耕织致粟帛多者,复其身(即免除徭役);事末利及怠而贫者,举以为收孥(官奴隶)";"有军功者,各以率受上爵","宗室非有军功论,不得为属籍";[119]庶人工商立有军功也可以上升为士,所谓"庶人工商遂";家内奴隶立有军功,亦可开释为一般民众,所谓"人臣隶圉免"。

随着地方经济的发展与军功爵的推行,使世卿制度逐渐没落,盛行的"见功而兴赏,因能而授官"[120]的选官原则,造就了一批有才干的布衣卿相,如管仲之起于罪隶,宁戚之起于牧竖,百里奚之起于乞丐,商人弦高竟可干预国家大事。

在地方诸侯纷起争霸的战争中,周初"诸侯并列,王室独尊"的局面,和王臣公、公臣大夫、大夫臣士的等级制度遭到彻底破坏。礼乐征伐不再自天子出,而自诸侯出、自卿大夫出。过去调整等级秩序的"礼",也在赤裸裸的权力之争中丧失了约束作用。为了适应社会的发展,摆脱由于落后的生产关系所带来的社会危机,各国都进行了以田制为核心的改革,并纷纷制定和公布了成文法,以推动改革和保护改革的成果。

春秋战国的社会大变动也在思想文化领域引起了百家争鸣的局面。法家学派以显学的拥有者纷纷登上了历史舞台,体现了前所未有的法观念的更新,呼应着社会的转型。

夏、商、西周时期,作为罚罪之"刑"和"法"是同义语,是夏之禹刑、商之汤刑、周之九刑亦即夏商周三代之法的泛称。至春秋时期,法家纷纷执政,法家学说成为显学,为了显示法的公平性,法家改刑为法。"法"字最早见于金文《大盂鼎》:"灋保先王。"《说文解字》:"灋,刑也。平之如水,从水,廌所以触不直者去之,从廌去。"早期法家代表李悝著《法经》,以法代刑作为法典名称,是春秋战国时期法观念进步的体现。

至于改法为律,按《唐律疏议》和《唐六典注》记载,始于商鞅相秦,所谓"商鞅传授(法经)改法为律","商鞅传《法经》,改法为律以相秦"。事实上,在商鞅改法为律之前,律的形式已经出现,商鞅只是以一个改革者的权威在秦国正式宣布改法为律而已。新兴地主阶级的统治者为了保证改革的胜利,特别强调法的统一适用,由于律具有整齐划一之意,《易·师》有云"师出以律"之文,孔颖达疏曰:"律,法也……师出之时,当须以其法制整齐之。"故而改法为律,由刑改为法,由法改为律不是简单的一字之改,而是体现了法观念的更新,它所特有的内涵正是社会大变动的反映。律逐渐成为主要的法律形式,在《云梦秦简》中律字出现了八十八次之多。

然而社会关系的复杂性,决定了法律调整形式的多样性,就在改法为律的战国,令的形式也频频出现。例如,公元前350年颁布了否定奴隶制土地制度的《开阡陌封疆令》,公元前348年颁布了按照田亩和人丁收取赋税的《初为赋令》。此后,又相继颁布了《垦草令》《统一度量衡令》《什伍令》等。

法观念的更新还表现在以下方面:

第一,针对奴隶制时期贵族们垄断法律知识,坚持"刑不可知,则威不可测"的法律秘密状态,法家主张法律的公开性。管子说:"和民一众,不知法不可。"[121]韩非子说:"法者,编著之图籍,设之于官府,而布之于百姓者也。……故法莫如显。"[122]商鞅变法时,力主公开法律,他认为只有吏民皆知法,才能使"吏不敢以非法遇民,民不敢犯法以干法官"[123]。经过商鞅的法制宣传,“妇人婴儿皆言商君之法”[124]。

第二,针对奴隶制时代“刑不上大夫”的宗法等级法制的特权性,法家强调法的公平性。慎到说:“法者,所以齐天下之动,至公大定之制也。”[125]商鞅更以明确的语言阐述了“刑无等级,自卿相将军以至大夫庶人,有不从王令,犯国禁、乱上制者,罪死不赦”[126]。他不仅是言者,也是行者。太子犯法也“刑其傅公子虔,黥其师公孙贾”[127]。韩非还从不同的侧面论证了法的价值就在于“刑过不避大夫,赏善不遗匹夫”,“法之所加,智者弗能辞,勇者弗敢争”[128]。不仅如此,法家还借助度量衡器的公平客观来比喻法的公平性,管子书中说:“尺寸也,绳墨也,规矩也,衡石也,斗斛也,角量也,谓之法。”[129]“法律政令者,吏民规矩绳墨也。”[130]

第三,针对儒家囿于成法反对改革,法家从历史进化论的立场出发,主张法与时转。韩非说:“故治民无常,唯治为法。法与时转则治,治与世宜则有功。……时移而法不易者乱,能治众而禁不变者削。故圣人之治民治,法与时移,而禁与能变。”[131]

第四,为了推进法治,法家强调法律的权威性。商鞅变法时,如对新法“损益一字以上,罪死不赦”[132]。法家虽然是君主专制体制的拥护者,但君主亦须从法,而且法律的权威高于君主的权威。管仲说:“不为君欲变其令,令尊于君。”[133]为使法律具有权威性,须要保持统一与稳定,韩非子说:“法莫如一而固,使民知之。”[134]又说:“言无二贵,法不两适,故言行不轨于法令者必禁。”[135]他举韩国申不害“不一其宪令”所造成的弊端,作为史鉴:“晋之故法未息,而韩之新法又生,先君之令未收,而后君之令又下。申不害不擅其法,不一其宪令,则奸多。”[136]邓析子还从有法必行的角度论证维护法律的权威性的重要。他说:“夫治之法莫大于私不行,……今也立法而行私,与法争,其乱也甚于无法。”[137]

第五,针对儒家“治人之道,莫急于礼”和“为国以礼”的治国方略,早期法家管仲提出“以法治国”的主张。他说:“威不两错,政不二门,以法治国,则举措而已。”[138]韩非子对于管仲提出的“以法治国”进行了诠释:“巧匠目意中绳,然必先以规矩为度,上智捷举重事,必以先王之法为此,故绳直而枉木斲,准夷而高科削,权衡县而重益轻,斗石设而多益少,故以法治国,举措而已矣。”在韩非子理想的“明主之国”,实际“法治国”之中,“无书简之文,以法为教;无先王之语,以吏为师;无私剑之捍,以斩首为勇。是境内之民,其言谈者必轨与法,动作者归之于功,为勇者尽之于军。是故无事则国富,有事则兵强……超五帝、侔三王者,必此法也”[139]。韩非还从总结历史的经验主义出发,总结出实行法治与国家兴衰的关系,得出了千古不朽的结论。他说:“国无常强无常弱,奉法者强则国强,奉法者弱则国弱。”[140]

第六,法家主张以“信赏必罚”“以刑去刑”作为推行以法治国的手段。管仲说:“劝之以赏赐,纠之以刑罚。”[141]商鞅变法期间,力主“信赏必罚”与“赏厚而信,刑重而必”,无论赏与罚,所重者一为“信”,一为“去私”,他说:“民信其赏,则事功成;信其刑,则奸无端。”[142]此外,《战国策·秦策一》盛赞商鞅施行赏罚无私无畏:“商君治秦,法令至行,公平无私,罚不讳强大,赏不私亲近,法及太子,黥劓其傅。”韩非一方面指出德治之不足为恃,他说:“威势之可以禁暴,而德厚之不足以止乱也”,“明主之治国也,使民以法禁而不以廉止。”[143]另一方面阐述了“信赏必罚”将会取得的社会效果是“以赏莫如厚而信,使民利之;罚莫如重而必,使民畏之,……故主施赏不迁,行诛无赦,誉辅其赏,毁随其罚,则贤不肖俱尽力矣。”[144]“赏厚,则所欲得之也疾;罚重,则所恶之禁也急……是故欲治甚者,其赏必厚矣;恶乱甚者,其罚必重矣。”[145]

综括上述,春秋时期社会的大变动反映在思想领域,就是礼治思想的衰微,法治思想的兴起;“天命”思想的没落,“重民”思想的发展。由于齐、晋两国封建生产关系发展相对较早,因而也是法家思想的摇篮。管仲、邓析之后李悝、申不害,直到韩非、李斯有如群星灿烂,人才辈出,他们是封建法治的积极鼓吹者和实践家,不仅进行了法理学上的探讨,而且将法律学说与立法、司法密切结合,指导了变法改制,对于封建法制的形成起着开拓先路的作用。顾炎武曾经描绘了战国时期“援法而治”取代“治人之道,莫急于礼”[146]和“为国以礼”[147]的过程,他说:“春秋时犹尊礼重信,而七国则绝不言礼与信矣;春秋时犹宗周王,而七国则绝不言王矣;春秋时犹严祭祀、重聘享,而七国则无其事矣;春秋时犹论宗姓氏族,而七国则无一言及之矣。”[148]其实战国时期儒家学说的法观念也发生了某种变化,其代表人物为荀况。

作为韩非之师的荀况,是战国时期儒家学派的主要代表。他的礼法论把法与礼会通,成为一体,为后世引礼入法、礼法合流的封建法制的形成,提供了理论先导。

荀况，战国时人。其学以儒家学说为主，但是战国末期社会形势的变迁，百家异说的文化环境的启迪，使他形成了由儒兼法、介于儒法之间的新的儒学思想，成为继孔孟之后特色鲜明、影响深远的儒家学派。

荀况是性恶论的主张者，他说："人之性恶，其善者，伪也。"[149]一切"残贼""淫乱"，破坏社会秩序的行为，都源于性恶，为了"化性起伪"，既需要礼义，也需要法度的教育、规范、改造。他说："故圣人化性起伪、伪起而生礼义，礼义生而制法度。然则礼义、法度者，是圣人之所生也。"[150]又说："古者圣人以人之性恶，以为偏险而不正，悖乱而不治，故为之立君上之势以临之，明礼义以化之，起法正以治之，重刑罚以禁之，使天下皆出于治，合于善也。是圣王之治，而礼义之化也。"[151]由此可见，性恶论是荀子关于礼法的起源、作用、关系等思想体系的理论基石。他摆脱了传统的天命观的束缚，凸显了人创造礼法的主动性，使得古代人文思想有所前进。在荀子的法思想中，礼法一体综合为治，是其核心。荀子认为"治之经，礼与刑"，[152]"故非礼，是无法也"，[153]"礼者，法之大分，类之纲纪也"，[154]而"法者，治之端也"[155]。礼与法在治国、理政、驭民、育人方面，各有其效用。因此他强调既隆礼又重法，"隆礼尊贤而王，重法爱民而霸"，[156]"隆礼至法则国有常"[157]。

隆礼重法体现了由春秋时期的儒法对抗，逐渐走向儒法合流的变化，这是历史发展的必然反映。因为法的价值在世变之极的时代，较之空泛的仁政学说更具有实际意义，这充分说明了荀子也不愧为"圣之时者也"。

荀子还针对慎到重势尚法的观点，提出了重人的问题，他说："有治人，无治法"，[158]"法不能独立，类不能自行，得其人则存，失其人则亡。"[159]由此而被后人列入人治论的开创者行列，受到了法治论者的批评。近代梁启超便尖锐地指出："荀卿有治人无治法一言，误尽天下，遂使中华数千年，国为无法之国，民为无法之民。"[160]其实对荀子的这种批评是不公允的，荀子从未离开治法而论治人，与其说他是人治论者，不如说他是重人执法论者。

荀况所说治人与治法，着眼点是为了解决法与人的关系问题。他认为法有"良法""乱法"，人有"君子""小人"，良法亦即治法，君子则为治人。他在《君道》篇中非常清晰地论述了治人与治法的关系。他说："有乱君，无乱国;有治人,无治法。羿之法非亡也,而羿不世中;禹之法犹存,而夏不世王。故法不能独立,类不能自行,得其人则存,失其人则亡。法者,治之端也;君子者,治之原也。故有君子,则法虽省,足以遍矣;无君子,则法虽具,失先后之施,不能应世之变,足以乱矣。不知法之义而正法之数者,虽博,临事必乱。故明主急得其人,而暗主急得其势。急得其人,则身佚而国治,功大而名美,上可以王,下可以霸;不急得其人,而急得其势,则身劳而国乱,功废而名辱,社稷必危。"可见荀子针对重势而提出的有治人无治法,是以治法为前提的,他从未撇开治法而孤立地谈治人,更没有漠视良法对于治国的作用。只是在法与人的关系上,强调了人的能动性,如果以荀子的重人执法论与法家的法治论相比较,可以看出二者在以法为治世之具的认识上是完全一致的。对于法律的实施,荀况依靠君子,法家凭借君主,二者也有异曲同工之处。荀况重人执法论的观点对后世有着深远的影响。唐时白居易说:"虽有贞观之法,苟无贞观之吏,欲其刑善,无乃难乎。"[161]明末清初王夫之也提出"责人而授以法,使之遵焉",[162]"进长者以司刑狱,而使守画一之法"[163],这样才能使"国事大治"。

以上可见,荀况的法思想是在批判吸收诸子百家之说的基础上,经过综合而成的。他所提出的礼法二柄、治人、治法等学说,开创了中国古代法文化的新天地,沟通了孔孟之儒与法家学派的壁垒。汉代以后的外儒内法、儒法合流的大势,可以说是导源于荀子的。荀况学说的丰富性、时代性,都使他当之无愧地成为新儒学的奠基人,他对中华法制文明的贡献是巨大的、富有历史意义的。

春秋战国社会的转型引发了一系列新的法律关系,亟须制定新的法律予以调整,因此在各国进行的政治改革中都含有制定和公布成文法的内容,并以此来推动改革,打击守旧势力,巩固改革的成果。

公元前636年,晋文公重耳即位,锐意改革,制定《被庐之法》。《汉书·刑法志》应劭注曰:"蒐于被庐之地,作执秩以为六官之法,因以名之也。"楚国于楚文王时作《仆区法》。《左传》昭公七年芋尹无宇曰:"吾先君文王(楚文王),作仆区之法。"杜预注:"仆区,刑书名。"服虔曰:"仆,隐也,区,匿也。为隐匿亡人之法也",以此打击侵犯他人财产的逃犯。楚庄王时又作《茆门法》。据《韩非子·外储说右上》:"荆庄王有茆门之法,曰:'群臣、大夫、诸公子入朝,马蹄践霤者,廷理斩其辀,戮其御。'"茆门,也称雉门,是宫门之一。《茆门法》是一项专门的宫门立法,显示了在礼崩乐坏的历史背景下,诸侯国王力图借助法律树立新的权威。《茆门法》是后世宫门卫禁法的前身。

至春秋晚期,郑、晋二国率先公布成文法,掀起了新一轮震动社会的法律变革浪潮。《左传·昭公六年》记载"郑人铸刑书",杜预注曰:"铸刑书于鼎,以为国之常法。"由于子产"铸刑书于鼎",打破了"临事制刑,不预设法"的旧传统,对贵族们任意化无罪为有罪、变有罪为无罪的擅断权是一种剥夺,因而引起了极大的震撼,遭到晋国以叔向为代表的旧贵族势力的激烈反对。叔向致书子产大加抨击,理由就是:"昔先王议事以制,不为刑辟,惧民之有争心也,……今吾子相郑国,……铸刑书,将以靖民,不亦难乎……'国将亡,必多制',其此之谓乎?"但子产以"救世"之辩不予"承命"。所谓"救世"就是顺应社会的变化改革旧法制创造新法制,推进社会进步。

郑铸刑书二十三年以后,晋国"铸刑鼎",也公布了"刑书"。《左传·昭公二十九年》记载如下:"冬,晋赵鞅、荀寅帅师城汝滨,遂赋晋国一鼓铁,以铸刑鼎,著范宣子所为刑书焉。"对此,孔子也进行了抨击:"仲尼曰,……贵贱不愆,所谓度也。……今弃是度也,而为刑鼎,民在鼎矣,何以尊贵,贵何业之守,贵贱无序,何以为国?"孔子所说"民在鼎矣,何以尊贵",同叔向"民之有辟,则不忌于上"的攻讦如出一辙。但孔子把这个问题提到了"何以为国"的高度,表现了斗争的激烈。

春秋时期成文法的公布,反映了正在形成中的新的生产关系的要求和社会结构的变动。为了维护不断发展的私有财产权,确认变动中的社会关系,调整由于宗法等级制度的松弛而形成的政治结构,巩固新势力已经获取但尚不巩固的权力,代表新兴地主阶级的政治家以极大的勇气和魄力公布了成文法。围绕公布成文法所展开的争论是新旧势力的权力之争,是封建性法制取代奴隶制法制的历史进程中所不可避免的。但是,新生的事物终究要战胜旧事物,公布成文法自郑、晋开其端,其他各国也群起仿效。至李悝著《法经》,为春秋各国公布成文法的历史性运动作了一次总结。

《法经》大约成书于周威烈王十九年(公元前 407 年),但早在汉朝以前便已湮灭失传。《汉书·艺文志》载有《李子》三十二篇,列为法家之首。班固在注中也仅仅说明李子"名悝,相魏文侯,富国强兵"。其后《晋书·

刑法志》在论述秦汉律的沿革时,对《法经》的来历和内容作了概括性的介绍:“是时(指魏明帝制定曹魏新律之前)承用秦汉旧律,其文起自魏文侯师李悝,悝撰次诸国法,著《法经》。以为王者之道莫急于盗贼,故其律始于《盗》、《贼》。盗贼须劾捕,故著《网》(疑为‘囚’之误)、《捕》二篇。其轻狡、越城、博戏、借假不廉、淫侈、逾制以为《杂律》一篇。又以《具律》具其加减。是故所著六篇而已,然皆罪名之制也。商君受之以相秦。”唐时《唐律疏议》和《唐六典》所言《法经》的结构与源流,与《晋书·刑法志》大略相同。《唐律疏议·名例律·疏》云:“魏文侯师于李悝,集诸国刑书,造《法经》六篇,一盗法、二贼法、三囚法、四捕法、五杂法、六具法。商鞅传之,改法为律。”可见,《法经》是秦汉律之所宗,奠定了封建法制大厦的基石。

战国时期,各国继续春秋以来制定公布成文法的潮流,相继制定了具有封建性质的法律。概括如下:

赵国约于公元前403年由公仲连实行以选廉举贤、任官使能、改革法制为主要内容的改革,由此而产生了成文法《国律》。《国律》的实行带来了赵国的兴盛,它的废弛也使赵国的国势衰微。韩非子对此评论说:“当之方明《国律》,从大军之时,人众兵强,辟地齐、燕;及《国律》慢,用者弱,而国日削矣。”这是一个很值得重视的历史经验。

楚国约于公元前390年用吴起为令尹,主持改革,实行以法治国,“塞私门之请,易楚国之俗”,并由屈原奉命制定《宪令》。据《史记·屈原列传》:“怀王使屈原造为宪令,屈平属草稿,未定。上官大夫见而欲夺之,屈平不予,因谗之曰:‘王使屈平为令,众莫不知,每一令出,平伐其功,以为非我莫能为也。’王怒而疏屈平。”屈平虽为王所贬,但《宪令》继续实施未废。

楚国另有一部影响较大的法典——《鸡次之法》,据《战国策·楚策》:“吴与楚战于柏举,三战入郢,……蒙谷遂入大宫,负鸡次之典以浮于江,逃于云梦之中,昭王反郢,五官失法,百姓昏乱,蒙谷献典,五官得法,而百姓大治。”

齐国齐威王于公元前357年任用邹忌为相,进行改革,邹忌提倡谨修法律而督奸吏,并以管子关于“则、象、法、化、决塞、心术、计数”的思想为指导,制定了《七法》。七法的推行使齐国的改革得到了保障。

韩国约于公元前355年由著名法家申不害进行改革，他主张以术为中心，使国君操其权柄，以加强国家法制。在申不害法治思想的指导下，产生了韩国的成文法典《刑符》。

魏国在改革中产生了《太府之宪》，又称《魏宪》。据《战国策·魏策》："安陵君曰：'吾先君成侯，受昭襄王以守此地也，手受太府之宪；《宪》之上篇曰：子弑父，臣弑君，有常不赦。国虽大赦，降城亡事不得与焉。'"

战国时期各国立法基本上是新的法观念的产物，它所确认的经济结构是以一家一户为单位的农本主义的经济结构，它所确认的政治体制是以国王为最高权威的，以相、将为文武官之长的官僚制度。原有的世卿制度没落了，周天子的权威也已荡然无存，礼乐征伐不再自天子出了。它所确认的法制秩序是君臣上下皆以法，开辟了以法治国的新局面。它所确认的文化形态是百家争鸣诸说并存，但在论辩斗争之中而有显学之分。总而言之，春秋战国时期的社会转型决定了法制的变革，而法制的变革又巩固了新社会的基础，这是历史的规律性的反映，但明君贤相、智者贤者在变革中所起的作用也不可低估。

二、先进法文化战胜并取代落后法文化的文化发展规律

关外时期，两代君主努尔哈赤与皇太极对于汉族的先进文化十分重视，并乐于接受在建立政权的过程中对于明朝的典章法度作为立法建制的范式，通过翻译明朝会典、法律的途径，输入了汉族先进的法文化，特别是投降后金的汉族官员和士大夫，更成为介绍与传播汉族法文化的媒体。先进的汉族法文化，逐渐战胜落后的女真文化，取得了统治地位，体现了文化发展的规律。对于后金政权的扩大与最终取代明王朝的统治起了重要的作用。

（一）汉族法文化不断改造女真族的落后法文化

皇太极肇建法制时，虽尊重满洲固有传统，表示："朕继承基业，岂可改我国之制，而听从他国？"[164]但更注重接受汉族法文化，以革除满洲落后的习俗。

（1）禁止族内婚姻。按女真族的习惯法，不同辈分之间可以缔结婚姻关系。子侄可以娶继母、伯母为妻，兄、叔也可以娶弟妇、侄妇为妻。直至

天聪三年(1629年),在汉族伦理礼制的影响下,才以“乱伦婚”的罪名,废除了这种婚姻关系上的习惯法。“凡娶继母、伯母、弟妇、侄妇,永行禁止……同族嫁娶,男女以奸论。”[165]天聪五年(1631年)七月,皇太极在申明谕禁同族嫁娶违者以奸论罪的理由时说:“明与朝鲜皆利益只帮,故同族从不婚娶。彼亦为既为人类,若同族嫁娶,与禽兽何异?是以禁止耳。”[166]

(2)改革夫死妻殉制度。家主死后,妻妾殉葬是女真族的传统习惯。直至崇德元年议定《崇德会典》时才有所限制:“凡妻从夫死,若平昔素所恩爱者许死,众必称扬之。若亲爱的妻不死,反逼房下侍妾而死,问死罪。若丈夫索不恩爱者及侍妾,不许从死。”

(3)限制早婚制度。在女真族中,流行早婚制度,至天聪九年(1635年),在汉族法文化的影响下,皇太极颁发上谕:“凡女子十二岁以上者许嫁,未及十二岁而嫁者,罪之。”需要指出,关外时期,年龄的计算多为虚岁,十二岁实际为十一岁,虽经皇太极禁止早婚,但法定婚姻年龄仍然过早。入关以后,法定婚姻年龄才又改为男十六岁,女十四岁。

(4)禁止子告父、妻告夫。天聪六年(1632年)颁谕:除反叛逃亡,有异心于上及诸贝勒者外,严禁子告父、妻告夫及同胞兄弟相告,“所以严禁者,以此乃古圣王之成法,故今仿而行之耳。前禁不许乱伦婚娶,亦此意也”[167]。皇太极所说的“古圣王之成法”就是指明朝的法律,“故今仿而行之耳”表了他对于吸收汉族法文化的急迫心情。

(二)根据汉族的法文化立法建制

天聪七年(1633年)文馆大臣宁完我提出“参汉酌金,用心筹思,就今日规模,立个《金典》出来”[168],受到皇太极赞许。天聪八年(1634年)四月,皇太极在阐述“国家创业,各有制度,不相沿袭”的同时,强调“夫知其善而不能从,与知其非而不能省,具未为得也”[169],表明参汉酌金之议已为皇太极所采纳。

“参汉酌金”四字表现了汉族先进法文化与女真传统法文化的融合,以及汉族法文化对于立法建制所起的主导作用,参汉酌金还是关外时期立法路线的概括,正是在参汉酌金立法路线的主宰下,将明朝法典中的十恶入律,制定了六部二院的组织法与选任官吏及考课之法,构建了司法体制与制度。参汉酌金的立法路线在1644年入关以后继续指导着入关后的主要立法活动,并扩展到全国,具有代表性的《大清律例》就是参汉酌金路线的辉煌成就。

顺治元年五月，睿亲王入关至北京职掌朝政，明臣纷纷上书献策。六月，顺天巡抚柳寅东上书陈言，请速定律令，颁示中外。因万事草创，未暇顾及，睿亲王遂令在刑书未定之前，问刑衙门准依明律治罪。[170]但断罪虽据明律，而用刑仍依满洲刑制，用鞭而不用杖，由于罪与刑异制，刑科给事中孙襄条陈刑法四事，其一曰定刑书。内云："刑之有律犹物之有规矩准绳也。今法司所遵乃故明律令，就中科条繁简，情法轻重，当稽往宪，合时宜，斟酌损益，刊定成书，布告中外，俾知画一遵守。庶奸慝不形，风俗移易。"[171]疏上，睿亲王谕令法司官会同廷臣详绎明律，参酌时宜，集议允当，以便裁定成书，颁行天下。[172]

九月，刑部右侍郎提桥又奏上："修明律令，需人甚急，请令内院酌议遴选各衙门官为总裁，为分校，刻期刊定，颁式天下。"就此睿亲王下谕："各衙门中有才识通明，熟律令者，著堂官开送内院，酌派具启。"[173]由此，从改革刑制入手开始修律，提桥又建言："一切丽于重典者，仍分别绞斩，按律引拟。至于应笞之人，罪不至死，若以板易鞭，或伤民命，宜酌减笞数，以三鞭准一板，庶得其平。伏恳敕下臣部，传示中外，一体遵行。"睿亲王从之。[174]

十月，世祖入京，即皇帝位，刑部左侍郎党崇雅上奏："在外官吏，乘兹新制未定，不无凭臆舞文之弊，并乞暂用《明律》，候国制画一，永垂令甲。"得旨："在外仍照《明律》行，如有恣意轻重等弊，指参重处。"[175]

顺治二年，开律例馆，特简王大臣为总裁，以各部院通习法律者，为提询、篡修等官。[176]以刑部尚书吴达海主其事，各部院臣工亦可奏上修律条陈，供馆修采择。是年二月，刑科都给事中李士焜奏言："古帝王制律，轻重有伦，情罪允协。今者律例未定，止有杖、决二法。重者畸重，轻者畸轻。请敕臣部，早定律法，务期援占酌今，详明得当，分别杖、流、绞、斩之例。凡有罪者，先期具奏，必俟宸断遵行，则法得其平，而刑当其罪矣。"疏入得旨："修律官参酌满、汉条例，分别轻重差等，汇成一编进览。"[177]

刑部于二年四月内，由启心郎额记库、乌黑能、课罗科遂遵旨汇集《大明会典》[178]，欲成定谳量刑暂行条例。五月，福建道监察御史姜金允奏言："明慎用刑重民命也，我朝刑书未备，止用鞭辟。臣以小民无知犯法，情有大小，则罪有轻重，斩之下有绞、徒、流、笞、杖，不忍尽死人于法也。斩有立决,复有秋决,于缓死中寓矜全也。故历朝有大理寺覆奏,有朝审、热审,又有临时停刑,盖死者不可复生,恒当慎之。今修律之旨久下,未即颁行,非所以大鬯皇仁也。请敕部速行定律,以垂永久。"得旨:"著作速汇辑进览,以便裁定颁行。其覆奏朝审、热审、停刑各款,著三法司一并详察旧例具奏。"[179]二年六月,内院将睿亲王旨交刑部左侍郎党崇雅汇纂。时吏部主事欧阳蒸、户部员外郎李果珍、礼部主事朱鼎延、兵部主事刘世杰、工部郎中朱国寿各将所分职掌律令纂送到部,党崇雅督同郎中张祺、员外郎柯士方、许宏祚、贺梗、宋调元详按成法,参酌满汉,编辑成帙。于闰六月内复呈内院大学士冯铨、洪承畴、范文程、刚林、祁克格、宁完我暨刑部额儿革兔细加裁议。仍令启心郎白色纯同课罗科参证明白,鸠工发刻。[180]

在律例未定前,刑部先呈上所定之暂行条例,后称为《大清律附》,此律附以《大明律集解附例》所附弘治十年奏定之《真犯杂犯死罪》、万历十三年奏定并新续题之《真犯死罪充军为民例》及《比附律条》六十九条为依凭,[181]语多因袭,除删前朝宗室年号,改定官制,增"监候"字样,余无大更改。可见律例未定,律附先行是急就章。

顺治朝律例之修订,一本明律,分《名例》《吏律》《户律》《礼律》《兵律》《刑律》《工律》七篇,《名例》未分门,《吏律》分《职制》《公式》两门,《户律》分《户役》《田宅》《婚姻》《仓库》《课程》《钱债》《市廛》七门,《礼律》分《祭祀》《仪制》两门,《兵律》分《宫卫》《军政》《关津》《厩牧》《邮驿》五门,《刑律》分《贼盗》《人命》《斗殴》《詈骂》《诉讼》《受赃》《诈伪》《犯奸》《杂犯》《捕亡》《断狱》十一门,《工律》分《营造》《河防》两门,合三十门。根据明万历十五年《大明会典》所收大明律为蓝本,备载大明律文,以条例各附本律之下。[182]并且在律例内增加小注,多采自明人王肯堂的《明律笺释》。

律典正式定名为《大清律集解附例》,律文四百五十九条,其中《名例律》增"边远充军"一条,《户律》增"隐匿满洲逃亡新旧家人"一条,《吏律》删"漏用钞印"一条,《户律》删"钞法"一条,《刑律》删"伪造宝钞"一条。清律较之明律变动较大者,在律内所附之例。明万历十三年之《大明律》所附例二百八十二条,此后续有新颁新题之例。顺治修律例时,对明例斟酌损益,又以新颁谕旨入例,因此,顺治律附例四百三十四条。

律例完成后,进呈御览。三年五月,世祖御制序文曰:"朕惟太祖、太宗创业东方，民淳法简，大辟之外，惟有鞭笞。朕仰荷天休，抚临中夏，人民既众，情伪多端。每遇奏谳，轻重出入，颇烦拟议。律例未定，有司无所禀承。爰敕法司广集廷议，详绎明律，参以国制，增损剂量，期于平允。书成奏进，联再三覆阅，仍命内院诸臣校订妥确，乃允刊布，名曰'大清律集解附例'。尔内外有司官吏，敬此成宪，勿得任意低昂，务使百官万民，畏名义而重犯法，冀几刑措之风，以昭我祖宗好生之德。子孙臣民，其世世守之。"[183]御制序文中所说，"详绎明律，参以国制"是参汉酌金更明确的表达。

顺治四年三月，大清律公布，律文前附有二年订立之《大清律附》及"六赃""纳赎"诸例图。[184]当时兵戈未息，天下未定，未暇细审，又多因明之旧，施行时多有窒碍。因此康熙朝建立以后，便致力于如何使大清律符合当时的形势和使其定型。

康熙元年三月，谕吏部等大小各衙门："国家纪纲法度、因革损益、代有不同。必开创之初、筹画精详、贻谋弘远。所定典例、可以垂之奕世、永行无弊。我太祖太宗、创制立法、垂裕后昆、自当世守勿替。今应将大小各衙门见行事务、如铨法、兵制、钱谷、财用、刑名律例、内外文武各官——应恩、恤、荫、赠、谕祭、造葬、款项繁多、难以枚举。或满汉分别、参差不一者。或前后更易、难为定例者。著议政王贝勒大臣九卿科道、会同详考太祖太宗成宪、斟酌更定、汇集成书。勒为一代典章、永远遵行。其有今昔异宜、时势必须变通。有满汉悬殊、定例难于归一者。亦须斟酌至当、详明具奏。"[185]表现出改定律例之意。

康熙三年八月，刑部题请将现行条例添入律内，通行直隶各省。并写清字本，发江南、浙江、陕西、满洲将军。帝从之。[186]

康熙七年，命刑部酌定《现行则例》，详晰分款，陆续进览。[187]谓将尚未入律之条例，汇集成册。

康熙十八年，平定三藩之后，重开修律之意。是年九月，谕刑部："国家设立法制、原以禁暴止奸、安全良善、故律例繁简、因时制宜、总期合于古帝王钦恤民命之意。向因人心滋伪、轻视法网、及强暴之徒、凌虐小民、故于定律之外、复严设条例、俾其畏而知儆、免罹刑辟。乃近来犯法者多、而奸宄未见少止、人命关系重大、朕心深用恻然。其定律之外、所有条例、如罪不至死而新例议死、或情罪原轻而新例过严者、应去应存、著九卿詹事科道、会同详加酌定,确议具奏。”[188]刑部奉旨,遂将刑部现行条例内罪不至死者新例议死,或情罪本轻而新例过严,或律虽有正条情罪可恶因时事斟酌所定之例,或应照律者将例删去照例遵行,逐件详核,分别应减应留,除不便改者不题外,其所更定条例,缮具成册,进呈御览。康熙帝览奏,依议。[189]遂刊刻《刑部现行则例》单行,未附于律文之内。

康熙二十八年,广西道监察御史盛符升逐条奏称:“民生之大命系于刑狱,历朝之大法载在律书。皇上诚恐正律外条例过严,特谕刑部会同九卿、詹事、科道详加酌议,刊为《现行则例》。查《职制》等目悉依旧律编次,则凡新例皆可分入各条,并载正律之内。至若《大清律》一书所载诸事,有仍袭前代之旧文而于本朝之法制绝不相蒙者,如郡王、将军、中尉亲自赴京者治罪等项,其类尚多。明载律中,实非遵行正法,所当删定改正,以成善本。伏乞将律例之分别者合之,新旧之不符者通之,轻重之可议者酌之,务期尽善,然后刊刻全书,勒成定本。”[190]此奏上,先经刑部议复,刑部以为律文乃系递沿成书,例乃因时酌定,凡现行则例,或遇事而定,或遵旨而定。若将此等附续定例事件附入律内,则律文难以告成。即使有非行正法者,若概从删除,又恐以后比照定拟者无凭查考。是刑部否决盛符升之议。康熙帝复命九卿、詹事、科道会议具奏。二十八年八月二十八日,刑部尚书图纳等具奏,认为应如盛符升之请,将《现行则例》载入《大清律》条例内,其律例内有满汉文义参差,或律文内已有各罪本律而定例重复累赘,或官员、衙役各色所拟罪条于今不便引用等项及应删之条,均为画一,各归各款删除。[191]帝从之,此后刑部遂着手将《现行则例》并入《大清律》中,成为律后附例。

图纳等总裁官详阅全律,逐条辨析,以刑部现行律分别载入律内。遇有满汉文义互相参差者,并加改正。遇罪有本律而例系重复者,则概行删除。遇名目事款旧有而今无及旧无今有者,则酌量增删。遇有一款应分两条或数条同属一类者,则悉数合并。即使遇到现已不行而宜备参考者,仍照例附载以备引证。除刑部事例之外,遇别部事例有与律意相符者,亦照刑部现行例采入。[192]

此次修律,尚另仿《唐律疏议》之体例,汇集前明及当日律学名家之学说,广采明人王肯堂《律例笺释》、时人沈之奇《大清律辑注》之律学精义,于每篇正文之后,增用总注疏解律意。[193]期于明白晓畅,使人易知。后几经修订,然始终未能颁发。

雍正继位后于雍正元年正月,谕按察司:“朕惟国家考定律例。所以弼教。非以厉民。是故严立刑书。”[194]隐有设范立制之意。

同年七月,御史汤之旭奏:“律例最关紧要,今六部现行则例,或有从重改轻,从轻拟重,有先行而今停,事同而法异者,未经画一。乞简谙练律例大臣,专掌律例馆总裁,将康熙六十一年以前之例并《大清会典》,逐条互订,庶免参差。”[195]雍正帝认为:“此所奏律例画一之事。未尝不是。但天下事。有治人,无治法。得人办理。则无不允协。不得其人。其间舞文弄法。正自不少。虽条例画一。弊终难免。但仍著大学士等、会同总理事务王大臣、及刑部、都察院、详酌密奏。”[196]九月,刑部尚书佛格等上书议复,称应如汤之旭所请,将康熙四十七年至六十一年之新增定例一百一十五条内,或有应删应改者,相应请旨,令律例馆总裁速行审定,并康熙时纂成律例修订之四十二本,一并交与九卿,互相参酌,考订画一,缮写满汉文本进呈御览。

雍正律于顺治律律文删九条,并六条,增二条,移易一条,更名四条,又改律文及小注字句一百三十条,皆因时增损。其律后附例载旧例三百二十一条,上注“原例”二字,皆因顺治三年律中旧律;又刑部原刻例二百九十九条,注“增例”二字,系康熙年间所定例文;至于雍正御极以来增定之例,据各部院衙门咨宋,共纂二百零四条,分类编载,是为“钦定例”。刑官遇事引断,由钦定例而增例,而原例,而正律。眉目了然。[197]律书中附例在律文之后,有总注,总注之后,标以“条例”,而后分别标以“原例”“增例”“钦定例”,扰攘顺、康两朝多年之“律例分别”问题,至此得以解决。雍正帝为新律——《大清律集解》作序,命刊布内外,永为遵守。雍正律较之急就章的顺治律更符合当时的实际情况,是参汉酌金立法路线的一次带有总结性的成果。

乾隆元年,刑部尚书傅鼐奏称,查《大清律集解附例》一书系雍正三年刊刻之版,现今不行之例犹载其中。所请皇帝将降谕旨,简命通达治体、谙练律例之大臣为总裁,将雍正三年刊行律例详加核议,除律文律注仍旧外,其所载条例有先行而今已斟酌定议者,改之,或有因时制宜应行斟酌而未逮者,亦即钦遵世宗遗诏,酌照旧章,务期平允。逐款缮折,恭请皇帝钦定,勒限纂辑,缮写成书。奏上,乾隆帝下王大臣会同九卿会议。六月十九日,议复，内称查律为一定不易之良法，例为因时制宜之良规。故凡律有所不备，必藉有例，以权其大小轻重之衡，使之纤悉比附，归于至当。应如傅鼐所请，恭请皇帝特简大臣为总裁宫，将以前刊刻律例并自刊刻后至今通行各例，统加检查核议。有宜因时变通，如先经定例而后经改易者，或前例未协而后亦未经改易者，应作何斟酌损益，宽严得中，逐一缕析条分，其应删者即行删除，其所增入者即行增入，应更正者即行更正，应仍照旧例行者亦即酌复旧章。除律文、律注仍旧外，其刊入之例，必将某条附载某律之处确切不移。使宏纲细目，大小咸该。奏上，乾隆元年六月二十一日帝依议。[198]

此后，命三泰等为总裁，重修《大清律例》，对原有律例逐条考正，重加编辑，同时详校定例，折衷损益，统名之为条例。又芟除律后总注，增添小注，并经乾隆帝亲自裁定，于乾隆五年（1740 年）完成，定名《大清律例》，"刊布中外，永远遵行"。清初由简单地袭用明律，经过近百年的时间，几经修订终于完成《大清律例》，这个过程反映了清统治者从抚临中国的实际经验中，越来越认识到建立统一法制，加强司法的重要性。

《大清律例》集历代封建法律之大成，所谓"隐合古义"，"矫正前失"；体现了"诘奸除暴，惩贪黜邪，以端风俗，以肃官方"的指导思想。乾隆帝在御制序文中进一步阐明了法律的功用："非徒示之禁令，使知所畏惧"，更在于"弼成教化，以洽其好生之德"。同时他还假借上天的权威，以加强刑罚的威慑力量，鼓吹"五刑五用，以彰天讨，而严天威"。[199]

《大清律例》在结构形式上与《明律》相同，共分名例律、吏律、户律、礼律、兵律、刑律、工律等七律三十篇，四十七卷，三十门，律文四百三十六条，附例一千零四十九条。《大清律例》作为定型化的一部法典，即所谓"祖宗成法"，律文自乾隆五年以后不再修改，而只用新增例弥补律文的不足。因此条例不断增加，乾隆二十六年（1761 年）已增至一千四百五十六条。例不仅数量多，而且效力大于律。《清史稿·刑法志》说："盖清代定例一如宋时之编敕，有例不用律，律既多成空文，而例遂愈滋繁碎。""例"是一种灵活的法律形式，较之固定的律更能适应形势的变化，而不受律文的约束。但在司法中广泛推行"以例断狱"的结果，就是不可避免地出现了"律外加重，或因例破律，或一事设一例，或一省一地方专一例，甚至因此例而生彼例"[200]的弊端。律与例矛盾的不可避免性，在乾隆朝立法之初便意识到了，因此，乾隆十一年（1746 年），定制条例五年一小修，十年一大修。乾隆一朝，曾于十二年、十六年、二十一年、二十六年、三十二年、三十七年、四十三年、四十八年、五十三年、六十年，10 次修订例文。每次修订，条例都有所增加，至同治九年(1871 年)修例时，例已增至 1892 条。此后，国势衰微，内忧外患纷至沓来，定期修例的制度，也陷于废弛。

《大清律例》是中国历史上最后一部封建法典，就其基本性质而言是一部刑法典，由于沿袭传统的诸法合体的编撰体例，也含有行政法律、民事法律、诉讼法律等条款。虽然其中有少许反映满洲族特权的条款，但总的说来是与《唐律疏议》《宋刑统》《大明律》一脉相承的封建法典。

《大清律例》是入关以后，清朝统治者集中全力编制的一部法典，律例所载严密周详，是全面推行“参汉酌金”立法路线的主要成果。在某些内容上，更符合中国社会的社情，体现了情与法的统一。例如从唐律起，历代法律均规定祖父母、父母在，子孙不得别籍异财，《大清律例》虽列有此条，但补充“其父母许令分析者，听”[201]。在幅员辽阔，风俗各异的中国封建社会，父母在，分财异居的现象实际是存在的，法律禁而不止，尤其是满族习惯法，父母在，即令诸子分析财产，别籍异居，因此，此项补充规定符合社会的实际情况。又如，律文规定：“若娶己之姑舅、两姨姊妹者，杖八十，并离异。”[202]但此类婚姻在民间已然相习成风，因此，在条例中又特别规定：“其姑舅、两姨姊妹为婚者，听从民便。”[203]此补充条例受到民间的欢迎，表现出了浓重的人情味。不仅如此，《大清律例》对相邻国家日本、朝鲜也有一定的影响，不失为体现中华法制文明的又一力作，尽管它在刑制上仍旧传承了明律中的落后与野蛮的部分。

《大清律例》的制定过程充分显示了汉族先进法文化的主导作用，反映满洲固有法文化的规定所占比重很小，而且随着社会的进步与法制的改进，有些规定如禁止“旗民交产”已形同虚设，充分反映了先进法文化取代落后法文化的文化发展规律。

三、由个别调整到一般调整的立法发展规律

乾隆五年，《大清律例》修订以后，律文作为国家成法不再修订，但为适应社会发展、及时调整新出现的问题，而以修例来补充律文的不足，因此，定例、条例五年一小修，十年一大修。此后，作为国家最重要的律典——《大清律例》的修改不在律而在例，律虽具有高于例的权威，但例在

司法应用上却优于律,有例则置其律,例有新者则置其旧者,新增的条例是以各地司法实践中的案例为基础,经过刑部甄修奏准之后成为条例,附于《大清律例》之内。其过程大体是地方司法中的案例,因具有代表性,上报刑部,由刑部判断可否定为条例,刑部甄审后,如认为必要则制定为条例,然后奏报皇帝,经皇帝恩准之后附入《大清律例》,成为国家的制定法,这个过程就是个别调整到一般调整的立法规律。古今中外,大概如是。以下择引少数条例的制定经过作为例证。

《大清律例·名例·流犯家属》所附条例:“凡实犯大逆之子孙,缘坐发道为奴者,虽系职官及举、贡、生、监,应与强盗免死减等发遣为奴人犯,俱不准出户。倘逢恩赦,亦不得与寻常为奴遣犯,一体办理。”据薛允升考证,此条例“系乾隆四十年盛京将军宗室宏尚奏逆犯吕留良之孙吕懿兼等违例捐监一案,钦奉上谕,恭纂为例”。

《大清律例·名例·化外人有犯》所附条例:“蒙古与民人交涉之案,凡遇斗殴拒捕等事,该地方官与旗员会讯明确。如蒙古在内地犯事者,照刑律办理。如民人在蒙古地方犯事者,即照蒙古例办理。”据薛允升考证,此条例“系乾隆二十六年刑部议覆山西按察使索琳条奏定例”。

《大清律例·户律·立嫡子违法》所附条例:“凡乞养异姓义子有情愿归宗者,不许将分得财产携回本宗。其收养三岁以下遗弃之小儿,仍依律即从其姓,但不得以无子遂立为嗣,仍酌分给财产,俱不必勒令归宗。如有希图资财冒认归宗者,照律治罪。”据薛允升考证,此条例“系乾隆二年刑部议覆湖南巡抚高其倬题唐四的殴死本生叔母何氏一案,附请定例”。

《大清律例·户律·盗卖田宅》所附条例:“用强占种屯田五十亩以上,不纳子粒者,照数追纳,完日发近边充军。其屯田人等将屯田典卖与人至五十亩以上,典主、买主各不纳子粒者,俱照前问发。若数不满五十亩及上纳子粒不缺,或因无人承种而侵占者,照侵占官田律治罪。典卖与人者,照盗卖官田律治罪。管屯等官不行用心清查者,参奏依违制律,杖一百。”据薛允升考证,此条例“系前明问刑条例,雍正三年及乾隆三十六年修改,嘉庆六年改定”。

《大清律例·户律·钱债》所附条例:“监临官吏于所部内举放钱债、典当财物者,即非禁外多取余利,亦按其所得月息照将自己货物散与部民多取价利计赃,准不枉法论。强者,准枉法论。不枉法各主者,折半科罪,律减一等问罪，所得利银，照追入官。至违禁取利，以所得月息全数科算，准不枉法论。强者，准枉法论，并将所得利银追出，余利给主，其余入官。”据薛允升考证，此条例“系乾隆三十一年两江总督高晋奏震泽县知县赵得基将己银交商得息，值各典被火延烧，徇情捏详，请免赔偿案内，附请定例”。

《大清律例·礼律·禁止师巫邪术》所附条例：“私刻地亩经及占验推测荒诞不经之书，售卖图利及将旧有书板藏匿不行销毁者，俱照违制律治罪。”据薛允升考证，此条例“系乾隆九年刑部议覆提督舒赫德奏送俞在中等翻刻时宪书一案，附请定例”。

《大清律例·兵律·激变良民》所附条例：“直省刁民，假地方公事强行出头逼勒平民，约会抗粮，聚众联谋，敛钱构讼及借事罢考、罢市，或果有冤抑不于上司控告，擅自聚众至四五十人，尚无哄堂塞署，并未殴官者，照光棍例，为首拟斩立决；为从拟绞监候。如哄堂塞署逞凶殴官，为首斩决枭示。其同谋聚众转相纠约下手殴官者，拟斩立决。其余从犯俱拟绞监候。被胁同行者，各杖一百。若遇此等案件，该督抚先将实在情形奏闻，严饬所属，立拿正犯，速讯明确，分别究拟。如实系首恶通案渠魁，例应斩枭者，该督抚一面具题，一面将首犯于该地方即行正法。将犯事缘由及正法人犯姓名刻示，遍贴城乡晓谕，若承审官不将实在为首之人究出拟罪，混行指人为首，因而坐罪，并差役诬拿平人株连无干，滥行问拟者，严参治罪。该督抚一并交部严加议处。至刁民滋事，其同城武职不行擒拿，及该地方文职不能弹压抚恤者，俱革职。该管之文武上司官徇庇不即申报，该督抚、提镇不行题参，俱交部议处。”据薛允升考证，此条例“原系三条：一、系康熙五十三年，刑部议覆四川总督鄂海题蒲州、朝邑两处人因争地界殴毙数命案内，纂定条例。乾隆五年、三十二年修改。二、系雍正二年刑部议覆，福建巡抚黄国材奏惠安县童生纠众辱殴典史一案，纂定条例。三、系乾隆十三年，刑部遵奉上谕，议定条例。五十三年修并，嘉庆十四年改定”。

《大清律例·刑律·盗内府财物》所附条例：“凡偷窃大内及圆明园、避暑山庄、静寄山庄、清漪园、静明园、静宜园、西苑、南院等处乘舆服物者，照律不分首、从，拟斩立决。至偷窃各省行宫乘舆服物，为首者，拟绞监候；为从者，发云、贵、两广极边烟瘴充军。其偷窃行宫内该班官员人等财物，仍照偷窃衙署例问拟。若遇翠华临幸之时，有犯偷窃行宫物件者，仍依偷窃大内服物例治罪。”据薛允升考证,此条例“系嘉庆四年直隶总督胡季堂审奏贼犯张猛、宋泳德偷窃济尔哈郎图行宫内簾刷等物,钦奉上谕,纂辑为例”。

《大清律例·刑律·强盗》所附条例:“凡响马强盗,执有弓矢军器,白日邀劫道路,赃证明白者,俱不分人数多寡、曾否伤人,依律处决于行劫处,枭首示众。其江洋行劫大盗,俱照此例立斩枭示。”据薛允升考证,此条例“原系二条:一、系前明问刑条例。二、系康熙五十年刑部议覆安徽巡抚叶九思题拿获盗首罗七案内题准定例。乾隆五年修并。嘉庆六年改定”。

《大清律例·刑律·强盗》所附条例:“爬越入城刑劫,罪应斩决者,加以枭示。失察越城之官员、兵丁,分别参处责革。”据薛允升考证,此条例“系嘉庆二十一年,刑部议覆福建巡抚王绍阑审题漳浦县盗犯魏粹等听从逸盗陈玉泉越城行劫蔡木猷当铺一案,奉旨恭纂为例”。

《大清律例·刑律·强盗》所附条例:“强盗行劫,邻佑知而不协拿者,杖八十。如邻佑或常人或事主家人拿获强盗一名者,官给赏银二十两,多者,照数给赏。受伤者移送兵部验明等第,照另户及家仆军伤例,将无主马匹等物变价给赏。其在外者,以各州、县审结无主赃物变给。如营汛防守官兵捕贼受伤者,照绿旗阵伤例分别给赏。若被伤身亡者,亦照绿旗阵亡例,分别给与身价银两。”据薛允升考证,此条例“原系四条:一、系顺治十八年议准定例。二、系康熙二十九年刑部遵旨题准定例。三、系三十一年刑部题覆刘二和行劫拒伤营兵案内,奉旨定例。四、系三十三年刑部会同兵部议准定例。雍正三年修并”。

《大清律例·刑律·强盗》所附条例:“满洲旗人有犯盗劫之案,俱照强盗本律定拟,不得以情有可原声请。”据薛允升考证,此条例“系乾隆三十五年刑部题覆盛京刑部侍郎朝铨等审拟西樊旗人齐了其等行劫花义相家一案,奉旨纂定为例”。

《大清律例·刑律·贼盗》所附条例:“凡奴仆、雇工人强劫家长财物,及勾引外人同劫家长财物者,悉照凡人强盗律定拟。其有杀伤家长者,仍依律从重论。”据薛允升考证,此条例“系乾隆十九年刑部议覆河南按察使沈廷芳条奏定例”。

《大清律例·刑律·略人略卖人》所附条例:“贵州、云南、四川地方民人,诱拐本地子、女在本省售卖,审无沟通外省流棍情事,仍照诱拐妇人、子、女本例,分别定拟。如捆绑本地子女在本地售卖,为首,拟斩监候;为从,发近边充军。”据薛允升考证,此条例“系乾隆六年云贵总督张允随题者租等捆卖者业一案,附请是例,乾隆八年改定”。

《大清律例·刑律·发冢》所附条例:“凡指称旱魃刨坟毁尸,为首者,照发冢开棺见尸律拟绞监候。如讯明实无嫌隙,秋审入缓决。若审有挟仇泄忿情事,秋审入于情实。为从帮同刨毁者,改发近边充军。年在五十以上仍发附近充军。其仅止听从同行并未动手者,杖一百,徒三年。”据薛允升考证,此条例“系嘉庆九年山东巡抚铁保奏高密县民仲二等,捏称李宪德尸成旱魃,纠众刨毁一案,奉旨纂辑为例”。

《大清律例·刑律·盗贼窝主》所附条例:“凡造意分赃之窝主,不得照窃盗律以一主为重,应统计各主之赃数在一百二十两以上者,拟绞监候。其在一百二十两以下,亦统计各赃科罪。”据薛允升考证,此条例“系乾隆三十五年湖广总督吴达善审奏窃贼窝主王坤,窝留群贼肆窃多赃一案,将王坤照级匪例拟遣;经刑部查核该犯先后所得之赃,统计已逾满贯,将王坤改拟绞候,并纂定此条”。

《大清律例·刑律·杀一家三人》所附条例:“杀一家非死罪三四命以上者,凶犯依律凌迟处死。不拘死者之家,是否绝嗣,凶犯之子除同谋加功,及有别项情罪者,仍照本律定拟外,其实无同谋、加功者,凶犯之子,年在十六岁以上,改发极边足四千里安置;年在十五岁以下,与凶犯之妻、女,俱改发附近充军地方安置。”据薛允升考证,此条例“原系二条:一、系乾隆二十九年刑部议准定例,三十二年修改。一、系乾隆四十一年山东巡抚杨景素审奏高唐州民王之彬挟嫌杀死董长海及王三麻子等一家六命,致令绝嗣一案,钦奉谕旨酌定条例。四十四年、五十二年修改,五十五年删并。五十八年、嘉庆四年、二十二年修改,道光八年改定”。

《大清律例·刑律·奴婢殴家长》所附条例:“白契所买奴婢,如有杀伤家长及杀伤家长缌麻以上亲者,无论年限及已未配有室家,均照奴婢杀伤家长一体治罪。其家长杀伤白契所买恩养年久配有室家者,以杀伤奴婢论。若甫经契买,未配室家者,以杀伤雇工人论。至典当家人隶身长随,若恩养在三年以上,或未及三年配有妻室者,如有杀伤各依奴婢本律论。倘甫经典买或典买隶身未及三年,并未配有妻室,及一切车夫、厨役、水火夫、轿夫、打杂受雇服役人等,平日起居不敢与共,饮食不敢与同,并不敢尔我相称,素有主、仆名分并无典卖字据者,如有杀伤,各依雇工人本律论。若农民佃户雇倩耕种工作之人,并店铺小郎之类,平日共坐、共食,彼此平等相称,不为使唤服役,素无主、仆名分者,如有杀伤各依凡人科断。至典当雇工人等议有年限,如限内逃匿者,责三十板,仍交与本主服役。”据薛允升考证,此条例“原系四条:一、旗人故杀白契所卖并典当之人。系康熙四十七年刑部议覆直隶巡抚赵宏燮审题旗人王四草毒死当仆刘英,附请定例,乾隆四十二年、五十三年修改。二、民人白契所卖家人。系乾隆七年刑部议准侍郎张照、周学健条奏定例。三、白契所卖奴婢杀伤家长及家长缌麻以上亲。四、雇倩工作之人。此二条俱系乾隆二十四年刑部议覆山西按察使永泰条奏定例,二十六年、五十一年修改,嘉庆六年修并”。

《大清律例·刑律·有司决囚等第》所附条例:“五城及步军统领衙门审理案件,如户婚、田土、钱债细事,并拿获窃盗斗殴赌博以及一切寻常讼案,审明罪止枷、杖、笞责者,照例自行完结。其旗民词讼,各该衙门均先详审确情,如应得罪名在徒、流以上者,方准送部审办,不得以情节介在疑似滥行送部。若将不应送部之案率意送部者,刑部将原案驳回,仍据实奏参。如例应送部之案而自行审结,亦即查参核办。至查拿要犯必须赃证确凿,方可分别奏咨交部审鞫。若将案外无辜之人率行拿送,一经刑部审明并非正犯,即将该管官员参奏,番捕人等照例治罪。其斗殴养伤者,务当依限报痊,验明传讯,毋许藉伤延宕。饬坊查拘人证要犯,限一两日送部。若逾限催至三次不到者,即将司坊官参处。”据薛允升考证,此条例“系雍正五年、乾隆四十二年、三十九年军机大臣会同刑部议奏:‘因查审王子范控告谢大忠一案,王子范先在北城控告诱拐匿赃,无论虚实均非杖笞所能完结,该御史范宜宾等不加细鞫,率以递籍完结。可见五城审结案件漫无定衡。情嗣后五城遇有词讼内所控情节,介在疑似,及非笞杖所能完结者,俱交刑部审明按拟,不得率行自结。’等因。将原例修改,嘉庆十八年改定”[204]。

以上不厌其烦的征引某些条例的制定过程,目的就在于使人清楚地了解条例制定的程序,即地方大员将所审理的具有代表性的案例上报至刑部,经过刑部议覆审核,认为具有纂成条例的价值,遂即起草条例,然后向皇帝或条奏或议奏,经过皇帝恩准编入《大清律例》,成为新的国家制定法。从这个程序中可以看出条例的基础是司法案例,刑部在拟定条例时是充满严肃性的,最后经皇帝恩准又显示了条例的权威性,这个程序充分反映了由具体调整到一般调整的立法发展规律,显示了封建国家后期立法技术的成熟。

四、因族制宜、因俗立法的民族法发展规律

清朝为了统治辽阔的疆域,巩固统一多民族的国家,加强了对少数民族聚居区的法律管辖,专门制定了针对少数民族的立法。清朝民族立法是整个立法中的重要组成部分,无论在数量还是内容上都达到了中国古代民族立法的顶峰。

早在入关之前,皇太极便向漠南蒙古地区宣布"盛京定制"。入关以后,世祖把调整满汉关系提到重要议事日程。顺治三年(1646 年)下令开科取士;顺治五年(1648 年)又下令允许满汉联姻,特别是康熙朝颁行了崇儒祭孔之令、开博学鸿词科之令、满汉官员品级划一令等。除此之外,对东北各少数民族,西北的回族、维吾尔族,西藏的藏族,西南地区的苗族都注意运用法律进行调整,在众多的民族立法中,以蒙古族的立法作为重点。顺治十年(1653 年)规定了外藩蒙古亲王以下,公以上,随从人员的服色和人数;顺治十一年(1654 年)规定了外藩王、贝勒、贝子、公元旦来朝给赏例;顺治十二年(1655 年)规定了赐恤外藩蒙古王公例;顺治十五年(1658 年)议定《理藩院大辟条例》;顺治十八年(1661 年)规定了理藩院等级与六部同、理藩院尚书入议政之列。

康熙朝建立以后,确立了以蒙古部落为"屏藩""因俗而治""不设边防"[205]的指导思想。在立法上强调尊重边疆少数民族的习惯、风俗,所谓"修其教不易其俗"。这个民族政策对有清一代都有着重要影响,雍正帝说:"中国之一统始于秦,塞外之一统始于元,而极盛于我朝。自古中外一家,幅员极广,未有如我朝者也。"[206]他摒去了相沿已久的内中华而外夷狄的传统观念,把中国各族作为一个整体看待,明确表示各极边之地"俱归版图,是中国之疆土开拓广远,乃中国臣民之大幸,何得尚有华夷中外之分论哉!"[207]这种思想也体现在任官理政上。乾隆帝说得尤为透彻:"满、汉均为朕之臣工,则均为朕之股肱耳目,本属一体,休戚相关。至于用人之际,量能授职,惟酌其人、地之相宜,更不宜存满、汉之成见。边方提、镇,亦惟朕所简用耳,无论满、汉也。……嗣后若有似此分别满、汉,歧视旗、民者,朕必从重议处之。"[208]

清朝之所以重视民族立法,并取得了超乎历代的成就,不是偶然的。首先,是与满洲贵族为政权主体的历史条件分不开的。满洲族作为一个少数族,从关外时起,便注意通过各种形式加强满族与其他少数族的联盟,以壮大本民族的实力,只有这样才有可能统一关外,进取中原。这个治国方略不仅传承于入关以后,而且贯彻整个清朝统治时期。其次,清朝是最后一个封建王朝,各个方面都积累了丰富的经验。清朝皇帝一般都重视总结历代的统治经验。他们深知理顺民族关系,对于巩固国家统治的重要性,他们在民族立法上所采取的因地制宜、因族制宜、因俗制宜,就是历代统治经验的成功总结。最后,由于清朝统治时期是中国各族法律文化迅速交融渗透、发展的时期。汉民族的法律意识和悠久的法律文化传统,通过对满洲族统治者的影响取得了支配地位。与此同时女真族、蒙古族及其他族的法律文化,也得到了新的升华。正是在中华各民族法律文化大融合的基础上,才有可能产生比较成熟的、系统的、稳定的民族立法,从而揭示它对于巩固统一多民族国家以及加强中央政府同民族聚居地区的联系所起的重要作用。

在清朝的民族立法中,以调整蒙古族的《理藩院则例》最具代表性。顺治十五年(1658 年)九月,议政王贝勒大臣等奉旨议定的《理藩院大辟条例》,是以后制定的《蒙古律例》和《理藩院则例》的原型。康熙三十五年(1696 年),随着统一国家的巩固,理藩院将清太宗以来陆续发布的一百二十五条有关蒙古的法令,汇编为《则例》,作为理断蒙古事务,调整和巩固蒙古封建主对清朝的臣属关系和维护蒙古社会内部阶级关系与秩序的法律依据。

乾隆时期,清朝国土扩充,国力强盛,民族立法也走向活跃兴盛的阶段。

(一)《理藩院则例》

嘉庆十六年(1817 年),理藩院以乾隆五十四年(1789 年)修订的《蒙古律例》为基础,编纂《理藩院则例》,于嘉庆二十二年(1817 年)刊刻颁行。《理藩院则例》七百一十三条,分"通例"上下和"旗分"等六十三门。它适用于蒙古、西藏与青海地区蒙古族与藏族,在内容上包罗详备,可以说是集清朝开国以来民族立法之大成。

根据因族、因俗立法的政策要求,确定了蒙古地区以旗为单位的行政区划。旗长官为扎萨克，旗上为盟，盟长官为盟长。凡担任旗盟官府职务之王、公、台吉等为执政官，不担任职务者称闲散王公贵族，均享有相应的政治经济待遇。凡食俸之蒙古王、贝勒、贝子、公、台吉、官员等，无论公私各罪，均照例将应罚马匹牲畜折罚俸外，但犯有应罚马匹牲畜给付事主之案，仍视其应罚数目，罚交马匹牲畜给付事主。除此之外，在民事、刑事与司法等方面也多有因蒙古族俗而做出的规定。

《理藩院则例》也表现了汉族法文化的影响。如量刑时"有服制者依服制论"，体现了汉族礼制的影响。在斗杀条文中，"凡斗殴伤重，五十日内身死，殴之者绞监候"，显然是引进了《大清律例》中的"保辜"制度。在司法中，审理蒙古案件，蒙古例中无专条者，准比照刑律或吏、兵、刑部则例引用。蒙古与民人之间的案件，各按案发地区，分别依例定拟。蒙古人在内地犯事依刑例治罪，民人在蒙古地方犯事，依蒙古例治罪，也都反映了因族制宜，援俗为治的特色。此外，该例也详细规定了蒙古贵族与清政府之间的权利义务关系，以加强政治联盟巩固中央集权。

道光二十二年(1842 年)，在《理藩院则例》卷六一、六二中编入《西藏通例》二十六条，遂使其适用范围扩大至西藏、青海等地。《西藏通例》以法律的形式确立了西藏地区的职官制度，规定了驻藏大臣和西宁办事大臣的设置和权限以及西藏地区的军事、财政和喇嘛管理等各项制度，从而加强了清政府对于西藏、青海地区的行政、司法管辖权。《理藩院则例》作为清朝最重要的一部民族立法，除主要针对蒙古及藏族外，对新疆维吾尔族、哈萨克族及黑龙江打牲索伦族、鄂伦春族、四川土司、土舍、头人等也均分散规定于各有关条款中。

除《理藩院则例》外，有关西藏、回疆和苗疆的立法中也都反映了因族、因俗而制的立法特点。

(二)《西藏章程》

清朝因西藏地区发生的问题而制定的章程，是西藏立法的主要形式，其中以乾隆五十八年制定的《藏内善后章程》最具代表性，该章程是在战胜廓尔喀入侵西藏之后根据乾隆帝授意由大将军福康安等人会同达赖、班禅等人共同拟订并经乾隆帝批准的，故又称《钦定西藏章程》。

《钦定西藏章程》根据因族、因俗制宜的民族政策，以法律的形式确定了达赖与班禅的地位与政教合一的政治体制，保障了喇嘛教的宗教自由，特别是创立了达赖、班禅等活佛转世灵童的“金瓶掣签”制度，使活佛的继承制度化、法律化，“金瓶掣签”须在驻藏大臣的监督下进行。

为了加强朝廷对西藏地区的管理，清政府提高了驻藏大臣的职权，由驻藏大臣总揽全藏事务。《钦定西藏章程》第十条规定：“驻藏大臣督办藏内事务，应与达赖喇嘛、班禅额尔德尼平等，共同协商处理政事，所有噶伦以下的首脑及办事人员以至活佛，皆是隶属关系。凡属涉外事务、出入境管理统由驻藏大臣主持，驻藏大臣可直接向皇帝折奏请旨，达赖喇嘛如遇事拟请示皇帝，须经驻藏大臣转奏。”

驻藏大臣还掌握了对西藏政府官员的任命权。高级官员噶伦和代本，须呈请皇帝任命，中下级官员由驻藏大臣和达赖喇嘛任命，并发给满、汉、藏三种文字的凭证。为了防止贵族垄断官职，特别规定普通士兵如有智能和战功亦可升任定本、代本。贵族子弟须年满十八岁，方可派任小秘书、小宗本。与此同时还统一了西藏地方财政、赋税、币制与乌拉差役，建立西藏地方部队。加强了对西藏地方的司法管辖，对犯罪者的惩罚包括没收财产，均须经驻藏大臣审批，从而限制了地方噶伦乱定罪名，擅加罚款的弊端。

《钦定西藏章程》全面强化了清政府对西藏地方政务的管理，对于稳定西藏地方的社会秩序，加强西藏地方政府与清政府的关系产生了深远影响。

《藏内善后章程二十九条》是清政府中后期治理西藏地方的基本法规，颁行后，得到较全面执行，产生了积极而又深远的影响。正如清光绪五年(1879年)闰三月七日四川总督丁宝桢上光绪皇帝《会筹藏中应办事宜折》中所言：“伏思西藏地方，从前祖宗定制，自察木多、乍丫至前后藏以及江孜、定日各隘口，均设有游击都司兵丁，以资驾驭，而临之以住藏大臣，居中统治，凡藏中事务，其小而易办者，则由各该番官办理，层次申送，取裁于该摄政。其大而难办者，则由摄政咨送住藏大臣核办，即其番官之拣补升除，均须由驻藏大臣主持办理，体统极为尊严，事权不容紊越，所以控驭该藏者立法至为精详。是以二百年来番官颇受汉官约束，番人自不敢轻视，汉番一体办理，一切令行禁止，极为顺手。”[209]

经过松筠、和瑛的不懈努力，《钦定章程》得以真正落实，西藏百姓得到抚恤，西藏社会的发展得到法律的保障。

嘉庆二十二年(1815年)十二月，《理藩院则例》汉文本告竣。内含

《西藏通制》上卷十五条,下卷十一条,合计二十六条。其中源于《钦定西藏善后章程二十九条》者十七条。另有十二条分别规定于《理藩院则例》的其它部分,如金瓶掣签制度及西藏喇嘛教事务均集中规定于《理藩院则例》《喇嘛事例》中。

(三)《回疆则例》

对于回疆地区,乾隆二十六年(1761 年),在理藩院内专设徕远司负责管理"回疆"事务。同时,不同程度的适用《大清律例》、《大清会典》和部分则例,并制定《回疆则例》作为最重要的立法。嘉庆十六年(1811 年),理藩院在开馆编修《理藩院则例》的同时,也修订了《回疆则例》。道光六年(1826 年)平定张格尔叛乱后,再次修订《回疆则例》,并于道光二十三年(1873 年)刊刻印行。

《回疆则例》继承了清朝在统一回疆初期立法中所确认的"伯克"制度,并根据形势的发展,作出了补充规定,如详列维族地区职官的设置、职掌、品秩、承袭、任用、休致等。其中贯穿了因俗设官、因地制宜的原则。对于维族上层晋封王、贝勒、贝子、公者,其服色、坐褥准照蒙古王公例设置,借以加强满、维贵族集团的联盟。与此同时,严格维护清朝皇帝对于维族地方职官的任用权。此外,针对维族地区的年班、赏赉、度量衡、货币、赋役、贸易、驻军管理等各项制度,都作了专门规定。为了优待效忠朝廷的维族上层分子,一概豁免新疆各城有殉节蒙赏世职者的钱粮,并将苛敛婪索等陋规宣布为"禁例",以缓和回疆地区的阶级矛盾。对于维族地区的宗教管理和刑事案件的管辖也作了具体规定。例如,慎选回疆掌教的"阿訇",禁止莫洛回子习念真经;阿奇木伯克只有权处理枷责轻罪人犯,重案须随时禀明本管大臣听候要员会同审办,不得私理。

《回疆则例》作为适用于维族的专门立法,对于治理回部,稳定边疆,具有重要的历史意义。光绪三年(1877 年),清军消灭了分裂中国领土的阿古柏汗国以后,为了加强清政权对新疆的管辖,推行郡县制度。光绪九年(1883 年)正式以新疆为行省,普遍设道、府(厅)、州、县各级地方政权机构,基层建立保甲,废除了维族原有的伯克制度,进一步加强了清政权对回疆地区的统治。

(四)青海地方的蒙古立法

雍正二年(1724 年),清军在青海平叛之后,经世宗批准颁行《青海善后事宜十三条》《青海禁约十二事》，前者主要是行政立法，后者则基本上是刑事与民事立法，它规定："背负恩泽，必行剿灭；恪守分地，不许强占；差员商贾往过，不许抢掠；父殁不许娶继母及强娶兄弟之妇；察罕诺门汗喇嘛庙内，不得妄聚议事……"其中也有一些条款旨在加强清政府的统辖，如朝见进贡定有期限；不准自称盟长；对喀尔喀、辉特、图尔古特部落，不许青海占为下属；编设佐领，不可抗违；内地差遣官员，不论品级大小，若捧谕旨，王公等俱行跪接，其余相见俱行宾主礼等。雍正十一年(1733 年)又制定了适用于宁夏、青海、甘肃等地少数民族的《西宁青海番夷成例》(又称《番例条款》)，其主要内容是：追赶逃人、奸污罪、挟仇出首人罪、告言人罪、殴伤人罪，戏误杀人、抢夺罪犯挟仇放火、出妻、家奴弑主以及司法管理等。《番例条款》原拟实行 5 年后改用《大清律例》，但由于该条款符合青海少数民族的风俗民情，收到因地因俗制宜之效，因此一再展期，至乾隆十三年(1748 年)五月刑部奏准，今后番民命盗案照《番例条款》办理，不必再请展限。嘉庆十四年(1809 年)，番例已实行七十余年，遂"不用再行修改"。

《西宁青海番夷成例》，共六十八条，是青海地区的民族立法中具有代表性的。它主要来源于《蒙古律例》，例如，"少纳牲畜计数折鞭"与"奸人妇女"二条，除个别文字外，无论是折鞭数，还是罚牲畜数二者都是相同的。有的也作了变通修改，如《蒙古律例》会盟不到之无俸塔布囊等罚马十匹，《番例条款》改为罚犏牛，这是基于青海地区马少犏牛多而作出的改动。有些条款，如"不设十户头目"，"唐古特人不许远处番回贸易"，则是清政府根据青海地区的特殊情况专门制定的。

《番例条款》虽然也有些军事、民事与诉讼方面的规定，但基本上是一部刑事法规。其中涉及偷盗、杀伤人以及逃人的内容，占很大比重。根据《番例条款》：蒙古人一般犯罪，首先罚缴牲畜牛一至九头不等，马五至一百匹不等，缴纳不足者处以鞭打，最多至鞭一百，由所属佐领或管旗章京设誓具结。如故意隐匿不缴，则一体受罚。对于一些不决的疑案，也让当事人"设誓"。《番夷条款》自编纂成后一直作为清朝治理青海的主体法律，实行至民国初年始被废止。

(五)苗疆立法

对于苗疆地区，清政府一方面承认苗民的习惯法即所谓苗例的调整作用,另一方面也因苗疆地区的问题制定了条例进行调整。清时苗疆地区泛指云、贵、川、广、湖南各省苗民分布之地。苗民也是泛指苗、瑶、壮、彝、黎等少数民族。因此,适用于苗疆地区的民族立法,不仅有清朝确认其法律效力的苗、瑶、壮、彝等少数民族的传统习惯法,即所谓"苗例",更重要的是编纂在《大清律例》中的调整苗疆地区的条例,共计三十六条。主要内容是:规定了土司严格约束苗人的职责,如因土司约束不严,致使苗人犯抢劫罪,交部议处。百人以上者,土司及府州官革职,知情故纵者,革职枷号一个月。若系重罪,虽不知情,也须议处,知情故纵者,革职,杖一百。大小土司如犯徒流罪以上,一律科断,杖罪以下,交部议处。对于苗民发生危害地方秩序的,劫掠仇杀等罪,严加惩处。同时严禁苗民私藏违禁物,"违者照民间私有应禁军器律治罪,该管头目人等知而不报者,杖一百。地方文武官弁失察,照例议处",[210]借以严防苗民起事。为了防止苗民与内地民人发生纠纷,禁止民人无故擅入苗地,苗人也不得擅入民地;民人如贩卖军器与苗民者严惩。[211]

关于苗疆地区的司法制度,条例也作了规定。如承审苗民案件,有一定期限,自报官之日起,盗案限一年,命案、窃案限六个月,杂件限四个月,限满不结,须向上司报告。[212]审理黔省苗疆命盗案的期限,有所缩短,寻常命案三个月审结,盗案及性命重案两个月审结,不得展限。对于苗人之间的争讼,依照苗例处理,如系重大犯罪,一律按《大清律例》审断。苗民与内地民人发生奸拐贩卖嫁妻逐婿等事,均按《大清律例》断罪。

在《钦定吏部则例》中也规定了苗疆地方的土官承袭、土官支庶授职、土官缘事、土官降罚、土官阵亡议给世职、土官请封和土官额缺等项内容。上述苗疆的职官立法,适用于没有改土归流或改土归流不彻底的地区,其法律效力一直延续到清末。

除此之外,苗疆地区的法律形式,还有康熙年间发布的以刑事法律规范为主要内容的各种苗疆禁约。如康熙四十二年(1703 年),湖广提督俞益谟发布的,以警戒苗人不得为非作歹的所谓"晓喻苗人告示"和"戒苗条约";以及康熙五十年(1711 年)湖广总督鄂海制定的苗疆禁约。雍正时期,为在苗疆地区推行大规模的改土归流,急需借助法律的强制加以贯彻,因此,在云贵、湖广、川陕等省都颁布了适用于苗疆的章程,成为苗疆地区的重要法律形式,内容涉及调整行政规划,确定苗疆地方官员的职责,对于户籍、土地、赋税、兵器等事项的管理,以及苗民劫杀重案须由文武官会同审理等。可以说雍正朝的苗疆立法,是有清一代最有成就的。雍正以后,乾、嘉、道、光各朝也都制定了一些章程。

综括上述,清朝的民族立法,在继承历代民族立法的基础上,体系更为严整,内容更为规范,作用更为明显,可以说是中国封建时代民族立法发展的顶峰。在立法中贯彻了因族制宜、因地制宜、援俗为治的原则,不同地区,不同民族,不同时期的立法,各有明确的针对性,因而也各具特色。所谓"边腹之异,凡边外与腹地立法不同"[213],苗夷"照苗例完结",[214]"西藏治以番律,各回域治以回律,俱各从其俗"。[215]

通过民族立法加强了中央集权,强化了清政府对少数民族聚居地区的行政管辖、军事管辖、司法管辖,将中央与地方的权利义务关系纳入法制的轨道,形成了前所未有的巩固的统一多民族国家。清朝民族立法成就辉煌的原因是多方面的,但因族制宜、援俗立法的原则所起的作用不可忽视,它反映了在统一国家内民族立法的规律性。

清朝既是末代封建王朝,又是传统法制走向近代法制的开端,就社会转型必然引起法律相应变革而言,清朝关外肇基时期的历史,显示了这个规律性。晚清时期社会的急遽转型使传统法制逐渐解体,开始了近代化的历程,尤为突出地体现了社会转型与法律变革相适应的规律性。

作为末代封建王朝,清朝无论立法、建制都达到了相对完备的形态,其立法中的因案成例,表现出了由个别调整到一般调整的立法规律,其经验颇有借鉴之处。在清朝的立法中民族立法卓有成就,它所实行的因族制宜、因俗立法的政策符合民族立法的规律性,成为中国古代民族立法之大成。

研究法制历史,重在探索法制发展的规律性,本文以清朝法制历史为对象进行管窥。

注释

1 《李朝实录》(第七册),世宗卷三十二,朝鲜社会科学院 1959 年版,第 501 页。《李朝实录》(第十六册),成宗卷八十,朝鲜社会科学院 1959 年版,第 54 页。

2 《明英宗实录》卷一〇三,正统八年四月庚戌。

3 《李朝实录》(第十九册),《燕山君日记》卷十七,朝鲜社科院 1959 年版,第 209 页。
4 [朝鲜]李民寏:《建州见闻录》。
5 《满文老档》太祖四,万历四十二年十二月。
6 [德]马克思、恩格斯:《德意志意识形态》,载《马克思恩格斯全集》(第三卷),人民出版社 1965 年版,第 83 页。
7 《清太祖实录》卷二,台湾华文书局 1969 年版,第 6 页。
8 《皇朝文献通考 · 刑考一》。
9 《满文老档 · 太祖》(第二十册),天命六年四月初二日。
10 《满文老档 · 太祖》(第四册),乙卯年十一月。
11 《满文老档 · 太祖》(第三册),癸丑年十二月。
12 《满文老档 · 太祖》(第十一册),天命四年七月初八日。
13 《清太祖实录》卷八,台湾华文书局 1969 年版,第 22 页。
14 《清太祖高皇帝实录》卷四,台联国风出版社 1969 年版,第 20 页。
15 《清太祖武皇帝实录》卷四,故宫博物院 1932 年版,第 11 页。
16 《清太宗实录》卷三六,第 13 页。
17 《清太宗实录》卷四二,第 10 页。
18 《清太宗实录》卷四二,第 14 页。
19 《清太宗实录》卷九,第 13 页。
20 《清太宗实录》卷十一,第 19 页。
21 《清太宗实录》卷十三,第 4 页。
22 《清太宗实录》卷三四,第 14 页。
23 《清太宗实录》卷六,第 10 页。
24 《清太宗实录》卷一,第 10 页。
25 《清太宗实录》卷一,第 10 页。
26 《清太宗实录》卷九,第 7 页。
27 《清太宗实录》卷六一,第 6 页。
28 《清太宗实录》卷九,第 17 页。
29 《清太宗实录》卷二三,第 38 页。
30 《清太宗实录》卷三,第 35 页。
31 《清太宗实录稿本》,辽宁大学历史系 1978 年版,第 13 页。
32 《清太宗实录》卷二三,第 3 页。
33 《清太宗实录》卷六五,第 13 页。
34 《清太宗实录》卷五八,第 14 页。
35 《清太宗实录》卷二八,第 39 页。
36 《清太宗实录》卷五三,第 6、7 页。

37 《清太宗实录》卷五三，第9、10页。
38 《清太宗实录》卷五四，第4、5页。
39 《清太宗实录》卷二八，第39页。
40 《清太宗实录》卷二一，第9页。
41 《满文老档·太祖》（第四十八册），天命八年二月。
42 《清太宗实录》卷十八，第34页。
43 《清太宗实录》卷六二，第10页。
44 《满文老档·太祖》（第四十三册），天命八年正月。
45 《满文老档·太宗》（第四十九册），天聪六年二月初三日。
46 《满文老档·太祖》（第四十八册），天命八年四月。
47 《清太宗实录》卷一，第19页。
48 《清太宗实录》卷六十，第25页。
49 《清太宗实录》卷十，第30页。
50 《满文老档·太祖》（第二十七册），天命六年十月初四日。
51 《清太宗实录》卷三一，第16页。
52 《清太宗实录》卷四，第22页。
53 《满文老档·太祖》（第十册），天命四年六月。
54 《天聪朝臣工奏议》卷上，辽宁大学历史系1980年版，第14页。
55 《天聪朝臣工奏议》卷上，辽宁大学历史系1980年版，第12页。
56 《满文老档·太祖》（第三十四册），天命七年正月二十六日。
57 《清太宗实录》卷十一，第29页。
58 《满文老档·太祖》（第五十六册），天命八年五月。
59 《满文老档·太宗》（第三十三册），崇德元年十一月。
60 《清太宗实录》卷四七，第9—10页。
61 《满文老档》（第四十五册），第411—412页。
62 《清太宗实录》卷七，第3页。
63 《清太宗实录》卷十，第32页。
64 《清太宗实录》卷九，第11页。
65 《清太宗实录》卷十二，第21页。
66 《天聪朝臣工奏议》卷上，辽宁大学历史系1980年版，第20页。
67 《清太宗实录》卷二九，第6页。
68 《清太宗实录》卷三一，第16页。
69 《清太宗实录》卷二八，第2、3页。
70 《满文老档·太祖》（第七十四册），第719—720页。
71 《清太宗实录》卷十二，第35—36页。

72 《满文老档·太宗》崇德元年五月。
73 《清太祖高皇帝实录》卷八,台联国风出版社 1969 年版,第 22 页。
74 《清太宗实录》卷五,第 20 页。
75 《清太宗实录》卷二二,第 14 页。
76 《清太宗实录》卷十六,第 5 页。
77 《清太宗实录》卷二一,第 6 页。
78 《(康熙)大清会典·卷十·吏部八》。
79 《盛京刑部原档》184 号,第 50 页。
80 《盛京刑部原档》190 号,第 63 页。
81 《(康熙)大清会典·卷十·吏部八》。
82 《满文老档·太祖》(第四册),乙卯年十一月。
83 《满文老档·太祖》(第二十一册),天命六年五月初五日。
84 《清太祖武皇帝实录》卷二,乙卯年十一月,故宫博物院 1932 年版,第 9—10 页。
85 《满文老档·太祖》(第三十八册),天命七年三月初一日。
86 《满文老档·太祖》(第四十五册),天命八年二月初七日。
87 《清太宗实录》卷一,第 12 页。
88 《清太宗实录》卷九,第 16 页。
89 《清太宗实录》卷九,第 11 页。
90 《清太宗实录》卷十二,第 22 页。
91 《满文老档·太宗》(第十二册)。
92 《满文老档·太宗》(第十七册),崇德元年六月。
93 《清太宗实录》卷四二,第 23 页。
94 《清太宗实录》卷五六,第 17 页。
95 《满文老档·太宗》(第十二册),崇德元年五月十四日。
96 《清太宗实录》卷三七,第 17 页。
97 《天聪朝臣工奏议》卷上,辽宁大学历史系 1980 年版,第 2 页。
98 《满文老档·太宗》(第五十九册),天聪六年十月十九日。
99 《满文老档·太祖》(第十五册),天命五年六月初四。
100 《天聪朝臣工奏议》卷上,辽宁大学历史系 1980 年版,第 38 页。
101 《清太宗实录》卷一,第 11 页。
102 《清太宗实录》卷二六,第 6—11 页。
103 《满文老档·太祖》(第四十五册),天命八年二月初七日。
104 《清太宗实录》卷三十,第 11 页。
105 《清太宗实录稿本》,辽宁大学历史系 1978 年版,第 12 页。
106 《清太宗实录稿本》,辽宁大学历史系 1978 年版,第 9 页。

107 《清太宗实录》卷二九,第6页。
108 《满文老档·太祖》(第二十一册),天命六年五月初五日。
109 《满文老档·太祖》(第五十八册),天命八年八月二十一日。
110 《清太宗实录》卷十一,第19页。
111 《大清太祖高皇帝圣训》卷四。
112 《天聪朝臣工奏议》卷上,辽宁大学历史系1980年版,第2页。
113 《清太宗实录》卷八,第22页。
114 《清太宗实录》卷六三,第3—4页。
115 《清太宗实录》卷六一,第24页。
116 《满文老档·太祖》(第二十六册),天命六年九月。
117 《清太宗实录》卷九,第14页。
118 《史记·商君列传》。
119 《史记·商君列传》。
120 《韩非子·显学》。
121 《管子·法法》。
122 《韩非子·难三》。
123 《商君书·定分》。
124 《战国策·秦策一》。
125 《慎子·佚文》。
126 《商君书·壹刑》。
127 《史记·商君列传》。
128 《韩非子·有度》。
129 《管子·七法》。
130 《管子·七主七臣》。
131 《韩非子·心度》。
132 《商君书·壹刑》。
133 《管子·法法》。
134 《韩非子·五蠹》。
135 《韩非子·问辩》。
136 《韩非子·定法》。
137 《邓析子·转辞》。
138 《管子·明法》。
139 《韩非子·五蠹》。
140 《韩非子·有度》。
141 《国语·齐语》。

142 《商君书·修权》。
143 《韩非子·六反》。
144 《韩非子·五蠹》。
145 《韩非子·六反》。
146 《礼记·祭统》。
147 《论语·先进》。
148 (清)顾炎武:《日知录·卷十三·周末风俗》。
149 《荀子·性恶》。
150 《荀子·性恶》。
151 《荀子·性恶》。
152 《荀子·成相》。
153 《荀子·修身》。
154 《荀子·劝学》。
155 《荀子·君道》。
156 《荀子·强国》。
157 《荀子·修身》。
158 《荀子·修身》。
159 《荀子·修身》。
160 梁启超:《论立法权》,载《饮冰室文集》。
161 (唐)白居易:《长庆集》卷四八。
162 (清)王夫之:《读通鉴论》卷十。
163 (清)王夫之:《读通鉴论》卷三。
164 《清太宗实录》卷十八,第 13 页。
165 朱璘:《明纪辑略》卷十四。
166 《清三朝实录采要·太宗》卷二,天聪五年七月庚辰。
167 《清太宗实录》卷十一,第 19 页。
168 《天聪朝臣工奏议》卷中,辽宁大学历史系 1980 年版,“请变通《大明会典》设六部通事奏”,第 35 页。
169 《清太宗实录》卷十八,第 13 页。
170 《清史稿·刑法志一》。
171 《清世祖实录》卷七,第 74 页。
172 《清世祖实录》卷七,第 75 页。
173 《清世祖实录》卷八,第 84 页。
174 《清世祖实录》卷八,第 86 页。
175 《清史稿·刑法志一》。

176 张德泽著:《清代国家机关考略》,学苑出版社 2001 年版,第 108 页。

177 《清世祖实录》卷十四,第 126 页。

178 见(清)沈家本:《历代刑法考》附《寄簃文存》卷八《跋·顺治律跋》,中华书局 1985 年版,第 2267 页。

179 《清世祖实录》卷十六,第 143 页。

180 见(清)沈家本:《历代刑法考》附《寄簃文存》卷八《跋·顺治律跋》,中华书局 1985 年版,第 2267 页。

181 参郑秦著:《清代法律制度研究》,中国政法大学出版社 2000 年版,第 17—18 页;王宏治、李建渝:《顺治律补述》,载《法律史学研究》(第一辑),中国政法大学出版社 2004 年版;《大清律附》载王宏治、李建渝点校之《顺治三年奏定律》,黑龙江人民出版社 2002 年版。

182 《大明会典》(万历十五年版)卷一百六十,按语。

183 《御制大清律序》,载王宏治、李建渝点校之《顺治三年奏定律》,黑龙江人民出版社 2002 年版,第 71 页。

184 《清世祖实录》卷三一,第 256 页。

185 《清世祖实录》卷二,顺治十八年三月。

186 《清世祖实录》卷十三,康熙三年八月。

187 《清世祖实录》卷二六,康熙七年八月。

188 《清世祖实录》卷八四,康熙十八年九月。

189 参见《刑部现行则例》卷前奏议,载《中国珍稀法律典籍集成》,丙编第三册所载之《沈家本未刊稿》所附之《刑部现行则例》,科学出版社 1994 年版,第 488 页。

190 参见康熙二十八年八月,刑部尚书图纳等奏疏,载上揭《大清律例通考校注》一书,第 8 页。

191 参见康熙二十八年八月,刑部尚书图纳等奏疏,载上揭《大清律例通考校注》一书,第 9 页。

192 参见康熙三十四年二月,刑部尚书图纳等奏疏,载上揭《大清律例通考校注》一书,第 10 页。

193 此总注为雍正律所吸收,参见《钦定大清律》(雍正三年内府刻本),载《四库未收书辑刊》第一辑,(第二十六册),北京出版社。

194 《清世宗实录》卷三,雍正元年正月。

195 《清史稿·刑法志一》。

196 《清世宗实录》卷八,雍正元年正月。

197 参见雍正五年钦版例“凡例”。

198 参看乾隆五年《大清律例》前傅鼐奏疏。

199 《大清律例通考》卷首,《御制〈大清律例序〉》。

200 《清史稿 · 刑法志》(一)。
201 《大清律例 · 户律》。
202 《大清律例 · 婚律》。
203 《大清律例 · 婚律》。
204 本文所引薛允升考证均见《读例存疑》重刊本,成文出版社有限公司。
205 《东华录》(康熙朝)卷一百。
206 《清世宗实录》卷八三。
207 《东华录》(雍正朝)卷十五。
208 《清高宗实录》卷八。
209 张其勤原稿、吴丰培增辑:《清代藏事奏牍》,中国藏学出版社 1994 年版,第 495 页。
210 《大清律例》卷一九,“私藏应禁军器”条例。
211 《大清律例》卷二〇,“私越冒渡关津”条例。
212 《大清律例》卷三五,“盗贼捕限”条例。
213 《大清会典》卷五。
214 《清高宗实录》卷五二。
215 《大清会典》卷五三。

拾伍 清朝法制历史发展规律管窥之二

一、中国法律近代化的历史必然性

中国法制的历史经过四千多年的发展，至 19 世纪中叶的清朝已经处于不变亦变的艰难形势。中国法制的历史虽然起源早并富有辉煌的经历，但由于农本主义的经济形态和专制主义的政治体制，加上封闭的自然地理环境，使中国法制只有纵向的传承而无横向的交流、比较与吸收，它的确具有独立性、典型性，但由此也带来了孤立性和保守性。至鸦片战争前夜，尽管中国法制已经大大落后于世界先进国家的法制进程，但顽固的统治者却坚持“天不变道亦不变”，“祖宗之法不可变也”。在鸦片战争发生之前，敏感的思想家已经发出了对清朝律例的抨击和改制更法的呐喊。龚自珍说：“天下事无巨细，一束之于不可破之例，则虽以总督之尊，而实不能以行一谋、专一事。”[1]如同使患有“疥癣”，或“疮痏”之人，使之“卧之以独木，缚之以长绳，俾四肢不可以屈伸，则虽甚痒且甚痛，而亦冥心息虑以置之耳”[2]。

包世臣则以其切身经历揭露了清朝司法的黑暗“无非同有非，无罪同有罪”。他愤怒地指斥：“天下无一不犯法之官。”冯桂芬认为清朝的律例是天下大弊之一，更由“任吏挟例”使法制不可言矣。他提出：“旧例旧案无论远近一切毁之，以新例颁发……自今非新例不得援引。”借以克服“任吏挟例”之弊。[3]

魏源虽然没有直接抨击清朝的法制，但他从理论上论证了祖宗之法亦可变也。他说：“天下无数百年不弊之法，无穷极不变之法，无不除弊而能兴利之法，无不易简而能变通之法。”[4]

原文收录于《学思欣录》（张晋藩自选集），首都师范大学出版社 2015 年版。

龚自珍还以“于无声处听惊雷”的诗句表达了清朝面临的危急形势与改制更法的不可延缓。

上述思想家或为大官僚的幕府，或寄身州县小吏，或为封建士大夫，但他们都发出了改制更法的呐喊，说明清朝的封建法制已经临近末路。但是，至于如何改革，思想家们的思路还没有超出封建法制所允许的范围，诸如减少律例，打击胥吏，择人担任司法官等，仍是封建藩篱内的改良措施，没有也不可能找出法律近代化的真正出路，他们的呐喊只是道出了改制更法已是时代的紧迫要求。即使没有 1840 年的鸦片战争，中国的法制也必然会走向近代化之路，这是历史的必然规律，只是时间和路径有所不同而已。

除此之外，封建经济的发展也已将法制的改革推上了历史舞台。自明中叶起，江浙地区已经出现资本主义的萌芽，清朝建立以后推行闭关锁国的政策，顿挫了资本主义萌芽的发展势头；强调以农为本，对抗农商皆本的思潮。但是，经济的发展往往不以统治者的意志为转移。迄至鸦片战争前夜，中国的自然经济已经开始松动，商品经济的价值和商人的地位都得到了法律新的肯定。而且从明中叶以来，经济生活日益活跃，各种经济交往主体地位的平等性日见增强，作为主要财产的土地流转加速，作为交易手段的契约种类日趋复杂；在思想领域也出现了顾炎武、黄宗羲及王夫之等对君主专制主义进行批判的启蒙思想家，形成了对传统理学持批判态度的戴震、汪中、阮元等哲学派别；在社会生活中雇工人、贱民的身份开始上升，工商业者的身份自由逐渐加强，“工商皆本”“农商皆本”的意识开始萌发。这种社会发展趋势在晚清时期得到进一步加强。不仅如此，清中叶后，人口迅速增加，据统计鸦片战争前夕，我国人口已达 4 亿左右。随着人口的迅速增长，社会关系变得复杂化，与“户婚田土钱债”相关的民事纠纷所占的比重逐渐加大，已经不是现有的律例所能调整。人口的增长，经济结构的变化所产生的一系列问题都要求法律作出回应，这是中国法律向近代转型的内部动因。

如果说闭关自守使清朝法制得以维持其固有传统，那么，鸦片战争以后，形势的巨变迅速将法制近代化问题提上了历史日程。

二、西方先进法文化对中国法律近代化的先导作用

法律近代化是一个从传统法律向近代法律的转变过程。在这个过程

中,西方法文化的输入和传播,起着十分重要的作用。

在中国近代史上第一个提倡“睁眼看世界”,了解和引进西方文化的封疆大吏是林则徐。他在广州查禁鸦片期间,为了知己知彼,“日日使人刺探西事,翻译西书,又购其新闻纸”[5]。1836年慕洛著《世界地理大全》刚在伦敦出版,林则徐即委人译成汉文,并以此为基础编成《四洲志》,他还组织翻译瑞士人瓦特尔编著的《万国公法》。鸦片战争后在他被发往伊犁“效力赎罪”的途中,还委托好友魏源完成《海国图志》的编纂。但是,林则徐的先驱者的行为却遭到清廷顽固派的嘲讽和批评,琦善便指责说:“以天朝大吏,终日刺探外洋情事,实有失体统。”[6]

鸦片战争后,西方近代法文化通过传教士、洋幕宾、中国留学生和驻外使节等各种媒体,并借助译书办报纸等方式输入中国。在与中国固有法文化碰撞后发生了激烈的冲突,最终由西方近代法文化取得了优胜地位。

早在公元前二千年左右,中国已成为古代东亚文明的中心。中国法文化历史之悠久,内容之广博,特色之鲜明,遗存之丰富,都堪称世界之最。它不仅影响着与中国相邻的东方国家法律的发展,也对世界法文化宝库作出了自己的贡献。但是,长期占统治地位的农业经济与专制政治的统治所造成的国家封闭状态,也使中华法文化具有保守性和孤立性。不仅如此,秦汉以来中国作为泱泱大国,养成了统治集团妄自尊大的心态,对于外来的文化或有选择的接受或基本上采取排斥的态度,他们沉湎于祖宗的辉煌业绩,陶醉于天朝之大无所不有的现状。清中叶以后,中国已经走上了衰败之路,中国的法律也已失去了自我修正自我发展的能力,而且成为束缚社会和人们思想行为的桎梏。尽管如此,嘉庆皇帝在镇压天理教起义以后,仍然用“祖宗之法”来对抗“嚣然争言改法度”的呼声,并要求官员们进一步“守法奉职”,以强化旧制。

直到19世纪中叶西方法文化输入以前,中国仍然保持着固有的、完整的封建法律体系和宗法伦理性的法律文化。然而,以农业文明为基础的中国传统法文化,与以工商业文明为基础的西方法文化之间有着十分明显的差异,中国传统法文化的历史渊源、文化底蕴、精神实质和价值取向,都不同于西方法文化。中国传统法文化重德礼轻刑罚;重公权轻私权;重家族轻个人;重人治轻法治;重传统轻革新;重本业轻末业,所有这一切构成了中国传统法文化的基本内涵,也是它与西方法文化的主要区别点。因此,二者碰撞后发生激烈冲突是不可避免的。如果说18世纪至19世纪初,欧美等西方资产阶级国家在与中国的法律冲突中,虽对中国法律不满,但也只有承认适用中国法律,至多采取办法脱离中国法律的支配。在鸦片战争前,随着西方各国政治、经济力量的强大,已表现出不服中国封建法律束缚的态度,并将原来的逃避中国法律支配的办法,变为冲破、改变中国法律的行动。鸦片战争以后,西方法文化无所遮拦地传入中国,在与中国固有的法文化碰撞的过程中,发生了激烈的冲突。这是异质法文化相碰撞后的必然结果。

英国人司脱莱克曾经指出:"东方之国家(如中国),其文明程度与西方的基督教国家迥然不同,尤以家族关系与刑事法规及司法等最为差异。"[7]美国人莫尔斯则说:"它(指中国法律)的体系在许多方面与欧洲人公平或正义的观念不相容。"[8]光绪二年(1876年),总税务司赫德在《改善中国法律与政务之条陈》的备忘录中,阐述了中西法文化冲突的一些方面。他说:"外国人保护被控诉的人的方法,是把提出证据的重担,加在控诉人的身上,中国人却要等到犯罪者自己坦白认罪,才宣告有罪或判刑。"又如,外国人对中国人"提出债权的要求,除掉从债务人的家族、朋友或证券方面竭力榨取全数以外,是永不会满足的。而中国人对一个外国人提出债权的要求,就被迫去接受一种宣布债务人破产的判决,因而使债权人一无所获"[9]。中西法文化的差异是客观存在的,冲突也是不可避免的。

随着国情的遽变,先进的中国人从中西法文化的冲突中得到了新的感悟,他们体验到两种异质法文化的优劣,因而致力于促进中国法文化和西方法文化的接轨,推动中国法制近代化的进程。如果说过去的封闭环境,是保全封建法文化的重要条件,随着海禁大开,特别是社会经济结构与阶级结构的巨大变化,使传统的法文化失掉了继续抱残守缺的基础,保守的中国传统法文化,只能逐渐让位给先进的西方法文化,最终开始了中国法文化史上前所未有的历史性变化。这个变化是从师夷变法的法观念的形成开始的。

魏源从富国强兵的愿望出发,明确地提出了"师夷之长技以制夷"的主张。他认为:"不善师外夷者,外夷制之",[10]"欲制外夷者,必先悉夷情始,欲悉夷情者,必先立译馆翻夷书始"。[11]他在《海国图志》序中,鲜明地阐述了著此书的目的,就是"为以夷攻夷而作,为以夷款夷而作,为师夷之长技以制夷而作”[12]。

特别值得提出的是，冯桂芬在《校邠庐抗议》一书中，提出了关于《制洋器议》、《采西学议》、《善驭夷议》和《上海设立同文馆议》的见解，他以面对现实的客观态度，比较了中外的优劣之势，他说：“人无弃材不如夷，地无遗利不如夷，君民不隔不如夷，名实必符不如夷……船坚炮利不如夷。”在这里，冯桂芬已经朦胧地接触到君主专制与西方民主的优劣问题。但是他并没有对西方君民不隔的体制，作进一步地阐述。

他还提出：“法苟不善，虽古先吾斥之；法苟善，虽蛮貊吾师之。”而且他还充满自信地说：“始则师而法之，继则比而齐之，终则驾而上之，自强之道实在乎是。”可见冯桂芬是中国近代史上，第一个明确提出赶上和超过西方的思想家。

对于西方国家“何以小而强，我何以大而弱”的现状，他认为“忌嫉之无益，文饰之不能，勉强之无庸”，重要的是知耻自强。他说：中国“人才健壮未必不如夷”，如果“九州之人，亿万众之心思才力，殚精竭虑于一器，而谓竟无能之者，吾谁欺”。他以自信而又充满紧迫感的认识出发，强调：“中华之聪明智巧，必在诸夷之上，往时特不之用耳。上好下甚，风行响应，当有殊尤异敏出新意于西法之外者……不于此急起乘之，只迓天休命，后悔晚矣。”又说：“不自强而有事，危道也；不自强而无事，幸也，而不能久幸也。”只有自强，才能“有以待之”，立于主动的地位。

他主张师夷不仅是输入器物文化，凡是西方国家的书籍，应“择其有理者译之”，不限于“历算之术，格致之理，制器尚象之法，轮船火器”等。结论就是：“凡有益国计民生者，皆是奇技淫巧不与焉。”他还把眼界放到“神州”以外的世界各国，说：“西人舆图所列，不下百国……诸国同时并域，独能自致富强，岂非相类而易行之尤大彰明较著者?”进而提出了“鉴诸国”的重要命题，也就是学习世界各国“致富强”的经验。

冯桂芬还企图将中国的传统与西方的优长加以联结，提出：“如以中国之伦常名教为原本，辅以诸国富强之术，不更善之善者哉。”这个观点可以说是洋务派的理论先导。洋务派把冯桂芬的“本术论”，发展为“中学为体，西学为用”的“体用论”。即使是维新派也没有完全超出冯桂芬的理论框架，只不过是把侧重点放在体制的改良上而已。

特别值得提出的是，国外归来的中国人对西方法文化的介绍，对中国法制的近代化也产生了理论先导的作用。如王韬,他于1867年至1870年游历了英、法、俄等国,1879年又游历日本。这段经历对于他的改良政治与法制思想的形成具有重要意义。王韬的深刻之处不仅在于他看到了中西方之间的差距,而且进一步考察西方国家强盛的真正原因,他的思考已经深入法律领域中去了。

严复(1853—1921年)于光绪三年(1877年)被派往英国留学。在英期间,严复虽然学习驾驶,但却留意英国的社会制度和资产阶级的社会学说,赞赏英国的君主立宪政体和法律制度。为了救亡图存,严复运用资产阶级的庸俗进化论、天赋人权等学说,来阐发变法图强的主张。光绪二十一年(1895年)他发表了《原强》《僻韩》《救亡决伦》《论事变之亟》等文章,呼吁变法。还翻译了赫胥黎的《天演论》,以"物竞天择,适者生存"的进化论观点,警醒国人救亡图存,成为当时鼓吹变法维新的重要理论根据。百日维新失败后,严复更加致力于翻译工作,先后翻译出亚当斯密的《原富》,孟德斯鸠的《法意》,穆勒的《名学》、《群己权界论》以及斯宾塞的《群学肆言》等著作,使中国的知识界从阅读浅陋的《锫致汇编》《政法类典》等书,进而接触到西方资产阶级社会科学的名著,将学习西学推向系统化和更高的层次。

作为19世纪末中国的理论家,严复一方面运用资产阶级启蒙思想家关于天赋人权、主权在民等理论为武器,抨击封建专制制度,宣传自由是天赋的人权;另一方面,力图借助新学反对旧学,排除变法维新的阻力。严复在翻译孟德斯鸠所著《法意》的按语中,提出了以下重要的思想:(1)宣传三权分立,主张司法机关应与行政机关分离,独立地进行审判。他说:"谓三权分立,而刑权之法庭无上者,法官裁判曲直时,非国中他权所得侵害而已。"[13](2)提倡民权,强调应依法保护天赋人权,尤其是人的自由权。他认为西法优于中法的秘密就在于此。(3)建立新法。他说,自秦以来,中国两千年的法律是"为上而立"的,是专制帝王用来"驱迫束缚其臣民",使臣民"恐怖慑服"的"防奸"手段。他强调,应该为民立法。这样的法律才合乎"天理人情",才是"治国之法",才可以提高民的智、德、力,才能够使君民"上下所为,皆有所束"。(4)法律一经制定,必须切实执行,"法之既立,虽天子不可以不循也"。(5)建立新的法律体系,他赞同孟德斯鸠所说,法律是"治国之经制",新的法律体系应包括宪法、民法、刑法、国际法等。

从西方法文化进入中国士大夫的视野之内起，极大地改变了他们的观念。无论地方或朝廷都出现了认同西方法律文明的官僚，有人甚至进入了重要权力的核心。这一切都为晚清政府开展修律进而启动中国法律近代化提供了内在的条件。随着近代中国社会自身发展所形成的经济商品化以及政治与思想一定程度的开放，也对中国法律近代化发挥了推动作用。

综括上述，1840年鸦片战争以后，西方法文化的输入是一个不可阻挡的历史潮流，而中国国情的剧变也使先进的中国人开始用全新的角度审视西方的法文化；逐渐由被动，即出于富国强兵，摆脱民族危机的需要而吸收西方法文化，转向自觉地，即认识到西方法文化优胜于中国传统法文化，是建设民主体制的保证，而主动吸收西方法文化。这个由被动到自觉的过程，具体表现为从器物层面入手，进而触及制度层面，最终深入文化层面。可见西方法文化的输入，为传统法制的转型提供了理论导向。

1840年的鸦片战争对于晚清时代的中国是不幸的，给中华民族带来了长时期的灾难，但由此破坏了万马齐喑的沉闷气氛，极大地震撼着传统的法文化，使中国的法制改革有可能摆脱超越旧窠臼，走上一条前所未有的近代化的路径。

三、中国法律近代化进程中的西方化路径

鸦片战争以后，西方的资产阶级法文化通过各种渠道输入中国，震撼着维系了几千年的中国传统法文化。西方法文化中的正义、自由、权利、平等、法治、分权制衡、主体意识、权利本位、注重人格、罪刑法定等，逐渐成为中国人寻求的价值目标和中国法律急于充实和修正的部分。面对先进的西方法文化的冲击与挑战，中国传统的法文化处于一种不变亦变的境地，中国法律的近代化正是被一种异己的法文化所推动的。

西方法文化在中国的传播，使中国人看到了传统法律的不合于时，也看到了西方法制文明所展现出的时代先进性。根据文化交流择优而从的规律，近代中国必然要以先进的西方法文化作为其法制改革的参照物，进而实现中国法制向近代化的转型，从而揭开中国法制文明的新的一页。

从近代中国法律发展的历史进程来看，由于法、德等大陆法系国家的西方法制逐渐成为近代中国法律改革的模式，由此，中国的法律近代化沿着西方化的路径展开，这是由当时的历史条件所决定的。但是，从人类法

律近代化的全过程来看,任何国家和民族都不可能始终以外来的法文化标准作为本国法制发展的导向。因此,研究中国法律近代化的全过程,需要廓清法律近代化与西方化的关系。

首先,中国法律近代化是一个长期发展的历史过程,不能将其中某个阶段呈现出的特征抽象为法律近代化全部历史进程的本质概括。如前所述,法律近代化是一个由传统法律向近代法律的转型过程,是在法律领域的一场历史巨变。代表传统法律的势力不会甘心于其既得利益的丧失,这就会使法律近代化进程中出现一个长期的乃至反复的新旧势力之间此消彼长的斗争;同时,法律近代化始终会受到社会经济、政治和思想文化发展的影响,这种影响和制约因素的多样化和发展水平决定了法律近代化既是一个复杂、迂回曲折的发展过程,也必然呈现出阶段性的特点。所以研究任何一个国家的法律近代化时,必须从其社会和法制发展的总体趋势和本质特点来把握,不能以偏概全,用某个阶段的特点替代整个进程的总体形态。譬如,晚清时期中国法律近代化几乎等同于西方化,但我们不能以此为据就将中国法律近代化的整个过程等同为西方化。

其次,中国法律近代化的外源性特征决定了这一历史进程之始不可避免地呈现出一定程度的西方化形态。现代理论将世界各国的近代化道路划分成两个类别,即内源的近代化和外源的近代化[14]。如果说西欧国家法律的近代化是内源性道路的典型,那么中国法律的近代化则属于外源性道路的类型。由于古代中国的调控机制呈现出重教化、轻刑罚;重公权、轻私权;重家族、轻个人;重伦理、轻是非;重和谐、轻讼争等特点,这样的法律价值取向与近代法制的标志性因素——如法治、权利、律师制度等是背道而驰的。因此,按照法律近代化的理论逻辑,要实现中国法律的近代化,就必须按照近代法制的基本标准来开展本国的法律改革;而由于本国传统法文化中近代法制文明要素的阙如,也就只能从已基本实现法律近代化并有成功经验的西方社会中引入。这是中国法律近代化之始呈现出一定程度的西方化的根本原因。

综观清政府“参酌各国法律”“务期中外通行”[15]的变法谕令,以及沈家本“折冲樽俎,模范列强”[16]的修律主张等,所表达的都是同样的西方化的法律近代化路径。

这样的路径必然表现在修律的实际成果当中。以民法为例,1911 年完成的《大清民律草案》不仅采纳了当时最先进的潘德克顿法典编纂体例，还采用了来自大陆法系的权利能力、行为能力、亲权、债权、所有权等民法概念，引进了诚实信用、契约自由、过失责任等近代民法的基本原则，建立了法人、时效等西方民法的主要制度，真正贯彻了法典制定者所提出的“注重世界最普遍之法则，原本后出最精确之法理，求最适合中国民情之法，期于改进上最有利益之法”的编纂指导思想。再以刑法为例，1911 年制定完成并予以颁布的《大清新刑律》，采用了西方资产阶级刑法的总则与分则两编的体例，引进了近代资产阶级的罪刑法定、死刑惟一等刑法原则，吸收了诸如未遂、共犯、自首、累犯、刑事责任能力、行刑权等西方刑法概念，并仿照西方刑事法制建立了正当防卫、紧急避险、缓刑、假释及主刑和从刑相协调的刑种体制等刑法制度。总之，经由沈家本、伍廷芳、俞廉三等人的不懈努力，终于在中国建立起近代的法律体系和制度，在中国法律近代化的征程中，迈出了重要的步伐。

晚清政府以西方化为主导方向的修律活动，为中国以后阶段的法律近代化提供了丰富的经验和教训。经验就是，必须按照近现代法制文明的基本标准来开展本国的法制建设，追求法制的先进性，只有这样才能走上法律近代化的道路；教训则是，在采纳西方先进法制文明因素的同时，必须对本国的法律传统持分析批判的态度，吸取其符合国情、民情的合理部分，纳入新建立的法律体系之中，为新的法律制度提供深厚的社会土壤和法文化支持。

再次，晚清法制近代化虽然是外源性的，以西方的法律文化为主导，但由于国情的特殊性也具有不同于西方法律近代化的特点。无论途径、方式、方法与价值取向都有很大的不同。西方资产阶级革命胜利以后，在启蒙思想家关于民主、法治、三权分立学说的指导下，通过国家立法形式确认已有的制度和规范，在法律近代化过程中始终是围绕如何处理权力与权利的关系，以实现最大限度的民主与法治。这种价值取向显然与争取救亡图存、富国强兵的中国是完全不同的，这是由国情决定的。晚清时期，外源性的法制近代化是特定的历史阶段的产物，但是放眼中国法律近代化的未来，随着国情的变化，必然会超脱西方化的藩篱，实现中华法制文明的伟大复兴。

最后，中国传统法律虽然缺乏诸如宪政、法治、权利等近现代法律文明的因素,但不能因此而忽视乃至否认中国传统法律中存在对近代法律文明有积极意义的合理内核。以近代刑法中的罪刑法定原则为例,虽然直到沈家本主持修订的《大清新刑律》中才正式以成文法的形式明确规定下来,但这一体现民主性精华的法制文明要素早在公元3世纪西晋时就得到三公尚书刘颂的强调,他曾提出,"律法断罪,皆当以法律令正文,若无正文,依附名例断之,其正文名例所不及,皆不论"[17]。《唐律疏议》则将援法断罪的原则用法律条文的形式予以固定下来,"诸断罪皆须具引律令格式正文,违者,笞三十"。这个中国古代法制文明的最有价值的部分,赢得了世界的高度评价。日本著名的法制史学者仁井田陞指出:"与欧洲近代刑法理论(罪刑法定主义)类似的观点,中国在一千多年前的3世纪就已原则地叙述过,而且还完善地体现到了法规之中。"其他的如礼法互补明刑弼教;德治与法治综合治理,法理情三者的统一;重视人命,对社会弱势群体的"恤刑";人与社会、人与自然的和谐;制定法与判例法互相配合等,不仅具有对中国社会的适应性,也闪耀着时代先进性的光芒。它们不仅是民族的,也是世界的。发掘这些闪耀着人类法制文明光芒的法律遗产,是我们开展近代化法制建设的一项重要任务。

总之,中国的法律近代化从西方法律文明中吸取先进性的因素,在晚清特定历史条件下是不可避免的,是合理的选择。但是法律近代化的根本在于法律的本土化,只有立足于本国的国情和民情,尊重本民族的法律传统,注重发掘其中民主性的因素并将其纳入新建立起的法律制度之中,才能超脱法律近代化进程中西方化的藩篱,实现立足国情、传承与创新的近代化法律建设目标。

四、中国法律近代化的历史借鉴

无论是从人类法制文明的历史趋势去推演,还是从中国近代社会所面临的内外挑战来考察,中国法律的近代化都是一个不以人的意志为转移的客观历史进程。尽管有晚清政府内部顽固派对变法修律的抵制和北洋政府公开打出"尊孔"和"复古"旗帜[18]的倒行逆施,但中国法律的近代化还是在不断前进。当我们回顾这段历史,探寻这一不可逆转的法律发展历程中的规律之时,以下几点是值得借鉴的:

第一,中国法律近代化只能在开放的政治环境中进行。如前所述,法律近代化是一个由传统法律向近代法律转变的历史过程,作为总体上属于外源性法制近代化模式的中国,要想完成这一历史任务,所要经历的变革的广度和深度是以往任何一次变法所不及的,中国法律近代化所包含的不仅是立法的创新和司法的改良,更涉及法律价值观的改变、法律思维方式的转换,这些在封闭的中国是无法实现的。

鸦片战争爆发以后,清朝政府被迫改变了闭关锁国的政策,在政治开放的同时思想的开放也展现出勃勃生机。为了挽救民族危亡,实现富国强兵的梦想,爱国的仁人志士开始尝试着用新的思维方式去观察,探求救亡图存的强国之路。从闭关锁国到“博缉中外”[19],中国法律终于迈上了近代化的道路。在这个发展历程中,最为重要的是开放的政治环境。因为法律的近代化是一个横向交流的过程。首先必须有外来法文化的输入,否则无从了解外来法律文明的总体样态,进而比较和鉴别中外法律文明的合理性,为法律近代化提供参照物。同样,开放的政治环境使人们逐渐形成对中外法律文明的平等心态,既不妄自尊大,也不妄自菲薄,冷静地以先进性和社会适应性的标准进行选择,实现两种法律文明的融合。由此可见,没有开放的政治环境,便不会有西方法律文明的引进,也不会有中西法文化的交流、比较与吸收,也就不会理性地思考和选择中国法律近代化的路径。

第二,中国法律近代化与政治体制的近代化紧密相关。法律近代化不是一个孤立的历史发展现象,它与政治、经济和思想观念的近代化紧密相连。特别是政治体制的改革进步对于法律近代化有十分重要的影响,或者说,法律近代化离不开政治体制改革进步的推进和巩固,这已经被历史的经验所证实。例如法国,尽管近代法制的萌芽早在中世纪时就已经显现,但只有当资产阶级革命取得了胜利,资产阶级掌握了政权,才产生了诸如《法国民法典》《法国刑法典》等著名的成文法典,使法律近代化的成果得以巩固。

在通过内源性道路而建成近代化法制的欧美国家中,政治体制的作用主要表现为对法律近代化的成果予以确认;但对于中国这样一个不发达的国家,要想迅速实现法律的近代化,就必须获得政治制度对这一历史进程启动的推进和保证作用。

如前所述,中国的法律近代化是在列强环逼的形势下开展的,在这样的形势下,要想救亡图存乃至实现中华民族复兴的改革,必须有一个强有力的政治制度发挥组织和动员作用，这个政治制度显然不能是固守传统的专制政府。1901 年义和团运动以后，以慈禧为首的清政府已无法照旧统治下去了，被迫于 1901 年 1 月下诏变法，宣称“世有万古不易之常经，无一成罔变之治法”，承认“法久则弊，法弊则更”[20]的变法思维的合理性。1905 年以后又宣称“时处今日，惟有及时详晰甄核，仿行宪政……以立国家万年有道之基”[21]，从而正式揭开了仿行宪政的序幕。在随后开展的预备立宪期间，清政府对中央官制进行了改革，建立了咨议局和资政院，召开了咨议局和资政院的常年会，颁布了《钦定宪法大纲》和《重大信条十九条》。尽管这种政治体制的改良在广度和深度上还很有限，但它意味着传统的以皇权神圣为理论基础的君主专制主义政治体制开始变化。这一政治体制上的变革是至关重要的。它不仅为晚清修律提供了政治和组织保证，而且也为修律活动提供了合理性的论证平台，沈家本就宣称修律为“预备立宪之要著”。可见，晚清修律的开展，中国法律近代化进程的启动，前提条件就是政治体制的改良与进步。而与此形成鲜明对照的是 1898 年的戊戌维新，在 103 天的时间里，光绪皇帝颁布了 110 条之多的法令，内容涉及政治、经济、军事和文化教育等各个方面，但由于整个政治体制仍旧处于保守顽固势力的控制之下，这些法令实际是一纸空文。正如西方学者所评论的，“维新运动的失败说明了一个事实，即它不仅仅暴露了中国的政治制度对于全面改革的惊人无能，而且也反映出政治领导是多么没有能力使制度恢复生气和经受中国危机时代所必需的自我改造”[22]。百日维新之所以未能启动中国法律近代化，其主要原因在于缺乏政治制度的支持。

第三，中国法律近代化必须注重理论的先导作用。伟大的实践总是需要科学理论的指导。由于法律近代化是人类社会在法律领域发生的一场巨大变革，它不仅导致法律制度的转换，还会引起法律观念的更新和法律思维方式的转变，这场变革的深远性是历史上所有的法律改革所没有的，其复杂性和涉及范围的广度也是以前的法律改革所未曾遇到的。因此必须有科学的理论对这一伟大的法律改革运动进行论证，进而提供理论指导，使法律近代化得以实现既定的目标。尤其是在中国这样以外源性路径开始法律近代化的国家，在其法制建设过程中，法制理论的作用更为突出。中国法律近代化是在面临着西方法制文明挑战的情境下开始的，这样的社会背景就意味着法律近代化将会在多重而且异常复杂的矛盾冲突中展开。

这就需要一套正确认识这些矛盾并能提供正确解决方案的科学理论，既能对法律近代化的目标进行论证，又能指导法律近代化道路的探索。事实上，如果没有晚清以来康有为、梁启超、严复、孙中山、章太炎等人所宣传和运用的资产阶级政治法律理论，西方法制文明是不可能进入晚清统治者的视野的，也就不会引导晚清修律朝向近代化方向发展。

即便是在中华民国政府的近代化法制建设过程中，理论的先导性作用仍然是很突出的，只不过这时的理论不完全是对西方法制理论的介绍和解释，而是更加结合了中国当时的社会发展和法制状况。譬如在制定《中华民国民法》的过程中，立法者从社会本位、民族本位和国家本位的立法理论出发进行分析，强调法律制度应当以保障社会公共利益为基础，对西方资产阶级的三大私法原则进行了限制，使新的立法理论更具有中国特色，更适合当时中国民事法律关系发展的现实情形。

第四，中国法律的近代化与发挥掌握新思想的人的作用密不可分。法律近代化既是指法律制度的近代化，也包括法律观念的近代化，这两个方面都离不开掌握新思想的人的作用。现代性的法律制度需要掌握新思想的精英人物来论证和设计，需要他们去运用和执行。中外法制建设的实践已经证明，制度的先进性必须伴以先进的观念为思想支持。只有广大民众拥有先进的法律观念，先进的制度才有可能得到人们的自觉遵守，制度规范的效益才能得到最大的发挥。而在培养民众先进的法律观念方面，掌握新思想的人的作用异常重要，因为民众先进法律观念的培养和灌输需要他们来进行宣传和以自己的行动影响社会大众，借以确立人们对新制度的信任和信仰。

从中国的实际来看，掌握新思想的人不仅设计和执行先进的制度以及宣传新的先进法律观念和发动民众树立对新的法律制度的信任，而且还抨击旧的法律制度和观念的不合理之处，介绍并引进先进的法律制度和观念，论证这些先进的法律制度和观念与中国社会现实国情和民情的适应性，减少新旧制度之间的取代和融合所带来的社会震动，以最小的代价推动法律近代化的前进。

正是意识到中国法律的发展需要众多的掌握新思想的人物发挥这种调适作用，所以对法律人才的培养始终是中国近代法律建设的重要环节。在晚清修律过程中，主持者除了将重点放在删改旧法、制定新法之外，还特别重视用新的先进的法律理论和技术来教育和培养法律人才。为此,经过沈家本等人的积极努力,不仅建立了法律学堂,还派员出国考察进修,聘请外国法学家来中国讲学,用先进的法律知识和观念来武装中国法律建设的后备力量,在这一期间经由法律学堂所培养的近千名法律专门人才,成为中华民国政府继续推进法律近代化历程的骨干力量。

第五,中国法律近代化过程中必须处理好法律移植与法律本土化之间的关系。对于一个以外源性道路开始法律近代化的国家来说,实现从传统法制向现代法制的转变,其中最便捷也是必须的环节就是法律移植。中国法制的近代化进程就是从法律移植开始的,而且在以后的法律发展过程中,法律移植依然在法制建设中占据了较大的比重,发挥了重要的作用。晚清时期,新修之律或者全部用西方的法律来补充现有法律中所缺乏的内容,或者用源于西方的法律来取代现有法律中落后的或与时代不相适宜的部分。前者的典型是商法,后者的典型是刑法。经过全方位的法律移植,晚清政府仿照大陆法系建立了较为完整的近代法律体系,基本确定了中国法律近代化的基本走向,确立了中国近代法律的总体架构。其后的民国政府则继续沿着晚清时期开创的通过法律移植的方式改革传统法律,建立新的法律体系。

应该说,法律移植迅速弥补了中国近代法律上的空缺,可以尽快改变在制度层面上中国法律落后与保守的尴尬局面,消除了中国在处理新社会关系之时因存在法律漏洞而束手无策的不利局面,也为在民众中传播新的法律观念提供了文本依据。从这个意义上说,法律移植对于中国法律近代化发挥了不断推进的作用。但我们还应当看到,法律移植对于法律近代化的贡献是有一定限度的。因为法律移植只是一种引进外来的法律制度并将其成文化、或依据引进的文本而设立某些组织的法律建设活动。要想使其完全发挥对法律近代化的促进作用,还有一个最为关键的问题,就是如何将引进的法律制度和原则与本国现有的制度和原则相融合,共同发挥整体效应的问题。这个问题的背后就是如何实现法律移植与法律本土化之间协调关系。

法律的本土化,不仅是指要使引进的法律与中国的现实国情和民情相协调,更主要的应当是在保持引进的法律本身的先进性的前提下,将其改造或设计成适合中国现实社会需要的形式,以获得最大程度的社会调整效能,并在此基础上生长出新的制度和原则。这在中外法律史上不乏成功的范例,如源于法兰克王国的咨审调查技术被诺曼人引进英格兰以后,便发展演变成了陪审制度。当然,中国法律近代化进程中也有失败的尝试。其中较为典型的就是晚清时期仓促制定的《破产律》。清政府为了适应稳定经济秩序的需要,在没有充分考虑到中国现实国情的情形下,冒然仿照日本的相关法律而制定了《破产律》。但由于当时的中国经济运行中还没有建立起与《破产律》相适应的企业运行机制,颁行不久就因上海钱业大亨之请而暂缓施行,次年,农工商部又奏请重新统筹编纂,遂使该法实际上被束之高阁,成为虚文。其结果不仅造成了极大的浪费,而且影响了法律的稳定性,损害了立法的权威。

正反两面的经验和教训告诉我们,被移植来的西方法律文明,只有扎入中国的文化土壤,得以积淀下来,进而成为本民族法文化的一部分,才是成功的移植。

总括上述,中国法制由传统向近代转型,历时半个世纪,其间既有慷慨悲歌、从容就义的"君子",也有矢志不移、愈挫愈勇的斗士。抚今追昔,回顾中国法制发展的这段特殊历史进程,不禁感慨系之。尽管中国的法律近代化外受帝国主义的排挤和干扰,内有顽固守旧派的抵制和阻挠,但勇敢的中国人怀着救国救民、实现中华民族复兴的神圣使命感,披荆斩棘,矢志不移地推进着这个伟大的历史进程,使传统的中华法制文明与西方先进的法制文明实现了双向、互动的交流和融合。

从历史发展的角度考察中国法制的近代化,可以看出有其阶段性和相应的时代特点。正像人类社会的发展,不断由低级向高级永无停息一样,法制的发展也是如此。在全人类进入大同世界、国家消亡之前,它的前进步伐是不停歇的,因此可以说,法制的近代化,只有其发展的阶段性,而没有终结。正像晚清开启的法制近代化为新中国人民民主的法制所取代,由此而展开了一个新的法制近代化的历程一样,今天的中国,也在向着更高的社会主义法治国家的目标迈进。

注释

1 《龚自珍全集》,《明良论四》。

2 《龚自珍全集》,《明良论四》。

3 《校邠庐抗议》,《省则例议》。

4 《默觚・治篇五》,《魏源集》(上册)。

5 魏源:《道光洋艘征抚记》。

6 《洋艘征抚记》,《魏源集》。

7 转引自强磊:《论清代涉外案件的司法管辖》,辽宁大学出版社 1991 年版,第 184 页。

8 H. B. Morse, Chroniches of the East India company to China, (Oxford), 转引自高道蕴等编:《美国学者论中国法律传统》,第 450 页。

9 赫德:《改善中国法律与政力之条陈》,转引自王健编:《西学东渐——外国人与中国法的近代变革》,中国政法大学出版社 2001 年版,第 26 页。

10 《海国图志》卷二《大西洋欧罗巴洲各国总叙》。

11 《海国图志》卷二《筹海篇三》。

12 《海国图志・序》。

13 严复译:《法意》第十九卷,商务印书馆 1930 年版。

14 罗荣渠:《现代化新论》,北京大学出版社 1993 年版。

15 《大清光绪新法令》(第一册)。

16 《奏请编定现行刑律以立推行新律基础折》,载《清末筹备立宪档案史料》,中华书局 1979 年版,第 852 页。

17 《晋书・刑法志》。

18 如 1914 年颁布实施的《暂行新刑律补充条例》就是以原世凯提出的"以礼教号召天下,重典协服人心"为指导思想的,因而加强了对伦常、礼教稚序的维护,进一步明确了尊卑长幼亲疏男女的等级身份在定罪量刑中的重要性;1915 年法律编纂委员会完成的《刑法第一次修正案》也将"礼俗立法"确定为立法宗旨。

19 沈家本:《重刻明律序》、《寄簃文存》。

20 《光绪朝东华录》,第 4655 页。

21 《光绪朝东华录》,第 5563 页。

22 费正清等编:《剑桥中国晚清史》(下册),中国社会科学出版社 1993 年版,第 371 页。

拾陆 晚清制定民法典的始末及史鉴意义

当前我国的民事立法已进入法典化的历史新阶段,这是关系到人民生活、经济发展、社会稳定和国家富强的一件大事,也是法律体系不断完善的重要标志。多年以来人们企盼中国能够有一部本土化的特点鲜明、先进性的民法典,现在这种企盼即将成为现实,自然心潮澎湃,热情关注。古人说"观今宜见古,无古不成今",本文就是依循这一目的而撰写的。

晚清预备立宪期间修订的《大清民律草案》,是中国历史上第一部独立的民事立法,它是由特定的时代所产生的,也是中国法制近代化的重要成果。为制定晚清民法,掀起了广泛的社会舆论,提出了前所未有的指导与编写的原则,组织了民事习惯法的调查,初步整合了西方民法文化与中国固有民法文化,创造了新的仿大陆法系的体制与结构,同时还制定了与民法有着固有联系的商业单行法与商律。由于晚清去今不远,它所提供的历史经验与教训,可以供当代立法者千虑之一得。

一、晚清修订民律的舆论准备

1900年义和团运动以后,清朝已经不能再照旧统治下去了。以慈禧太后为首的统治集团,在充满危机的氛围中,寻找自救的出路,被迫宣布"变通政治",以维持风雨飘摇中的专制王朝。为此成立了"督办政务处"作为总理新政的机关。如果说"变通政治"是晚清政治体制改革的开场锣鼓,那么1905年宣布预备立宪以后进行的官制改革、修订法律,建立谘议

原文发表于《法律科学》2018年第4期。

局、资政院才具有实际的意义。

1905年在全国迫切要求实行宪政的背景下，清朝统治集团在“皇位永固，外患渐轻……内乱可弭”的劝诱下宣布实行预备立宪。与此同时，修订新律也提上了议程。时任修订法律大臣的沈家本便以编纂新法典“实预备立宪之要著”，[1]向清廷陈词。他举日本为例，说明宪政与修律的关系，“日本明治维新，亦以改律为基础……卒至民风丕变，国势骎骎日盛，今且为亚东之强国矣”[2]。

晚清修律除回应预备立宪外，另一个深层次的原因是企图借此收回外国侵略者攫取的中国司法主权。光绪二十八年（1902年）八月，吕海寰、盛宣怀与英国商约大臣马凯，在上海续议的通商行船条约中，特别规定，“中国深欲整顿本国律例，以期与各西国律例改同一律，英国允愿尽力协助以成此举。一俟查悉中国律例情形及其审断办法，及一切相关事宜皆臻妥善，英国即先弃其治外法权”[3]。稍后，在与美、日、葡等国修订的商约中，也将类似条款列入条约，表明列强对清朝修订法律的支持。尽管这个许诺出于帝国主义的利益考虑，是虚假的允诺，但却刺激了清朝修律的热情。以沈家本为首的修订法律馆的官员们，之所以以极大的积极性投入修律工作，其动力主要就是期望通过修律，收回治外法权。当时只有张之洞从与列强的交涉经验中，体会到治外法权之能否收回，关键“视国家兵力之强弱，战守之成效以为从违，”[4]不能专恃法律。

在晚清修订的法律中《大清民律草案》是中国历史上第一部独立专门起草的民事法律，它将近代西方的民法原则与中国固有的民法与习惯结合在一起，具有鲜明的时代特征与中国特色。为了修订民法草案，清朝朝野都进行了充分的舆论准备。

19世纪末20世纪初，资本主义性质的民族工商企业，已经在经济生活中占有一定的地位。由此而形成的遍及城乡的、复杂的财产关系，已经不是原有的零散残缺的民法渊源所能调整的，因而迫切要求制订新的民事法律。资本主义生产关系的发展，也带动了阶级结构的新变化，出现了近代资产阶级和无产阶级，他们在民事法律关系上处于平等的主体地位。原来的广大农民、手工业工人、中小商人，也在社会的激烈变动中，涌入商品经济的大潮，并在摆脱对地主、坊主、行帮主的人身依附关系的斗争中，争得了更多的民事主体的平等权利。即使是曾经处于社会底层的奴婢和贱民,也强烈地要求对他们的人身关系和财产关系给予法律保护,调整中国传统的身份法的观念和制度。

此外,西方私法文化的输入,也使开明的官僚和士大夫的法观念发生了变化。他们抛弃了重刑轻民的传统认识,力求打破沿袭两千余年的"诸法合体、民刑不分"的法典编纂体例。维新派的领袖康有为最早提出制定民法的建议,他在光绪二十四年(1898 年)《上清帝第六书》,通称《应诏统筹全局折》中,明确提出制定:"民法、民律、商法、市则、舶则、讼律、军律、国际公法。"[5]虽然康有为对于民法、民律的概念缺乏科学的界定,但他把制定民法作为维新变法的一个重要环节提出是颇具创新意识的。数年以后制定民法的问题已由清廷相关部院和大员们相继提出,成为一种时尚的舆论。

光绪三十三年五月(1907 年 6 月),民政部奏请速定民律,理由如下:"查东西各国法律,有公法私法之分。公法者,定国家与人民之关系,即刑法之类是也;私法者,定人民与人民之关系,即民法之类是也。二者相因,不可偏废……民法所以防争伪于未然之先,治忽所关,尤为切要。各国民法编制各殊,而要旨闳纲,大略相似。举其犖犖大者,如物权法定财产之主权,债权法坚交际之信义,亲族法明伦类之关系,相续法杜继承之纷争,靡不缕晰条分,著为定律。临事有率由之准,判决无疑似之文,政通民和,职由于此。中国律例,民刑不分,而民法之称,见于尚书孔传。历代律文,户婚诸条,实近民法,然皆缺焉不完,……窃以为推行民政,澈究本原,尤必速定民律,而后良法美意,乃得以挈领提纲,不至无所措手。拟请饬下修律大臣斟酌中土人情政俗,参照各国政法,厘定民律。会同臣部奏准颁行,实为图治之要。"[6]这个奏折首先介绍了西方国家民法与刑法虽然调整的对象不同,但都同等重要,"不可偏废"。其次,阐明了中国古代律例"民刑不分",固有民法"缺焉不完"的本质。最后,建议速定民法"治忽所关,尤为切要"。结尾处再次强调颁行民法"实为图治之要"。此折奏准,"如所议行",遂即开始民法的修订工作。

光绪三十三年五月初一日(1907 年 6 月 11 日),大理院正卿张仁黼在《奏修订法律请派大臣会订折》中,从法律性质不可不辨的角度,论证了制订民法的重要性。他说:"中国法律,惟刑法一种,而户婚、田土事项,亦列入刑法之中,是法律既不完备,而刑法与民法不分,尤为外人所指摘。故修订法律,必以研究法律性质之区别为第一义。”[7]他认为民法是调整“人与人之关系”,属“私法”范畴。故制订民法可使“小民争端……得其平,则争端可息,不致酿为刑事”。所以“现今各国皆注重民法,谓民法之范围愈大,则刑法之范围愈小,良有以也”。[8]他强调“一国之法律,必合乎一国之民情风俗”。并举日本民法为例说:“民法五编,除物权、债权、财产三编,采用西国私法之规定外,其亲族、相续二编,皆从本国旧俗。”因此,修定新法“必以保全国粹为重,而后参以各国之法,补其不足。此则以支那法系为主,而辅之以罗马、日耳曼诸法系之宗旨也”。[9]此折不仅宣告了民法的结构,而且预示了中国的民法属于大陆法系系统。

光绪三十三年七月二十六日(1907年9月3日),曾经响应新政、起草名噪一时的《江楚汇奏变法折》的张之洞在《遵旨核议新编刑事民事诉讼法折》中,也阐述了编定独立民法的主张。他说:“民法一项,尤为法律主要,与刑法并行。盖东西诸国法律,皆分类编定,中国合各项法律为一编,是以参伍错综,委曲繁重。今日修改法律,自应博采东西诸国律法,详加参酌,从速厘订,而仍求合于国家政教大纲,方为妥善办法。”[10]

光绪三十三年九月初五日(1907年10月11日),宪政编查馆大臣奕劻等在《奏议覆修订法律办法折》中,提出:“拟请仿照各国办法,除刑法一门,……不日告成外,应以编纂民法、商法、民事诉讼法、刑事诉讼法诸法典及附属法为主,以三年为限,所有上列各项草案,一律告成。”[11]

同年十月,修订法律大臣沈家本,为了完成三年内制订民法、商法、民事诉讼法、刑事诉讼法的任务,奏请:“一面广购各国最新法典及参考各书,多致译材,分任翻译;一面派员确查各国现行法制,并不惜重赀,延聘外国法律专家,随时谘问,调查明澈,再体察中国情形,斟酌编辑,方能融会贯通,一无扞格。”[12]民律草案总则、物权、债权三编便是由日本法学士松冈义正起草的。

同年十一月,沈家本鉴于“民商各法,意在区别凡人之权利义务,而尽纳于轨物之中,本末洪纤,条理至密,非如昔之言立法者,仅设禁以防民,其事尚简也”。因此,奏上《修订法律馆办事章程》,于“开馆之初,公同商酌,拟设二科,第一科掌民律、商律之调查起草,第二科掌刑事诉讼律、民事诉讼律之调查起草”。[13]从而表明了修订法律馆的主要工作方向。由于修订法律馆“广罗英彦”,不仅调进江庸、王宠惠、丁士源、陈策、朱献文等留学各国的优秀人才，而且聘请了日本法律专家担任顾问或充当起草人。这些举措使修订法律馆不仅完成了修订民律草案的工作，而且成为当时中国民法的研究中心。

除清廷主管其事的官僚力主制订民法外，社会舆论方面也广为呼应。光绪三十二年(1906年)，《时报》发表《论改良法律所应注意之事》一文，提出："我国自昔所谓法律，不过听君主之意旨，为官吏所把持，其于法律之意义，本不完全，是直不可以言法律，……故今日之立法，非沿袭也，实创制也。"进而论证了法律虽然分析多门，"然大别之，实民法、刑法两项，其余皆从此而生，而法律之精神，实亦即寄于此"。特别指出，在专制制度下，"人民与人民之交涉，视之殆无足轻重。自民法独立，别与刑法分驰，然后人民之权利，日益尊重"。不仅如此，该文还就立法修律"宜有次第、宜缓公布、宜求实行、宜有准备、宜与他政事联络、宜求机关之统一"，发表了意见。在宜有次第的意见中，阐明了民法与宪法、商法、民诉法的立法次第问题："然民法又原于宪法，宪法未立，又几无民法之可言。故必次第分明，然后下手不至错乱，得收相维之益。""今者民法未立，而商法先颁，民事刑事诉讼法又继出焉"，这是"本末倒置……不可不首先注意者也"[14]。

以上概述了晚清起草民法时朝野上下掀起的舆论准备，从政治、经济、外交各个方面论证了起草民法为"图治之要"。这不是偶然的，当时已经海禁大开，中国和世界发生了密切的联系，已经不可能再固步自封，自绝于世界之外。在这样的历史背景下，起草民法才成为可能。正是在东西方进步的法文化的启发下，才形成了必须制订民法方可适应时代的需要，有效地推动社会经济的发展，调整财产关系和人身关系的共识。并且总结性地批判了传统法律诸法合体、民刑不分造成的"责任错综，委曲繁重"的缺陷。他们还论证了新制定的民法应该既博采东西诸国法，又合于本国的政教大纲，这本属正确的立法原则，但在当时中国的国情背景下，民法起草是不可能跳出"引进西法，稍变成法"的藩篱的。以致亲属编和继承编，便由修订法律馆汇通礼学馆起草，依然充斥着维护亲权的一些内容。

在起草民法草案时，时任清同文馆化学教习的法国人毕利干(Anatole Adrien Billequin)翻译的《法国律例》中，将《法国民法典》译为《法国民律》。因此，修订法律馆起草民法时，采用"民律"一词，称为《大清民律草案》。

二、制定民律的指导原则

晚清主持或参与修律的大臣,对于世界发展的态势已有了较为明晰的认识。如,法部尚书戴鸿慈等在《奏拟修订法律办法折》中便指出:“方今世界文明日进,法律之发达,已将造乎其极,有趋于世界统一之观。”[15]俞廉三等在奏折中也提出:“瀛海交通,于今为盛。”也就是清朝所面对的当今世界,是一个开放、交流的世界,是文化既冲突又融合的世界,同时又是充满竞争的世界,“凡都邑钜埠,无一非商战之场”。因此,中国在与世界各国的交往中,不可避免地会发生法律争端,特别是“华侨之流寓南洋者,生齿日益繁庶,按国际私法,向据其人之本国法办理,如一遇相互之诉讼,彼执大同之成规(即公认的法则——作者注),我守拘墟之旧习,利害相去,不可以道里计”。为了避免这种情形发生,“凡能力之差异,买卖之规定,以及利率、时效等项,悉采用普通之制”,以便做到“以均彼我,而保公平”。正是基于对世界的认识,修定民律草案应遵循的原则中首先便提出“注重世界最普通之法则”,以便在世界范围所发生的商战和民事纠纷中,依靠普遍认同的世界最普通之法则,维护自己的利益,而立于不败之地。

其次,提出制定民法要依据“原本后出最精确之法理”,亦即最新的法理。戴鸿慈等在奏折中表述了:“学说之精进,由于学说者半,由于经验者半。”这种认识对于应用科学的法学而言是适用的。正是由于“各国法律愈后出者”,愈能体现最新的学术成就,所以最新的学说和最新的经验,也“最为世人注目”。因此,制订民律,自当引进世界先进的民法,只有取法乎上,才能有效地改造中国落后的民法;只有起点高,才更能得到良法。如戴鸿慈等所言:“中国编纂法典最后,以理论言之,不仅采取各国最新之法而集其大成,为世界最完备之法典。”

作为一种法律或学说而言,大陆法系的民法和民法学说是人类社会的共同财富,是没有国界的,所谓“良以学问乃世界所公,并非一国所独也”。所以修订民律采取世界最精确的民法法理,“义取规随,自殊剽袭”。不仅如此,奏折还举民律草案中,“法人及土地债务诸规定,采用各国新制”为例,说明采用后出最精确的法理,可以通行无碍,符合进步的社会发展潮流。

再次,“寻求最适合中国民情之法则”,这是民律起草者最为关注之点,也是如何体现中国国情的难点。俞廉三等在奏折中提出,即使“立宪国的政治,几无不同”,但是基于“种族之观念、宗教之支流”的不同,而形成的民情风俗,“不能强令一致,在泰西大陆尚如此区分,矧其为欧亚礼教之殊”。中国自古就是一个重礼教的国家,礼教、礼俗已经广泛渗透到社会生活中去,化为民族的心态。流行于各地的礼俗习惯,对民事纠纷往往起着实际的调整作用。鉴于“人事法缘于民情风俗而生”,所以民律草案不能一概仿效泰西大陆,“强行规抚”,“削趾就履”。在民律草案起草过程中,修订法律馆广泛派员赴全国各地调查流行的习惯,目的就是制定“最适于中国民情之法”。当时在青岛任教的德国法科教授赫善,便正确地指出:“中国修订法律一事,只有熟悉自己国民的道德及其旧律的中国人,方能胜任。”[16]

在“寻求最适于中国民情之法则”的原则指导下,民律草案“凡亲属、婚姻、继承等事,除与立宪相悖,酌量变通外,或取诸现行法制,或本诸经义,或参诸道德,务期整饬风纪,以维持数千年民彝于不敝”。说明他们既热衷于移植西方民法,又力图立足于国情,这种认识是无可非议的。但在实践中移植西方民法时,往往脱离了中国的实际;而兼顾中国的国情时,又对精华与糟粕缺乏应有的批判,以致民律草案前三编是西方化的,是超前的,而后二编是本土化的,是滞后的。所以民律草案只是固有民法与西方民法初步整合的产物,带有机械性契合的痕迹。

最后,民律的起草者本着“期于改进上最有利益之法则”的原则,比较清醒地认识到,在中国传统的法制历史中,“大抵稗贩陈编,创制盖寡”,尤其是私法方面,“验之社交,非无事例,征之条教,反失定衡”,如果希图从中国传统的法制历史中寻求改进私法的途径,只能是“改进无从,遑谋统一”。为了取得“一道同风之益”,力求使制定的民律能够适应中国固有民法与西方民法整合的趋向和要求,以达到所谓“期于改进上最有利益之法则”的目的,就表现于此。

民律草案的起草者深知清廷中反对法制改良的顽固守旧势力仍大有人在,因此有针对性地提出“匡时救弊,贵在转移”的论断。当然其中也反映了起草者急功近利的心态。

晚清民律草案基本上是依循上述四端开展工作的,最终完成了无论性质、形式、内容、体系都与中国固有的民事法律完全不同的《大清民律草案》。

三、开展了习惯法的调查

在民律起草过程中，以沈家本为首的修订法律大臣深知清朝统治期间民事法律渊源不但具有多样性，而且具有广泛深厚的控制力与调节功能，其中尤以民事习惯为最。为了制定出一部符合国情的民律，须要对民事习惯进行必要的调查。沈家本在《奏馆事繁重恳照原请经费数目拨给折》中，对此表达得极为清楚，他说："民商习惯，中外异同，因时因地之各殊，见异闻异之不一。"因此"中国现定民商各律，应以调查为修订之根柢"，[17]"而民事习惯视商律尤为复杂，非派员分省调查无以悉俗尚而资考证"。[18]沈家本的奏议获得清廷的准奏。为明确调查的范围以提高效率，修订法律馆在派员分赴各地调查民事习惯之前，特别制定了调查民事习惯章程十条：

△民事习惯视商事尤为复杂，且东西南北，类皆自为风气，非如商业之偏于东南，拟派员分途前往调查，以期详悉周知，洪纤必举。

△省会各府厅州县集中之地，且多已设有调查局所，其机关亦较灵通。调查员应至省会与该局所商同调查，固执简而驭繁，亦事半而功倍。

△本馆于光绪三十四年奏定调查局章程声明，调查员于应行调查之件，如有力所不及者，得随时商请谘议官协助办理等语。各省提法司、按察司，业经本馆派为谘议官，调查员应即与商同妥办。

△调查民事必得该省绅士襄助，方得其详，调查员应与面加讨论。至应如何约合各处绅士会晤，临时与调查局或提法司、按察司酌量办理。会晤时，将本馆问题发交研究，询以有无疑义，有疑而质问者，应即为之解释；并示以调查之方法，答复之限期。至该府厅州县绅士无人在省，又不易约集者，应商由调查局或臬司，将问题发交该府厅州县地方官，转饬绅士研究，按限答复。

△各处答复必须时日，调查员事难坐候，应酌定限期，商由调查局或提法司、按察司随时催收汇齐，咨送本馆。

△本馆民法起草在即，各处答复期限至迟不得过本年八月。其调查员自行调查所得，应随时陆续报告来京，不必俟事竣始行报告。

△法律名词不能迁就，若徇各处之俗语，必不能谋其统一，调查员应为剀切声明，免以俗语答复，致滋淆乱。

△各处乡族规、家规,容有意美法良、堪资采用者,调查员应采访蒐集,汇寄本馆,以备参考。

△各处婚书、合同、租券、借券、遗嘱等项,或报详细,或极简单,调查员应搜集各抄一分,汇寄本馆以备观览。

△各处如有条陈,但不溢出于民法之范围,调查员均可收之,报告本馆,以备采择。[19]

以上可见,民事调查部署较为周详,调查的程序要求严格,但由于经费拮据,修订法律馆只能依靠地方代为调查而无力派员,因而工作进程较计划缓慢,调查资料的选用由于数量庞杂,也存在极大困难。诚如修订法律馆官员董康所言:"法律馆调查报告已汗牛充栋,资料愈多编辑愈难。"[20]实际上,民事习惯调查对起草民律草案并没有产生直接的影响。民国十二年(1923年)杨元洁在为《中国民事习惯大全》所作的"序"中指出:"溯自前清变法之初,醉心欧化,步武东瀛,所纂民律草案大半因袭德日,于我国固有的民事习惯考证未详,十余年来不能施行适用。"[21]从而表现了"求最适于中国民情之法"的原则,未能全面落实。

四、对固有民法的认识

民律是晚清修律的重要组成部分,同样贯彻"参酌古今,博辑中外""务期中外通行"的修律宗旨。由于民事立法对象的特殊性,固有民事法律渊源的多样性,以及礼教民情调整的广泛性,因此修订民律草案较之修订其它法律不同,是传统民法与西方民法的整合问题。

宣统三年(1911年)九月初五日,修订法律大臣俞廉三等在《奏呈编辑民律前三编草案告成折》中说:"吾国民法,虽古无专书,然其概要,备详周礼地官司市以质剂,结信而止讼。郑注质剂,谓两书一札而别之,言保物要还。又质人掌稽市之书契,同其度量,壹其纯制,巡而考之,是为担保物权之始。又媒氏掌万民之判,凡娶判妻入子者皆书之,是为婚姻契约之始。又秋官司约之治民、治地、治功、治挚诸约,郑注谓治者,理其相抵冒上下之差。大率不外租挈、经界、功事、往来等项,实即登记之权舆。其他散隶六典者,尚难缕举,特不尽属法司,为不同耳。汉兴去古未远,九章旧第户居其一,厥后渐更增益,令甲以下流派滋繁,风习相沿,因革可溯。徒以尸素之俦,鄙夷文法,茅茨之士,罔知诵言,遂令古府旧藏,随代散佚。贞观准开皇之旧，凡户婚钱债田土等事，摭取入律，宋以后因之，至今未替，此为中国固有民法之明证。”[22]

以上折中提到的“固有民法”是指产生于中华文化土壤上的、具有本土性的民事法律。强调“固有”一词，是以便与近代资产阶级民法划清界限。以田土、户婚、钱债、继承作为固有民法的代表，说明固有民法是以民事法律关系为对象的，而且形成了特有的法律体系。

折中认为至贞观朝：“户婚田土钱债等事，摭取入律……此为中国固有民法之明证。”俞氏此论是符合历史实际的。例如，对于所有权的取得，唐律根据不同情况作出了明确区分。《唐律疏议·贼盗律》规定：“诸山野之物，已加功力刈伐积聚，而辄取者，各以盗论。”疏议曰：“‘山野之物’，谓草、木、药、石之类，有人已加功力，或刈伐，或积聚，而辄取者，‘各以盗论’，谓各准积聚之处时价，计赃，依盗法科罪。”这就是近代民法所有权先占原则的中国固有形态。又如，于他人地内得宿藏物与本主中分，隐而不送者，计合还主不分，坐赃论减三等。对于阑遗物与漂流物的所有权归宿，唐律规定如下：“诸得阑遗物，皆送随近县，在市得者送市司，其金吾各在两京巡察，得者送金吾卫。所得之物，皆悬于门外，有主识认者，检验记，责保还之。虽未有案记，但证据灼然可验者，亦准此。其经三十日，无主识此者，收掌，仍录物色目，榜村坊门，经一周年无人认者，没官录账，申省听处分。没入之后，物犹见在，主来识认，证据分明者，还之。”[23]“诸官私阑遗马、驼、骡、牛、驴、羊等，直有官印，更无私记者，送官牧。若无官印及虽有官印复有私记者，经一年无主识认，即印入官，勿破本印，并送随近牧，别群牧放。若有失杂畜者，令赴牧识认，检实印作‘还’字付主。其诸州镇等所得阑遗畜，亦仰当界内访主，若经二季无主认，并当处出卖。先卖充传驿，得价入官。后有主识认，勘当知实，还其价。”[24]“诸公私竹木，为瀑水漂失，有能接得者，并积于岸上，明立标版，于随近官司申牒，有主识认者，江河五分赏二分，余水五分赏一分，限三十日，无主认者，入所得人。”[25]

唐代与农业社会和家族主义思想相关的典权亦有所发展，但受均田制的限制，口分田所有权在国家，一般禁止以口分田出典。开元二十五年（737 年）田令：“诸田不得贴赁及质，违者财没不追，地还本主。若从远役、外任，无人守业者，听贴赁及质，其官人永业田及赐田，欲卖及贴赁者，皆不在禁限。”[26]均田制废弛后，土地流转已成事实，土地出典不可阻挡，唐穆宗长庆元年(821 年)敕令强调:“应天下典人庄田园店,便合祗承户税。本主赎日,不得更引令式,依私契征理以组织贫人。”意为典人庄田者应承担原主的户税,承认了庄田出典的合法性。

除土地外,庄宅、园林、店铺、碾硙等不动产出典是不受限制的。唐宪宗元和八年(813 年)再次下敕,对庄宅等“一任贴典货卖”[27]。

典权的设立,要求制作文书,并须有官人、牙人、业主、四邻同署文契[28],否则无效。典权的期限最长为 30 年,过 30 年不予保护。[29]

在侵犯土地所有权与使用权方面,唐律“占田过限”条规定:“占田一亩以上即受笞罚。”但疏议却注曰:“若占宽闲之处不坐,谓计口受足以外,仍有剩田,务从垦辟,庶尽地利,故所占虽多,律不与罪。仍须申牒立案,不申请而占者,从‘应言上不言上’之罪。”与此相类似,疏议对“占山野陂湖”注曰:“山泽陂湖,物产所植,所有利润,与众共之。其有占固者,杖六十。已施功取者,不追。”卖口分田,以亩笞十,但“应合卖者,不用此律”。对此,疏议注曰:“谓永业田家贫卖供葬,及口分田卖充宅及碾硙、邸店之类,狭乡乐迁就宽者,准令并许卖之。其赐田欲卖者,亦不在禁限。其五品以上若勋官,永业地亦并听卖。故云‘不用此律’。”

唐朝由于私有经济和城市商业都进入了新的发展阶段,与此相适应,民事上债的关系也迅速发展,出现买卖、租赁、借贷、雇佣、质押等各种形式的契约。唐律中已有若干调整债务关系的规定。如在借贷契约中规定月利息率不得过三分,“积日虽多,不得过一倍”。取息过律被视为“为政之弊,莫过于此”,因此要受到处罚。“负债违契不偿,一匹以上、违二十日,笞二十,二十日加一等,罪止杖六十。三十匹加二等,百匹,又加二等。各令备偿。”疏议曰:“负债者,谓非出举之物,依令合理者;或欠负公私财物,乃违约乖期不偿者……三十匹加二等,谓负三十匹物,违二十日笞四十,百日不偿,合杖八十。百匹又加三等,谓负百匹之物,违契满二十日,杖七十,百日不偿,合徒一年。”

债的担保亦较为盛行。唐开元二十五年(737 年)令规定:“诸公私以财物出举者,任以私契,官不为理……家资尽者,役身折酬。”如“负债者逃亡,保人代偿”[30]。

私债虽然是私人行为,但涉及当事人双方之间、当事人与社会之间的利害关系,所以需要官府进行必要的干预,《唐律疏议·杂律》“负债强牵财物”条规定：“诸负债不告官司而强牵财物过本契者，坐赃论。”疏议曰：“谓公私债负，违契不偿，应牵掣者，皆告官司听断。若不告官司而强牵掣财物，若奴婢、畜产，过本契者，坐赃论。”

唐代对于买卖田地房宅、奴婢、牛马等也立契，称为“市券”。《唐六典·太府寺·京都诸市令》规定：“凡卖买奴婢、牛马，用本司本部公验以立券。”

在买卖契约中，卖主的担保责任进一步法律化。一为瑕疵担保，《唐律疏议·杂律》规定：“诸买奴婢、马牛、驼、骡、驴，已过价，不立市券，过三日笞三十；卖者，减一等。立券之后，有旧病者三日内听悔，无病欺市如法，违者笞四十。”疏议曰：“买奴婢、马牛、驼、骡、驴等，依令并立市券。……若有病欺，不受悔者，亦笞四十。”即买卖已讫，而市司不时过券者，一日笞三十，一日加一等，罪止杖一百，主管官吏不验证契券，也要负法律责任。二为违约担保，唐文书中载有“若先悔者，出绢五匹”的规定。

租佃契约虽不如买卖契约发展，但仍见于文献记载和实物凭证。如吐鲁番文书中发现隋大业年间的租佃契约，以及唐高宗龙朔三年与武则天天授二年的两件租佃契约，表明尽管在隋唐均田制下，民间仍然存在租佃关系。

正如诚实信用是民事法律的共通原则一样，《唐律疏议·杂律》还强调市场流通的商品必须讲求诚信标准。规定：“诸造器用之物及绢布之属，有行滥、短狭而卖者，各杖六十。”注曰：“不审谓之行，不真谓之滥，即造横刀及箭族用柔铁者，亦为滥。”疏议进一步解释说：“行滥，谓器用之物不审不真；短狭，谓绢匹不充四十尺，布端不满五十尺。幅阔不充一尺八寸之属而卖，各杖六十。故礼云：‘物勒工名，以考其诚，功有不当，必行其罪。’其行滥之物没官，短狭之物还主。”由于重诚信，所以唐律对受寄物辄费用的处罚较重。“诸受寄财物，而辄费用者，坐赃论减一等。诈言死失者，以诈欺取财物论，减一等。”但如“被强盗者，不偿”，“以理死者，不合备偿”。

唐代依契约所生之债有因当事人意志的变更，有因债的清偿、抵消或免除而消灭。

唐代婚姻法重视婚书和私约的作用，“许嫁女辄悔”条规定：“诸许嫁女，已报婚书及有私约，（约，谓先知夫身老、幼、疾、残、养、庶之类。）而辄悔者,杖六十。男家自悔者,不坐,不追娉财。”

在继承法中“养子舍去”条的规定很有特色。

律文:“诸养子,所养父母无子而舍去者,徒二年。若自生子及本生无子,欲还者,听之。”

疏议曰:“依户令:‘无子者,听养同宗于昭穆相当者。’既蒙收养,而辄舍去,徒二年。若所养父母自生子及本生父母无子,欲还本生者,并听。即两家并皆无子,去住亦任其情。若养处自生子及虽无子,不愿留养,欲遣还本生者,任其所养父母。”

律文:“养异姓男者,徒一年;与者,笞五十。其遗弃小儿年三岁以下,虽异姓,听收养,即从其姓。”

疏议曰:“异姓之男,本非族类,违法收养,故徒一年;违法与者,得笞五十。养女者不坐。其小儿年三岁以下,本生父母遗弃,若不听收养,即性命将绝,故虽异姓,仍听收养,即从其姓。如是父母遗失,于后来识认,合还本生;失儿之家,量酬乳哺之直。”

以上概要地介绍了唐朝民法中的主要内容,由于唐朝的民法还处于早期发展阶段,因此民法的大部分均载于《唐律疏议》中,既有刑事附带民事法律,也有民事附带刑事法律,纯粹的民事法律条款还为数不多,发展至清朝情况已有极大变化。

清代的民事制定法散见于《大清律例》《大清会典》《户部则例》《大清通礼》及其他有关部院则例中,其中《户部则例》汇聚民事法律,多于其他律典。

《大清律例》虽为刑法典,但也含有纯粹的民事法律条款,如:分家析产立“分书”已定,不许重分,告词立案不行。卖产立有绝卖文契,不准找赎;文契未载绝卖,可以回赎。父母健在,许令子孙析产者(但不得别籍),听。凡民人争告坟山,应以印契、山地字号亩数等为凭证。无子者,可以选同宗昭穆相当之侄儿继承。定婚应两家情愿,与立婚书,依礼聘嫁;男娶女嫁皆应由父母主婚等。正因为如此,晚清修律将《大清律例》中的民事条款分出单独适用,称为《民事有效部分》。

《大清会典·户部》有关田土、户籍、赋役、编丁、现审的规定之中,也含有民事法律的内容。

由于户部职掌全国疆土、田亩、户口、财谷之政令,所以《户部则例》根据形势的变化频频编修，至同治四年修例时，合计修改、新增、删除例文二百五十条，其调整的范围较之《大清律例·户律》更为宽泛。如户口目中含比丁、族长、继嗣、归宗、奴仆、旗人嫁娶、放出家奴、迷失幼丁、驻防旗兵置产、认买入官人口、民人继嗣、民人奴仆、豁除贱籍、差员禁买人口、募雇在官夫役，入官人口作价。田赋目中含分赏田地、清查营地章程、吐鲁番满营地租、撤佃条款、寺院庄田、存留坟地、买产投税、旗民交产、违禁置买、澳门民夷交易。兵饷目中含营中地租。通例中含严禁官价科买、禁重复典卖、盗卖盗耕。税则目中含审田房词讼等。《户部则例》的频频修订反映了因"时地异宜"及时修订的灵活性与适应性。

《户部则例》中的民事条款多为纯粹民事法律，而非刑事附带民事，或民事附带刑事，特举例如下：

凡民间置买田房，于立契之后限一年内呈明纳税，倘有逾限不报者，照例究追。令各督抚刊刻告示饬发所属遍贴城乡，使愚民咸知例禁。

民人典当田房，契载年份统以十年为率，限满听赎。如原业主不能赎，听典主投税，过割执业。倘于典契内多载年份，一经发觉，追交税银，照例治罪。如买卖田产将粮额载入印契，即令买主卖主亲赴州县对册推收，随时过割。

民人佃种旗地，地虽易主，佃户仍旧，地主不得无故夺佃增租。如佃户实系拖欠租银，许地主撤地另佃。

顺天、直隶所属旗地，无论京旗、屯居、老圈、自置，俱准旗户、民人互相买卖，照例税契升科。

民人契典旗地回赎期限以二十年为断。如立契已逾例限，即许呈契升科（无论有无回赎字样），不准回赎。在限内者仍准回赎。倘卖主无力回赎，许立绝卖契据，公估找贴一次。若买主不愿找贴，应听别售，归还典价。

八旗应行入官房地内有契典者，令该旗查询，原业主如愿回赎，以查丈完结之日起，无论银数多寡，限一年内完交。或请以俸饷扣赎者，数在二百两以下，限一年坐扣；二百两以上至五百两，限二年坐扣；五百两以上至一千两，限三年坐扣；一千两以外，限五年坐扣。如有不敷，准以子侄兄弟及借亲戚俸饷坐扣，仍有不敷，饬令限内完交。核计交扣价银过半，即指交管业。倘逾限不完，房地即行入官，其扣交价银以所得历年租银作抵，抵不足数，仍准找给。不愿回赎者，听。

旗人典卖房地，无论本旗隔旗俱准成交。系出卖令赴左右翼纳税；系出典令各报明该佐领记档，回赎时仍令报明销档。凡典当田房，契载年份统以十年为率，十年限满，原业力不能赎，再予余限一年，令典主呈明该翼，由翼将契纸交旗钤用佐领图记，送翼补税发给本人收执。该参佐领毋得措勒，自报税后原业不准告找告赎，倘逾一年余限，仍不报税及白契置买房地并老典三五十年遗漏未经纳税者，一经查出，或被人首告，均追价治罪。

旗人告假出外已在该地方落业，编入该省旗籍者，准与该地方民人互相嫁娶。

旗下家奴卖身以前，或已聘未娶，女家并不知情者，女家愿嫁，准娶；不愿者，听其改聘。

旗下家奴将女私聘与人，经本主控告审明，未婚者给还本主。已婚者追身价银四十两，无力者，量追一半给主，免其离异。

立继承祧如子已婚而故，无论其媳能否孀守，或子未婚而故，其已聘未娶之媳能以女身守志，或子虽未婚娶，因出兵阵亡揆以勿殇之义，均准予立继。又子虽未婚娶，业已成立当差，年逾二十岁身故者，亦准予立继。若支属内实无昭穆相当为其子可继之人，应仍为其父立继。凡未婚而年在二十岁以下夭亡者，无后在父，自当先尽故子同辈中，按照服制次序为其父立继。如阖族中实无故子同辈可继之人，亦只得为未婚夫亡之子立继，不得重复议继，致滋讼端。

旗人无子者许立同宗昭穆相当之侄承继，先尽同父周亲，次及大功、小功、缌麻、如俱无，方准择立远房同姓。如实无昭穆相当之人，准继异姓亲属。娶具该参、佐领及族长、族人、生父列名画押印甘各结送部，准其过继。若继子不得于所后之亲，听其告官别立。其或择立贤能及所亲爱者，于昭穆伦序不失，不许宗族指以次序告争。如有抱养民间子弟、户下家奴子孙为嗣，或实有同宗而继异姓者，均按律治罪。所养父母有子，所生父母无子，欲还者，听。

八旗及外省驻防有乏嗣应行立继者，如系长房长子，不准出继。其长房次子，次房长子果系昭穆相当者，均准其出继。倘长房并无次子，此外，近支亦无应继之人，应以一人承祀两房宗祧，虽长房长子，准照独子之例出继。

义男女婿为所后之亲亲爱者，听其相为依倚，酌给财产。若招婿养老者，仍立同宗应继一人承奉宗祀，财产均分。

乞养异姓义子愿归宗者，不许将所得财产携回本旗。其收养三岁以下遗弃小儿，即从其姓，但不得以无子遂立为嗣。仍酌分财产，不得勒令归宗。

旗人之子随母改适抚养成丁仍归本宗。其有子母不忍分离，两家情愿依倚者，听，仍将本人造入本宗丁册。

民人无子许立同宗昭穆相当之侄为嗣，先尽同父周亲，次及五服之内。如俱无方准择立远房。若继子不得于所后之亲，听其告官别立。其或择立贤能及所亲爱者，于昭穆伦序不失，不许宗族指以次序告争。

除中央政权制定的民事性质的法律外，地方政权颁布的省例、告示和章程中也含有民事法律规范。例如，《晋政辑要》分为 13 门，在户口、田赋、收成、田地、丁粮、旗地、开垦、牧场等门中，便杂有大量的民事法律条文。再如，乾隆二十五年(1760 年)《福建省例》中“典卖契式”之例，详细规定了典卖合同契式的规格、写法、主要事项等，要求民间统一遵守，不得违反，并附有契式图作为参照。

《告示》是各级地方官在辖区内发布的书面命令，所谓“谕告”“谕示”。其内容或针对具体事项发布的通令，或为某些事项设定的权利义务关系。

《告示》对辖区内的所有人都有约束力，具有民事法规性质的《告示》，如，清末句容县令许文浚鉴于该县抵典产业立契的规定不完备引起争讼，因而制定和颁布了《抵典产业立契互执示》，通行全县。

《章程》是州县官府就某种专门问题因时制宜而制定的若干规则。属于民事法规性质，如光绪十六年(1890 年)制定的《江安县学田章程》。该章程共 55 条，详细规定了学田的设置、管理、使用、收益及侵吞学田应受的处罚等，是一个单行的民事法规。

在民族立法《理藩院则例》中亦有民事法律条款。如：

奉有明文在蒙古地方居住之民人，租种地亩、赁居房屋，均照原议纳租交价。

喀喇沁土默特旗种地民人，不准以所种蒙古地亩折算蒙古赊欠借贷银钱。

喀喇沁土默特旗蒙古地亩，不得典给种地民人。

喀喇沁土默特旗种地民人，不得重价转典民人旧典蒙古地亩。

民人租种蒙古地面，如遇荒年不能全交者，其租息限至次年，新旧一并交纳。如欠至三年不行交纳,即照例将地撤出,归主另行招佃。

民人租种蒙古地亩,拖欠租息未行交纳,遇该蒙古有借欠该民人银钱等债者,即停止利息。若借自商民平人者,仍照例出利,但不得以利作本,利上加利。

民人租种蒙古地亩,如欲回籍,或不愿耕种,即将所欠之租、所赁之房与押契钱文对抵,地归本主。如押契钱数不抵所欠之租,即报明该理事司员、地方官,酌量公平定拟。

蒙古两姓结亲,俱系平人,聘礼应用:马二匹、牛两只、羊二十只,不得多给。违者,将多给之牲畜罚取入官;少给者,勿禁。若聘定之后,其婿病故,将所给牲畜退还男家。其女病故者,退还一半。如女家欲将聘礼退还,男家不愿收回者,听之。

以上确凿的法制史实,证明了中国古代民事法律的存在。如果将清朝立法中的民事法律条款加以汇编,其规模之可观,并不逊于一部民法典。

五、体现西方民法与中国固有民法的整合

中国古代国情、社情决定了民事法律的发展是迟缓的,俞廉三、刘若曾在《民律前三编草案告成奏折》中说:“各朝凡户婚,钱债、田土等事,摭取入律,至今未替。”这是符合中国民事法律发展的实际的。所以,《大清民律草案》标志着中国固有民法的基本终结和与西方近代民法接轨的开端。它所体现的新与旧、中与外的整合,虽有这样那样的缺点和不足,但无论如何它是近代民法奠基之作,民国时期民法典的修订与完善都是以它为基础而展开的。

宣统三年(1911 年)五月初五日,《大清民律草案》最终完成。它仿照大陆民法的体系和结构,以德国民法为主要蓝图,共分五编,依次为总则、债权、物权、亲属、继承,共三十六章,一千五百六十九条。总则编第一章法例,是贯穿于整个民律的基本原则。其第一条规定:“民事本律所未规定者依习惯法,无习惯法者依法理。”这条规定,显示了对固有民法的法律渊源的认可。但在政治、经济、文化发展不平衡的中国,各地习惯法千差万别,菁芜并存,不能一概而论。所以,1928 年民国政府制定的《中华民国民法》,将此条改为:“民法所未规定者,依习惯……但法官认为不良之习惯不适用之。”从而反映了立法者认识水平的提高。第二条规定:“行使权利

履行义务,依诚实及信用办法。”诚实与信用原则是各国民法所采取的基本原则之一,民律草案仿此通例作出规定。

总则编中规定:“人于法令限制内,得享受权利,或担负义务。”“有行为能力人,始有因法律行为取得权利,或担负义务之能力。”“禁治产人应置监护人。”“因故意或过失而侵害他人之权利者,于侵权行为须负责任。”但未满七岁或虽满七岁但无识别能力,与心神丧失之人的侵权行为不负责任。还包括“社团及财团得依本律及其他法律成为法人”以及时效的规定等,其主要采用德国民法及日本、瑞士民法,其中关于人格的规定源自罗马法。

债权编,顾名思义,旨在保护债权人的利益,有违民法上的平等原则。因此民国时期,北京政府修订民法时改债权编为债编以示保护债权、债务两方当事人的利益。债权编确立了契约自由的原则以及应有的法律效力。契约自由是资本主义民法的三大原则之一,亨利·梅因在《古代法》中称:“所有进步社会的运动,到此为止,是一个‘从身份到契约’的运动。”[31]所以确立契约自由是“进步社会的运动”。债权编对于“不当得利”“侵权行为”也都作出了规定。

物权编的中心内容是保护所有权。在通则中规定:“依法律行为而有不动产物权之得、丧及变更者,非经登记,不生效力。”“动产物权之让与,非经交付动产,不生效力。”“所有人于法令之限制内,自由使用、收益、处分其所有物。”“所有人于其所有物,得排除他人之干涉。”

在不动产所有权的规定中,以土地所有权为核心内容。“土地所有权于法令之限制内,及于地上、地下。”此外,还规定了因土地所有权而产生的其他物权,如:地上权、永佃权、地役权、担保物权、抵押权、不动产质权等。在“地上权”中规定:“地上权依法律行为而设定之”。“因契约而设定地上权者,须立设定书据。”“地上权人应向土地所有人支付定期地租。”“地上权人虽因不可抗力于使用土地有妨碍,不得请求免除地租,或减少租额。”

在“永佃权”中规定:“永佃权依法律行为而设定之”,“永佃权存续期间,为二十年以上五十年以下”。

由于民律草案以德国民法为主要依据,因此在物权编仅设定不动产质权,而舍弃在中国普遍流行、历史悠久的典权,以致脱离中国社会生活的实际。至1925年民国政府完成的《民国民律草案》中,才重新设立了典权一章。

亲属编在起草过程中,曾就在指导思想上取家属主义,还是取个人主义发生过争论。多数立法者认为十八行省皆盛行家属主义,而且具有数千年的历史与习惯,因此最后仍采取家属主义,以至在亲属编中继续实行宗法家长制度。如规定:亲属分为宗亲、夫妻、外亲、妻亲,亲等关系以服图计算。规定:家长"以一家中之最尊长者为之","家政统于家长"。父母继续拥有对子女的婚姻权、财产管理权和惩戒权。修订法律馆对此说明如下:"家长既有统摄之权利,反之,则家属对于家长即生服从之义务。"

在夫妻关系上,继续确认夫权主义。这说明当时的中国还存在深厚广泛的封建身份法的社会基础和宗法礼治的文化基础,以及以义务为本位的固有法律传统的强烈影响。

由于亲属编沿袭宗法原则,因此仍然重嫡庶之别。"妻所生之子为嫡子","非妻所生之子为庶子"。法律馆解释说:"吾国社会习惯于正妻外置妾者尚多,故亲属中不得不有嫡庶子之别。"

在继承编中,由于重宗法,所以"遗产继承人,以亲等近者为先。若亲等同,则同为继承人"。"继承人若在继承前死亡,或失继承之权利者,其直系卑属承其应继之分,为继承人。妇人夫亡无子守志者,得承其夫应继之分,为继承人。"若无前述继承人者,"依下列次序定应承受遗产之人:夫或妻;直系尊属;亲兄弟;家长;亲女。直系尊属应承受遗产时,以亲等近者为先"。"乞养义子,或收养三岁以下遗弃小儿,或赘婿,素与相为依倚者,得酌给财产,使其承受。""继承人有数人时,不论嫡子、庶子,均按人数平分,私生子依子量与半分。"

继承编中另一个显著特点是关于遗嘱的规定较为细密。如,"遗嘱,非依本律所定方法,由所继人自立者,无效","所继人之遗嘱,定有分产之法或托他人代定者,须从其遗嘱"。此外,关于遗嘱之方法,遗嘱之效力、遗嘱之执行、遗嘱之撤销等等,都分节作出了专门规定,以示对死者财产权的保护。在《大清律例》中,宗祧继承重于财产继承,以致争产经常是通过争继出现的。而在民律草案中,财产继承的重要性,显然高于宗祧继承,表现了时代的进步。

这样的亲属法和继承法,与前三编的近代民法的规定是冲突的,只是通过立法技术把新旧杂糅的内容整合在了一起。这种新旧杂糅的整合缺乏自然的、科学的基础，不可避免地存在着形式与内容，移新与守旧，精神与实质，传统与现代的种种矛盾，反映了当时中国的国情特点。

六、商业单行法、商律与民律同时并举

值得提出的是清朝在制定《民律草案》的同时，也着手制定与民法有着固有联系的商业单行法和商律草案。如同为制定民律而制造舆论一样，制定商律之始也大造舆论。

光绪二十七年（1901 年）二月，出使俄奥大臣杨儒以考察欧洲见闻，奏陈发展商业、制定商律："亟应定商务之律，设商务之局，遍询商家之疾苦不便，而善谋补救；博访商家之赢虚利弊，而为主持。"[32]

同年五六月间，两江总督刘坤一、湖广总督张之洞在第三次会奏变法事宜折中痛陈商法缺失之弊："欧美商律最为详明，其国家又多方护持，是以商务日兴。中国素轻商贾，不讲商律，于是市井之徒，苟图私利，彼此相欺，巧者亏逃，拙者受累。以故视集股为畏图，遂不能与洋人争衡。他们如能制定商律，'则华商有恃无恐，贩运之大公司可成，制造之大工厂可设，假冒之洋行可杜'。[33]"

光绪二十八年（1902 年），商约大臣吕海寰、盛宣怀在上海与英、美等国修订商约。目睹西方各国商会组织之严密、商事法律之完备，深有感触，遂奏请清政府设立上海商业会议公所，且应远规西法，近采舆论，讲求对商业保护提倡之法。[34]上述舆论对清廷制定商律起了促进作用。同年二月，清廷发布变法上谕："近来地利日兴，商务日广，如矿律、路律、商律等类，皆应妥议专条。"[35]

光绪二十九年（1903 年）三月二十五日，再次颁布上谕，指出："通商惠工，为古今经国之要政，急应加意讲求，著派载振、袁世凯、伍廷芳先订商律，作为则例。"商律之修订历经数十年之朝野议论，至此正式纳入朝廷立法计划。

同年七月，清政府设立商部，遂即进行多方面的商业立法。伍廷芳等人认为："公司条例亟应先为妥订，俾商人有所遵循，而臣部遇事维持，设法保护，亦可按照定章履办，是以赶速先期拟商律之公司一门，并于卷首冠以商人通则。"[36]清政府准其所请。商部尚书载振奏陈先订公司律："通商

惠工为古今经国之要政，急应加意讲求，但商律门类繁多，非短期所能告成，而目前要图莫如筹办各项公司，力祛涣散之弊，庶商务日有起色，不至坐失权利。则公司条例亟应先为妥订，俾商人有所遵循，而臣部遇事维持，设法保护，亦可按照定章履办，是以赶速先期拟商律之公司一门。"[37]

光绪二十九年十二月公布施行以《商人通例》和《公司律》为基本内容的《钦定大清商律》，《商人通例》九条，主要规定了有关商事主体和商行为的标准；对于商业注册、商业使用人、代理商等重要商事规范均未加规定。其仅为一暂行章程，以应急迫之需而已。

《公司律》虽然规定："公司分类及创办呈报法、股份、股东权利各事宜、董事、查账人、董事会议、众股东会议、账目、更改公司章程、停闭、罚则。"但仍嫌粗疏简陋，所以《大清商律》还只是向后来的《大清商律草案》的过渡形态。尽管如此，公司法的颁行对于私人公司的发展仍起了积极作用。

光绪二十九年(1903 年)以前，向官府注册的私人公司仅 3 家。《钦定大清商律》颁行实施以后，从光绪三十(1904 年)年至宣统三年，八年间，在注册局注册的华资私人公司逾 300 家，全国各种华资企业注册资本数额，以平均每年百分之十四到百分之十五的速度增长。[38]

此后，商部还仿欧美奖励发明、鼓励投资之法，于光绪二十九年(1903 年)九月颁行《奖励华商公司章程》，根据所集股份的多少，分别给予不同品级的顶戴给商部顾问官、商部议员。光绪三十二年(1906 年)颁行《奖给商勋章程》，凡"有创制新法、新器，以及仿制各项工艺，确能挽回利权，足资民用者"，"各按等级予顶戴"及一至五等商勋。后又连续颁行《农工商实业爵赏章程》《华商办理农工商实业爵赏章程》《奖励华商公司章程》等。爵赏虽是虚衔，但仍反映了清廷的政策导向，时人盛赞此举"一扫数千年'贱商'之陋习，斯诚稀世之创举"[39]。

光绪二十九年(1903 年)十月，商部奏《劝办商会酌拟简明章程折》："纵览东西诸国，交通互市，殆莫不以商战角胜，驯至富强。……实皆得力于商会。……现在体察情形，力除隔阂，必先使各商有整齐划一之规，而后臣部可以尽保护维持之力，则今日当务之急，非设立商会不为成功。"[40]

同年十一月，清廷颁行《商会简明章程》[41]，共计 26 条，规定："凡属商务繁富之区，不论系省垣或系城埠，均应设立商务总会，商务稍次之地，设商务分会。”该章程仿照欧陆商会组织模式：商会由民间组织，但须取得官府认可。

依据该章程，商会的职能包括：保护商人利益，推动商业发展；沟通官商之间、商人之间的关系与信息；仲裁国内商事案件，调处涉外商事纠纷；合理使用商会公积金，维护商业秩序；代为申报专利，保护与商业相关的知识产权。

商部还向各省颁发《劝办商会谕帖》：“商会一设，不特可以去商与商隔膜之弊，抑且可以去官与商隔膜之弊，为益商务，良非浅鲜。冀收上下一心、官商一气之效。”[42]

至宣统三年（1911 年），全国已有 50 余处设立了商务总会，880 余处设立了商务分会。[43]各地商人依托商会已形成了一种有组织的社会力量，对地方商业的发展、行业自律，乃至商事法律的编订均发挥了重要作用。

修订法律馆鉴于《大清商律》仓促制定，内容过于简略，于光绪三十四年（1908 年）八月，聘请日本法学家志田钾太郎，编纂独立而完整的商法典。

自宣统元年（1909 年）起，《大清商律草案》陆续脱稿，共 1008 条，分五编：

第一编《总则》，共 103 条，分 9 章：法律、商业、商事登记、商号、营业所、商业账簿、商业所有人、商业学徒、代办商。其内容较之《商人通例》更为详备。

第二编《商行为》，共 236 条，分 8 章：通则、买卖、行铺营业、承揽运送业、运送营业、仓库营业、损害保险营业、生命保险营业。此编大体仿照日本商法详定各种商事营业规则。

第三编《公司律草案》，共计 312 条，分为 6 编 16 章：第一编《总则》，第二编《合名公司》，第三编《合资公司》，第四编《股份公司》，第五编《股份合资公司》，第六编《罚则》。此草案较之《公司律》条文详细，内容充实。

第四编《票据法草案》，共 94 条，分 3 编 15 章：第一编《总则》，第二编《汇票》，第三编《期票》。

第五编《海船律草案》，共 263 条，分 6 编 11 章：第一编总则，第二编海船关系人，第三编海船契约，第四编海损，第五编海难之救助，第六编海船债权之担保。该编虽名为海船法，实为海商法的主体部分。

《大清商律草案》,体例虽严谨,内容亦较为详备,但多取法于《日本商法典》,与中国社会现实相去甚远。以至该草案公布以后,各地商会及学者多持批评意见,直至清室覆亡未能审议通过。

还在编纂《钦定大清商律》时,伍廷芳便开始组织、调查、收集各地商事习惯。但时间仓促,资料有限,且未能编入商事法律。光绪三十三年(1907年)五月,大理院正卿张仁黼奏陈:"凡民法商法修订之始,皆当广为调查各省民情风俗。"[44]同年九月,清廷发布《令各省设立调查局各院设立统计处谕》[45]。

自光绪三十四年(1908年)至宣统元年(1909年),修订法律馆为编纂商律草案主持开展了商事习惯调查。为此,修订法律馆下发《调查各省商习惯条例》,分为总则、合伙与公司、票据、各种营业、船舶五部分,共计65条。先后派调查员赴直隶、江苏、安徽、浙江、湖北、广东等地调查;各地提法使、按察使兼任修订法律馆咨议官,协助进行调查。此次调查采取询问的方式,即由调查员依照《调查各省商习惯条例》向地方士绅询问该地方的各种商事习惯,调查员对士绅的回答加以记录、汇编;各地咨议官札饬下级州县长官询问调查各该地方商事习惯,将调查结果上报主管长官,再由主管长官转呈调查员或报送修订法律馆。同时,各地商会、士绅也多对本地商事习惯进行自主调查,以期全面研究商事规则与调解商事纠纷,借以帮助商律的制定。

商事习惯调查虽历时颇久,但仍未形成系统的资料汇编,而《钦定大清商律》起草工作在光绪二十九年已经完成,因而商事习惯未能对《钦定大清商律》产生影响。

对于志田钾太郎起草的商律多数商会持有反对意见,认为它是直接仿效外国商法,与中国国情不合,对保护国家利益、商人权利颇有窒碍。经过全国多数商会议决,认为商法应由商人参与讨论修订,不能由少数人包办。会议决定首先实际调查商事习惯,继则聘任张家镇、秦瑞玠、汤一鄂、孟森、邵义、孟昭常等精通商务与法律之人,参照各国最新立法例,自行编纂商法草案。

光绪三十四年(1908年)十一月,预备立宪公会和上海商务总会召集全国各地商会代表在上海召开第二次商法讨论会,对已经起草完成的商法《总则草案》(附《商法总则调查案理由书》)、《公司律草案》(附《公司律调查案理由书》)两编进行讨论和修订。会议通过该两编草案后,与会代表公推秦瑞玠、孟昭常赴京将商法呈交农工商部,呈请清廷颁布施行。

农工商部审查了两编草案及所附的调查案理由书后,认为该草案系全国各地商会专聘通晓商律之士,调查各埠习惯,参酌法理编纂而成,于实际不无裨益,经逐条考核,参互研求,较之日人志田钾太郎起草之《大清商律草案》,于学理、于中国社会实际更为允协。遂将草案略加修订,定名为《大清商律》,即《改订商律草案》,于宣统二年提交宪政编查馆审核,再呈交资政院议决。但未及资政院审议通过,清政府已为辛亥革命所推翻,修订商法工作归于终止。

晚清制定商法是修订法律馆的一项重要工作内容,也是晚清构建近代法律体系的组成部分,由抑商到重商再到依法护商,显示了国策的转变。制定的商律虽有不尽人意之处,但它对民律草案中有关商行为、商业组织等作了必要的补充,显示了两者之间的固有联系。不仅如此,它还对民国政府的商业立法产生了重大影响。此外,由社会团体商会起草商律,在当时的确是一种创举。

综上可见,19 世纪中叶以来,被迫开放的历史环境,民族资本主义经济的相对发展,社会结构的变动所形成的法律上私人平等的新局面,以及西方私法文化的广泛输入,为《大清民律草案》的制定提供了历史条件。它标志着中国固有民法的基本终结和与西方近代民法接轨的开端。它所体现的新与旧、中与外的整合,虽有这样那样的缺点和不足,但无论如何它是近代民法奠基之作。对于启迪人们的私法意识、权利意识,甚至推动社会跟上进步的潮流,都有着一定的意义。

《大清民律草案》是最具时代性的立法,形象地反映了西方民法文化与中国固有的民法文化的冲突与融合,虽然这种整合缺乏科学的基础,但在当时的历史条件下是不可避免的。可惜的是民律起草者过份注意与西方民法的求同,对于调查来的大量民事习惯未能认真地甄别采纳,尤其在制定财产法上,完全置民间流行已久的习惯和法律关系于不顾。曾任北洋政府司法总长的法学家江庸提出《大清民律草案》必须修正的理由之一就是:“前案多继受外国法,于本国固有法源,未甚措意。如《民法债权篇》于通行之‘会’,《物权篇》于‘老佃’、‘典’、‘先买’,《商法》于‘铺底’等全无规定,而此等法典之得失,于社会经济消长盈虚,影响极巨,未可置之不顾。”[46]可见,如何做到从中国国情出发制定民法是值得认真研究和总结的。

注释

1 《真假本奏修订法律大概办法折》,《档·法·律例八十号》。

2 《删除律例内重法折》,《寄簃文存》卷一。

3 《光绪朝东华录》,第4919页。

4 《张文襄公全集·奏议》卷六九。

5 《戊戌变法》第二册。

6 《光绪朝东华录》,第5682—5683页。

7 《清末筹备立宪档案史料》,第835页。

8 《清末筹备立宪档案史料》,第836页。

9 《清末筹备立宪档案史料》(下册),第834—835页。

10 《沈家本年谱长编》,第168页。

11 《清末筹备立宪档案史料》,第850页。

12 《光绪朝东华录》,第5766页。

13 《光绪朝东华录》,第5803页。

14 引自《东方杂志》第十二期,第243页。

15 《清末筹备立宪档案史料》(下册),第841页。

16 王健:《西法东渐——外国人与中国法的近代变革》,中国政法大学出版社2001年版。

17 《政治官报》折奏类,第7页。

18 《沈家本年谱长编》,第330页。

19 《沈家本年谱长编》,第330页。

20 董康:《前清法制大要》,载《法学季刊》第2卷第2期,1924年10月。

21 胡旭晟、夏新华、李交发点校:《民事习惯调查报告录》,中国政法大学出版社2001年版,第11页。

22 故宫博物院明清史档案部编:《清末筹备立宪档案史料》(下册),中华书局1979年版,第911—912页。

23 《唐令拾遗·捕亡令》,长春出版社1989年版。

24 《唐令拾遗·厩牧令》。

25 《唐令拾遗·杂令》。

26 《唐令拾遗·田令》,《文苑英华》卷四二六,中华书局1996年版。

27 《旧唐书·宪宗本纪》,中华书局 1975 年版。
28 《五代会要》卷二六,上海古籍出版社 1978 年版。
29 《唐会要》卷八五,中华书局 1975 年版。
30 《宋刑统》卷二六,《受寄财物辄费用门》引唐《杂令》,中华书局 1984 年版。
31 梅因:《古代法》,商务印书馆 1995 年版,第 97 页。
32 清宪政编查馆辑:《大清法规大全续辑》,宪政编查馆刊本。
33 《光绪朝东华录》卷四,第 4763 页。
34 盛宣怀《愚斋存稿》卷七,第 35 页。
35 《清实录·德宗景皇帝实录》卷四九五,中华书局 1987 年版,第 537 页。
36 《光绪朝东华录》卷五,第 5013—5014 页。
37 《清实录》卷五一三。
38 樊百川:《二十世纪初中国资本主义的发展概况及特点》,载《历史研究》1983 年第 4 期。
39 相铨:《五十年来中国之工业》,载《东方杂志》1912 年第 7 期。
40 《商部奏劝办商会简明章程折》,载《东方杂志》第一年第一期。
41 该章程收录于《大清光绪新法令·实业》。
42 《商部劝办商会谕帖》,载《东方杂志》第一年第二期。
43 禾英:《清末商会的成立与官商关系的发展演变》,载《社会科学战线》1990 年第 2 期。
44 故宫博物院明清档案部编:《清末筹备立宪档案史料》(下册),中华书局 1979 年版,第 836 页。
45 故宫博物院明清档案部编:《清末筹备立宪档案史料》(上册),第 52、53 页。
46 谢振民:《中华民国立法史》,1937 年版,第 903—904 页。

图书在版编目(CIP)数据

中华法文化要略 / 张晋藩著. -- 北京 : 法律出版社, 2019
ISBN 978 -7 -5197 -2734 -5

Ⅰ. ①中… Ⅱ. ①张… Ⅲ. ①法制史 - 中国 - 文集 Ⅳ. ①D929 -53

中国版本图书馆 CIP 数据核字(2018)第 225779 号

中华法文化要略
ZHONGHUAFA WENHUA YAOLÜE

张晋藩 著

责任编辑 刘 琳
装帧设计 乔智炜

编辑统筹 法律教育出版分社

出版 法律出版社
总发行 中国法律图书有限公司
经销 新华书店
印刷 中煤(北京)印务有限公司
责任印制 沙 磊

开本 710 毫米×1000 毫米 1/16
印张 24.75
字数 374 千
版本 2019 年 4 月第 1 版
印次 2019 年 4 月第 1 次印刷

法律出版社/北京市丰台区莲花池西里 7 号(100073)
网址/www. lawpress. com. cn
投稿邮箱/info@ lawpress. com. cn
举报维权邮箱/jbwq@ lawpress. com. cn
销售热线/010 -83938336
咨询电话/010 -63939796

中国法律图书有限公司/北京市丰台区莲花池西里 7 号(100073)
全国各地中法图分、子公司销售电话:
统一销售客服/400 -660 -6393
第一法律书店/010 -83938334/8335
西安分公司/029 -85330678
重庆分公司/023 -67453036
上海分公司/021 -62071639/1636
深圳分公司/0755 -83072995

书号:ISBN 978 -7 -5197 -2734 -5
定价:58.00 元
(如有缺页或倒装,中国法律图书有限公司负责退换)